电子商务系列教材

网络经济学

主　编　刘培刚

副主编　武化岩　高孝平　鲁　瑛

U0951810

华东理工大学出版社
EAST CHINA UNIVERSITY OF SCIENCE AND TECHNOLOGY PRESS
·上海·

内容提要

本书在国内外网络经济研究的基础上，运用经济学和管理学的理论与工具，对网络经济运行的基本规律和现实问题进行阐述和分析，形成了自己的网络经济学框架。

本书认为网络经济是以信息流为经济核心，以信息产业为经济运行的基础产业，以电子商务为主要商务运行模式的新型经济形态，在分析经济学基本假设的基础上提出了网络经济的基本假设，并从网络经济的消费者行为、企业组织与生产、竞争规律、经济运行基础、经济政策等角度进一步分析阐明了网络经济的一些主要经济现象和规律。

本书可作为各类高等院校的工商管理、电子商务、人力资源、物流管理、国际贸易等经济管理类各专业的学生教材，是经济管理学科各专业学生了解社会经济发展新阶段的经济理论、经济运行及发展规律的参考书。

图书在版编目(CIP)数据

网络经济学/刘培刚主编. —上海：华东理工大学出版社，2014.9(2020.1 重印)
电子商务系列教材
ISBN 978-7-5628-3996-5

Ⅰ.①网… Ⅱ.①刘… Ⅲ.①网络经济—高等学校—教材 Ⅳ.①F062.5

中国版本图书馆 CIP 数据核字(2014)第 172768 号

电子商务系列教材
网络经济学

主　　编／刘培刚
责任编辑／周永斌　左金萍
责任校对／王　琰
封面设计／裘幼华
出版发行／华东理工大学出版社有限公司
社址：上海市梅陇路 130 号，200237
电话：(021)64250306(营销部)
传真：(021)64252707
网址：www.ecustpress.cn
印　　刷／北京虎彩文化传播有限公司
开　　本／787 mm×1092 mm　1/16
印　　张／15.25
字　　数／367 千字
版　　次／2014 年 9 月第 1 版
印　　次／2020 年 1 月第 5 次
书　　号／ISBN 978-7-5628-3996-5
定　　价／32.00 元

联系我们：电 子 邮 箱 zongbianban@ecustpress.cn
官 方 微 博 e.weibo.com/ecustpress
天猫旗舰店 http://hdlgdxcbs.tmall.com

華東理工大學出版社

前　言

进入21世纪后，互联网的优势使新的经济形态无不打上网络的印记，并使互联网成为全球经济的神经中枢，经过十多年的发展，通信网络和电视网络已经融入互联网络，构成了影响力更加强大的信息网络，而近年来随着移动通信网络和有线数字电视网络的成熟和发展，使得信息网络有了前所未有的应用空间和发展前景，使得以传统互联网应用为前提形成的网络经济有了新的内容。

在新经济时代，经济活动的网络化是必然趋势，它代表着新时代经济形态的发展方向。而在网络经济运行过程中，作为网络经济基础的信息网络，对网络经济具有强大的支撑效应、渗透效应和带动效应。特别是信息网络发展过程中的有些规律对网络经济的运行具有支配作用，如反映信息技术功能价格比的摩尔定律，反映信息网络扩张效应的梅特卡夫法则，反映信息活动中优劣势强烈反差的马太效应等。而网络经济也具有一些不同于传统工业经济的特点，如边际效益递增规律作用范围的扩大，需求规模经济成为企业追求的目标，临界容量也将支持着企业经营战略、创新与新资源相结合等。这些规律特点使得传统经济学面临着空前的挑战，需要我们认真思考和研究。正如《信息时代的经济学》一书的作者Sultan Kermally所言："经济学家们必须精通宏观经济学和微观经济学两个层面上所发生的事。在商业世界中正在发生不可思议的变化，而且技术的发展正在加速这些变化。经济学的原理必须领导而不是滞后于这些变化。"

在网络经济经历了2000年的波折，逐渐走入正常的稳步快速发展的轨道时，人们对网络经济的认识和了解也逐步趋于成熟和完善。如今网络经济又经过10多年的发展，在经历了2007年开始的金融危机之后，已经基本完成了一个经济周期的运行。目前，网络经济正处于恢复和发展时期。

因此，我们认为，如今的网络经济是以信息流为核心的经济，是信息网络在社会经济各领域中的普遍应用，使得信息的采集、处理和应用成本大幅度降低，逐渐成为以信息、知识为核心生产要素的全球化经济形态。网络经济已成为当今社会经济的主流经济，是社会经济发展的新的经济形态。

现阶段，信息网络的形成为网络经济的产生和发展提供了物质环境基础，信息产业的发展为网络经济的迅速发展奠定了产业基础，电子商务的广泛应用构成了网络经济的商务基础。

如今，移动通信网络技术的成熟与发展，带来了网络经济商务模式(电子商务模式)发展的全新空间——移动电子商务，在网络经济经历了这样的发展变化后，使得我们对网络经济有了新的认识，此书有以下特点：

(1) 提出了"网络经济是以信息流为中心的经济"的观点。

(2) 对第2章的理论部分进行了规划，从网络经济的角度进行了理论的阐述，提出了网络经济的基本假设，如网络经济的信息不对称假设——信息不对称弱化、网络经济的经济人假设——高度理性的经济人及网络经济的资源稀缺性假设——有条件的资源稀缺性等。

(3) 在第4章中进一步阐明了“网络经济的生产(商务)流程”。

本书由刘培刚(安徽财经大学)主编；武化岩(河南工程学院)，高孝平(重庆邮电大学)，鲁瑛(福建工程学院)副主编。编写分工为：第1章、第3章由武化岩编写，第2章由刘培刚编写，第4章、第6章由鲁瑛编写，第5章、第7章由高孝平编写，第8章、第9章由田玉英(安徽电子信息职业技术学院)编写。最后由刘培刚负责全书的统稿工作。樊春利，郑亚琴，杨静，刘雷，张宇婷，刘侃，肖曙，毛一卿，张凡勇、李艳等也参与了本书的部分编写或对编写提供了帮助。

在本书的编写过程中，参阅了大量的国内外专家学者的著作和文献，在此对他们表示感谢，由于编者水平有限，书中的错误和疏漏之处，敬请各位专家、学者和同学批评指正！

编者制作了电子课件，如有需要请联系。Email：lpg123@163.com 或 gpli@ecust.edu.cn。

编者

2014.5

目　　录

第 1 章　网络经济概述

网络经济是在信息网络化时代产生的一种崭新经济现象，表现为经济生活中微观主体的生产、交换、分配、消费等经济活动，以及金融机构和政府职能部门等主体经济行为，都越来越多地依赖信息网络，特别是在国际互联网络开通以来，网络经济活动的发展势头之猛，超出了所有人的想象。人们不仅要从网络上获取大量经济信息，依靠网络信息进行预测和决策，而且许多交易行为直接在信息网络上进行。在网络经济中，信息不仅是生产资料，更是生产产品和消费商品，它在未来经济中具有举足轻重的作用。

网络正在使整个世界发生着翻天覆地的变化，它不仅改变了人们的思维和生活方式、企业的经营和管理模式，同时也影响着整个社会经济的发展，人们称 21 世纪将是信息或网络的时代。但关于未来经济的说法有多种，如信息经济、后工业经济、知识经济、新经济、注意力经济、网络经济等，不管怎样，其基础都是计算机网络，特别是 Internet 网络，而本质则是信息的生产与传输。

如今，在世界范围，网络经济正在如火如荼地发展，它对传统经济提出了严重挑战，并正在迅速地改变着世界。正如 200 多年前的工业革命把人与机器和工厂结合在一起那样，如今计算机信息网络与经济的结合将改变人们的生活，决定企业的生存、国家的发展乃至世界的前途。因此，认识和把握网络经济有着重要的理论和现实意义。

1.1　网络经济的产生与发展

网络经济兴起于美国，现已在世界范围内展开。20 世纪 90 年代美国经济的高增长、低通胀和低失业率，一般归功于网络经济的繁荣。格林斯潘说："美国的数字经济奇迹最有说服力地证明，自由的人在自由的市场上可以带来什么样的生产效率。"

1.1.1　网络经济的物质基础——信息高速公路

网络经济的基础是网络，网络经济的核心资源是信息，创造信息和享受信息成为这个网络经济时代的主要特征。而现代化的电信即以计算机、光导纤维、大型数据库等为标志的信息高速公路构成了信息运行的通道，因此，现代化的电信基础设施是网络经济发达的必要条件，可以说，网络经济是建立在高度发达的信息高速公路基础上的。

信息高速公路实际上是一个连接企业、组织、社会服务机构、政府和消费者的信息通信网络体系。它主要由四大部分组成：信息源、通信平台、信息处理应用系统和硬件系统。信息源包括经济、科技、教育、文化、法律、政治、军事等各种各样的社会信息资源，这些信息资源包括各种声、文、图像信息，可以有序的形式存在（如信息库、公共和专用数据库和知识库等），也可以无序的形式存在（如零星的资料、情报和文献等）。通信平台是基本支撑环境，是一个高速、宽带、互联、互操作的大型广域网络，能够传输多媒体信息，用以完成各种信息处理、传输交换和分配，并把有关的信息处理应用系统连接和综合起来，最大限度地发挥信息资源共享和信息系统整体功能的效用。信息处理应用系统可根据各个用户的需求，为其信息活动提供各种信息服务。硬件系统由计算机、光导纤维和其他通信设备组成。

1993 年 9 月美国政府率先提出建立“全国信息高速公路”的宏伟设想，日本、英国、法国、德国、韩国等紧随其后，相继提出本国发展“信息高速公路”的计划。经过一年多的筹划，各国“信息高速公路”纷纷上马，并成为 1995 年全球最令人兴奋的话题。

在建设信息高速公路的世界浪潮中，中国一批信息技术专家站在历史的高度，经过周密调查研究，根据中国国情，提出了中国的“高速信息网计划（CNINA）”。1993 年 10 月 15 日，当时世界上最长的光缆，中国通讯领域内的“主动脉”，纵贯南北的京汉广全线开通。“八五”期间，我国已陆续建成 22 条总长 3.2 万公里的“信息高速公路”——光缆干线，形成了光缆传输骨干网。目前，我国已形成了覆盖全国的“信息高速公路”——光缆传输骨干网。

1.1.2 网络经济的技术基础——Internet 技术

社会经济的发展，归根到底是由生产力的发展推动的。在决定生产力发展水平的诸要素中，科学技术是最具影响力的决定性因素。自 1946 年世界上第一台计算机问世以来，以计算机技术为基础的信息技术对社会经济的发展起到了促进作用，特别是计算机技术与通信技术相结合的产物——计算机网络的广泛应用，促使人类跨入了网络经济时代。

Internet 作为信息高速公路的支柱，是一个全球的、开放的信息互联网络，其对信息技术的发展、信息化社会的形成起着十分重要的作用。20 世纪 90 年代以来，随着计算机、通信等技术的日益发展和融合，以及 Internet 应用的广泛普及和发展，信息处理和传递突破了时间和地域的局限，为网络经济的发展奠定了技术基础。因此，20 世纪 90 年代中期形成的网络经济，是以 Internet 的迅速普及为基本特征的。

Internet 起源于 20 世纪 60 年代末的美国，它的前身是为军事服务而建立的 ARPANET。现在的 Internet 是世界上规模最大、用户最多、影响最广的计算机网络，其服务性质也由最初的面向军事、研究领域而逐渐被用于商业用途，它向人们提供了大量丰富的信息资源及各种各样的服务类型。因此，现在许多企业都开始利用 Internet 传递商业信息、进行商业活动，并且随着计算机的深入普及，Internet 也已经步入了普通消费者家庭。

在 Internet 的初期，人们主要通过 E-mail（电子邮件）、Telnet（远程登录）、FTP（文件传输）、Newsgroup（专题论坛）来获取和交换信息。随着 Internet 的发展又出现了 Archie（文件检索服务）、Gopher（信息浏览服务）、WAIS（索引服务）等。目前使用最广泛的 WWW（Word Wide Web）是 Internet 上最先进、交互性最好、应用最为广泛的信息检索工具，正是它的出现使得 Internet 更容易为广大使用者接受和欢迎。

数据表明，Internet 达到第一个5 000万用户只用了 4 年时间，而达到这一规模，收音机、电视和电脑则分别花了 38 年、13 年和 16 年。Internet 的出现完全可以与印刷术、蒸汽机、电话和装配线等相媲美。一位丹麦经济学家在他的学术报告中,把20世纪Internet的发明比喻为18世纪蒸汽机的发明。不过,Internet对人类经济的影响会远远超过蒸汽机的发明对人类生活的影响。

1.1.3 网络经济发展的根基——企业信息化

网络经济有着不同于传统经济的本质特点:人们通过Internet的信息交流(包括各种商务信息)越加方便和快捷,而且可以突破传统经济的时空界限,客户的需求也呈现多样化趋势。为了在这一时代的经济领域占据一席之地,并获得竞争优势,各企业必须改变各自的经营模式,重新构思工作方法,并与各自的合作伙伴和客户形成新的密切协作关系,而这一切的实现都必须借助于企业信息化的实施。企业信息化是现代企业适应网络经济发展的根本出路,也是网络经济赖以发展的根基。

目前,网络经济正随着世界经济一体化的发展,逐步渗透到社会经济的各个环节,而网络经济之基本且主要的经营模式——电子商务的形成和应用,将对企业的管理模式、市场营销理念等多方面提出挑战,这为企业实施信息化改造提供了原动力,也为企业信息化发展指明了方向。反过来,企业信息化的发展也将推动网络经济的进一步发展和完善,可以说电子商务是以企业信息化为依托的,网络经济也是建立在企业信息化的基础之上的。

企业信息化是传统经济与网络技术结合的最好体现,它可以优化企业资源配置,加快企业改造和转型,增强企业的竞争力;同时,企业信息化也将从根本上过滤网络经济的泡沫成分,为整个经济发展引入新的动力。没有企业信息化,真正的电子商务也就无法实施,网络经济也将成为空中楼阁。

企业信息化建设是一个不断发展和完善的过程。因此,在网络经济时代,企业信息化就是借助以计算机、互联网等先进技术为代表的信息技术手段,将企业的经营及管理流程在线实现,为企业管理层的决策在线提供准确、完整而有效的"信息";使企业员工参与到企业的经营管理活动之中;同时也能与企业的合作伙伴实现在线协作;并为企业的客户提供全程在线服务,实现企业信息资源的充分合理利用。其本质就是增强企业的"核心竞争力",满足客户的需求。从中不难看出企业信息化并不仅仅是企业的计算机化,更重要的是一个利用现代通信技术和网络技术、采用先进的企业管理方法和理念实现企业经营管理网络化的过程。

用计算机和网络系统来处理企业中的各种业务信息,包括对生产、销售、采购、库存、人员等信息的处理,已有二三十年的历史。早期主要用于单项业务处理(Electronic Data Process),后来发展到集成的管理信息系统(Management Information System)、决策支持系统(Decision Support System)、物料资源计划(MRP),又发展为制造资源计划(MRPⅡ),这就在企业的信息系统中,实现了业务数据处理的自动化和业务数据的集中管理,为网络经济的实现,提供了技术基础和信息基础。但这些系统的特点是只限于企业内部信息的传递、处理,只是一个个信息孤岛,无法让贸易伙伴共享贸易信息。

进入20世纪90年代后,企业的竞争优势来自对创新的追求,需求的迅速变动与生产过程的调整,企业的组织边界和业务边界被拓展。许多企业组织认识到:供应商已不能再被排斥于企业管理之外,供应商同样应该成为企业资源的重要组成部分,而在纸张上打印订单并邮寄给供应商,再由供方键入到他们的计算机中,只能是资源的浪费。

由于 MRPⅡ是仅限于企业内部的管理模型,对外部市场与合作伙伴信息关注不够,缺乏整体协调性和灵活性,已经难以适应企业竞争战略的发展需要。因此,企业信息化就又朝着网络化、信息技术集成化方向迅速发展,企业管理信息化也实现了从个人电脑到群体计算机工作网络、从孤立系统到联合系统以及到跨企业计算机网络的飞跃。

为了加强企业与合作伙伴的协作关系,充分利用合作伙伴的信息资源,他们之间的计算机通过增值网(VAN,Value added networks)相互连接起来形成了企业专用外部网络。利用增值网,企业间的订单、发票、产品规格以及其他文件都可通过 EDI 系统转化为 EDI 文件实现电子化传送,这就克服了数据重复输入的低效率,实现了企业与合作伙伴之间的资源共享。

在网络经济时代,企业信息化建设不仅应包括企业内部流程,还应包括合作伙伴间的协作关系,同时更应包括客户关系在内,要考虑到客户的多样化需求,提高客户满意度,真正将客户资源作为企业的重要资源之一,从而形成一个全新的企业内部、企业与业务合作伙伴及客户间互动、稳固的协作关系,即:形成在企业内部员工之间、企业与业务伙伴之间、企业与客户之间通过电子化方式工作的协同工作关系。而这一点恰恰是传统经济时代没能考虑的。虽然在 20 世纪末形成了 ERP、SCM 及 CRM(客户关系管理)等把企业的前台、后台结合起来,但三者是相互孤立、各有特色,尽管名义上都涵盖了企业管理中从采购、生产到销售的全过程,但却各有侧重:ERP 主要在企业内部商务管理运作中占有明显优势,SCM 则在企业外部供应链管理中有明显效益,而作为能反映客户意愿的 CRM,仅仅是停留在企业内部对客户信息的管理中,且是一个封闭、独立的系统,并未与客户形成一种互动的实时沟通,当然就无法充分发挥 CRM 的真正效果。这三者之间未能形成一个协调统一的模式。

网络经济时代的电子商务却可以将企业内外的商务活动进行有机的协调统一。企业实质上是为节省市场交易费用而形成的一种组织形式,企业内部各生产部门、各业务部门之间的业务往来从广义来看同样是商务活动——企业内部商务。关于电子商务,IBM 公司认为:电子商务(EB,E-business)是在 Internet 的广阔联系与传统信息技术系统的丰富资源相互结合的背景下应运而生的一种相互关联的动态商务活动。电子商务不仅仅是企业经营环节的电子化(网上洽谈、网上订单、网上支付等),更包括采购、生产、库存、配送、客户服务等整个供应链的电子化,以及管理和决策的电子化。

电子商务是建立在开放的 Internet 网络基础之上的,采用 TCP/IP 协议,因此电子商务平台具有开放性,原有的企业管理系统如 ERP、SCM、CRM 等均可运行于该平台,这些系统也是电子商务的支撑系统。当然这些系统软件并非是现有的 ERP、SCM、CRM 简单、原封不动照搬到电子商务平台中,而是经过改造的、去除冗余的适合以"客户"为中心的、能相互协调统一的 ERP、SCM、CRM,这些系统在电子商务平台中得以统一。

在电子商务中,ERP、SCM、CRM 三者之间通过网络实现实时、在线的信息互动、资源共享:基于 Internet 的客户关系管理系统(CRM)可以实时、在线地将客户的各种相关信息、文件传送到 ERP 及 SCM,基于 Extranet 的 SCM 也可以自动将合作伙伴的各种相关信息、文件传送到 ERP 和 CRM,同样基于 Intranet 的 ERP 自动将相关信息、文件传送到 SCM、CRM,满足客户及合作伙伴的需求,从而形成一个以"客户为中心"的贯穿整个供应链的企业信息化模式。使企业积极参与整个供应链的竞争,最大限度地利用企业内、外部资源,利用不断创新的商业模式实现最大的增值。

1.2　网络经济的概念及特征

从技术进步和生产力发展的角度来看，人类社会的经济形态可以分为三个阶段：生产和消费合一的农业经济阶段；生产和消费过程分离的工业经济阶段；生产和消费过程重新统一的网络经济阶段。

农业经济阶段，国民财富只是简单再生产，没有增值过程，自给自足的生产和消费直接合一，是一种低水平的、没有社会化的直接经济；工业经济时代是迂回经济，亚当·斯密经过研究发现，工业文明的秘密在于"分工"，分工是财富的根本来源，分工是工业经济与农业经济最大的、也是最初的区别点。因此，在工业经济时代，财富的增长主要来自分工，来自生产起点到消费终点之间增加的诸多中间迂回的环节，所以是生产和消费之间进行迂回的经济。这种迂回既包括生产资料投资的迂回，也包括商业流通中增加的商场、分销商的迂回，它不再是直接经济，但却是社会化的经济；而网络经济的秘密在于"融合"——"生产和消费的统一过程或直接化过程"，它直接、快捷地贴近用户要求，是在更高程度上的、社会化的直接经济。从全局的角度看，网络经济将对以工业经济为主的国民经济全局带来根本性的改变。因此，"融合"是网络经济中财富的根本来源，也是网络经济与工业经济分化的原点。然而"融合"并非网络经济发展的最终目标，融合的根本实质则是满足人们"自我实现"的最高需求，在网络经济时代，人们完成一次交易、消费或使用商品，已经不再仅仅是"交易"、物质的满足，而是一种过程的体验，一种自我实现。

可见，网络经济应是没有时空、地域限制的生产者和消费者直接见面的经济，即社会化了的直接经济。网络经济是区别于农业经济、工业经济的一种新型经济。

1.2.1　网络经济的概念

网络经济的产生离不开经济信息化和信息网络化。经济信息化是工业社会向信息社会发展的动态过程。它一方面依靠信息技术的产业化，另一方面依靠传统产业的信息化。其根本标志是信息成为社会经济的最重要的战略资源，不能仅从通信现代化和计算机化去把握网络经济的丰富内涵。信息网络化虽然以互联网络或信息高速公路为物质基础，但其内涵主要在于人类经济行为方式的变革：经济主体上网交易；电子货币悄然兴起；网络金融蓬勃发展；网络管理渐成时尚；信息网络对资源配置的调节范围和调节作用逐渐加大。网络经济生成的根本原因不仅源于数字化革命和信息传输效率的飞速提高，而且也还在于交易活动的变化和网络经济效应的存在。

1. 网络经济的含义

网络经济这一概念早已有之，而且由于分析的角度不同，有不尽一致的看法。例如，早在 20 世纪 80 年代，有些日本学者鉴于第三产业中的商业、运输业、金融业等均因有相应的网络而发展起来，就把服务经济称为网络经济，提出要研究这类网络经济问题。其实，许多行业，如电信、电力、交通（铁路、公路、航空）等基础设施行业都具有网络经济的特征，因为这些行业共同具有“网络”式而非“垂直”式的经济结构特征，进而存在外部性特征。

不过，今天人们一般所说的网络经济，更多的是指成为时尚而流行的互联网经济，即Internet Economy，它与信息经济有着密切的关系。但是，对于网络经济，目前却有着不同的说法，以下说法具有一定的代表性。

(1) 网络经济是指包括电信、电力、交通运输等有着相应的运营网络的经济行业。这些行业大致相当于具有网络特征的基础设施行业。

(2) 网络经济是指以计算机网络为核心的信息产业群，包括与计算机网络相关的硬件、软件开发制造以及网络体系建设等行业。美国商务部甚至将无线广播、电视以及相关制造业也包括在其中。

(3) 美国得克萨斯州立大学电子商务研究中心认为，网络经济包含四个部分：网络的基础建设领域、网络的基础应用领域、网络的中介服务领域、网上的商务活动。

(4) 网络经济所研究的是当社会的生产方式与交换方式以网络形式组织起来后，人与人的经济关系会发生什么变化(平新乔，2000)。

(5) 从企业运行的角度，网络经济是建立在国民经济信息化基础之上的，各类企业利用信息和网络技术整合各式各样的信息资源，并依托企业内部和外部的信息网络进行动态的商务活动和管理活动所产生的经济(陈佳贵，2001)。

(6) 网络经济是构架在电子网络上的经济，其本质在于经济的联结性。网络经济的这种联结性将会改变社会生产和经营的动作方式，创造出一个全新的经济来(陈友龙，2001)。

(7) 网络经济是信息经济的一个别称或特称。数字经济、比特经济、知识经济、智能经济、后工业经济、新经济等都是对信息社会经济的不同称谓。这些称谓都是从某一个特定方面来反映这一经济的特征的。

(8) 网络经济有三个层面：从经济形态这一最高层面看，网络经济是有别于农业经济和工业经济的信息经济、知识经济和数字经济；从产业发展的宏观层面看，网络经济就是与电子商务活动紧密相连的网络产业经济，既包括网络营销、网络金融、网络企业以及其他商务性网络服务，又包括网络基础设施、网络设备和产品以及各种网络服务的建设、生产和提供等经济活动；从企业营销、居民消费或投资的微观层面看，网络经济则是一个网络大市场或大型的虚拟市场。网络经济的这三个层面是相互联系的。网络市场扩大了，网络产业发展了，表现为全新经济形态的网络经济也就必然水到渠成(乌家培，2000)。

(9) 网络经济可以分为狭义和广义：从狭义的角度来分析，网络经济应是与计算机网络，特别是与Internet有关的经济。网络经济的主导产业是信息技术产业和信息服务业，而信息技术产业又可分为计算机硬件产业、软件产业和信息媒介三大产业。信息服务业则包括新闻、咨询、代理、电信、网络等；从广义上来讲，网络经济是从经济的角度对未来社会的描述。从工业社会的产业经济向未来社会的网络经济的转化是一种经济的变迁。网络经济是区别于农业经济、工业经济的一种新型经济(王道平，2000)。

上述关于网络经济的含义，是许多学者从不同的角度对网络经济所做的描述，彰显了网络经济的不同特征，可谓见仁见智，以至于我们不能简单地判定孰优孰劣。但是，总体上，可以分为两大类：一类是认为网络经济就是以计算机网络为核心的信息产业群，也就是网络产业即为网络经济；另一类是认为网络经济应该是包括社会再生产各环节在内的一个总体经济的概念。

2. 网络经济的概念

从国内外专家的研究看，网络经济又称为信息经济、知识经济、数字化经济，或称为新经济，但无论哪种称谓，其核心含义都是指由于计算机互联网络在经济领域中的普遍应用，使经济信息成本得以急剧下降，从而导致信息替代资本在经济中的主导地位，并最终成为核心经济资源的全球化经济形态。

从本质上看，亚马逊书店的首席执行官贝索斯认为，“互联网的真正价值在于它将人们连接起来”。因此，从本质和起源上看，网络经济是通过电子网络形成的联结经济。电子网络的联结性是网络经济的本质属性，网络经济的任何问题，都要受到这一本质属性的规定和制约。

马克思指出：“各种经济时代的区别，不在于生产什么，而在于怎样生产，用什么劳动资料生产。劳动资料不仅是人类劳动力发展的测量器，而且是劳动借以进行的社会关系的指示器”。[①] 因此，我们在界定和定义网络经济时也应该从这一角度来分析定义。

网络经济与工业经济的主要区别在于计算机网络和信息技术的应用而导致的信息处理与传播方式的变化。如果说工业经济是以机器为中心的商品经济，那么网络经济就是以网络为中心的服务经济。网络经济时代的主要工具是信息技术，或者说是计算机和网络。在这种新型工具的作用下，不但是人们的生产方式和生产资料，而且连人们的生活方式、相互关系等政治、经济、社会的一切方面都因之而发生根本性的改变。

任何一种社会的经济活动都是以若干种资源为依托的，在这些资源中，必然有一种资源是最重要、最基本的，人们通常称之为战略资源。农业社会的战略资源是土地，工业社会的战略资源是资本，网络社会的战略资源是信息。尽管信息不是网络社会唯一的资源，但却是最重要的资源。随着信息技术的发展，信息收集、传输、存储、加工的速度越来越快，越来越能准确地反映市场需求，使企业能够准确地把握市场动态和发展方向，减少了生产和投资中的盲目性，提升企业的竞争力。

农业时代的生产方式是劳动者运用简单的农业生产工具，以土地为重要生产要素生产农业产品；工业时代的生产方式集中表现为机器大工业利用自然资源（主要是不可再生资源）进行标准化、大规模、大批量地生产各种商品；网络经济的生产方式则表现为通过智能化信息网络，利用信息资源，个性化、大规模、小批量地生产各种信息化、智能化商品，增加无污染可再生资源的利用，减少不可再生资源，从而实现可持续发展，见表1-1。

表1-1 人类社会经济活动各阶段基本特征比较

	主要经济目标	经济活动方式	基本生产要素	关键生产要素	经济成果形式	基本经济单位	社会经济特征
远古游牧经济	人类生存	从自然中直接获取	劳动	劳动	有用自然物	部落	劳动创造了人
传统农业经济	生存和发展	资源开发利用	劳动、土地	劳动	产品	家庭	劳动创造财富

① 《马克思恩格斯全集》第23卷，人民出版社1995年版，第204页.

续 表

	主要经济目标	经济活动方式	基本生产要素	关键生产要素	经济成果形式	基本经济单位	社会经济特征
现代工业经济	人类社会发展	稀缺资源优化配置	劳动、土地、资本(技术)	资本	商品及其价值	企业	资本雇佣劳动
网络经济	人类社会可持续发展	无污染可再生资源开发利用	劳动、土地、资本、信息	信息	信息化智能商品、知识和发展机会	企业、柔性组织	知识调动劳动

资料来源:郝云宏,时空相对:经济学及其发展的基本特征,当代经济科学,2001,3.

在农业经济时代,很多产品都是直接进入市场的,中间环节较少。随着生产力的不断提高,社会分工的逐步细化,生产者和消费者直接见面的交易方式越来越阻碍了工业社会生产效率的提高,由此而产生了商业这一中介机构。传统商业把生产者与消费者在时间和空间上分割开来,这大大促进了工业企业的专业化、规模化的发展,但同时由于层层的中间环节,交易成本也随之增加,生产者与消费者在某种程度上产生了一定的隔阂。而计算机网络和信息技术的发展,使生产者和消费者可以通过 Internet 直接对话和交易,不仅可以大大降低交易成本,而且可以使交易双方在时间和空间上有更大的活动范围。

以上分析说明网络经济是建立在现代信息网络基础之上的,利用现代信息技术手段,以知识、信息为核心生产要素的社会化了的全球直接经济形态。

从本质上说,网络经济是一种以信息技术为基础,知识、信息要素为主要驱动因素,信息网络(主要是 Internet 及相应的计算机网络)为基本生产工具的新的生产方式。

网络经济是在工业社会内孕育成长的经济,它强调的是现代信息技术和经济的网络化特征。在网络经济中,信息的生产与应用占据中心地位。网络经济的主导产业是信息技术、信息服务、电子商务和高科技产业。信息技术产业包括计算机硬件、软件、智能、通信网络与多媒体技术等,它们为信息的生产与应用提供了基础设施和技术手段;信息服务产业和高科技产业从事信息、知识的生产,其中,信息服务产业包括教育、新闻、咨询、通信、数据库等,起着生产信息和传播信息的作用。高科技产业包括新材料、新能源、生物技术、海洋工程、航天航空等,主要是创造知识和应用知识;电子商务则以上述产业为基础,是对现代信息技术的广泛应用,是生产、经营、管理活动的电子化和网络化。其中,既包括在互联网上进行的一切商务活动,如网上购物、网上银行、网上拍卖等,又包括利用信息网络,对管理活动所做的一切改进,如电子政务、现代物流、内部管理系统和外部网络系统等。

3. 网络经济的相关概念

20 世纪 70 年代初以来,对于未来经济提出了多种说法。先有托夫勒在《第三次浪潮》中提出的“后工业经济”,奈斯比特 1982 年在《大趋势》中提出的“信息经济”,再有英国福莱斯特 1986 年在《高技术社会》中提出的“高技术经济”,1990 年联合国研究机构提出了“知识经济”概念。1996 年美国《商业周刊》发表文章提出“新经济”的概念,并指出一种新型经济已经形成。1997 年美国总统克林顿在一份报告中采纳了联合国研究机构确定的“知识经济”的说法。20 世纪 90 年代后期,互联网浪潮席卷全球,自此,“信息经济”、“知识经济”、“网络经济”、“新经济”、“数字经济”成为我们身边常见的用语,而且,这些概念在许多场合相互混用，那么究竟它们之间该怎样区分呢？

这些概念所表述的对象是一致的，只是看问题的角度和强调的重点有所不同而已。从国民经济构成和主导产业的意义上说，网络经济是“信息经济”；从经济活动的技术含量和知识的作用来说，网络经济又是“知识经济”；从现代信息技术的数字化特征来看，网络经济是“数字经济”；从信息网络作为第四代传播媒介，并且被广泛应用于经济活动的角度来看，网络经济也可以说是“媒介经济”；从经济特征与经济规律出现一些根本性变化的角度来看，网络经济应该称作“新经济”。

1.2.2　网络经济的特征

在网络经济中，由于信息传递工具的技术创新和革命性变化，改变了信息处理与传递的方式。因此，网络经济最本质的特征是改变了人们的生产、贸易和交往方式，其主要表现是：任何时间任何事物的相连性，这种彼此直接见面的经济是生产和消费的统一，它大大减少了交易的成本，消除了人们的时空感和距离感，不仅使“天涯若比邻”成为现实，而且也正逐步改变着我们的世界。网络经济与传统经济相比有以下特点。

1. 网络经济是全天候运作的经济

由于信息网络和 Web 服务器等是全天 24 小时运转的，因此，人们的经济活动在某种意义上变成了人与计算机之间，甚至是计算机与计算机之间的交易活动，这样，基于网络的经济活动就很少再受时间因素的制约，你可以在任何时间完成你需要进行的交易，特别是对于数字产品、信息服务等，因为这些产品、信息是被存储于计算机信息服务系统（服务器）中的，而服务器则是全天候运行的，因此，网络经济彻底打破了时间限制。

2. 网络经济是全球化经济

网络经济将世界变成了一个庞大的村落——“地球村”，突破了地区和国界的限制，物理空间的距离在消失。网络使得地理距离变得无关紧要，基于网络的经济活动把空间因素的制约降低到最小限度，使整个经济的全球化进程大大加快，世界各国经济的相互依存性空前加强。因此，网络经济是全球一体化的经济。

网络经济在打破空间限制的同时，也引来了全球化的竞争。企业网上交易可面对全球的用户，而每个企业都可以通过网络选择自己的合作伙伴和交易对象，这样网络就为企业提供了极大的发展空间，也使得竞争更加激烈。

全球经济高度信息化的发展，给世界经济一体化提供了条件，而世界经济一体化又反过来促进了网络经济的形成与发展。我们知道 Internet 是一个不分国界、不分地区的全球网络，从而建立在网络基础上的经济也已不再是以往的地区性经济，而是一种全球化的经济形式。正如一个小小的泰国货币贬值竟会引起全面的亚洲金融危机，进而波及俄罗斯、影响美国金融市场一样，在全球经济一体化进程中，每一个小小的波动都有可能对全球造成影响。

跨国公司作为世界经济一体化的实体在网络经济下有了新的灵魂。新型跨国公司的网络触角早已超越了传统，它将公司之间的业务往来也包括在自己的业务范围之内。借助广泛而密切的联系，各种决策能在总部与分布在世界各个角落的子公司或分公司之间及时地传递和交流，诸如分红协议、战略联盟、生产任务和供应安排等。

正如200多年前工业革命使世界经济从主要依靠劳动力的农业经济向主要依靠资源的工业经济转变，通过海上新航路使世界地域一体化，从而步入工业时代一样，今天的高科技产业化也正使世界经济从主要依靠资源的工业经济向主要依靠智力的网络经济转变，通过信息高速公路的即时联系使世界经济一体化，使世界各国又进入了一个崭新的时代。

3. 网络经济是传统中间层次作用减弱的"直接"经济

网络缩短了生产厂家与最终用户之间供应链上的距离，改变了传统市场的结构。企业可以绕过传统的经销商而直接与客户沟通，客户的需求将直接转化为企业的生产指令，这不仅可以大大增加企业与消费者的联系，同时可以减少许多中间环节，使企业大幅度降低经营管理成本。

工业经济的市场模式有许多中间环节，企业生产是大规模生产，企业销售产品需要经过多级批发商、零售商等。网络经济的市场模式将取消这些中间环节，也就是说从工业经济向网络经济的转变，就是从中间层管理制度到直接的管理制度；从规模化的迂回生产到直接通信的柔性制造；从间接的商场销售到网络直销；从纸币中介到电子货币；从大批量中间生产到直接面向最终用户的迅速反应；从重视硬件到依靠知识信息、网络增值服务、卫星通信等。简单地说，从工业经济向网络经济的发展，就是从迂回经济向直接经济的转变。

网络使信息在组织的各部门之间及时、快速地传递，从而减弱了中间管理层的作用，使经济组织结构从金字塔型转向扁平型。网络也使企业能够直接把产品推向消费者，通过网络与消费者建立长期、密切的关系，使处于网络端点的生产者与消费者的直接联系，因"产销见面"使中间层次的作用大大削弱，减少了批发商、零售商等中间环节。

4. 网络经济是虚拟经济

经济的虚拟性源于网络的虚拟性。转移到网上去经营的经济都是虚拟经济，它是与网外物理空间中的现实经济相并存的、相促进的。培育虚拟经济的成长、促进虚拟经济的发展，已成为现代经济新潮流的动向。

企业的一切经济活动都是在由网络构筑的虚拟空间上完成，供方和需方可能从未谋过面，订货、付款、收货等贸易活动的全过程都在网络上完成。在这里，作为经济主体的企业的信誉和品牌是非常重要的，也对企业在网络空间中创造自己的品牌提出了挑战。同时，如何保证企业在网络上交易信息的安全和对个人隐私的保护，是网络经济健康发展的保证。

5. 网络经济是竞争与合作并存的经济

信息网络使企业之间竞争和合作的范围扩大了，也使竞争与合作之间的转化速度加快了。经济全球化的发展，使企业之间的竞争越来越激烈，企业原有的地域、产品、技术优势不再存在，面对着的是掌握世界范围内产品信息、对产品和服务要求越来越苛刻的客户，且客户的需求变化也越来越快。为了赢得竞争优势，单凭企业自身的力量很难满足客户不断增长的需求，因此需要与其他人合作，在竞争中合作，合作也是为了增强自己的竞争力。正是在这种又合作、又竞争的环境中，企业的活力增强了，企业的应变能力提高了。企业可持续的竞争优势，主要不再依靠自然资源和资金的优势，而更多地取决于信息和知识。

6. 网络经济是速度型经济

现代信息网络可用光速传输信息。反映技术变化的"网络年"概念流行起来，而网络年只相当于正常日历年的1/4。网络经济以接近于实时的速度收集、处理和应用大量的信息，经济节奏大大加快，一步落后就会步步落后。产品老化在加快、创新周期在缩短，竞争越来越成为一种时间的竞争。未来的经济将是在注重质量的基础上注重速度的经济。思科公司(Cisco)首席执行官兼总裁钱伯斯说："今天，网络经济已经出现，在这种经济环境中，游戏规则不再是以大胜小、以强凌弱，而是速度的较量。"

7. 网络经济是创新型经济

网络经济的核心是创新：网络经济是高科技的产物，它激发了企业的不断创新精神。因网络技术的发展日新月异，以此为基础的网络经济更需要强调研究开发和教育培训，唯有不断创新，企业才能发展，网络经济才能为继。在技术创新的同时还需要有制度创新、组织创新、管理创新、观念创新的配合。创新来自创造性，创造性的存在，要有从无序中寻求有序的环境；而创造性的发挥，则要求从有序中冲刺出来，产生适度的无序。

在一个国家的经济发展和追赶、跨越中，仅靠自由竞争的市场经济是不够的，还需要从长远的、动态的视野出发，寻求资源的最优配置，通过政府进行适当干预，共同推动产业和企业的技术创新与发展。即使在世界经济日趋一体化的情况下，国家创新体系仍是一个国家经济发展的关键概念框架。在人类历史上，技术领先的国家，从英国到德国、美国，直到日本，这种追赶、跨越，不仅是技术创新的结果，而且还包括知识创新，以及许多制度和组织的创新。

8. 服务的个性化

网络时代的顾客会拥有越来越多的信息，他们利用这种信息找出满足他们需要的、质量和价格最好的产品。而针对顾客的多样性和信息反馈的及时性，"灵活制造"、"个性化服务"越来越受到企业的注意。

个性化即针对每一个用户的独特信息需求进行独特的针对性服务，基于大量用户的各自不同的信息需求进行高效率的集成化信息过滤，也就是所谓"信息分流"。企业最具有竞争力的优势是对市场外力的更迅速的响应和对不同类型信息之间的更好的处理。以金融界为例，在网络经济时代，金融机构面临的挑战是怎样通过建立"电子化世界"，在提高企业利润的同时加强客户关系。

9. 知识经济与网络技术的结合

知识的最基本要素是信息，知识经济也是以信息的传播和增值为基础的经济，而网络技术的迅速发展又推动着传统经济的全面信息化。因此，当知识经济与网络技术结合起来时，这就意味着一个全新的全球性的以网络驱动的新型经济，即网络经济的诞生。Internet 的飞速发展大大加速了以知识为基础的经济时代的到来。

在网络时代，竞争的优势已经不再属于那些最大的或自然资源最丰富的、资本最雄厚的国家。而是智能主宰一切，只有善于创造新的知识，把新智能转化为新技术和新产品的国家，在未来的年代里才能更快地走向繁荣。

10. 中小企业的地位大幅上升

工业经济的产品是标准化、大众化的，它是大企业的时代，中小企业无法与其竞争；网络经济中，产品更新速度大大加快，而且产品是差异化、个性化的，这对于任何企业几乎是一样的，中小企业可通过网络扩大自己的影响，并将产品销售到世界任何地方，中小企业竞争力极大提高。

1.3 网络经济是以信息流为中心的经济

1.3.1 商务活动的四流及其信息流的地位

一项经济活动可以看成是由商流、物流、货币流和信息流所构成。而商流、信息流、货币流和物流的相互关系，随着科学技术和经济的发展而处于不断变化之中。其中，信息流尤其重要，它是判定一个经济社会效率高低的决定性标志。

1. 在游牧经济中，经济活动是简单的物物交换

在游牧经济中，其经济活动中很少有物流，也没有货币流，而信息流几乎为零。交换只在两个部落偶然相遇时发生。

2. 农业经济是一个以物流为中心的经济，是基本上自给自足的经济

在农业经济中，金属货币作为一般等价物开始出现。传递信息的工具是马车和帆船，交换的范围是马车和帆船的有效活动范围。形成区域性市场，交换受到信息流的限制。

3. 工业经济是市场经济，是以货币流为中心的经济

在工业经济中，为了货币的增值，生产具有无限扩大的可能性。而传递信息的工具是火车、轮船、汽车、电话和电报，交换的范围是火车、轮船和汽车的有效活动范围。形成了世界市场和跨国公司。而金融资本统治着世界。随着银行业的发展，人们可以通过借贷来代替资本积累。

4. 网络经济是以信息流为中心的经济，信息流在经济活动中处于支配地位

在网络经济中，经济活动依赖于信息设备和信息技术，经济活动的各个环节——商流、资金流、物流等环节的实现和有效运作都受信息流的控制和支配。由于信息网络和信息技术的广泛应用，使得商务效率大大提高，商务运作的成本极大降低。

1.3.2 信息的本质及其特点

1. 信息的本质

信息科学中："信息"是指"事物运动过程中偶然性的消除"。美国著名数学家、贝尔实验室电话研究所申农(C.E.Shannon)博士被视为现代信息论的创始人。他在 1948 年和 1949 年连续发表论文，指出："通信的数学理论"和"在噪声中的通信"，提出了信息量的概念和信息熵的计算方法，还给信息下了一个高度抽象化的定义："信息是用以消除随机不确定性的东西。"申农的看法，被认为是对信息的认识的重大进展，因为他推导出了信息测度数学公式，标志着信息科学进入了定量研究阶段。

美国著名数学家、控制论创始人维纳(Norbert Wiener)教授在 1948 年出版了《控制论——动物和机器中的通信与控制问题》。维纳从更加广阔的领域研究了信息，他认为信息是"我们在适应外部世界、控制外部世界的过程中同外部世界交换的内容的名称。"他还认为："接受信息和使用信息的过程，就是我们适应外部世界环境的偶然性变化的过程，也是我

们在这个环境中有效地生活的过程。”他的信息概念是从信息发送、传输、接收的过程中客体与认识主体之间相互作用的角度来定义的。

意大利学者朗高(G.Longo)在1975年出版的《信息论:新的趋势与未决问题》中指出:“信息是反映事物的形成、关系和差别的东西，它包含在事物的差异之中，而不是在事物本身。”

《中国大百科全书》中有关“信息”的条目提出:“按照狭义的理解，信息是用来消除不定性的东西;按照广义的理解，又有两种认识:从本体论意义上说，信息泛指一切事物(物质的、精神的)运动的状态和运动的方式;从认识论意义上说，信息是关于事务运动状态和运动方式的反映。正因为信息是事物运动的状态和方式(本体论意义)，是关于事物运动状态和运动方式的反映(认识论意义)，它才可以用来消除人们认识上相应的不定性。这是广义理解和狭义理解之间的内在联系。”①

可见，信息是一个复杂而多层次的概念，我们认为:信息是用来消除随机不确定性的客观事物的外在表现。它存在两个重要的层次，即从本体出发的本体论层次和从主体出发的认识论层次。从本体论层次考察与理解，信息是一种客观存在的现象，是事物运动的状态及其变化方式，亦即事物内部结构和外部联系的状态以及状态变化的方式。从认识论层次来考察与理解，信息是主体所感知或所表述的事物运动状态及其变化方式，是反映出来的客观事物的属性。

2. 信息的特点

信息定义所揭示的是信息的本质属性，但信息本身还存在许多由本质属性派生出来的一般特性，包括普遍性、客观性、时效性、传递性、共享性、可伪性等，它们大多从某一个侧面体现了信息的基本特点。正是有了这些新颖的特性，才使信息成为既不同于物质又不同于能量的一类新的研究对象。

(1) 普遍性　信息的普遍性是指信息的存在是普遍的，即信息是无处不在的，也是无时不有的。

(2) 客观性　信息的客观性是指信息的内容及其存在是不以人的意志为转移的，是客观存在的。

(3) 动态性　信息所反映的总是特定时刻事物的运动状态和方式，当人们将该时刻的信息提取出来之后，事物还在不停地运动，其内容和信息量都会随着时间的变化而不断地取舍、更新、充实。

(4) 时效性　信息的时效是指信息从产生、发出、接收到利用的时间间隔及其效率，即信息的时效性是指一个具体信息的使用价值是有时效的，是随着时间的变化而发生变化的，不同的时间，信息的使用价值也有所不同，一般来说信息的使用价值随时间的推移而逐渐减弱。

(5) 可传递性　信息的可传递性是指信息可以通过一定的传输载体进行传递，从而形成信息交流，而被人们相互感知和接收。信息的可传递性使信息有可能在短时间内广泛扩散和传播。

---

① 周文骏，中国大百科全书:图书馆学 情报学 档案学，北京，上海:中国大百科全书出版社，1993:516。

(6) 共享性　信息的共享性是指信息可被众多主体同时享用。

(7) 可伪性　信息的可伪性是指有时人们理解或掌握的信息不一定是“对事物的状态、特征及其变化的客观反映”。

(8) 无限性　信息的无限性是指信息是无限的。人类社会与自然界时刻都会产生信息。随着时间推移、信息又在无休止地产生和发展。物质世界是无限的,人们对物质世界的认识也将是无限的,因而随之产生的信息也是无限的。信息无限性也带来了一个严重问题(即信息爆炸),要求人们应具备选择有用信息和重要信息的能力,否则就不能有效地利用信息。

(9) 依附性　信息的依附性是指信息本身是看不见、摸不着的,也无法为人们所感知,它只能附着在某种载体上,并以一定形式表现出来才能为人们所感知和利用。载体是信息产生、交流和存在的必要条件。

(10) 可存储性　信息的可存储性是指信息可依附于其他物质载体而存在于自然界中。信息的存储、传递和交流必须依附在一定的物质载体之上。

1.3.3　信息载体与信息交流

我们知道信息符号必须具有载体,才能被记录、存储、传递和交流。载体是信息得以被记录、传播的基础,没有载体就没有信息交流。信息符号所依附载体的形式有多种多样,可以说自然界存在的任何事物都可成为信息符号的载体。根据载体的形式可分为有形物质载体、无形物质载体和数字化载体。

1. 有形物质载体

有形物质载体是指表达信息的信息符号所依附的载体具有一定的物质形态,是一种看得见、摸得着的信息载体,如纸张、金属、塑料胶片等各种物质材料。这类符号载体所表达的信息可直接为人们所认知和接收。有形物质载体所记载的信息是一种相对固化的信息,一经“定格”在某种载体上就不能随外界的变化而变化。它的优点是易识别、易保存、易传播,使人类知识能传于异地、留于异时,缺点是不能随外界的变化而变化,固态化是信息商品老化的原因。由于其载体的物质特性,因此它们的传播交流方式和物质传递方式相同,在传递信息时伴随有物质的流动。

2. 无形物质载体

无形物质载体是指信息符号所依附的载体不具有一定的物质形态,这类信息符号载体是以人脑作为信息记忆、储存的载体,并将信息符号直接以声波、电磁波、光波等为传播载体传递到人脑接收的一类信息符号载体。如语言交流、形体交流等。无形物质载体记载的信息不易积累和保存。如课堂教学、口头咨询服务、电话交流、展览、电影观赏、文艺节目等,信息接收者得不到有形的物质载体的信息表示,而只能直接接收到所需的信息。

3. 数字化载体

数字化载体(电子载体)是指以现代电子手段将各种信息符号进行记录、存储、传递和交流的信息载体形式,即将文字、符号、声像、图表等信息符号进行电子记录、进行数字化编码处理,并记录在光盘、U 盘、磁盘、数据库等介质中的信息记载方式,并能通过计算机信息通信网络进行传递。

数字化载体是现代计算机技术、通信技术、多媒体技术和高密度存储技术迅速发展的产物。由于数字化载体可方便修改、更新的特性,使其记载的信息可以即时更新,反映最新的信息数据,因此数字化载体既可以是相对固化的记录信息(光盘等),也可以是动态的记载信息(数据库、磁盘等)。这是当今发展最快、最具应用价值和发展前途的新型信息载体。

数字化载体记载的信息符号是通过计算机网络(互联网)、现代通信网、有线电视网等信息网络进行传播的。网络作为一种新的传播载体形式,即可以归为物质传播载体一类,因为它具有实实在在的物质形式——电缆、光缆、电话线以及终端设备等,然而信息内容却是以比特流(电子流)的形式传播的,在传播过程中每个人又无法切实看到或摸到、甚至感觉到信息的存在,只有通过终端设备将其转化为其他载体形式(如终端显示器、手机、纸介质等)才能被人们认知和使用,从这层意义上来说它又是无形的,我们可以称它们为数字化信息(或比特流信息、网络信息)。

1.3.4 信息流对物流和资金流的部分替代与控制作用

在网络经济中,由于信息技术的应用,使得物质资源和资金的资源有了一定程度的节约,从而产生了对物流和资金流的部分替代作用。

1. 信息流对物流的部分替代作用

(1) 直接替代。在网络经济中,信息、知识成为重要的生产要素,知识替代物质,无形替代有形,软件替代硬件等方面的作用可以减少物流活动。一方面,由于智能化芯片等全新的信息载体的应用,使物耗大大降低,从而减少了物流活动;另一方面,信息产品等的数字化使得这些产品的物流也由信息网络来完成,从而也取代了传统的物流活动。

(2) 间接替代。网络经济的交互作用在网上进行,大大减少了商务旅行的开支。而信息的及时沟通,大大减少了库存和仓储费用。以虚拟空间替代了实体空间,大大扩展了市场的容量和范围。信息流替代物流的另一重要结果是无形商品的比重大幅度上升。

2. 信息流对资金流的部分替代作用

网络经济中,资金流可以完全通过信息网络来进行,网络支付工具、网络银行等体系的应用,极大地提高了资金流的运作效率、降低了资金流的运作成本,减少了有形货币和支付工具的使用,加快了资金周转率,某种程度上代替了纸币、金属货币和纸质支付工具的流通。

3. 信息流对物流和货币流的控制作用

网络经济中,信息流主导是不言而喻的,信息流控制着商流、物流、资金流的方向和运作。信息流对物流和货币流的替代与控制,大大降低了生产成本,提高了经济效率、生产力水平,降低了市场的交易成本,实现了真正意义的世界市场。

1.4 网络经济与传统经济

传统工业经济的主要特征为:以使用不能再生的化石燃料作为能源基础;技术突飞猛

进；大规模生产和销售；经济增长的动力是资本、劳动力。因此，从根本上讲，传统工业经济是一个物质能量型经济，其交易通行“物以稀为贵”的原则。商品价格对供求变化的刚性较大，甚至具有缺乏效率的僵硬凝固性，因资源匮乏使供应受阻往往成为经济的通病。

网络经济时代是信息、知识型经济，其交易通行“应用越广价值越大”的原则，商品价格最大限度地接近于严格反映供求变化的市场价格，对交易双方具有互动协商、互利双赢的优越性。网络经济是在传统的工业文明基础上的市场经济发展的自然结果，不仅劳动生产率高，而且创造财富快。另外，网络经济的财富创造主要不在于短期利润，而是着眼于信息资产或知识资产长期的增值。

1.4.1 传统经济是网络经济形成与发展的前提和基础

网络经济的产生和发展以传统经济的高度发达为基础。网络经济不是空中楼阁，它得以产生和扩张的基础和平台是传统经济的高度发展，这也正是网络经济首先出现在美国而不是在其他国家的原因之一。传统经济的高度发展，不仅为网络经济的产生提供了物质基础和技术装备，而且伴随着传统经济的发展，出现了消费能力和需求水平的不断增加与传统经济的供给手段不协调，从而产生了对网络化经济的市场需求。

网络经济虽然是以网络作为经济活动的载体，但网络是由数以千万计的电脑联结而成的一个有机整体，这些计算机软件、硬件的开发，各种信息设备的生产是必须以传统产业为基础发展起来的，没有传统产业提供这些产品，网络经济的发展是很难实现的。美国是目前网络经济最发达的国家之一，之所以美国的网络经济能够迅速超前发展，一个最关键的因素是其雄厚的传统经济基础，包括成熟的市场环境等。因而在发展网络经济的同时，不能忽视对传统经济中各种产业的革新与发展。

1.4.2 网络经济是传统经济跳跃式的、革命性的延伸

20 世纪 90 年代掀起的网络浪潮，着实让许多老牌企业大吃一惊。在网络浪潮尖端的弄潮儿许多都是后来者，如美国在线、雅虎、亚马逊书店和我国的新浪网等。

可以说网络技术对于许多现有的技术和商业行为形成生死攸关的挑战，电子邮件的出现挑战了传统邮件的垄断地位，并质疑传统邮件存在的必要性；美国在线等门户网站挑战了传统媒体提供新闻的方式，迫使媒体大佬百年老店“时代华纳”在后生“美国在线”面前屈膝称臣；亚马逊网上书店对传统书店销售书籍的方式形成了挑战。这是因为网络技术是一种跳跃式技术，它的出现将取代许多现有的技术，使得这些现有的技术无存在的必要。

我们知道，任何新技术可以分成两种：持续性技术和跳跃性技术。持续性技术的特点是会使得现有产品的表现更佳，可能在质量、用途、大小、方便程度等方面都有所改进，从而为现有产品的主流客户带来更大的附加值，现有持续性技术的改进往往是有极限的；跳跃性技术所生产的产品或提供的服务的表现在近期可能不如现有产品或服务，至少那些现有产品的主流客户尚不会马上转用跳跃性技术所带来的产品或服务。但是跳跃性技术的产品或服务往往具有更便宜、更简单、更小型或者使用更方便等特点，这些产品和服务能够满足客户的最基本要求，而且随着跳跃性技术的进一步改进，能够满足大批客户的需求。因此，现有

持续性技术存在着被新型跳跃性技术所替代的可能。

如果我们将所有消费者按不同要求分为不同的层次，在图 1－1 中，虚线显示的是高要求客户和低要求客户的需求随时间的变化，其他客户需求则在这两条虚线之间。持续性技术 A 随着时间的推移逐渐改进，最终超越了高要求客户的需求。另一种技术 B 对 A 来说是跳跃性的，它刚出现时却只能满足低要求客户的需求，但是随着 B 技术的持续改进，逐渐可以满足大部分消费者的需求，这样，相对 A 来说是跳跃性的 B 技术就可以占领整个市场，取 A 而代之。如电子邮件相对传统的邮件递送而言是一种跳跃性技术，网上零售方式相对传统的零售方式而言是一种跳跃性技术，在家医疗相对传统的大型医院而言是一种跳跃性技术，MP3 对于 CD、DVD 对于 VCD、液晶电视对于 CRT 电视、数字电视对于模拟电视等也都是跳跃性技术。

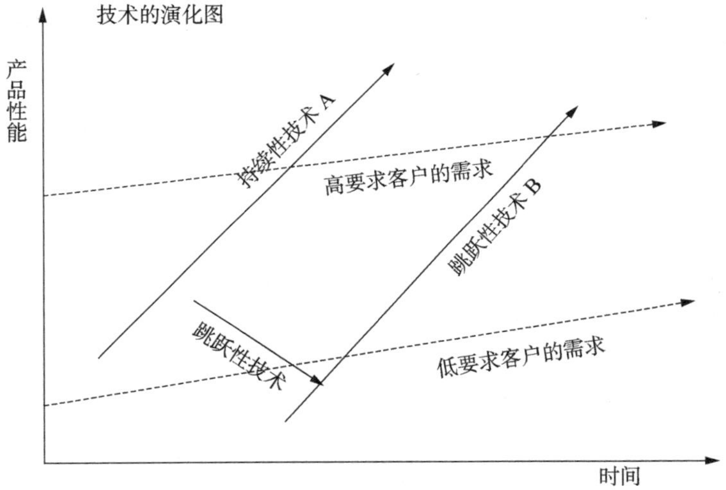

图 1－1　持续性技术和跳跃性技术的演进

可以说，网络技术相对许多现有的技术是跳跃性的，它的出现将导致许多现有技术的消失或者萎缩，逼迫企业改变现有的许多商业模式。因此，基于网络技术的网络经济相对于传统经济就是跳跃性的，它将引起一场经济革命。

1.4.3　网络经济改变了世界经济的运作方式

网络经济不仅仅是一个独立的产业，更重要的是，它不断通过自身优势渗透到其他传统产业中，迅速引发了一场新的社会、经济革命，并将改变世界经济的运作方式，其具体表现如下：

(1) 网络经济的发展加快了经济全球化进程，改变了人类的生产、流通、分配、消费方式，出现了虚拟企业、网络市场、电子商务、网络消费等新的经济现象。

(2) 网络经济使产业结构向高级化、劳动结构向知识密集化方向转变。

(3) 商务活动集信息流、资金流、物流于一体，其中信息流起主导作用。

(4) 经济网络化、全球化导致经济发展的高度开放，从而要求主权国家增强政策的调控能力，善于在不可避免的外部冲击下来实现自己的社会经济目标。

(5) 竞争与合作并重、注重速度、讲求创新。传统工业社会的竞争是一种盲目的对抗性竞争。进入网络时代,协同竞争将发挥越来越重要的作用,因为不合作就不能互联,也就没有竞争。进入 21 世纪以来,全球企业或企业集团之间的购并浪潮愈演愈烈的事实就是一个很好的佐证。

(6) 网络经济促使企业变革战略思想、管理理念、运行方式、组织结构,以提升其竞争力。网络在给企业之间的竞争增大游戏空间的同时,也在改变着企业。如企业内部网正在改变着企业内部人、财、物之间传统的沟通方式,而企业外部网正在改变着企业与其上游企业、下游企业乃至一般顾客的沟通方式,互联网为企业间的竞争提供了一个全球性的舞台。企业的网络化加快了企业国际化的进程,企业之间竞争的深度和广度得到了极大加强。这些都将促使企业组织结构和运行方式的一系列变化。

(7) 网络经济促进了金融与贸易的一系列变化。网络经济使 300 年来形成的传统银行结构被现代信息技术所打破,出现了网上银行、网上证券交易公司、网上保险公司,导致银行的性质、职能的转变,货币理论、货币政策调控、金融风险及其监管都将受到影响。电子商务的出现给传统贸易方式带来极大的挑战。

1.4.4 网络经济改变了社会生产方式

网络带来了物质生活资料生产方式的革命性变革。网络和现代信息技术使得传统生产领域的部分生产管理活动可以数字化进行,数字化带来的物质生活资料生产方式的革命性变革主要表现为人类索取物质生活资料所用工具的变化。在网络经济时代,人对物质生活资料的生产不必要像以前时代那样将自己束缚在生产工具上,对于物质生活资料的生产可以交给"机器人"来完成。因为,数字化实现了计算机之间的对话与沟通,使得管理信息在计算机之间可以自动传送和处理,生产指令在机器之间传递。生产力的这种变化又进一步推动着生产关系的变化。物质利益的矛盾冲突将会被弱化乃至于得到根本性的消解,从而一切建立在物质利益基础上的其他关系都将得到根本性的改变。

1.4.5 网络经济能进一步促进传统经济的发展

由于网络经济不断向传统工业经济渗透,从而大大提升了传统经济的活力。如电子商务的出现使企业间的交易实现电子化和直接化,使企业组织边界不断扩大、管理结构更能适应快速变化的环境、管理效率更高。通过互联网技术,使传统经济信息的传播更及时,缩短了生产周期、加快了新资本的循环速度、营造了良好的市场经济环境。

网络经济是在传统的工业文明基础上的市场经济发展的自然结果,不仅劳动生产率高,而且创造财富快。另外,网络经济的财富创造主要不在于短期利润,而是着眼于信息资产或知识资产的长期增值。网络经济不可能完全替代传统经济,网络经济的发展需要传统经济的物质支持、人才支持和市场支持,传统经济的革新则需要以信息技术为核心的网络经济和电子商务的促进和带动。

虽然网络经济具有各方面的一些不同于传统经济的特性,但网络经济不是与传统经济完全割裂开的,正如工业经济与农业经济有千丝万缕的联系一样,网络经济与传统经济也有继承与发展、相互促进与相互影响的关系。

1.5　网络经济对人们社会生活的影响

如今，网络经济已经渗透到贸易活动的各个阶段，其迅速发展正在引起世界巨大的变革。随着现代信息技术的日益普及，计算机网络正在成为人们经济生活的重要手段。

互联网迄今为止的发展，完全证明了网络的交互特性。WWW 上的交互性经历了三个发展阶段。在第一阶段，WWW 只是实现了共享静态文件(如技术手册、论文、软件等)，这些文件都是在“离线”时准备好并上载到 WWW 服务器上。

用户对交互式网页的需求驱动了 WWW 第二个阶段的发展，如用户可以在线填写检索表格、用户调查表和注册表等，这些表格就需要具有交互性。有些网站利用各种表格使网页达到了很高的交互水平，例如，显示航班或音乐会时间表、用户指定地点的天气状况和某种股票组合报价的网页等等。

Java 等高级脚本语言的出现开创了 WWW 交互的第三个阶段。脚本可使 WWW 上的文件包含有动态内容或根据用户的请求即时创建的内容。因此，网站就可根据个人的偏好和请求定制适合他的内容。具备这种能力的 WWW，就变成了提供定制应用的平台。

1.5.1　信息传播方式的改变——数字化和网络化

网络经济所基于的网络不仅包括相互协同的企业内部网和企业外部网，更包括覆盖全球的 Internet，这就构成了纵横交错的信息网络。这一网络最主要的是在根本上改变了人们信息交流和传递的方式，人们可以在任何地点、任何时间，对任何信息进行处理加工，从而及时、准确地获取、处理和利用信息。

互联网作为一种公开的和大众化的交流方式，通过大量的、每天至少有千人乃至几十万人访问的网站，实现了真正的大众传媒的作用。互联网可以比任何一种方式都更快、更直观、更有效地把一个信息或思想传播开来。

与传统的印刷出版物相比，网上出版物具有印刷出版物许多不同的特点。首先，网络出版特别方便，并且成本极低，与印刷出版物不同，建立网页并不需要纸张，人们可以方便地在互联网上建立自己的网页来宣传自己的主张。其生存的条件在很大程度上将不再是资金，而在于网页本身的内容；其次，网上出版物的另一优点是读者面广，只要上网，任何人都是潜在的读者；第三，也是更为重要的，由于网上出版物使用超文本文件，可以通过超链接的方式指向互联网中所有与该网页相关的内容。不管是进行理论研究，还是读新闻，或是寻找商业信息，都可以很方便地找到相关的资料。并且，这些材料不是别人写好了强加于你，而是由你“参与”其中，自己“找”出来的。

这一改变将对我们的生活、工作、学习和娱乐方式以及人们还没想到的其他方面产生深远的影响。因而，网络经济将对人们的生活和人类社会产生多方面的深刻影响。

1.5.2 人们交往方式的改变——虚拟化

交往方式是人类实践方式的一个重要方面，并受人类实践水平的制约。不同的交往方式形成了人们不同的交往关系。与农业时代人们以血缘关系和地缘关系为主的交往方式，以及工业时代以业缘关系为主的交往方式不同，在网络经济时代又出现了一种新的交往关系——“网缘关系”。

“网缘关系”是网民通过网络交往在虚拟空间构建成的一种人际关系，它的出现引起了人类传统交往方式的巨大变化，对传统交往观念产生了强有力的冲击。一个最常见的例子就是人的交流媒介的变化，通过电子书写代替了人工书写，过去的各种广告也被电脑平面设计所取代。通过网络等电子媒介获取信息已经成为人们信息的一个重要来源，上网浏览、聊天和收发邮件在某种程度上取代了过去的读书、看报、面对面的交谈和写信等，成为现代信息传播以及交流的重要渠道。E-mail、BBS、论坛、QQ、ICQ 等改变了人们传统的交流方式，增加了人们的交流渠道，扩大了人们的交流范围，相互并不认识的人也可以方便地交流。更重要的是，由于人也可以被数字化，在网络空间中，你不再是现实中的你，人们完全可以拥有与现实世界中完全不同的身份，成为“虚拟人”。从以上可看出，网络引起的人的交往方式具有不同于传统交往方式的新特点：跨时空性、符号性、交互性和多主体性。这是数字化虚拟带来的变化。虚拟已经并将继续改变着人类的交往方式。

1.5.3 人们生活方式的改变——宅居化

我们的生活离不开社会的范畴，网络也是一个社会，是一个连接着你、我、他的虚拟社会，而且是一个没有国界的大社会。我们可以在它上面发表自己的意见，参加聚会、购物、看电影、玩游戏、看书、收藏、旅游等。

今天，一个家庭全家使用互联网已不足为奇。这是一种以前从未想到过的生活方式。不同年龄的人都可以在自己的住宅，通过互联网找到自己活动的领域。孩子们可以通过互联网玩游戏，种类繁多的游戏使孩子们爱不释手。学生们利用互联网申请大学入学，查询各大学的信息，如考试成绩、专业设置、教师情况等。青年人利用网络交友、谈恋爱。成年人可以通过网络收集信息，了解有关税收法律等情况，通过网络处理并填写税收表格，缴纳税费。老年人则利用互联网聊天，消磨时光。电视、电影和其他娱乐方式的吸引力正在减弱，甚至在假日里，人们也不愿意出门旅游，而把时间耗费在互联网上。互联网使人们进入了一个虚拟社会，人们越来越离不开互联网了。

互联网改变着人们生活的方方面面，同时，也带来一些新的问题。小孩子上网入迷，耗费了宝贵的学习时间。某些网站向青少年灌输不健康的思想，信息污染成为家长必须考虑的新问题。家庭隐私的保护也日益被人们所重视，政府还必须考虑新的网络犯罪问题。

1.5.4 人们办公方式的改变——多样化

办公自动化已经开始全面普及，电子政务和电子商务成为一种新兴的、日趋居主流的行政管理方式和商业交易方式，数字化城市、数字化政府已经成为许多国家和城市信息化建设的一个重点。

电子商务使在家办公成为可能。电子商务方式保证了及时通信和业务处理，故办公地点可以是灵活的，无论在什么地方，什么时间都可以进行办公处理。足不出户地工作、处理工作中的各种事务，也因计算机、网络和虚拟现实技术的发展而成为工作方式的最重要的变革之一。

因工作而产生的家庭中的许多矛盾，比如因上班而少有时间陪爱人和孩子的问题、幼儿在家需要人照顾问题、陪护病人等，都将因工作方式的根本变革而得到很好的解决。在家办公对于减轻城市交通负担，减少城市污染也起到良好的效果。

1.5.5 人们娱乐和消费方式的改变——个性化和便捷化

电子商务的推广，使网上购物和娱乐成为一种便捷、时尚的方式。只要消费者“来到”网络商店里，就可挑选自己想要的商品，然后查看商品的规格和性能。消费者也不会因见不到产品的内部构造而对其存有疑虑，网络可以真实地将产品的里里外外、方方面面展示给消费者，而且还可以展示商品的生产过程，使消费者增加对产品的了解，提升顾客价值。消费者也用不着再花上数小时，精疲力竭地从一个商店到另一个商店去挑选商品，随着多媒体网络的应用，还可以将三维的图形放在网络上，让顾客进入一个虚拟的商店，对商品进行选择；在网上的虚拟商店，通过电脑消费者可以从容地逛店，从数万商品中挑选自己喜欢的商品，整个过程与逛真正的百货商店无异，可以从上楼下楼，从一排排货架上“拿”下商品仔细观看。对于选定的商品，顾客还可以调出订单进行填写，然后把自己的信用卡号码加进去，用于付款。用户确认之后，商家几乎立即就可以收到订单，随即就会送出或寄出顾客选定的商品。

支付方式也将得到很大的转变。上网消费者只需要拥有一个网络账号，就可以在任何地点、任何时间每天24小时不间断地享受银行业务服务，包括储蓄、转账等业务，也包括信用卡、证券、交易、保险和公司财务管理等业务。

1.5.6 人们接受教育方式的改变——数字化和多媒体化

有学者指出，在数字化时代，由于数字传媒和因特网的广泛利用，人的学习方式既从连续的课程性学习转化为非线性的超学习(hyperlearning)，也从文字的空间性理解转化为互动性的多媒体信息的体验。一种与Internet结合的新型教学技术将从根本上改变传统的学习方式，而新的学习理念，新的教育观念，新型的教学技术又进一步从根本上改变了我们现行的教育事业，教学方式、教学内容、教学结构乃至整个教学体制正发生着深刻的变化。

1998年11月，湖南大学多媒体信息学院网上大学的英语和计算机专业正式开学上课。与此同时，清华大学、北京邮电大学、浙江大学陆续开出计算机、经济管理、通信工程、工商管理等7个专业，网上招生也已陆续进行。

网络大学属于现代远程教育的一种方式，其主要教学对象是边远地区和外地。它以计算机通信技术和网络技术为依托，采用远程实时多点、双向交互式的多媒体现代化教学手段，可以实时传送声音、图像、电子课件和教师板书，身处两地的师生能像现场教学一样进行双向视听问答,是一种实现跨越时间和空间的教育传递过程。

交互式多媒体与互联网将人们带进了数字化的大课堂。它对于提高全民族的思想道德素质、科学文化素质和创新能力有着极为重要的作用。远程教育是低投入、高产出的。首先,它不需要学生宿舍,不需要服务于学生生活的庞大后勤辅助机构,学校管理人员和机构也大大减少;其次,排除了地域差别,缩小了沿海、内陆各省份教学质量的差距。实时性、交互性远程教育可使多种观念得以沟通和交流;第三,可以更好地发挥优秀教师、优秀教材的优势。

1.6 网络经济学及其研究对象

1.6.1 网络经济学的含义

简单地说,网络经济学就是研究网络经济内在发展规律的学科。"现代"网络经济学的形成和发展是和人们对网络经济的认识和理解相关的。

20 世纪 80 年代,日本学者开始研究运输业、商业、金融业等具有"网络"特征的经济问题,并把服务经济称为"网络经济",随之便出现了网络经济学,由于涉及的行业领域、范围和研究的角度不同,出现了不同的名词,如 The Economics of Networks、The Economics of Network Industries、The Telecommunication Economics 等。然而,随着互联网的快速发展和商业化进程的加快,以及在线经济活动的深入发展,越来越多的学者开始涉足互联网经济的不同领域并进行深入研究,他们的研究范围既有所交叉,又各有侧重,研究者分别根据互联网的虚拟性、数字化和 Web 服务等特征提出了不同的名称,如:Webnomics,Cybernomics,Internet Economics,Digital Economics,Virtual Economics 等。

20 世纪 80 年代出现的"网络经济学"(The Economics of Networks),主要是研究包括商业、金融业、电力、交通(公路、铁路和航空)、电信等具有"网络"式而非"垂直"(vertical,也称纵向相关)的经济结构特征的经济学问题,有时也被称作"网络产业经济学"(The Economics of Network Industries),它实际上一直被划归在"通信经济学"(The Telecommunication Economics)范畴之中。这类网络经济学主要研究的是稀有资源的最优配置方面的经济学问题及相关政策的制定,其中的核心问题之一是对接入政策的讨论。

所谓接入也就是互联(interconnection),是网络问题中的一个经典概念:当某一公司在网络中掌握了"瓶颈环节"(bottle neck link),通常也称作"基础设施"(essential facility)的时候,其他公司要向消费者提供服务必须通过这一"瓶颈环节",连接到这个基础设施上的时候,就出现了"互联"。例如,发电厂生产的电作为商品卖给消费者时必须要通过电网进行传输,在电信业中"互联"问题表现得更普遍。在接入问题中,核心的问题就是接入的定价,即如何对某种"瓶颈"资产的使用确定成本的分配和费用的计算,以期在建立一个有效定价机制的同时最大限度地减少摩擦成本,实现资源的最优配置。

20 世纪 90 年代以来,随着计算机网络特别是互联网的发展,关于计算机网络的经济学问题成为"网络(产业)经济学"中被倍加关注的研究对象。最初是关于电子计算机局域网、广域网的成本核算、收费标准的一些经济学讨论，后来发展为对因特网服务价格、税收和服务提供者竞争等的分析。这些关系到互联网资源的有效配置、提高互联网网络投资获利能力、制定适当的政府政策方面的研究课题都被经济学家纳入了“网络经济学”（更具体地说，是属于“网络产业经济学”）的研究范畴。

在因特网以惊人的速度向前发展，并扩展到世界各个角落的同时，许多经济学家逐渐认为继续将关于因特网的讨论放在与电力、航空、电信、铁路和公路等传统生产部门的框架内进行研究已经不合时宜了，为了适应因特网和网络经济迅速发展的步伐，一门新的“因特网经济学”便发展起来了。

经济学界认为，因特网经济学实际上是网络经济学的一个分支，甚至更有人把它作为通信经济学的分支加以考虑。从因特网经济学的主要研究内容看，确实如此。但是，一方面因特网既有与其他的通信网络相同之处，即都是现代社会传输信息的媒介，都具有“网络”属性；另一方面，因特网的迅猛发展正在改变着整个经济的运行结构和运行方式。如制造业和信息服务业在社会经济中的作用将发生位移，经济调节手段将发生微妙的变化，“第二只看不见的手”——信息网络对资源的配置作用将逐渐加强，政府对经济的宏观调控将变得更加科学。

中国台湾《工商时报》2000年7月11日发表的《网络经济学创造经济领域乌托邦》一文认为：“因特网的狂飙，将对传统经济学带来彻底的改造；网络经济学的现身再度向历史宣战。”虽然计算机网络的广泛应用对经济理论、经济学研究方法、经济政策制定等产生巨大影响，但网络经济学不可能“彻底改造”西方传统经济学，如经济自由主义和政府干预主义等；这些“主义”将在资本主义世界相互交替或互相结合使用下去，其目的都是为了追求利润最大化，这也是网络经济学的发展改变不了的，网络改变的是谋求利润最大化的手段和策略。

由此可见，网络经济的迅猛发展，需要我们超出通信经济学和网络产业经济学的范畴，建立一门能够适合网络经济发展的新的经济学，即网络经济学。因此，我们则认为网络经济学是现代经济学的一个分支。

1998年10月，麦克奈特（Lee · w · mcknight）与贝利（Joseph P · Bailey）合编的《网络经济学》一书，是用的 Internet Economics，似乎已成为规范的称谓。

因此，网络经济学主要是研究在互联网环境下的经济学问题，如互联网环境下资源的有效配置和充分利用问题、互联网环境下经济发展的内在规律以及网络经济发展中遇到的种种现实经济问题。

目前，对网络经济的研究主要有下面两个角度：

（1）研究网络环境下传统经济的变革。主要研究网络对传统经济的影响，如：网络技术的应用对社会经济的影响和企业如何应对新经济的挑战。近几年网络经济的发展表明，一方面如果没有传统产业的依托，网络经济就无法健康发展；另一方面，对传统产业来说，如果不进行技术革新，不充分运用网络技术，把握网络空间中的发展机遇，就会被淘汰出局。就像 Oracle 的广告所说：“要么电子商务，要么无商可务。”

（2）研究网络企业本身的经济运作规律。主要研究的是网络企业本身的经营策略，如：如何降低成本，提供更全面的信息服务、市场导向、客户服务、网上交易等。

1.6.2 网络经济学的研究框架

不同学科之间就是因为其研究对象的不同而得以区分。网络经济学作为一门新兴的经济学分支，与其他任何学科一样，有其特殊的研究对象和研究领域。总的来说，网络经济学就是研究网络经济条件下资源的优化配置和充分利用问题。

从网络经济的内涵来看，网络经济有广义和狭义之分。从狭义上讲，仅仅指以计算机网络为核心的信息产业群。它包括围绕现代信息技术的开发与应用的一切经济活动，其中包括信息技术的研发及其产品的生产，网络通讯基础设施、网络设备和产品等硬件设施的建设和运营等，当然还包括与电子商务有关的网络贸易、网络金融、网络企业等一系列商业性的网络活动。其特征是以信息服务业为主导，它通过金融市场与信息服务把无形的知识和信息真实地转化为商品。从广义上讲，网络经济不仅包括以计算机网络为核心的信息产业群，而且还包括利用网络技术，使其组织结构、管理方式和运作方式网络化了的传统经济。

因此，网络经济学就有了狭义的网络经济学和广义的网络经济学之分。狭义的网络经济学认为网络经济学的研究基于互联网的经济活动，如网络企业、电子商务(不包括基于电子数据交换的电子商务)以及网络投资、网络消费等其他网上经济活动的学科；广义的网络经济学是指确定以信息网络(主要是互联网但不限于互联网，如内联网、外联网等)为基础或平台的、以信息技术与信息资源的应用为特征的，信息与知识起重大作用的经济活动的学科。表1-2是美国得克萨斯州立大学对网络经济学的分类。

表1-2 美国得克萨斯州立大学对网络经济学的分类

网络基础设施层	指为网络基础设施提供产品和服务的公司	如提供主干网服务、互联网服务、互联网的路由和交换设备、PC和服务器、网上安全设备、光缆和电缆、调制解调器类产品的制造商等
网络应用软件层	指为在线交易提供技术支持的服务商	如网络站点和电子商务顾问公司、电子商务软件公司、多媒体软件公司、互联网上的应用软件公司、开发搜索引擎的软件公司、网络联机培训公司、Web的数据库接口软件公司等
网络商务中介层	指为卖方和买方提供虚拟交易场所的中介	如网上旅游代理、证券中介、内容集中商、门户网站、内容提供商、广告经纪人等
网上交易层	厂商和个人直接在网上出售产品和服务	如网络零售、网上销售、利用网络进行零售等

但是，从根本上讲，网络经济不仅仅是一个产业，它还可以凭借自身优势使其他传统产业网络化，从而为为数众多而又分散的市场主体提供一个便捷、低成本的交易平台，使整个社会经济运行方式、运行结构发生深刻变革。例如，各类传统企业利用信息和网络技术整合信息资源，并依托企业内部和外部信息网进行动态的商务活动，以提高资源配置效率等。因此，从长远来看，在网络经济时代，所有的市场主体都应该自觉地使自己成为网络经济的主体，不利用信息网络化技术的企业，将不能适应网络经济发展而被淘汰出局。从这个意义上说，网络企业与传统企业的划分将失去意义。

从网络经济学研究的本质来看，一是研究通过不断进步的信息网络技术创新手段，连接全球生产和消费网络，改进生产要素组合方式，扩展市场作用范围，降低交易成本，促进结构调整和生产率提高，逐步实现以信息科技进步为主要推动力的经济增长方式；或是研究建立在国民经济信息化基础之上，各类企业利用信息和网络技术整合各式各样的信息资源，并依托企业内部和外部的信息网络进行动态的商务活动和管理活动所产生的经济问题。二是研究信息网络技术发展与经济发展相互推动、最佳结合的规律及其实现方法的科学，它是一门信息网络技术与经济交叉的学科，或叫边缘科学。其实质是，揭示信息网络技术创新发展过程中的经济活动规律，寻找信息网络资源的最优开展利用，实现其在经济领域中最适应的条件，并取得最大经济效益。

从微观和宏观层面来看，网络经济是运用信息网络技术改造了的传统经济，但它并未改变传统经济最基本的运行规律，它同样是买卖双方的市场、是交易的平台，同样反映价值规律和供求法则，消费者追求效用最大化和厂商追求利润最大化的法则同样适用。因此，从微观经济层面看，我们主要研究企业和消费者在网络经济条件下的市场行为表现。这里的企业不仅包括直接从事与网络产业有关的经济活动的企业，如互联网公司（互联网公司可以分为提供基础设施及网络技术服务的公司、网络门户、电子商务、互联网服务提供商、垂直门户等），而且包括传统产业中利用网络化技术，从管理思想、运行方式、组织结构等方面进行全方位变革的企业。在网络经济下，消费者的消费更趋于理性和自主，他们在满足了基本物质需求后，开始更多地消费富含知识和信息的精神产品和劳务等，这些网络经济的基本问题都将成为本书的研究范畴。从宏观经济层面看，网络经济下的诸多经济变量，如国内生产总值、国民收入、总投资、总消费等的基本内涵不会发生变化，但是不排除在网络经济发展过程中会产生一系列新的问题需要研究，如网络经济的经济增长内在动力及特征、网络经济下政府的职能问题、网络经济下的国际金融与贸易问题、网络经济的安全问题等等。

参考文献

[1] 王健伟，张乃侠. 网络经济学. 北京：高等教育出版社，2004.

[2] 赵守香. 网络经济学. 北京：中国物资出版社，2001.

[3] 陈友龙. 网络经济. 北京：经济管理出版社，2001.

[4] 黄磊等. 网络经济及其发展安全. 北京：经济管理出版社，2001.

[5] 周朝民. 网络经济. 上海：上海交通大学出版社，2001.

[6] 周鸿择等. 网络经济. 北京：北京广播学院出版社，2001.

[7] 王道平. 网络经济. 石家庄：河北人民出版社，2000.

[8] 纪玉山. 网络经济. 长春：长春出版社，2000.

[9] 郝云宏. 时空相对：经济学及其发展的基本特征. 当代经济科学，2001(2).

[10] 张怡，郦全民，陈敬全. 虚拟认识论. 上海：学林出版社，2003.

[11] 桑业明.虚拟：哲学革命抑或生存革命. http://www.ydc.org.cn/displaynews.asp?id=52

第 2 章　网络经济学的基本原理

经济学是研究在资源稀缺和理性人假设下资源的合理配置；或者说经济学研究的是人在约束条件下的选择行为。传统经济学被分为两个领域：微观经济学和宏观经济学。而网络经济学是一种新型经济形态，它的发生发展对整体的宏观经济会产生越来越深刻的影响，而且它的影响涉及社会生活的方方面面、每个角落，所以它也会对个人、家庭及企业产生深刻的影响。研究网络经济学不可能脱离微观经济学和宏观经济学的两大范畴去研究。

2.1　经济学基本假设

经济学家常常要设立很多的假定。其中的基本假定是经济学区别于其他学科的重要标志。关于经济学假定的一个故事：一个物理学家、一个化学家和一个经济学家漂流到孤岛上，十分饥饿。这时海面上漂来一个罐头。物理学家说："我们可以用岩石砸开罐头。"化学家说："我们可以生火，然后将罐头加热。"经济学家说："假设我们有一个开启罐头的起子，那么……"

2.1.1　理性人假设

理性人假设是指：在任何局限条件下，每个人都会一贯地追求最大的私利。或者说：在约束条件下，每个人都会最大化自己的利益，即每个人都是理性人。

理性人假定是符合人性的假定。那种认为人人都是大公无私的观点，既不合理也不符合人性。

亚当·斯密(Adam Smith)的"看不见的手(invisible hand)"理论："每个人都会尽其所能，运用自己的资本来争取最大的利益。一般而言，他不会意图为公众服务，也不自知对社会有什么贡献。他关心的仅是自己的安全、自己的利益。但如此一来，他就好像被一只无形之手引领，在不自觉中对社会的改进尽力而为。在一般的情形下，一个人为求私利而无心对社会作出贡献，其对社会的贡献远比有意图作出的大。"

2.1.2　可预测性假设

可预测性假设是指：每个人的任何行为，是个人的选择，而这选择是可以被预测的，因此可以用模型化的方法进行研究。

2.1.3 资源稀缺性假设

资源的稀缺性有两层含义：一是指任何资源的取得都是有成本的；二是指相对于人的需要和欲望而言，任何资源都是有限的。

关于资源的稀缺性与人的欲望(desire)，我们要清楚的是：欲望与贪婪的不同。因为欲望是约束条件下的正常需要，是通过正当途径的努力能够实现的，而贪婪则是超越约束条件的欲望，是无法实现的欲望。所以，理性人并不是贪婪的人。正所谓："天高不算高，人心第一高。井水做酒卖，还道无酒糟。"

2.1.4 市场出清假设

市场出清：即假设在资源充分利用的常态下，通过价格可以自由、充分地波动，自发调节社会资源配置，使市场实现充分就业的供求均衡状态。

2.1.5 完全理性假设

完全理性：假设每个经济单位都是以利己为目的的经济人，能够自觉地按利益最大化的原则行事。

2.1.6 完全信息假设

完全信息：每个经济单位可以迅速和免费获取各种市场信息，并依次做出相应的经济决策。

2.2 网络经济学基本假设

2.2.1 完全信息、不完全信息和充分信息

完全信息是一种理想的假设，而信息不对称是传统经济学的基本假设之一，认为完全信息在绝大多数情况下是不可能的。因为：第一，市场信息的分散性。第二，人的判断力的局限性和人们的认识水平有限。第三，获取信息的成本限制人们占有信息的数量。第四，人们的机会主义行为。但在网络经济时代，由于在网络世界里，信息的可获取性增强，致使人们更容易获取所需要的信息，且成本急剧降低，导致信息变为充分信息。

2.2.2 网络经济中信息的不对称性:信息不对称弱化

信息具有二重性,即信息既有客观性的一面,又有主观性的一面。客观性是因为信息在一定程度上是客观世界的真实反映,即使这种反映可能要经历非常曲折的道路。主观性是由于下述两个原因:(1) 人们的认识水平有限;(2) 人们的机会主义行为。

在经济社会中,由于信息的二重性使得信息具有不对称性,一方面,由于信息和知识有着客观性,部分揭示了事物的本来面目,故而对人们来说是有价值的。另一方面,由于信息和知识带有主观色彩,不同的人对它有不同的认识,产生不同的评价,故其价值具有相对性。

在网络经济中,信息的不对称性被弱化。原因如下:

(1) 网络经济的虚拟性、交互性和实时性特征,增强了信息客观性的一面,使得信息的非对称性大大弱化。

(2) 就信息的主观性而言,情况稍微要复杂一点。由社会认识水平问题而造成的信息扭曲,对所有人来说都是一样的,故而是对称的。由个人认识水平差异和机会主义而造成的虚假信息,则是不对称的。①人们拥有的知识内容和知识结构存在着差异,故而对同一条信息的理解程度有所不同。②机会主义行为:随着信息技术的普及而加剧。

2.2.3 网络经济中的经济人:从有限理性到高度理性

网络经济时代,经济人能够低成本,及时获取较为充分的信息,经济人可以做出更为科学和理性的决策,经济人的理性将大大超出"有限理性",是介于"有限理性"和"完全理性"之间的高度理性。

2.2.4 网络经济中的资源稀缺性:从资源稀缺性到有条件的稀缺性

网络经济中的三大资源——物质、能源和信息已经不同于传统经济。网络经济中,信息成为了主要的资源,由于信息的共享性特征,使得信息资源具备了非稀缺的条件,然而,由于人们对信息认知水平的有限,人们获取信息的成本以及人们对知识产权的保护导致信息资源成为有条件的稀缺;而对于物质资源和能源,由于信息、知识的突破,形成了对物质资源、能源的节约作用,加之新材料、新能源的开发,也使得物质资源和能源的稀缺变成了有条件的稀缺。

2.3 网络经济的基本经济学特征

2.3.1 网络外部性与网络效应

1. 外部性(Externality)

外部性的经济学含义是指当一个市场参与者的行为影响了其他人或者公共的利益,而行为人却没有因该行为作出赔偿或得到补偿的时候，就产生了外部性。外部性存在相对积极的和相对消极的两面，即正外部性和负外部性。

外部性对整个经济有着负面影响：无论是正外部性和负外部性，都破坏了市场应有的效率，降低了社会总效用，扭曲了成本效益原则，对市场经济的正常运行都是不利的。因此市场之外干预手段的介入成为必需：因为外部性是市场自身的产物，即市场失灵，无法完全通过市场手段来使之内在化，这是需要借助于市场之外的力量（政府、法律、道德等），利用“看得见的手”消除外部性的存在基础，进而解决外部性的问题。

2. 网络外部性

在网络经济中，表现最突出的是网络效应，即商品的价值取决于这种商品被其他人使用的情况。例如，别人都用 Windows 操作系统，那么这也会影响你对操作系统的选择。即使价格一样你也不大可能选择 Linux，因为这样做有利于你节省使用成本，有助于你以后的升级和与他人交流。网络效应在网络经济中的大量存在是网络经济区别于传统经济的根本原因，也正是网络效应造成了收益递增。

“网络外部性”是指：我们把市场均衡未能反映出与网络交易有关的全部收益的那类网络效应称为网络外部性，即“存在着许多产品，对于这类产品某个用户从消费产品中得到的效用，随着消费该产品的其他当事人人数的增加而增加；某一用户从某一商品中得到的效用依赖于与他在同一网络中的其他用户的数量”。

（1）对网络外部性的理解。

① 从市场主体中的消费层面来定义：当一种产品对用户的价值随着采用相同的产品或可兼容产品的用户增加而增大时，就出现了网络外部性。

② 网络用户所得到的价值。

a. 自有价值：是在没有别的使用者的情况下，产品本身所具有的那部分价值。

b. 协同价值：当新的用户加入网络时，老用户从中获得的额外价值。

（2）网络外部性的产生原因：网络的主要特征就在于它的系统性和内部信息流的交互性。因此，网络的价值在于网络的任意两个端点之间能进行信息流的交互传递，而不是单向的信息传递。网络效应存在的根本原因在于网络自身的系统性、网络内部组成成分之间的互补性（或者称为网络内部信息交流的交互性）和网络基础设施长期垄断性。

a. 网络的系统性：无论网络如何向外延伸，也不论新增多少个网络节点，它们都将成为网络的一部分，同原网络结成一体，因此整个网络都将因为网络的扩大而受益。

b. 互补性：在网络系统中，信息流或是其他物质的流动都不是单向的，网络内的任何两个节点之间都具有互补性。在网络系统中，信息交流的机会几乎等于 2n，其中，n 为入网人数。随着入网人数的线性增长，信息交流的可能性将呈指数态势陡然上升，并且在整个网络中没有“中心”或“首脑”区域的存在，即使网络的一部分端点消失了，也不影响其他端点间的正常联络，这就保证了外部性的普遍意义。

c. 网络基础设施，如：光纤的铺设、交换设备等通信设施，一般都具有投资额巨大、投资期长、垄断性强和使用期限长等特点。这就决定了网络外部经济性的长期存在。

网络效应可以分为直接网络效应、间接网络效应。“直接的网络外部性”是指“通过消费相同产品的市场主体的数量所导致的直接物理效果”而产生的外部性。“间接的网络外部性”是指“随着某地产品使用者数量的增加，该产品的互补品数量增多、价格降低”而产生的价值。

网络外部性包括积极和消极两个方面的影响。但在网络经济中，正的网络外部性所带来的经济影响相对更大、更引人注目一些。

无论是正外部性或负外部性，都可能破坏市场应有的效率。网络外部性对市场效率的破坏包括两个方面：可能导致实际产出与社会有效产出的偏离；可能导致次优技术占领市场。

我们可以通过图 2－1 描述网络外部性导致的实际产出与社会有效产出的偏离。会产生正的网络外部性的例子，假设对一种计算机操作系统的使用：当更多的用户使用它的时候，该种操作系统的价值会提高。这可以通过一条上升的消费者收益曲线 MC 表现出来。它表明使用者越多，用户愿意支付的平均价格（包括对外部性的支付）越高，假定的边际成本曲线上，如果该操作系统开发公司能够向消费者要求支付他们所得到的网络外部性利益，这时该公司的最佳产量是 Q_1，相应的价格为 P_1；但是如果这个公司无法向消费者索取这部分外部性所带来的收益，这时公司只能向消费者索要 P_2 的价格，相应的产量为 Q_2。在这点上，由于公司的边际成本低于用户所真正愿意接受的价格，就暗示着该产品生产不足了。这种市场失效与传统经济学中的外部性所导致的市场失效是相同的。

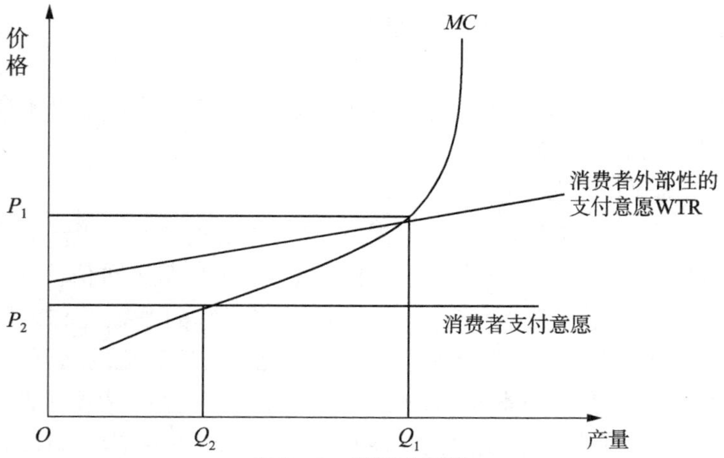

图 2－1　网络外部性

而更重要的一种市场失灵体现为：对消费者而言，如果某种产品在市场中占统治地位并产生了网络外部性，那么消费者可能失去自由选择产品的权利而被迫选择该产品，即使该产品的质量不是最好的，因为放弃选择该产品将会带来更多的不便，诸如兼容问题、产品相关服务问题等。对竞争的厂商而言，他们则可以充分利用网络外部性的特点，努力扩大使用其产品的用户规模（而非只着眼于产品的质量），一旦行业内某家厂商的产品出现了网络外部性，就可能导致竞争机制的扭曲，其他厂商的产品质量再好、价格再合理也可能无人问津。这样，网络外部性最主要的问题就是可能导致次优技术占领市场。这就对传统经济学的一般均衡和效率理论提出了挑战。

3. 网络效应的影响因素

外部性的大小既与网络的规模直接相关，又与网络内部物质流动的速度有关。网络规模越大，外部性就越明显，并且在网络规模超过一定数值（控制论中称为阈值（Critical Mass））时，外部经济性就会急速增大，在这里，信息网络扩张效应的梅特卡夫法则起着支配作用。

从网络外部性到实现正反馈还需要的条件包括：成本优势、临界容量、路径依赖和锁定。有学者认为网络效应的产生及其强弱程度，取决于三个因素：第一，取决于网络的结构，即网络成员之间相互联系的密切程度，或叫网络关联度；第二，取决于网络的规模，即网络成员的多少；第三，取决于网络的标准。

网络外部性和正反馈的存在导致了不断增长的收益，但同时也使得市场变得相当不稳定。我们在现实生活中常常可以观察到几种互不兼容的产品在同一市场上竞争的不稳定局面，网络外部性和正反馈的存在必然使得这一局面向新的方向发展；同样，某种产品或技术今天占据了市场，未必意味着这一成功能够永远持续下去，因为市场是不稳定的。

有几个原因可以解释网络市场的不稳定性。最主要的解释就是在正反馈系统中的多态均衡。由于均衡状态不是唯一的，显然将导致市场的不稳定性。另外，市场的不稳定性可能来自预期的作用。从现实生活来看，在今天的网络经济中，具有网络效应的市场的不稳定性更加明显。Internet 的存在，一方面使得经济以网络的形式进行，使具有网络效应的市场范畴迅速扩大，在网络上产品和信息传递的快捷和方便更进一步地促进了正反馈的形成；但同时新的标准也更容易传播和被接受，减少了的转移成本又减少了一些网络外部性，其中的力量制衡导致了市场不稳定因素的增强。

2.3.2　网络经济的正反馈

1. 网络和正反馈

人们对电话网、铁路网和航空网这样的物理网络都非常熟悉。一些高科技网络很像这些“有形”网络：相互兼容的传真机的网络、相互兼容的调制解调器的网络、电子邮件用户的网络、自动取款机的网络和互联网本身。但是许多高科技产品是在“虚拟”网络上：Windows XP 用户的网络、金山毒霸用户的网络、博客中国用户的网络等。

在“有形”的网络中，节点之间的连接是物理连接；在虚拟网络中，节点之间的连接是无形的，但它对市场动态和竞争战略的重要性一点儿也不亚于物理网络。

不管是有形的还是虚拟的，网络都具有一个基本的经济学特征：连接到网络的价值取决于已经连接到该网络的其他人的数量。

这个基本的价值定理有许多不同的名字：网络效应、网络外部性和需求方规模经济。它们的本质含义都一样：在其他条件不变的情况下，连接到一个较大的网络要优于连接到一个较小的网络。

正反馈的概念对理解网络经济学至关重要。正反馈使强者更强、弱者更弱，引起极端的结果（图 2-2）。正如一个人对麦克风讲话，通过反复的放大，稍大一点的声音就会变得震耳欲聋，这就是正反馈在起作用。对于市场而言，正反馈会引起极端的结果：一家公司或一种技术主宰市场。系统的恶性循环同良性循环一样都是正反馈机制在起作用。

在最极端的形式中，正反馈可以导致赢家通吃的局面，单个公司或技术击败了所有的对手。

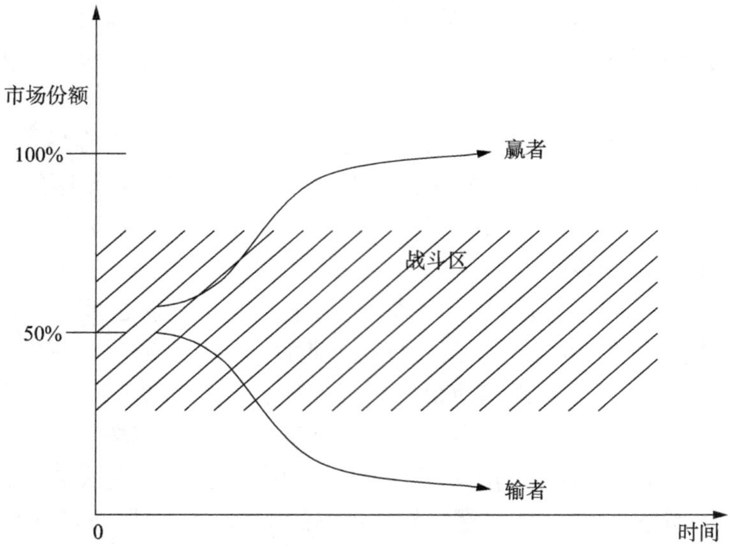

图 2-2 正反馈

2. 与正反馈相关的几个概念

(1) 路径依赖(path dependence)

它也叫初始状态敏感依赖(initial state sensitive dependence)。是具有正反馈机制的体系一旦在外部偶然性事件的影响下被系统所采纳，便会沿着一定的路径发展演进，而很难被其他潜在的甚至更优的体系所替代。就是说经济体现有的状态与其自身的历史情况有关，这可以理解为经济中的混沌思想(也就是经济学上的"蝴蝶效应")。

在经济学中，经济学家们用它来表示即使在一个以自愿抉择和个人利益最大化行为为特征的世界中，经济发展过程中(如一些技术、产品或是标准)，一个次要的或暂时的优势或是一个看似不相干的事件都可能对最终的市场资源配置产生重要而不可逆转的影响。在网络经济中，指一个系统或网络对其中的制造者和消费者过去的选择的依赖性。

对路径依赖在经济学中的应用，要充分理解它所隐含的两个重要特征：历史的重要性和不可逆转的选择。历史的重要性是指，我们目前的经济环境可能在很重要的程度上有赖于历史上的一些突然转折和偶发事件。这里所谓的不可逆转也就是我们下面讲的"锁定"。

比如，使用 Windows 操作系统的人就不愿意换成其他系统，即使不是最适合自己的。因为一旦换掉，使用者就需要面对重新适应、软件不兼容、原有信息丢失等诸多问题。

(2) 锁定(lock-in)和转移成本

不管你喜欢不喜欢，在网络时代，购买者在从一个系统转换到另一个系统的时候通常都要承受巨大的成本。当从一种品牌的技术转移到另一种品牌的成本非常高时，用户就面临锁定。理解这些转换技术、甚至转换品牌的成本对于成功是至关重要的。

所谓的锁定是指由于各种原因，导致从一个系统(可能是一种技术、产品或是标准)转换到另一个系统的转移成本大到转移不经济，从而使得经济系统达到某个状态以后就很难退出，系统逐渐适应和强化这种状态，从而形成一种"选择优势"把系统锁定在这个均衡状态上。当转移成本过高，使用户望而却步时，用户就处于被锁定状态，就是经济体一旦达到了某种状态就由于退出成本的原因而很难退出。

锁定的本质是你将来的选择将受到你今天选择的限制。

现举 Windows 的例子，如果你最先购买的就是 Windows 系统，那么你以后所购入的相关软件一定是与之相匹配的，假如现在市场上流行一款新型软件是不兼容的那么即使它再好你也不会选择它。

对试图在市场中推出新的、不兼容的技术的公司来说，最大的挑战就是通过克服总转移成本——即所有用户的成本的总和——来扩大网络规模。

由上可见，转移成本显然是和锁定相联系的一个概念。转移成本实际上是对路径依赖程度和锁定程度的衡量。

在网络经济中，锁定和转移成本“是规律，而不是例外”。如果你是寻找新顾客的供应商，你必须克服顾客对竞争对手的惰性和锁定。如果你是一个被锁定的顾客，你可能会发现自己处于一个较弱的地位，这本来在开始时就可以通过协商保障措施而避免。此外，如果你能预见到锁定，你也可以在开始时就要求得到一些“甜头”(sweetener)来补偿将来的锁定。

表 2-1　锁定和相关的转移成本

锁定的类型(lock-in)	转移成本(switching cost)
合同义务	补偿或毁约损失
耐用品的购买	设备更新，随着耐用品的老化而降低
针对特定品牌的培训	学习新系统，既包括直接成本，也包括生产率的损失；随着时间而上升
信息和数据库	把数据转换为新格式，随着数据的积累而上升
专门供应商	支持新供应商的资金；如果功能很难得到维持，会随时间而上升
搜索成本	购买者和销售者共同的成本，包括对替代品质量的认知
忠诚顾客计划	在现有供应商处失去的任何利益，再加上可能的重新积累使用的需要

资料来源：Carl Shapiro，Hal Varian 著；信息规则：网络经济的策略指导.张帆译.北京：中国人民大学出版社，2000.

(3) 临界容量

在对网络外部性和正反馈的研究中，出现了一个重要的概念——“临界容量”。在具有网络效应的市场中，临界容量的存在暗示了一种能支撑得住的网络成长需要一个最小的非零均衡规模。经济学家 Nicholas Economides 和 Charles Himmelberg 根据他们的观察把临界容量解释为“鸡和鸡蛋”的悖论：预期的网络规模过小以至于无法吸引消费者进入该网络。反过来，因为没有消费者愿意加入这个网络，则这个预期的网络规模将会更小。

新技术的采用多以 S 形经历三个阶段：启动时是平坦的，然后随着正反馈的作用在起飞阶段急速上升，接着随着饱和的出现再次走向平坦。在缓慢增长的启动阶段与收益递增的起飞阶段之间，存在着一个转折点，存在一个用户数量的临界值。新技术出现时面临着两种可能的结果：或者达到临界容量而起飞，或者未能达到临界容量而失败。那么，为什么网络的成长需要经历一个决定其命运的转折点？让我们通过图 2-3 来解释。

图 2-3 中，横轴 n 表示该网络拥有市场的大小，纵轴 P 表示产品价格或价值。α 为单个产品的价值，$\Delta(n)$ 为网络价值。n^* 是使得 $\Delta(n^*)+\alpha=P$ 的市场份额，即临界容量。

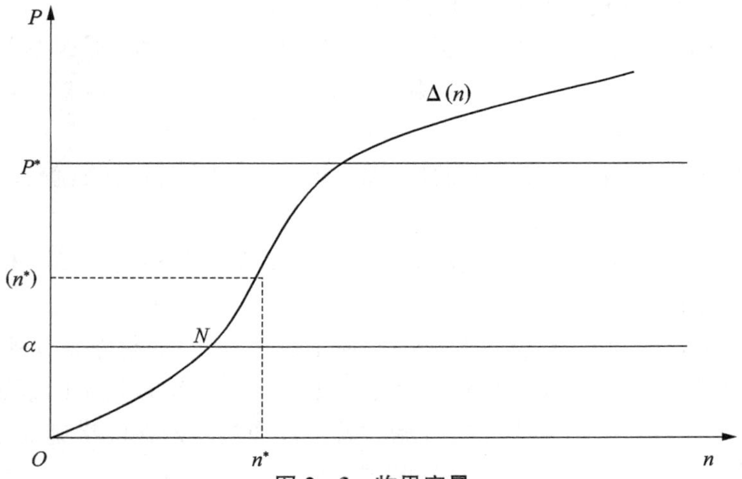

图 2-3 临界容量

该产品的S形曲线显示，它依次经过启动阶段、起飞阶段和饱和阶段。在启动阶段和起飞阶段之间，存在一个临界容量。一旦超越临界容量，产品就会顺利进入起飞阶段，在强烈的正反馈效应下产生爆炸性的增长。

2. 负反馈与正反馈

(1) 两种形式的规模经济

在网络经济时代，正反馈处于支配地位。然而正反馈并不是一个全新的事物，几乎每个产业在发展的早期都要经过正反馈阶段。传统经济中的正反馈来源于生产的规模经济或称供应方规模经济。

① 供给方规模经济

大公司由于它的规模比小公司更有效率，而且有更低的单位成本(至少到某一点)，这种效率刺激了它的进一步发展，被称为生产的规模经济：以今天的观点来看，我们更倾向于把这些传统的规模经济称为供应方规模经济。几乎每个产业在发展的早期都要经过正反馈阶段。

这里的供给方规模经济与通常意义上的规模经济不同，它是指原有企业的效益会随着新加入企业数量的增加而增大的现象。最典型的例子就是经济体中普遍存在的企业集群现象。出于追求企业间的学习效应(横)、产品的互补效应(纵)、降低运输成本等因素的考虑，企业会经过一段时间形成区域范围的集中现象。这种集中使得各个企业的利润(收益-成本)空间加大，从而产生整个经济体中供给方的规模经济性。

② 需求方规模经济

在信息经济中，正反馈以一种新的、更强烈的形式出现，它基于市场需求方，而不仅仅是供应方。微软的统治是基于它的需求方规模经济。微软的顾客认为它的操作系统有价值是因为它是被广泛应用，是事实上的产业标准。

此处的需求方规模经济指的是需求个体的效用随着需求方数量的增多而增大。这种效应广泛地存在于具有网络外部性的经济系统中。在经济中的具体表象为：由于越来越多的人使用电子邮件，这使得最初的使用者所获得的效用随着后续使用人的增多而增大。因为他可以使用电子邮件与更多的人交换信息。

例如：联通和移动公司在校园广泛开展的定价策略是网内话费（移动与移动间或联通与联通间）的单位时间价格要低于网间（移动与联通间）的价格。这样，原来校园移动客户所能得到的效用会随着其后续校园移动用户的增多而增大。

与供应方规模经济不同，需求方规模经济在市场足够大的时候不会分散；如果别人全部使用 Microsoft Word，你就真的更有理由使用它了。

③ 供求双方相互促进

供求双方的相互促进是说由于某些原因使得需求方的数量增多，这会使得供给方加大产量从而获得更多的收益；或者由于供给方数量的增多，使得需求方的需求量增加的现象。在此我们还引用上面提到的现象。由于某种原因先占领了市场的较大份额，那么就会有更多的人愿意购买这一类型的产品，这样生产商为了满足客户需求就会增加产量。最终，形成供给方与需求方相互促进的态势。

（2）传统经济的负反馈与网络经济的正反馈

在传统经济的负反馈系统中，强者变弱，弱者变强，负反馈起支配作用。按照传统经济观点，一种货物的数量增加，其每个货物的价值就会降低（负反馈）；稀少的货物特别有价值，而大批量的产品将失去价值；商品的价值建立在数量多少的基础之上。传统经济中产业发展的早期阶段都经过正反馈阶段，这种正反馈的来源是生产的来源，是生产的规模经济即供应方规模经济。这种规模经济其正反馈有其自然限制，它通常在远低于主宰市场的水平时就耗尽了。超过这一点，负反馈就起主导作用。

而网络经济中，正反馈是一种需求方正反馈，而非供应方正反馈。由于网络效应的存在，网络越大就越有吸引力。就技术或公司的竞争力来说，随着市场份额的增加，用户对技术和公司的信心也会增加，从而引起市场份额的进一步增加。正反馈的负面是这种发展趋势也会向相反的方向发展。所谓“强者更强，弱者更弱”、“赢者通吃”、“网络上没有第二，只有第一”，产生马太效应。

现在，从网络产品的市场需求和市场供给的角度出发，描述网络经济下的正反馈现象。

如图 2-4 所示，Q 是自变量，需求和供给两条曲线相交于点 AE。在市场规模 $Q_1<Q_{ae}$ 时，消费者的需求价格是 P_{d1}，小于企业愿意接受的最低价格 P_{s1}，企业如果想把产品销售出去，只能按 P_{d1} 定价。此时，企业处于亏损状态，它不可能愿意保持在该规模上提供产品。同理，可以得出：任何在点 Q_{ae} 以下的市场规模，都不可能长期存在。随着 Q 的增长，消费者由于效用增加，愿意支付的最高价格越来越高；企业由于边际成本递减，愿意接受的最低价格越来越低。当 Q 超过 Q_{ae} 时，如图 Q_2 点，就有 $P_{d2}>P_{s2}$。此时，如果不存在竞争，追求利润最大化的企业依然愿意按照 P_{d2} 定价，它将提供越来越多的产品，获得巨大的超额利润，产生爆炸式的增长。

从以上分析看出，此时，点 AE 实际上并不是均衡点，而是一个临界点。Q_{ae} 也不是均衡数量，而是临界数量。网络经济的市场供求关系本质上是反均衡的，体现出的是一种正反馈现象。

经济学中的正反馈理论是一个对动态的经济过程的描述，它包括边际收益递增的假设、多态均衡特征、路径依赖特征、锁定特征、可能无效率等特征等。

成长的良性循环和衰败的恶性循环同样都是正反馈。正反馈过程都呈现一种 S 型的动态模式。

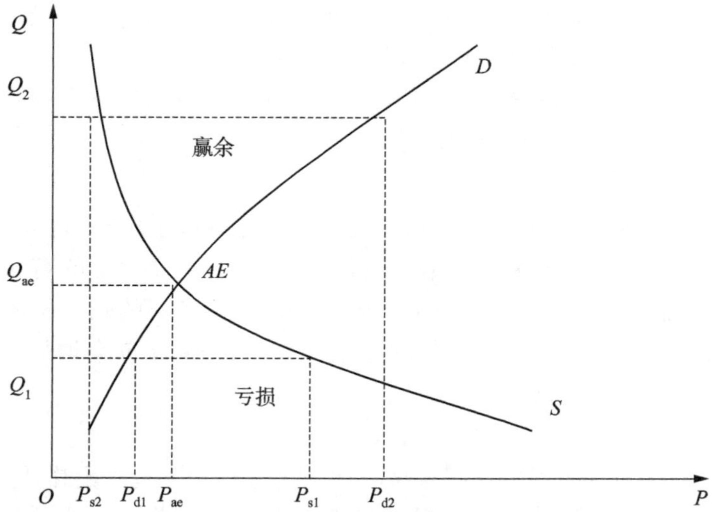

图 2-4 网络经济的正反馈(市场反均衡)

2.3.3 网络经济的边际效用递增

2.3.3.1 边际效用递减

传统经济学认为,随着消费数量的增加,单位商品或服务给人们带来的满足程度会逐步下降。如消费者吃得越多,对食品的兴趣就越小。即使面对满桌佳肴,也难以产生食欲。

人们手中拥有的某种产品越多,其边际效用就越低。这就是著名的边际效用递减规律。福利经济学派由此推出,只有适当转移富人的财富给穷人,才能实现社会财富整体效用增加。但是,这样虽然公平了,又会因为缺少激励而影响生产率的提高。这使得长期以来,人们在效率与公平之间处于两难境地。

有这样一个民间故事:一个穷人家徒四壁,只得头顶着一只旧木碗四处流浪。一天,穷人上了一只渔船去帮工。不幸的是,渔船在航行中遇到了特大风浪,被大海吞没了。船上的人几乎都淹死了。穷人抱着一根大木头,才得以幸免于难。穷人被海水冲到一个小岛上,岛上的酋长看见穷人头顶的木碗,感到非常新奇,便用一大口袋最好的珍珠宝石换走了木碗,还派人把穷人送回了家。一个富翁听到了穷人的奇遇,心中暗想:"一只木碗都能换回这么多宝贝,如果我送去很多可口的食品,该换回多少宝贝!"富翁装了满满一船山珍海味和美酒,找到了穷人去过的小岛。酋长接受了富人送来的礼物,品尝之后赞不绝口,声称要送给他最珍贵的东西。富人心中暗自得意。一抬头,富人猛然看见酋长双手捧着的"珍贵礼物",不由得愣住了:它居然是穷人用过的那只旧木碗!

这个民间故事提出了一个重大问题:商品的价格究竟是由什么因素决定的?为什么非常珍贵的钻石,在某个海岛上却受到了轻视,其价值甚至远远抵不上一个木碗的价值?边际效用价值论回答了这个问题。边际效用价值论认为,商品的价值或价格取决于商品边际效用的大小。按照这种观点,在边际效用递减规律的作用下,数量多的商品因其边际效用小,消费者只愿出低价;数量少的商品因其边际效用大,消费者情愿出高价。一般情况下,钻石极其稀少,而木碗却比比皆是,故钻石的价值或价格远远高于木碗。而在故事中的海岛上,情况却完全相反:钻石数量极多,木碗却从未见过。因此,海岛上木碗的价值或价格远远高于钻石。古人将这种经济现象概括为"物以稀为贵"。

序数效用论者认为,边际效用递减规律之所以存在,是由于下述两个原因:

第一,按照生理学和心理学的观点,随着同一种消费品消费数量的连续增加,人们从单位消费品中感受到的满足程度和对重复刺激的反应程度是递减的。

第二,一种商品具有几种用途时,消费者总是将第一单位的消费品用在最重要的用途上,第二单位的消费品用在次重要的用途上——例如,当水非常短缺时,只能用于饮用。如果水略多一点,可用于洗脸。如果再多一点,可用于浇花。于是,消费品的边际效用便随着消费品用途重要性的递减而递减。始于2009年末的云南、贵州、广西、重庆、四川等地的干旱,至2010年5月才有所缓解,其中云南旱情最为严重,为百年一遇的特大干旱,在此期间水资源对当地人们而言因稀缺而极其宝贵。

2.3.3.2　形成边际效用递增的原因分析

在网络经济中,情况恰好相反,消费者对某种商品使用得越多,增加该商品消费量的欲望就越强,出现了边际效用递增规律。之所以如此,是由于网络经济有着与传统经济大相径庭的发展规律。具体说来,主要原因如下。

1. 锁定

顾客锁定是网络经济的规律:因为信息是在一个由多种硬件和软件组成的系统中存储、控制和流通的,还因为使用特定的系统需要专门的训练。从苹果计算机转移到英特尔计算机不但要牵涉到新硬件,还要牵涉到新软件。不仅如此,你和你的雇员为了能使用软件和硬件而建立的知识也需要更新。更新计算机系统的转移成本可能会达到天文数字。微软公司的用户一旦使用了该公司的产品,就像吸毒上瘾一样,对其具有越来越大的依赖性。这是由于软件用户已被锁定在某一个文字处理系统或排版系统上。他们不愿学习使用新系统,于是不断购买原系统的新版本。根据美国学者申农的定义,"信息是不确定性的消除量",认为信息具有使不确定性减少的能力,信息量就是不确定性减少的程度。不被受体理解的信息没有使不确定性减少,也就不称其为信息。而要想理解这些信息,用户需要花费时间和金钱进行再学习。因此,软件用户被其最熟悉的微软视窗锁定。

2. 增值

现代信息技术的普及,使网络经济成了以信息为主导的经济。互联网与旧传媒共同组成庞大的信息网络,为交换和市场活动提供了广阔的信息平台。在这种经济中,对信息与知识的获取、创造、传递、运用和管理成了社会的中心工作。这意味着,知识存量的多少,将决定一个社会经济效率的高低和交易成本的大小,将决定一个企业或一个国家是否具有竞争力。知识含量的高低,将决定一种产品或技术有没有生命力,将决定一个企业经营模式的成功或失败。

随着掌握的知识数量的增加,人们对信息的理解程度逐步加深,信息所起的作用越来越大。对于知识含量较高的产品,无论是虚拟产品还是智能产品,都会出现边际效用递增的现象。这是由于消费这些产品需要较多时间进行学习,有着较高的转移成本从而被锁定,还因为知识本身是系统的、可以增值的。一个人拥有的信息越多,每增加一条信息对这个人的效用就越大。文化水平较低的人，增加一条信息时，增加的效用较小，因为他从中可以发掘出来的内涵较少。一个知识渊博的人，增加一条信息时，知道如何充分发挥这条信息的使用价值，增加的效用就较大。这种信息独有的性质，将会直接影响未来社会的财富分配。

3. 网络

边际效用递增现象还因网络的作用而增强。产品或服务有其自身的价值，可称之为孤立价值。这是指没有其他用户，或用户的消费相互之间没有多大关联时，产品或服务对某个用户的价值。在这种情况下，产品或服务的价值是孤立的，无需或只需低配套要求。与此同时，产品和服务还有着网络价值，这是指存在其他用户，且用户的消费相互关联时，产品或服务对某个用户的价值。这种情况下的产品通常是一种系统产品，需要其他用户的配合才能体现或增强其价值，这就是所谓的网络效应。不管网络是有形还是无形的，都有着共同的特征，那就是连接到一个网络的价值取决于已经连接到该网络的其他人的数量。

在网络经济时代，产品或服务的网络价值比其自身的价值更加重要。由于互联，尤其是实时的、超越了空间限制的互联，产生了非常奇妙的结果。根据麦特卡夫定律，网络价值同网络用户数量的平方成正比，即 N 个联结能创造 N^2 的效益。换句话说，随着网络中节点数以算术级数增长，网络的价值以指数方式增长。增加几个成员，可以使所有成员的价值明显增大。如果你有一个电话网络，有 100 个客户，他们每天相互通话一次，每天通话 10 000 次(100 的平方)。如果增加了 10 个客户，你的客户总数增加了 10%，你的客户相互之间的通话量会增加到每天 12 100(110 的平方)，你的收入会增加 21%。在所有的经济网络中，都会产生这种收益递增，收益递增可使加入网络的价值增加，从而使塑造平台的经济驱动力越发强大，吸引更多的公司加入网络，导致网络价值滚雪球般地增大。因此，在网络经济中，较小的努力会得到巨大的结果，产生令人震撼的“蝴蝶效应”。

从消费者的角度来说，由于网络效应，使用某种产品的数量越多，该产品的效用就越大。因此，单个消费者增加某种产品的使用量时，其边际效用在递增。

2.3.3.3 边际效用递增规律与边际效用递减规律的区别

边际效用递增规律与边际效用递减规律所适用的产品或服务，存在着以下区别。

1. 质量和性能上的区别

边际效用递减涉及的产品或服务，在质量和性能上没有变化，简单重复性的消费很容易达到饱和状态。这对于大批量生产、技术变化速度比较小的传统经济来说，是一件难以避免的事情。边际效用递增涉及的产品或服务，在质量和性能上不断改进，在消费数量增加的同时，也不断给人们以新的刺激，从而能不断提高人们的满足程度。这对于小批量生产或定制生产，以及技术进步非常迅速的网络经济来说，是一件非常容易做到的事情。例如，微软公司每隔 6 个月就发行文字处理系统的一个新版本，使顾客始终有着浓郁的新鲜感。

2. 需要层次上的区别

边际效用递减所涉及的满足，一般是针对人们的生理需要或物质生活需要，如食欲等。这种需要总有一个限度。因此，消费的商品或服务达到一定数量后，它带给人们的满足程度就会下降。但是，边际效用递增所涉及的满足，是针对人们的社会需要或精神生活需要，这种需要几乎是无限的。因此，人们的满足程度就不会随着商品或服务数量的增加而下降，而是恰恰相反。

3. 知识含量上的区别

边际效用递减涉及的，多是比较简单的物质产品。边际效用递增涉及的，多是知识含量较高的产品。如果消费者拥有的食品越多，他对食品的需要就越小，因为已有的食品对增加的食品起着排斥作用；反之，如果消费者拥有的知识越多，他对知识、信息的需要就越多。因为接受新知识需要一定的知识作为基础。而拥有一定的知识以后，就会对掌握更多的知识产生更加迫切的需要，形成知识的累积效应。

在网络经济中，并非所有的产品和服务都服从边际效用递增规律。凡是缺少差别、仅仅满足人们的物质需要或知识含量较少的产品和服务，其消费仍然体现出边际效用递减规律。例如，前几年关于电子信箱的收费问题争论颇多。263邮箱收费之后，其用户数量随之锐减。对此，263邮箱的有关负责人很不理解。其实，问题并不在于互联网服务是否应该收费，而在于其中的哪些服务可以收费。有一些公司提供的互联网服务一直在收费，其用户数量不但没有减少，反而在不断增加，如网上金融服务、数字图书馆的读书卡、联众游戏的会员费等。其秘诀在于，这些公司提供的服务是独特的、有差别的服务，在一定程度上具有垄断特点。随着质量和性能的不断提高，用户消费时的边际效用在上升。为了获得更大程度的满足，用户甚至愿意付出更高的费用。

电子邮件服务就不同了。很多公司都能提供电子信箱，而且几乎所有的电子信箱都具有相同的功能。因此，用户消费时遵循的是边际效用递减规律。当用户只能拥有一个电子信箱时，其边际效用最高，他愿意为之付出较高的费用，正如人们使用普通的邮局一样。当用户可以拥有2个、3个甚至N个电子信箱时，边际效用就会不断下降。当N趋于无穷大时，边际效用就会为零了。这时，消费者根本不愿意为电子信箱付费，人们只愿意使用免费电子信箱。要解决电子信箱收费问题，大概有三种方法：

(1) 为本公司的电子信箱提供独特的功能，将消费者锁定。这是一种行之有效的方法。目前已进行收费的网络服务，基本上都采用了这种方法。

(2) 只有一家公司可以提供电子信箱，进行独家垄断。在不存在权力垄断或资源垄断的网络经济时代，这是不可能做到的。

(3) 所有的公司都对电子信箱进行收费。这一点也无法做到，因为虽然免费电子信箱使企业出现亏损，但是有不少公司把它看成是支付必不可少的注意力成本的一种重要形式。

由上述分析可知，厂商要想变免费电子信箱为收费电子信箱，只有唯一的一条道路，那就是为用户提供具有特色的、有差别的电子信箱。如果做不到这一点，厂商对电子信箱收费就无异于自杀，不但电子信箱的用户会大大减少，人们对该公司网站的关注也会大大减少，该公司提供的其他产品和服务就会陷入无人问津的困境。为什么大多数公司在亏损的情况下坚持提供免费电子信箱，其要害就在这里。不是厂商大发慈悲，不想要利润，而是这种利润根本无法得到。

2.3.4 传统经济学的边际收益递减规律与网络经济学的边际收益递增规律

任何一个学习经济的人都碰到过边际收益递减规律，它是传统经济学的重要原理之一。根据这一规律，如果我们增加对某一生产要素的使用，例如劳动，而假设其他所有的要素(如机器设备、技术、原材料)保持恒定,那么,每一个增加的劳动力的产出都会比前一个劳动力少。即使总产出增加了,但每一个劳动力增加的产出,即边际产出也会下降。

传统经济学认为,当所有的投入都按比例提高的时候,全部产品的规模收益就会显现出来,将以大于投入增加率的速度增长。但当生产规模过大时,由于管理大的组织的困难,将导致管理成本最终将达到导致平均成本上升的程度,进而导致规模经济的消失,规模收益递减开始起作用。

然而网络经济由于网络外部性的存在,却往往意味着收益递增:某些厂商制造或卖出的东西越多,产品的价值就越高,他们所获得的优势就越大,获得收益也更加容易。规模越大,用户越多,产品越具有标准性,所带来的商业机会越大,收益呈加速增长趋势。由于网络经济的外部性的存在,即网络越大,效益越高。如果加入电话网中的用户数越多,电话网的效益越明显,从而使边际效用呈递增规律。因此,网络的边际效用递增规律与梅特卡夫法则是同一问题的不同描述形式。

著名经济学家 W·布莱恩·阿瑟认为,效益递增实质上是一种从领先到进一步领先的趋势。很显然,我们在网络外部性中所讨论的收益递增和传统经济学中的规模收益递增是有所不同的。

但是,我们所讨论的收益递增与传统的收益递减规律并非是水火不容的,我们认为,与网络外部性有关的收益递增是对传统的收益递减规模的一个修正。

首先,传统经济学中所讨论的收益递减和递增的规律都是建立在供给分析的基础上的;而网络外部性所带来的收益递增规律则是对需求方的讨论。用今天的观点来看,我们应当把这些传统的规模经济称为供应方规模经济:因为供给方生产要素的增加投入而引起的收益递增。而基于网络外部性的收益递增规律所讨论的则完全是消费者的需求对收益的影响,是需求量的增加而引起的收益递增,因此它被称为“需求方规模经济”。网络外部性带来的收益递增规律并非是对传统经济收益规律的否定,这两者实际上是在经济中共同发挥作用,结果如何将取决于这两种规律孰强孰弱:在传统经济中,源于供给方的收益规律占据主要地位;而在网络经济中,源于需求方的收益递增将发挥更大的作用。

其次,基于网络外部性的收益递增规律与传统经济学中的规模收益递增规律具有共同之处:它们都是由于达到一定的规模而引起了收益递增。但是,基于供应方规模经济的收益递增有自然限制(如管理大组织的困难等),最后将导致收益的递减。而需求方规模经济在生产足够大的时候却不会分散,因此收益递增以一种新的、更强烈的形式出现。

结论:

(1) 在存在网络外部性的情况下,需求曲线依然向下倾斜,但又将随着其预期将售数量的增加而上升。

(2) 网络外部性的存在带来了收益递增。

(3) 在基于需求方规模经济的收益递增在网络经济中比过去更加重要,而且可以和供给方规模经济相结合,结果将产生“双重作用”。

2.4 网络经济对传统经济学原理的挑战

20 世纪 90 年代以来，以通信或信息网络为核心的服务活动逐渐成为多数发达国家的主要经济活动，并数倍于工业增长速度在全球扩展。一个令人们头痛的问题是网络价值的实现过程与资本增值过程是完全不同的两回事，经济教科书中建立在边际成本上的供求均衡曲线已经失去意义。从各国政府分拆垄断企业到听任公司之间全球结盟、购并，从电信价格大战到网络互联纠纷不断，从微软公司捆绑销售官司不了了之到网络经济泡沫破灭，说明当今世界已进入一个新旧经济剧烈摩擦的年代。摩擦的结果是，网络将最终迫使人们放弃狭隘的达尔文主义观点，让平等、合作和互动精神渗透整个社会。面对这一切，传统理论的许多假设前提开始动摇，人们必须重新构筑信息时代的理性思维平台。

2.4.1 网络经济中的均衡理论——需求方规模经济

在传统经济学中，供求均衡理论是一个最基本的分析工具，市场均衡是由供给曲线的需求共同决定的。供求曲线反映出经济学中“边际收益递减”规律。而网络经济突破了“边际收益递减”规律，甚至于否定了供求规律。用传统经济理论无法解释网络经济所特有的边际成本递减与边际收益递增现象。

在西方经济学以物质产品为中心的经济分析中，无论是短期成本曲线还是长期成本曲线，当生产量达到规模经济的起点之后，边际成本都呈现递增的趋势。其原因在于，生产量一旦超过了固定资产所能容纳的限度，生产效率就会下降，即使追加固定资产投资也不会立即提高生产效率。边际成本增加了而产品的价格不能随之增加，因此，边际收益呈递减趋势。

但这一分析不适用于网络经济。信息网络成本主要由三个方面构成：一是网络建设成本，表现为折旧；二是信息传递成本；三是信息收集、处理和制作成本。前两者并不存在边际成本的问题，因为其递增或递减与上网人数无直接联系。网络的传输速度几乎可以无限制地增加，而上网的人数不会在同一时间达到统计最大值。只有信息收集、处理和制作成本才与上网人数正相关。收集处理的信息量越大，成本也就越高。上网人数越多，网络处理信息量将会以上网人数的几何数字增加。毕竟，单个信息的结合不是简单的倍加，而是智慧火花的碰撞，只有这部分成本是递增的。把三个部分成本综合起来可知，信息网络的平均成本随入网人数的明显增加会明显递减，边际成本随之缓慢递减。

网络经济是典型的规模报酬递增经济，这种特性表现在成本曲线上，就是一定的固定成本和随着产量增大而不断下降的可变成本的组合。在网络经济中，几乎所有的生产要素成本都是呈递减趋势的，使得平均可变成本呈不断下降的趋势。对于许多不同的生产过程，信息、知识等共同的生产要素几乎可以以零成本的代价从一种生产过程转移到另一种生产过程。在网络经济时代，生产社会化的发展趋势就是信息化程度递增的过程。生产的信息化程度的不断加深，必然使得平均成本不断下降。这样，网络经济显现出了明显的规模报酬递增趋势。

在网络经济中,生产第一份信息产品的成本非常高,但此后产品的边际成本甚至可以接近于零。就以网络经济最典型的经济行为"开发软件"而言,软件产品的成本几乎是一次性的,而软件开发完成后的复制生产成本几乎可以忽略不计,成本几乎为零。其他的信息产品也具有类似的特点,如开发软件、设计芯片、铺设光缆等。

制度经济学理论认为,公共物品往往要由政府提供,因为私人投资公共物品难以获得回报,人人都可以消费,多一个消费者并没有增多成本,而又不能轻易地排除其他人的消费,或者说排斥一个人消费付出的成本太高,这些特点决定了"公共物品"只能由政府投资。信息产品可以说是一种准"公共物品",它具有"公共物品"的许多特点,如果政府不采取措施防止人们免费使用信息产品,人们"搭便车"的行为无法消除,那么就不可避免地要出现"盗版"、"盗用"现象,因为"盗版"对于"盗版者"来说是一件轻而易举的事情。而"盗版"的横行泛滥毫无疑问会影响人们创新的积极性,对社会发展造成明显危害。信息产品虽然具有"公共物品"的许多特点,但它在采取一定的"屏蔽措施"下,还是可以减少其"外部性",减少人们"搭便车"的机会,让那些使用信息产品的人们向信息产品提供者付费。当然在这个过程中,不仅国家要立法保护信息产品的知识产权,私人也要想办法让信息产品减少"公共物品"的特点,减少其"外部性",尽可能使信息的使用者向提供者付费,在这种情况下,绝大多数信息产品还是可以由私人投资。

2.4.2 网络经济中的新经济规则——"赢者通吃"

社会学家在研究大众传媒时发现如下现象:即使在很偏僻的地方,观众依然喜欢观看NBA中的乔丹比赛,并不去看本地篮球比赛,处于金字塔顶端的少数明星吸引了大部分的观众资源。他们称这种现象为"赢者通吃"。互联网的"时空压缩"效应,可以使消费者很容易接近名牌、名店,少数名牌厂商将拥有大部分的顾客资源,网络也将带来"赢者通吃"。如果消费者能在亚马逊书店买书,他们可能不再去其他的书店。投资者之所以购买亚马逊股票,正是认为亚马逊可以达到"赢者通吃"。"赢者通吃"在网络经济中还有另一个含义,优势厂商可以跨行业经营。亚马逊也可以卖百货,雅虎可以很容易经营股票买卖。

这一游戏规则告诉我们,如果投身网络经济,就要树立同业第一的目标,无论是做专业门户站点、网上零售,还是属于网络经济的物流服务,都应该如此。

这就是网络经济中存在的一个重要的现象——"赢者通吃"。我们应该如何对待这种现象呢?是把它们视为"新经济"的新规则,还是"垄断"?这是需要认真研究和对待的。"微软"垄断案就是在这样的经济背景下发生的,可是,政府仍然是以传统的眼光来看待这样的事情。其实,"微软"案已经不能同以往的垄断案相比较,因为经济发展模式已大不相同。

随着网络经济的发展,这种现象是不可避免的,市场运行的最终结果必然导致"赢者通吃",这在网站竞争中表现得尤其突出,这是为什么呢?

第一,网络增值的规律是规模越大,用户越多,产品越具有标准性,所带来的商业机会就越多,收益呈加速增长趋势。某一领域的产品在网络经济中是需要标准化、规模化的。这种标准化、规模化意味着社会成本的降低、经济效益的提高,这是网络经济中所有厂商追求的一种目标。在市场上,如果一个企业有能力将自己的产品标准化,并成为市场的主流产品时，该产品的价值越高，使用的人就越多。市场上的主流产品的使用价值已大大越过它的物质表现，在许多方面是生产这种产品的人想不到的，这样，即使价格再高也有人愿意买。在这里，价高少买、价低多买的需求规律对信息产品似乎也就不起作用了。网络经济条件下的新的需求规律是：使用者越多，出价就越高，或者说是“边际收益递增”。

第二，当网络产品形成一定规模后，后来的企业想进入同样的市场难度就越大。因为，网络经营部门存在着极高的一次性固定成本，而这些固定成本中的绝大部分是沉没成本(Sunk Cost)，这样，后进市场的企业就面临着巨大的风险，弄不好不仅无法挽回以前的投入，而且很难生存下去。规模优势导致竞争优势，市场竞争的博弈结果是强者越强，弱者没有生存空间。一个提供信息产品的企业，一旦面临新进入的竞争对手，它的博弈策略可以将产品价格降到接近于零。因为一个无穷接近于零但大于零的单价与无穷大的信息产量相乘，收益仍然是无穷大，所以在位企业(如中国电信)不担心降价，甚至可以采取免费定价(如微软浏览器的免费捆绑)策略。博弈的最终的结果就是在位企业将欲进入市场者赶出市场。这样无疑会使成功企业的规模越来越大，直到最后形成类似“垄断”的大企业。

第三，网络经济奉行“机遇优先”的发展规则。“赢者通吃”的关键就在于“先入为主”。在网络经济中，企业开拓市场的关键在于发现市场机遇，把握机遇，这是获得市场的关键因素，也是网络经济中创新劳动的主要体现。“唯有第一，没有第二”，导致了很多“圈地”现象出现。在网络经济发展过程中，机遇对于企业的发展表现得尤为重要，抢占先机意味着成功了一半。因为网络经济，在市场竞争初期的初始用户吸收成本相对低廉，而且网络用户具有独特的消费粘性(其实就是锁定效应)，即网络公司很容易培养、保持用户对网站及其产品的的忠诚度。随着竞争的加剧，对于慢一拍的竞争者来说，获得新用户的成本就很高，而且从竞争对手中争夺新用户更是不易。因此，网络市场的先驱者具有巨大的先发优势，最大限度地拓展用户规模和市场占有率也成为网络公司的长期战略重点，于是网上“圈地圈钱”的游戏就屡见不鲜。

第四，信息产品具有“路径依赖”和“锁定效应”的显著特点。一个已经形成规模的产品在市场拥有绝对优势的市场份额，它的产品将形成一种标准，人们在长期的使用过程中已经形成一种习惯，使得改变这种状态的可能性更低。在经济学上，著名制度经济学家诺思提出的“路径依赖”理论可以分析这一现象。“路径依赖”理论认为，在制度变迁过程中，存在着自我强化的机制，这种机制会促进人们在选择的初始路径之后，在既定方向的发展中不断得到自我强化。“路径依赖”是网络经济一个重要表现，信息技术的采用往往具有报酬递增的机制，率先发展起来的技术通常具有可以先占领市场的优势，利用规模效益导致产品的单位成本降低。如果普遍流行则可以导致学习以及其他活动效应的提高。许多行为者采取相同技术所产生的协调效应，在市场上越是流行就越能促使人们相信它，进而促使它进一步流行，实现自我增强的良性循环，从而在竞争中胜过对手。

另外，熟悉一个软件或一个系统的学习成本是很高的，从一个信息系统转换到另一个系统时，要放弃原先的知识和经验，重新接受训练，熟悉新软件的操作等，必须付出巨大的时间、精力等成本。经济学把这一类成本称为“转移成本”。当“转移成本”高到一定程度时，用户就会被锁定。当人们最初选择了某种软件产品，并花了大量的时间、精力进行学习、实践，并达到相当熟悉的程度，此时即使他面对一个可能更好的软件，他也不会轻易地接受，而是继续选择他所熟悉的原先那个软件，这就是所谓的“锁定效应”。“锁定效应”使得原先具有规模优势的企业在市场竞争中占有主动权，规模优势使企业的竞争优势和规模越来越大，最终形成“赢者通吃”的局面。

2.4.3 网络经济中的“交易成本”

在网络经济条件下，交易成本一般都比较低，这是为什么呢？

(1) 由于网络技术的发展，极大地突破了现实世界的时空限制，信息在网上的传送十分迅速、便捷，缩短了时空差距，进而降低了时空成本。比如，网络可以帮助企业突破与客户和供应商打交道时由于信息交流问题而产生的交易成本的制约。在传统经济条件下，由于信息交流的困难，企业要在大范围内采集客户数据并对其进行分析，“交易成本”很高，这样就很难针对个别用户的需要提供个性化服务，很难面对不同市场、不同消费者实施针对性的营销策略。在网络经济条件下，企业可以在网络上交流信息，而且信息传递和复制的成本又很低，信息传播的范围又很广，不会产生由于信息传递成本所造成的重大影响，因此企业可以广泛采集客户数据，可以制定并实施针对性的营销策略，提供个性化服务等。

(2) 网络世界是“比特”世界，所有的网上信息都经过“数字化”、“编码化”，都是以“比特”的形式存在于网络世界中。“比特”世界与“原子”世界有着极大的区别，一是比特是没有质量、重量的，而原子却是有质量与重量的，因此比特世界没有物理空间与重量的忧虑；二是“数字化”的比特信息可以进行无成本复制，而原子世界无论如何是无法做到这一点的，因此，比特信息永远是供适应于求，无论有多少需求都可以满足，于是网络可以低成本地为更多的消费者服务。

(3) 网络技术可以简化市场交易过程，消解市场中介组织，可以低成本地做到精确的经济行为的统计与分析。在传统经济环境中，许多的经济行为不可能做到精确的统计分析，因此许多结论或对未来的期望都是十分不准确的。而在网络经济条件下的经济行为可以采用先进的电脑网络技术(尤其是先进的应用软件)对经济行为进行实时的统计、分析，并能借此做出总结，预测未来以及做出精确的决策。

(4) 网络可以减少交易双方之间信息不对称程度，提高社会资源的配置效率。经济学理论认为，信息不对称会导致市场交易效率的低下，减少信息不对称意味、减少用于搜寻信息的时间、精力和财力，意味着社会运行成本的降低和社会净剩余的增加。总之，网络经济所具备的这一切特点是其具有大幅减少市场“交易费用”作用的重要原因所在。

网络经济是直接经济。直接经济是相对于传统工业迂回经济而言的，它集中表现在消解中间程序，使生产者与消费者直接进行经济互动。互联网络的本质就在于使时间和空间的距离为零，也就是使经济活动中的摩擦系数降低，接近于零。

网络经济是一种“个性化”经济，集中表现为“个性化”服务。网络经济之所以能做到“个性化”服务是因为信息可以无限制的复制和组合，是因为网络技术手段使得信息的复制和组合成为一件轻而易举的事情。

随着信息化和网络技术发展对经济影响的逐步加深，信息化和网络将从影响一个部门和地区到影响整个经济，这就是网络技术发展对经济的影响，而这种影响是一个从低度到高度的必然过程。

Internet 会引发出以网络为纽带的新经济，这样一种经济会使“交易成本”大为降低，进而使价格结构发生深刻的变化。传统经济的稀缺资源是物资，新经济的稀缺资源是时间，这样，只有更快地创新才能创造新的价值。

那么，网络经济与传统经济之间到底是一种什么样的关系？传统经济是相对的。就网络经济而言，它就是未来的传统经济。目前网络经济内部、网络经济与传统经济之间的横向整合、纵向垂直正在以前所未有的烈度进行。从微观角度来讲，企业业务链、价值链通过兼并、结盟等实现了横向扩展和纵向延伸，产业资源、生产力要素也由此重新配置，企业性质有所变化，网络经济的内涵也发生了质的跃升——网络真正开始成为经济，网络与现实、网络经济与传统经济之间的关系第一次变得如此紧密。网络经济开始蜕变成为虚拟与现实结合、传统与现代、技术与商业结合的经济。

2.5　网络经济基本规律

2.5.1　马太效应

所谓“马太效应”，就是指在一定的条件与范围下，人类社会中优势和劣势的累积过程是有偏向的；不管身处优势或劣势，都会不断地被强化，即优者愈优，劣者愈劣。“马太效应”是网络经济三大法则中最早为人们熟知的，事实上很多年以来，人们已经在许多领域内发现了这条规律的广泛存在性。它描述的是一种典型的正反馈特性，譬如那些在竞争中因初始条件的优势而积累起更多资源、经验和能力的个人、组织或企业，在此后的竞争过程中将会由于此前所积累起的这些资源和能力而易于获取更多的资源和机会。优势或劣势一旦出现并达到一定程度，就会导致不断加剧而自行强化，出现“强者更强、弱者更弱”的垄断局面。

在产业竞争当中，一些领先厂商的市场份额与竞争优势不断地扩大，最后发展成为控制产业的绝对主导力量，而其他竞争者则面临生存空间日益缩小的困境。一个显而易见的事实就是，在当今的知识经济和数字化经济中，产业标准竞争被赋予了前所未有的意义，围绕着产业标准的竞争日益升级，其规模和影响程度都与以往任何一个时期有所不同。产业标准形成的模式之一，是企业特定能力及相关资产，导致企业技术在竞争中占优并成为产业标准。在一些情况下，由企业设定的“事实标准”甚至会取代政府部门制定的“法定标准”；另一些产业标准的形成是企业通过战略联盟或合作体所建立的技术标准。

例如在 20 世纪 90 年代，尤其是在信息产业当中，由于一些新技术开发投资数额巨大，为了避免直接竞争所产生的沉没成本损失，一些在产业中处于领先地位的巨型企业之间，常常会围绕着关键的产业核心技术达成一种联盟或合作的关系，并由此共同确立产业技术标准。需要注意的是，技术在这种正反馈的形成过程中日益发挥着“双刃剑”的作用，它一方面是形成“马太效应”的重要力量；另一方面竞争者为了打破正反馈过程也利用对技术的突变性和跳跃性发展。

网络经济中“马太效应”的具体体现就是网络经济中的达维多定律(Davidow's Law)。达维多定律认为进入市场的第一代产品能够自动获得 50%的市场份额，所以任何企业在本产业中必须第一个淘汰自己的产品。比如，英特尔公司的微处理器并不总是性能最好、速度最快的，但它几乎总是新一代产品的首家推出者。同样，微软公司的 MS-DOS 和 Windows 也并不是当时最好的微机操作系统，但它通过和 IBM 结成战略联盟，并不断推出新产品，终于成为市场的主流产品，无人能与之抗衡。达维多定律体现的就是网络"马太效应"中的主流化(Mainstreaming)现象，即由于消费者对于一些网络产品的使用产生习惯，他们的消费行为显示出巨大的黏性。

在网络经济中之所以会出现"马太效应"，主要原因有以下几个方面：

第一，规模经济的存在。网络经济是信息革命的产物，信息技术改变了人们传统的时空概念，为产品或服务的共享提供了可能。网络经济中企业所提供的实物及服务产品(知识型产品)具有显著的规模经济性，也就是说，产品的成本结构相当特殊，初始投资花费的固定成本很高，但是随着产品产量的增加而追加的变动成本却很小。例如，微软公司开发 Windows 操作平台花费巨额成本，而多制作一张存在有该软件的光盘的追加成本却非常低，简直可以忽略不计。产品的平均成本曲线一直呈递减之势，不存在最低的平均成本点；

第二，网络正外部性的存在。网络的正外部性，有时也称为边际效用递增。假如一个电话网络只有一个用户，那么这个网络是没意义的，因为用户达不到与人沟通的目的，以后每增加一个电话用户，电话网络就能多提供一个沟通对象，网络的效用就会因此增加。对最后增加的那位电话网络消费者而言，网络提供给他的效用高于任一原有网络用户加入时的效用水平。同时，新客户的加入也提高了原有用户的效用水平。网络外部正效应的存在使得访问用户的网站对新用户更有吸引力，新增用户将越来越多，原先访问人数少的网站吸引力就小得多。这样就会导致网络经济中的马太效应；

第三，网络经济中企业竞争领域的模糊化。因特网正在改变企业的竞争范围，有时并不清楚竞争的对象。比如雅虎(Yahoo)向因特网著名拍卖公司 eBay 叫板，准备提供免费的拍卖服务，希望能够击败强有力的竞争对手，并靠拍卖网站吸引更多顾客，同时扩大因特网广告收入。网络经济推进了向客户提供免费服务竞争战略的进程，使市场细分战略经常成为徒劳；

最后，非排斥性。网络经济中的知识产品与网络上的服务产品消费有非排斥性的特点。我们知道，对最后增加的那个边际消费者来说，其效用显然大于零，不然他就不会选择消费行为，而网络服务产品提供商的追加成本却几乎为零。比如，网络上的某一个网站多了一位访问者，这类似于传统经济学中的公共产品，即一个人的消费基本上不影响另外一个人消费同一产品或服务。信息技术和网络产品的消费特性使得只有极少数的供应商就能满足市场的全部需求。

2.5.2 摩尔定律

摩尔定律(Moore's Law)是以英特尔公司三大创始人之一戈登·摩尔的名字命名的。摩尔观察了 1959—1965 年半导体工业的实际数据，发现以 1959 年数据为基准，每隔 18 个月左右芯片技术就大约进展一倍，于是 1965 年 4 月提出了著名的摩尔定律。

摩尔定律认为："计算机芯片集成电路上可容纳的元器件密度每 18 个月左右就会增长一倍，性能也会提升一倍。"摩尔定律的出现，对信息产业和网络企业的发展都产生了一定的影响。

首先，对技术变革和技术竞争起到了导向性作用。半导体工业的发展逐渐证实了摩尔定律的解释。许多厂商开始运用摩尔定律来确定自身的技术发展速度，从而使得整个产业在技术发展的速度和趋势上表现出惊人的一致性。

其次，对厂商竞争中的价格策略产生重大影响。事实上在摩尔定律最初提出时，并未涉及价格变动的趋势。随着竞争作用的加强，人们对摩尔定律进行了进一步的拓展，表述为“每18个月左右性能提升一倍而价格下降一半”。例如像英特尔这种在行业中处于主导地位的厂商，为了获取动态的竞争优势，他们仍不断地驱动技术向前发展，并且在竞争对手能够生产出性能相近的产品时，将价格大幅度降低，从而利用规模经济和学习曲线来使竞争对手处于不利地位。

再次，使得规模经济在一些飞速发展的高科技行业得以体现出价值。与此同时，技术发展速度的加速，又迫使厂商如果想要盈利，就必须在技术周期之内尽可能短的时间里，回收投资成本，这必须通过规模经济来实现。

最后，对软件工业市场策略产生驱动作用。由于软件和硬件之间具有很强的关联性，它们是构成一个系统不可或缺的部分，因此在发展过程中需要相互之间的支持。这种产业技术的系统特性导致产业市场策略也产生了变化，使软件供应商与硬件供应商之间开始寻求更为密切的市场和技术合作。一方面软件供应商必须适应摩尔定律所表现出的技术发展趋势；另一方面为了更有利于自身的发展，硬件供应商也必须在产品开发过程中就把一些技术架构和技术特性告知软件开发商，以便软件开发商相应地开发出一些能充分发挥其技术性能的软件。

这种互动的关系事实上对相互关联的行业都产生了重要的影响。多年来的实践证明，摩尔定律这一预测还是比较准确的，预计在未来仍有较长时间的适用期。

摩尔定律的背后是学习曲线(Learning Curve)原理的深刻体现。学习曲线说明了随着产出的增加，厂商不断改进它的生产，结果单一产品的成本不断下降。学习曲线最初是在飞机制造业中发现的，现在被认为在网络事业的发展中发挥了巨大的预言作用。网络经济的飞速发展，使得产品的生命周期逐渐缩短，新产品层出不穷。这里产品生命周期的缩短包含两方面的内容：一方面是相对缩短。这主要是由于周期变形造成的缩短。在网络经济时代，产品周期一般只有投入和成长两个阶段，而没有成熟和衰退阶段。因为在摩尔定律作用下，新的性能升级而价格下降的替代产品已经出现，所以当原来产品尚未进入成熟和衰退期，就已经被淘汰。如图2-5所示。另一方面是绝对缩短。这主要是由于新产品开发、采用和扩散的速度加快造成的缩短。以思科公司开发新产品为例，它规定：所有项目必须在6至9个月内收到回报，所有项目不得超过一年。在执行过程中，公司内商务部门与IT部门组成职能交叉的队伍，进行设计开发。商务部门主要考虑项目是否能在短期之内即3～6个月内完成，IT部门则要提供技术保证。如果3～6个月不能完成，就要转到另外项目上去。

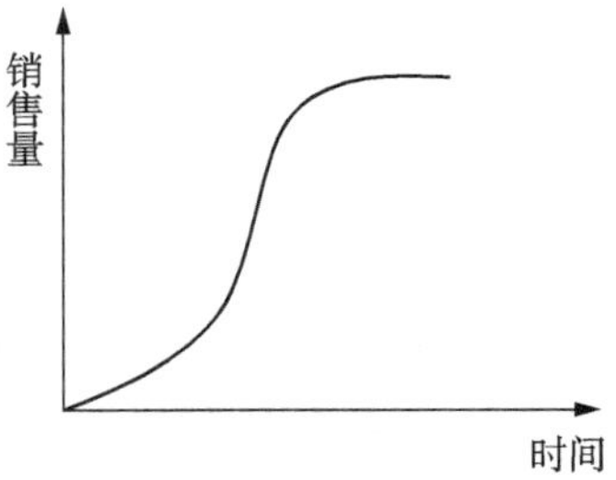

图2-5　网络经济时代产品的生命周期

2.5.3 梅特卡夫法则

梅特卡夫法则(Metcalfe's Law)是由鲍伯·梅特卡夫最早提出的。它可以表述为:"网络的价值等于网络节点数的平方,即网络价值以用户数量的平方的速度增长"。梅特卡夫分析说,当只有一部电话时,并没有什么价值;当有两部电话时,一个人可以打给另一个人,其价值为1;当有3部电话时,每一部电话都可以打给另外两个,其价值骤升为6(3×2);当有100部电话时,每一部电话可以打给其余99部电话,其总价值则是100×99。

梅特卡夫法则来自于数学选择问题,梅特卡夫的分析实例可以转化为如下的数学问题:当有 m 部电话时,两部电话之间互相连接的总可能性是多少?由于每一部电话(共 m 部)可以与剩余的所有电话(不包括自身,因而是 $m-1$ 部)通话,所以总可能性是 m×($m-1$)。当网络规模不断扩大时,网络节点数会不断增加。当 m 接近无穷大时,$m\times(m-1)$等于 m 的平方。假如用公式来表示,就是 $I=EM^2$,其中 I 是网络经济的规模,E 是常数,M 是网络节点数。据估计,网络用户大约每半年翻一番,网络通信量每百日翻一番,这种宇宙大爆炸似的膨胀,直接推动了网络收益的快速增加。网络时代的梅特卡夫法则说明,网络经济的扩张与网络上的节点数的平方成正比,网络的价值等于网络节点数的平方。

梅特卡夫法表述的是一种网络的外部性,说明某项技术或产品随着使用者的增多而不断增值的特性。必须指出的是,这里所说的网络不仅仅是指那些现实存在的网络,例如通信网络,还包括那些虚拟网络,也就是通过人们之间的关系构成的一个相关联的群体,例如使用同一个产品的用户之间所存在的用户网络关系。软件对于电脑的应用非常重要,使用者有越多的软件可供挑选,这些电脑对用户的价值就越大,这样希望为这些电脑开发软件的人的数量就越多。

正是由于网络价值存在的这种特性,导致网络经济在特定情形下存在着边际收益递增的现象。梅特卡夫法则对企业的竞争战略产生了重要的影响,尤其是在那些网络价值对其具有较大意义的产业。为了拓展自身的用户网络价值,使得企业的技术和产品被采纳的比例增加,企业就必须在更广泛的范围内吸引潜在消费者的注意力,因此,这也被人们形象地称为"眼球经济"。

在存在着网络效应的情况下,对于企业而言,利用用户锁定来稳固自己的用户基础并尽快达到临界容量(市场临界容量指的是在存在着网络效应的情况下,能够让厂商和用户从用户网络的扩大中获得增加的价值所需要的最低市场基础),是一个重要的策略问题。技术因素在此过程中有着特殊的重要意义,经验表明,提供更为卓越的技术性能将成为潜在竞争者最强有力的竞争工具。对于后发者而言,运用技术卓越来击穿市场进入壁垒,并迅速建立起市场临界容量是一种可取的策略。

另外,消费者预期管理也成为企业存在网络效应条件下竞争的重要手段。将用户预期设定在特定的合理水平并对其进行管理,将成为网络经济当中企业管理者必须面临的挑战。

2.5.4　吉尔德定律

据美国激进的技术理念家乔治·吉尔德预测：在未来的 25 年，主干网的带宽将每 6 周增加一倍，其增长速度超过摩尔定律预测的 CPU 增长速度的 3 倍。随着通信能力的不断提高，吉尔德断言，每比特的价格朝着免费的方向下跌，费用的走势呈现出渐进线（Asymptotic Curve）的规律，价格点无限接近于零。

今天，几乎所有知名的电讯公司都在乐此不疲地铺设缆线。当带宽变得足够充裕时，上网的代价也会下降。在美国，今天已经有很多的 ISP 向用户提供免费上网的服务。

2.5.5　无限的能力与机会

网络和传统媒体最大的差别就是网络上的每一个用户之间都是相互平等的。他们拥有同样的创作和白手起家的机会。更重要的是，在网上，每一个人都可以成为一个扩散信息的点。在美国，有很多人在网上完成了他们曾遥不可及的梦想。

在美国流传着这样一句话：“在网上，没有人知道你是人还是狗”。不分贫富和贵贱、不论国家和种族，任何人都能够获取同样的信息，平等地和其他网民进行交流。

更重要的是，在网上每一个人都可以成为一个扩散信息的点。网络让每一个人获得了从前只有政府和媒体拥有的“信息传播权”。每一个人都可以发表自己的意见，甚至做一个网上的记者、网上的作家。而通过网络，他的作品可以得到“永生”。

每一个人都有机会成为一个网上的商人或网上的创业者。有一个软件工程师，为了满足太太的嗜好设计了一个网站，后来这个网站发展成为市值达 150 亿美金的 eBay；有一个学生，他嫌网上信息不好找，就做了一个目录。两年后，他成为身价十亿美金的创业者偶像。他就是 Yahoo！的杨致远。

网络已经成为一个让全世界网民获取知识、进行沟通和创业的渠道。

2.5.6　良性循环带来收益递增

互联网的发展带来了许多新兴行业的“收益递增”，例如做网上书店的 Amazon 和做网上拍卖的 eBay。而且，互联网本身的发展也是一个“收益递增”的过程，也是在一个良性循环下形成的。由于有不断增长的互联网用户群，才造成足够的经济理由去开创更多的网上内容和服务；由于有不断增加的内容和网上服务，才造成足够的经济理由去投资建设基础设施，使得带宽更大、速度更快；因为有了更多的带宽，所以有了更多的上网设备。

在经济学上，收益递增的定义是：当一个产品同时受益于市场扩大、质量上升、利润增加时，这三个环节就形成了一个“正回馈”，即良性循环（virtuous cycle），它使得这个产品能够以最快的速度成长，进入到主流市场。

收益递增的过程往往是这样的。一项新技术、新产品最初出现的时候，由于习惯势力或认识的缘故，人们总是去贬低和忽略它们。但是随着技术本身的不断完善、用户群的不断增大，它开始不可逆转地达到一种上升的势头，即达到我们所说的“收益递增”阶段。在这一过程中，人们以前所抱有的所有疑虑和贬斥都会烟消云散，市场开始张开双臂迎接这项新技术或新产品。

2.5.7 拥抱标准："物以多为贵"

共享程度越高的东西越有价值。HTML、XML 或 Internet Explorer，如果只有一个用户使用，那它们的价值就是零；只有更多人的认可和使用，一项技术的价值才能得到最大程度的体现。造成"多"的最好的方法就是符合"标准"。就像火车和路轨，如果欧洲、亚洲甚至每一个国家都各自为政，制订不同规格的火车或路轨标准，就不会有今天贯穿欧亚的"大陆桥"。

在旧经济时代，最稀有的东西是最有价值的，所以人们为使自己立于不败之地，往往不愿意将技术和信息共享，也就是我们中国人常说的"独门绝技"。但是在网络经济时代，共享程度越高的东西越有价值。HTML、XML 或 Internet Explorer，如果只有一个用户使用，那它们的价值就是零；只有更多人的认可和使用，一项技术的价值才能得到最大程度的体现。在其他的行业里还有很多例子：DVD 的格式让任何机器可以读任何光盘、Windows 标准让任何人可以在任何品牌的 PC 上用任何软件。

互联网本身就是一个基于标准的技术，包括了 TCP/IP，HTTP，HTML，GIF 等标准。网络上的"各自为政"只会严重制约网络效益的发挥，阻碍良性循环的形成。无论是公司还是国家，都应该接受公认的国际标准。只有一个统一的标准，才会使所有的创新和进步能够被更有效、更方便地共享，促进良性循环的最终形成。

所以，"物以多为贵"。

2.5.8 注意力经济

如果能够在网络经济发展过程中成为某一特定领域，如网上售书、网上新闻发布、网上汽车零件，它们面临的商机将是无价的。所谓"霸主"，就是在用户心目中，想到某个领域，就想到你。因此，为了得到用户的青睐，网络公司愿意花较大的宣传费用，得到用户的"注意力"。因为对于能够零边际成本地无限复制的信息来说，其价值的衡量必须以注意力为标准，只有获得注意力的信息才具有价值，这就是注意力经济的本质。

看到网络革命利用无限的计算和网络，驾驭着 N^2 的效率成长和收益递增的正回馈，赋予了人类空前的权利与机会。

当你成功地获取了人们的注意力后，他们就会开始按照你的方式考虑问题，逐渐习惯于使用你的产品和服务，并由于人类固有的惰性而固守于它们。所以，在一个网络公司成立之初，衡量它是否成功的关键是看它是否获取了足够的"注意力"。

在旧经济时代，人们创业时首先要做的是花时间雇一大批人，买一大堆机器。等到工人们做出东西，才可以去卖钱，简而言之："用时间来换金钱"。而在网络经济时代，网络公司则往往要先花钱做大量市场宣传方面的工作，获取用户的"注意力"，吸引他们来到自己的网站或用自己的技术，然后才有可能去赚取利润，变成"用金钱来买时间"。

所以，中国人所说的"寸金难买寸光阴"是很有远见的。

2.5.9　不创新则灭亡

网络经济对消费者固然眷恋，但对网络公司却是相当无情的。如果你幸运地取得了成功，你会发现周围会立即出现多位竞争者。要特别指出的是，创新的定义并不只是局限在技术层面，它包括每一次市场的创新、每一个商业模式的创新。

假想你是杨致远，在你成功地做出了第一个互联网的分类和搜索引擎之后，如果你不再有创新的能力和魄力，继续调整和改造你的公司，总是走在别人的前面，你将必然面临倒闭的命运。

需要特别指出的是，创新的定义并不只是局限在技术层面，它包括每一次市场的创新、每一个商业模式的创新。像 Yahoo! 在做完搜索网站后，很有预见性地雇用了具有非凡商业头脑的 Tim Koogle 做公司的总裁。正是 Koogle 决定要做门户网站，再进一步进军电子商务。那时，“门户网站”、“电子商务”还都是些大家不曾涉足的领域，这就是了不起的商业创新。发展到今天，Yahoo! 两次创新的成功已使它成为了世界上一流的网络企业。网络公司的发展历程就是一次一次商业和市场的创新历程。

在网络经济时代，创新是企业发展的原动力。在旧经济里，公司总是力求优化自己已有的产品、增加功能、节省成本，稳稳地、慢慢地成长。但是在网络经济时代，一个公司重视的是如何创新，如何改变游戏规则，如何下一个有胜算的大赌注。中国有句谚语：“大难不死，必有后福(What doesn't kill you, makes you stronger)。”

2.5.10　速度是关键：快吃慢、新吃旧

从成立到拥有 10 亿美金的市值，惠普公司用了 47 年时间，微软公司用了 15 年时间，Yahoo! 用了 2 年时间，而 NetZero 却只用了 9 个月的时间。网络经济时代则不同，小公司可以战胜大公司；转型速度快的公司可以战胜速度慢的公司；新的公司可以战胜老牌的公司。没有一家公司可以永远立于不败之地。要得到成功，一定要以最快的速度、最有魄力的作风不断创新。

今天，美国社会中有一个非常有意思的讲法：“Everything shall be measured in dog years (一切事情都应该以狗的时间观念去衡量)”。这是因为狗的寿命只是人的 1/6～1/7，由于网络的发展实在是太快了，人们已经无法用所习惯的时间概念去衡量事物的发展，所以要用狗的时间概念去衡量。

今天，人们必须认识到：网络经济时代将是创新者的天堂，一切勇于创新、敢于挑战自我的行为都将大行其道。在网络经济之前，一个小公司最怕的就是像 IBM、微软、惠普这样的公司打入他们的商业领域，因为他们战胜这些“巨无霸”的机会几乎是零。这里最典型的例子莫过于发生在网上购书站点 Amazon 和老牌出版社 Barnes & Noble 之间的故事。Amazon 出道时虽然名不见经传，却由于准确把握了市场和商机，率先开始在网上销售图书。今天，它已经成为全球人尽皆知的网上书商。Barnes & Noble 却因为传统业务的束缚和对互联网发展的轻视而错失良机。Hotmail 的公司原来是做数据库的，但是当他的总裁想出 Hotmail 这个商业模式时，为了抢占先机，毅然放弃了所有以前的数据库生意。Alta

Vista 的一位经理因为提出"门户网站"的概念，被嘲笑甚至降职，使得 Yahoo！能够抢先实施。在 2010 年 10 月，Yahoo！的市值为 205.6 亿美元左右，而 2003 年 2 月 Alta Vista 就被 Overture 收购，同年的 7 月份，Overture 又被 Yahoo！收购。

在旧经济时代，你要看清趋势后再做投入；在新经济时代，商机变化无常，稍纵即逝，你根本无法预料。而且，成功与失败的交叠也将异常剧烈，没有一家公司可以永远立于不败之地。要得到成功，一定要以最快的速度、最有魄力的作风不断创新。

快者为王，慢者为寇！

2.5.11 实虚必合

很多人原来认为网络公司与传统公司总是对立的，因为 AOL（美国在线）曾挑战传统媒体，Yahoo！曾挑战传统载体，Amazon 曾挑战传统书店。但现实的传统业务与虚拟的网络业务最后终将合并。

一个典型的例子是就是 Toys R Us，它与硅谷著名的风险投资公司 Benchmark Capital 合作，共同创立 toysrus.com 公司。因为它认识到：身为一个传统公司，如果要想在激烈的竞争中生存，它就需要输入网络公司创新和冒险的文化。所以与硅谷公司的合作应该是明智的做法。此外，还有很多其他传统公司与网络公司的联盟，例如 Drugstore.com 与 Rite-Aid 药店、Amazon 与 Sotheby 拍卖商。还有通过"新吃旧"达到的结合，像 eBay 买下拥有 134 年拍卖史的 Butterfield & Butterfield；在 2000 年，全球首屈一指的 ISP 美国在线（AOL）与曾是世界上最大的传媒集团之一的时代华纳公司宣布合并而组成了一个新的综合性媒体巨人——AOL 时代华纳公司（附注：AOL 在 2009 年年底从时代华纳又分拆出来）。这些联盟是必然的，因为网络公司有创新的胆略、冒险的文化和大批高科技的人才，而传统公司拥有品牌、管理模式、传统渠道、存货等运作机制。他们人尽其才的合作完全符合新经济的高效率目标。

从网络经济的定律中，我们了解到，随着时间的发展，最终世界上的所有人都会上网。网络的效益将发挥它魔术般的作用，将人类社会和经济带到一个前所未有的阶段。在这一过程中，所有的网络用户都将获利无穷。对于他们来说，价格将持续下降，而服务质量却会不断提升。与旧经济时代不同的是，厂商们则需要经过更惨烈的竞争才能最终获得成功。首先，他们必须想方设法获得用户的注意力，其次，它们必须独树一帜，使自己能够获取利润。由于竞争的加剧，他们不得不一而再、再而三地降价，而且需要不断反省公司的业务方向，随时准备调整和重新定位。

参考文献

[1] 邹衍.网络倍增效应与企业电子商务理念的重塑. 南京政治学院学报，2003(1).

[2] 杨小凯. 网络经济的超边际分析——网络经济对经济学的挑战. 学术论坛，2002(2).

[3] 王健伟，张乃侠.北京：高等教育出版社，2004.

[4] (美)卡尔·夏皮罗(Shapiro，C.)，哈尔·瓦里安(Varian，H.R.).信息规则：网络经济的策略指导.北京：中国人民大学出版社，2000.

[5] 盛晓白. 网络经济通论.南京:东南大学出版社，2003.
[6] 张小蒂,倪云虎.网络经济. 北京:高等教育出版社,2002.
[7] 孙健.网络经济学导论. 北京:电子工业出版社,2001.
[8] 张铭洪.网络经济学教程.北京:科学出版社,2002.
[9] 周朝民.网络经济学.上海:上海人民出版社,2003.

第3章 网络经济的消费者需求与购买行为

3.1 消费者需求与购买行为理论

3.1.1 消费者需求与购买动机

3.1.1.1 消费者需求的含义

消费者需求是指消费者生理和心理上的缺乏状态，即感到缺少些什么，从而想获得它们的状态。个体在其生存和发展过程中会有各种各样的需求，如饿的时候有进食的需求，渴的时候有喝水的需求。在与他人交往中有获得友爱、他人尊重的需求等。

需求是和人的活动紧密联系在一起的。人们购买产品，接受服务，都是为了满足一定的需求。一种需求满足后，又会产生新的需求。因此，人的需求决不会有被完全满足和终结的时候。正是需求的无限发展性，决定了人类活动的长久性和永恒性。

需求虽然是人类活动的原动力，但它并不总是处于唤醒状态。只有当消费者的缺乏感达到了某种迫切程度，需求才会被激发，并促使消费者有所行动。比如，我国绝大多数消费者可能都有住上更宽敞住宅的需求，但由于受经济条件和其他客观因素制约，这种需求大多只是潜伏在消费者心底的，没有被唤醒，或没有被充分意识到。此时，这种潜在的需求或非主导的需求对消费者行为的影响力自然就比较微弱。

需求一经唤醒，可以促使消费者为消除缺乏感和不平衡状态采取行动，但它并不具有对具体行为的定向作用。在需求和行为之间还存在着动机、驱动力、诱因等中间变量。比如，当饿的时候，消费者会为寻找食物而活动，但面对面包、馒头、饼干、面条等众多选择物，到底以何种食品充饥，则并不完全由需求本身所决定。换句话说，需求只是对应于产品的种类而言的，它并不能确定人们为此购买某种特定产品、服务或某种特定牌号的产品、服务。

3.1.1.2 消费者需求的层次

目前普遍应用的消费者需求层次理论是由美国心理学家亚伯拉罕·马斯洛于1943年在《人类激励理论》论文中所提出的，其需求层次理论(Maslow's hierarchy of needs)，亦称“基本需求层次理论”。

马斯洛理论把需求分成生理需求、安全需求、归属和爱的需求(亦称为社交需求)、自尊的需求和自我实现需求五类，依次由较低层次到较高层次排列。在自我实现需求之后，还有自我超越需求，但通常不作为马斯洛需求层次理论中必要的层次，大多数会将自我超越需求合并至自我实现需求当中。

1. 生理需求

生理需求是维持个体生存和人类繁衍而产生的需求，如对食物、氧气、水、睡眠、生理平衡、分泌等的需求。这是人类维持自身生存的最基本要求。

如果这些需求任何一项得不到满足，人类个人的生理机能就无法正常运转。换而言之，人类的生命就会因此受到威胁。在这个意义上说，生理需求是推动人们行动最首要的动力。马斯洛认为，只有这些最基本的需求满足到维持生存所必需的程度后，其他的需求才能成为新的激励因素，而到了此时，这些已相对满足的需求也就不再成为激励因素了。

2. 安全需求

安全需求即在生理及心理方面受伤害，希望获得保护、照顾和安全感的需求，如要求人身的健康保障，人身安全、资源所有性、财产所有性、有序的环境、道德保障、稳定的工作职位保障、家庭安全和有保障的生活等。

马斯洛认为，整个有机体是一个追求安全的机制，人的感受器官、效应器官、智能和其他能量主要是寻求安全的工具，甚至可以把科学和人生观都看成是满足安全需要的一部分。当然，当这种需求一旦相对满足后，也就不再成为激励因素了。

3. 归属和爱的需求

归属和爱的需求即希望给予或接受他人的友谊、关怀和爱护，得到某些群体的承认、接纳等重视的需求，如乐于结识朋友、交流情感、表达和接受爱情、融入某些社会团体、并参加他们的活动等。

人人都希望得到相互的关系和照顾。感情上的需求比生理上的需求来得细致，它和一个人的生理特性、经历、教育、宗教信仰都有关系。

4. 自尊的需求

自尊的需求即希望获得荣誉，受到尊重和尊敬，博得好评，得到一定的社会地位的需求。自尊的需求是与个人的荣辱感紧密联系在一起的，它涉及独立、自信、自由、地位、名誉、受人尊重等多方面内容。

人人都希望自己有稳定的社会地位，要求个人的能力和成就得到社会的承认。自尊的需求又可分为内部尊重和外部尊重。内部尊重是指一个人希望在各种不同情境中有实力、能胜任、充满信心、能独立自主。总之，内部尊重就是人的自尊。外部尊重是指一个人希望有地位、有威信，受到别人的尊重、信赖和高度评价。马斯洛认为，自尊需求得到满足，能使人对自己充满信心，对社会满腔热情，体验到自己活着的用处和价值。

5. 自我实现需求

自我实现需求即希望充分发挥自己的潜能，实现自己的理想和抱负的需求。自我实现是人类最高级的需求，它涉及道德、求知、审美、创造力、自觉性、问题解决能力、公正度、接受现实能力、成就等内容。

这是最高层次的需求，它是指实现个人理想、抱负，发挥个人的能力到最大程度，达到自我实现境界的人，接受自己也接受他人，解决问题能力增强，自觉性提高，善于独立处事，要求不受打扰地独处，完成与自己的能力相称的一切事情的需求。也就是说，人必须干称职的工作，这样才会使他们感到最大的快乐。马斯洛提出，为满足自我实现需求所采取的途径是因人而异的。自我实现需求是在努力实现自己的潜力，使自己越来越成为自己所期望的人物。

6. 自我超越需求

自我超越需求是马斯洛需求层次理论的一个模棱两可的论点。通常被合并至自我实现需求中。是马斯洛在晚期时所提出的一个理论。

这是当一个人的心理状态充分的满足了自我实现需求时，所出现短暂的“高峰经验”，通常都是在执行一件事情时，或是完成一件事情时，才能深刻体验到这种感觉，通常都是出现在艺术家或是音乐家身上。例如一位音乐家，在演奏音乐时，所感受到的一股“忘我”的体验。一位艺术家在画图时，感受不到时间的消逝，他在画图的每一分钟，对他来说跟一秒一样快，但每一秒却活得比一个礼拜还充实。

7. 对马斯洛需求层次理论的理解。见图 3－1。

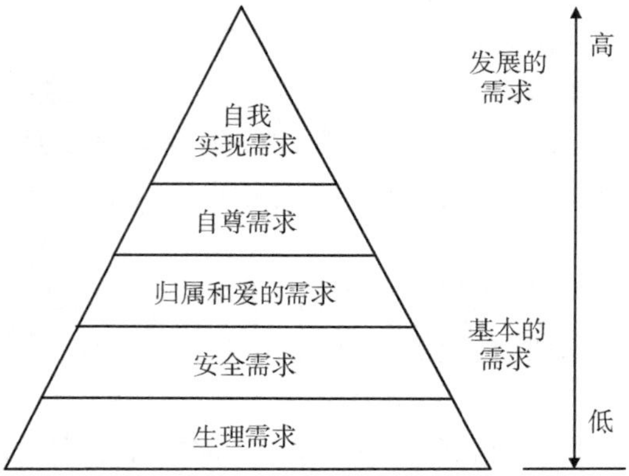

图 3－1　马斯洛需求层次示意图

（1）五种需求像阶梯一样从低到高，按层次逐级递升，但这种次序不是完全固定的，可以变化，也有其他例外情况。

（2）需求层次理论有两个基本出发点：一是人人都有需求，某层需求获得满足后，另一层需求才出现；二是在多种需求未获满足前，首先满足迫切需求；该需求满足后，后面的需求才显示出其激励作用。

（3）一般来说，某一层次的需求相对满足了，就会向高一层次发展，追求更高一层次的需求就成为驱使行为的动力。相应的，获得基本满足的需求就不再是一股激励力量。

（4）五种需求可以分为两级，其中生理上的需求、安全上的需求和感情上的需求都属于低级需求，这些需求通过外部条件就可以满足；而尊重的需求和自我实现需求是高级需求，它们是通过内部因素才能满足的，而且一个人对尊重和自我实现需求是无止境的。同一时期，一个人可能有几种需求，但每一时期总有一种需求占支配地位，对行为起决定作用。任何一种需求都不会因为更高层次需求的发展而消失。各层次的需求相互依赖和重叠，高层次的需求发展后，低层次的需求仍然存在，只是对行为影响的程度大大减小。

（5）马斯洛和其他的行为心理学家都认为，一个国家多数人的需求层次结构，是同这个国家的经济发展水平、科技发展水平、文化和人民受教育的程度直接相关的。在发展中国家，生理需求和安全需求占主导的人数比例较大，而高级需求占主导的人数比例较小；在发达国家，则刚好相反。

3.1.1.3 消费者的购买动机

1. 动机的概念

动机(Motivation)这一概念是由伍德沃斯(R.Woodworth)于 1918 年率先引入心理学的。他把动机视为决定行为的内在动力。一般认为,动机是引起个体活动,维持已引起的活动,并促使活动朝向某一目标进行的内在作用。

人们从事任何活动都由一定动机所引起。引起动机有内外两类条件,内在条件是需求,外在条件是诱因。需求经唤醒会产生驱动力,驱动有机体去追求需求的满足。例如,血液中水分的缺乏会使人(或动物)产生对水的需求,从而引起唤醒或紧张的驱动力状态,促使有机体从事喝水这一行为来满足需求。由此可见,需求可以直接引起动机,从而导致人朝特定目标行动。

既然如此,为什么不用需求直接解释人的行为后的动因,而是在需求概念之外引入动机这一概念呢?首先,需求只有处于唤醒状态,才会驱使个体采取行动,而需求的唤醒既可能源于内部刺激,亦可能源于外部刺激。换句话说,仅仅有需求还不一定能导致个体的行动;其次,需求只为行为指明大致的或总的方向,而不规定具体的行动线路。满足同一需求的方式或途径很多,消费者为什么选择这一方式而不选择另外的方式?对此,需求并不能提供充分的解释。引进动机概念,正是试图从能量与具体方向两个方面对行为提供更充足的解释;再次,在有些情况下,需求只引起人体自动调节机制发挥作用,而不一定引起某种行为动机。典型的例子是人的体温,虽然人类的体温只能在很有限的范围内变动,但它却能自动调节,以适应高于体温与低于体温的环境。当然,人体均衡机制的调节幅度也是有限的,当均衡状态被大大地打破且超出了正常的调节幅度后,人体内会自动产生要求恢复均衡的力量,动机也就由此而生;最后,即使缺乏内在的需求,单凭外在的刺激,有时也能引起动机和产生行为。

总之,动机既可能源于内在的需求,也可能源于外在的刺激,或源于需求与外在刺激的共同作用。简单地将"需求"与"动机"视为同义并不科学,对深入分析、理解消费者行为也无帮助。

2. 动机的特征

(1) 动机的不可观察性或内隐性

动机是联结刺激与反应的中介变量,它只能通过对某些外显行为指标的研究作出推断,动机本身是无法直接观察到的。一些人购买名牌产品可能是出于显示其身份、地位这一动机,企业如果据此设计高品质产品,并通过其他营销手段维持其产品的名牌形象,很可能迎合这部分消费者的需求,从而获得成功。果真如此,企业采用的以身份、地位为追求目标的策略及其成功,恰恰印证了消费者具有追求身份、地位的强烈动机。

由于动机无法直接观察,只能靠对行为的推断来予以确定。因此,它并不具有对行为的预示作用。同时,对行为后动机的推断,难免带有主观色彩。正因为如此,一些学者对动机研究提出了诘难。虽然如此,动机研究的价值并不能被抹杀,它对解释购买行为差异是极为有用的。以消费者学习有关产品知识为例,在消费者原有知识、经验、能力、情境与刺激因素及其强度没有明显不同的条件下,知识掌握程度上或学习成绩与效果上的差异很可能是源于动机强度的不同。

动机是无法直接观察的,这也提醒我们,在对行为后的动机作出推断时,必须谨慎、小心。以消费者购买名牌产品为例，他或她可能是出于显示身份、地位的需求，也可能是出于避免或减少购买风险的考虑。对同一行为后动机的不同解释，意味着完全不同的营销意义。所以，在制订和实施营销计划前，对购买动机的仔细研究和小心求证是非常重要的。

(2) 动机的多重性

消费者所作的产品或品牌选择，很可能是由某种动机所支配和主宰的，然而，这并不意味着某一购买行为是由单一的动机所驱使的。事实上，很多购买行为都隐含着多种动机，所以，企业在设计产品和制订营销策略时，既应体现和考虑消费者购买该产品的主导动机，又应兼顾非主导的动机。

(3) 动机的实践性与学习性

动机包含着行为的能量与行为的方向两个方面内容。行为能量很大程度上是由需求的强度所决定的，而行为方向则受个体经验以及个体对环境、对刺激物的学习的影响。现代很多动机理论不仅仅是涉及建立在生理需求基础上的各种动机，而且越来越多地强调和重视动机的习得性。动机的习得性实际上意味着动机并不是一成不变，而是伴随个体的学习和社会化而不断改变的。

(4) 动机的复杂性

动机的复杂性至少可以从四个方面体现出来：一是任何一种行为背后都包含着多种不同动机，而且类似的行为未必出自于类似的动机，类似的动机也不一定导致类似的行为；二是同一行为后的各种动机有着强度上的差别，哪种动机处于优势地位、哪种动机处于弱势地位，并不容易分清；三是动机并不总是处于显意识水平或显意识状态。也就是说，对为什么采取某一行动，消费者自身也不一定能给出清楚的解释。由此提出的一个问题是，在研究消费者动机时，如何区分消费者不愿披露某种动机与消费者无力揭示其行为动机两种情况；四是没有一种动机是孤立的，即使是人类基本的饥饿动机，虽在性质上属于生理性的，但也很难完全以纯生理的因素予以解释。“饿了就要吃，吃是由于饿”似乎较圆满地解释了人要吃食物的行为。然而，为什么有些人会超过生理上的需求猛吃不停导致肥胖症？为什么有些人置生理需求于不顾，视吃饭为畏途？这些问题看似简单，实则不然。人类的行为十分复杂，也许行为背后的动机比行为更为复杂。

3. 消费者具体购买动机

(1) 求实动机

它是指消费者以追求商品或服务的使用价值为主导倾向的购买动机。在这种动机支配下，消费者在选购商品时，特别重视商品的质量、功效，要求一分价钱一分货。相对而言，对商品的象征意义，所显示的“个性”，商品的造型与款式等不是特别强调。比如，在选择布料的过程中，当几种布料价格接近时，消费者宁愿选择布幅较宽、质地厚实的布料，而对色彩、是否流行等给予的关注相对较少。

(2) 求新动机

它是指消费者以追求商品、服务的时尚、新颖、奇特为主导倾向的购买动机。在这种动机支配下，消费者选择产品时，特别注重商品的款式、色泽、流行性、独特性与新颖性。相对而言，产品的耐用性、价格等成为次要的考虑因素。一般而言，在收入水平比较高的人群以及青年群体中，求新的购买动机比较常见。改革开放初期，我国上海等地生产的雨伞虽然做工考究、经久耐用，但在国际市场上，却竞争不过我国台湾省、新加坡等地生产的雨伞，原因是后者生产的雨伞虽然内在质量很普通，但款式新颖、造型别致、色彩纷呈，能迎合欧美消费者在雨伞选择上以求新为主的购买动机。

（3）求美动机

它是指消费者以追求商品欣赏价值和艺术价值为主要倾向的购买动机。在这种动机支配下，消费者选购商品时特别重视商品的颜色、造型、外观、包装等因素，讲究商品的造型美、装饰美和艺术美。求美动机的核心是讲求赏心悦目，注重商品的美化作用和美化效果，它在受教育程度较高的群体以及从事文化、教育等工作的人群中是比较常见的。据一项对近400名各类消费者的调查发现，在购买活动中首先考虑商品美观、漂亮和具有艺术性的人占被调查总人数的41.2%，居第一位。

（4）求名动机

它是指消费者以追求名牌、高档商品，借以显示或提高自己的身份、地位而形成的购买动机。当前，在一些高收入阶层、大中学生中，求名购买动机比较明显。求名动机形成的原因实际上是相当复杂的。购买名牌产品，除了有显示身份、地位、富有和表现自我等作用以外，还隐含着减少购买风险，简化决策程序和节省购买时间等多方面考虑因素。

（5）求廉动机

它是指消费者以追求商品、服务的价格低廉为主导倾向的购买动机。在求廉动机的驱使下，消费者选择商品以价格为第一考虑因素。他们宁肯多花体力和精力，多方面了解、比较产品价格差异，选择价格便宜的产品。相对而言，持求廉动机的消费者对商品质量、花色、款式、包装、品牌等不是十分挑剔，而对价格、折让等促销活动有较大兴趣。

（6）求便动机

它是指消费者以追求商品购买和使用过程中以省时、便利为主导倾向的购买动机。在求便动机支配下，消费者对时间、效率特别重视，对商品本身则不甚挑剔。他们特别关心能否快速方便地买到商品，讨厌过长的等候购物时间和过低的销售效率，对购买的商品要求携带方便，便于使用和维修。一般而言，成就感比较高、时间机会成本比较大、时间观念比较强的人，更倾向于持有求便的购买动机。

（7）从众动机

它是指消费者在购买商品时自觉或不自觉地模仿他人的购买行为而形成的购买动机。模仿是一种很普遍的社会现象，其形成的原因多种多样。有出于仰慕、钦羡和获得认同而产生的模仿；有由于惧怕风险、保守而产生的模仿；有缺乏主见，随大流或随波逐流而产生的模仿。不管出于何种缘由，持模仿动机的消费者，其购买行为受他人影响比较大。一般而言，普通消费者的模仿对象多是社会名流或其所崇拜、仰慕的偶像。电视广告中经常出现某些歌星、影星、体育明星使用某种产品的画面或镜头，目的之一就是要刺激受众的模仿动机，促进产品销售。

3.1.2　消费者需求的发展层次

3.1.2.1　数量需求时期

这一时期是20世纪30年代初至70年代中。30年代美国提出了福特制，福特制的提出标志着社会需求进入了数量需求时期。福特制的特征在于，通过工序分解，提高工人的劳动熟练程度和强度，进行大批量生产，以满足消费者需求消费越来越多商品数量的欲望。在日本，松下幸之助最早预感到制造业将全面推广福特制，批量生产的时代就要来临。1932 年，松下幸之助提出了著名的“社是”。其主要内涵是应当向消费者提供大量廉价、但又必需的工作和生活用品。人们将“社是”比作为“自来水哲学”。这一哲学思想不仅为松下公司赢得了大片江山，而且也为广大的日本企业树立了榜样。

保罗·皮尔泽认为数量需求是指消费者对已经购买的产品的更多需求欲望：多部电视机、第二辆汽车、更大的房子、多套衣服——即使是刚刚第一次购买这些产品。

比如对刚刚毕业参加社会工作的年轻人来说，可能是这辈子第一次需要上班的正装。他们会高兴地跑到商店选购第一套职业装，但上班第一天之后才知道，为了避免每天一成不变，一套衣服是不够的，更别提搭配衣服需要的领带、围巾、衬衫和鞋子。

对于年轻人结婚后想买车，买了车他们生活的每个方面即将改变：工作的地点、旅游的方式、用餐的地点等。但不久他们又发现有以前做梦也不敢想的新需求：为了可以各自上班和购物，需要购买第二部车。同样地，夫妻可能购买第二台电视摆在卧室，不久又会需要在孩子房间或厨房购买第三台电视。

男士服饰店一年可能只卖 100 套衣服给刚刚参加社会工作的年轻人，却能卖 2000 套给已经有一套以上的客户。

3.1.2.2　*质量需求时期*

保罗·皮尔泽认为当人们的数量需求满足之后（正如今天发达国家多数人民的生活），质量需求就会介入。一旦你拥有所有需要的食物、衣服和电视机，就会想拥有更精致的食物、更体面的穿着和功能更强的电视。

数量需求反映了消费者对现有产品大量供应的需求，而质量需求反映的是对不同或改良产品的欲望。随着消费数量的增加，消费者的满足程度不断提高，消费者的消费欲望发生了变化。消费者不再仅仅满足追求数量的增加，而且要求商品的质量不断提高。因此，从 20 世纪 70 年代末起，社会需求进入到以追求质量为特征的时期。这一时期就是质量需求时期。其主要表现为企业对产品质量的控制。企业对产品质量的控制可分为三个阶段。

第一阶段，质量检验阶段。

在这一阶段，人们对质量管理的理解还只限于质量的检验。就是说通过严格检验来控制和保证转入下道工序和出厂的产品质量。

(1) 操作者的质量管理：20 世纪以前，产品的质量检验，主要依靠手工操作者的手艺和经验，对产品的质量进行鉴别、把关。

(2) 工长质量管理：20 世纪初，1918 年，美国出现了以 F.W.泰勒为代表的“科学管理运动”理论的产生，促使产品的质量检验从加工制造中分离出来，质量管理职能的责任由操作者转移给工长。强调工长在保证质量方面的作用。

(3) 检验员的质量管理：1940 年，随着企业生产规模的扩大和产品复杂程度的提高，产品有了技术标准（技术条件），公差制度（见公差制）也日趋完善，各种检验工具和检验技术也随之发展，大多数企业都设置了专职的检验部门，配备专职的检验人员，有的直属于厂长领导，用一定的检测手段负责全厂的产品检验工作。这时是“检验员的质量管理”。

第二阶段，质量控制阶段。

1924年，美国数理统计学家W. A. 休哈特提出控制和预防缺陷的概念。他运用数理统计的原理提出在生产过程中控制产品质量的方法，绘制出第一张控制图并建立了一套统计卡片。

第二次世界大战中，由于事后检验无法控制武器弹药的质量，美国组织了数理统计专家在国防工业中去解决实际问题。这些数理统计专家就在军工生产中广泛应用数理统计方法进行生产过程的工序控制产生了非常显著的效果，保证和改善了军工产品的质量。

因此，美国国防部决定把数理统计法用于质量管理，并由标准协会制定有关数理统计方法应用于质量管理方面的规划，成立了专门委员会，并于1941—1942年先后公布一批美国战时的质量管理标准。后来又把它推广到民用产品之中，这给各个公司带来了巨额利润。

这一阶段的特点是利用数理统计原理在生产工序间进行质量控制，预防产生不合格品并检验产品的质量。在方式上，责任者也由专职的检验员转移到由专业的质量控制工程师和技术人员。这标志着事后检验的观念改变为预测质量事故的发生并事先加以预防的观念。

1980年，美国的统计学家爱德华兹·戴明向日本人介绍了怎样借助程序控制软件来寻找次品出现的根源。这时质量检验的范围从抽样检验发展到了制造业整个部门。

第三阶段，全面质量管理阶段。

全面质量管理最先起源于美国，后来在一些工业发达国家开始推行。20世纪50年代以来，随着生产力的迅速发展和科学技术的日新月异，人们对产品的质量从注重产品的一般性能发展为注重产品的耐用性、可靠性、安全性、可维修性和经济性等。在生产技术和企业管理中要求运用系统的观点来研究质量问题。在管理理论上也有新的发展，突出重视人的因素，强调依靠企业全体人员的努力来保证质量此外，还有“保护消费者利益”运动的兴起，企业之间市场竞争越来越激烈。

在这种情况下，美国A.V.费根鲍姆于20世纪60年代初提出全面质量管理的概念。他提出，全面质量管理是“为了能够在最经济的水平上、并考虑到充分满足顾客要求的条件下进行生产和提供服务，并把企业各部门在研制质量、维持质量和提高质量方面的活动构成为一体的一种有效体系”。

所谓全面质量管理，就是企业全体人员及有关部门同心协力，把专业技术、经营管理、数理统计和思想教育结合起来，建立起产品的研究设计、生产制造、售后服务等活动全过程的质量保证体系，从而用最经济的手段，生产出用户满意的产品。

基本核心是强调提高人的工作质量，保证和提高产品的质量，达到全面提高企业和社会经济效益的目的。

基本特点是从过去的事后检验和把关为主转变为预防和改进为主；从管结果变为管因素，把影响质量的诸因素查出来，抓住主要矛盾，发动动员、全部门参加，依靠科学管理的理论、程序和方法，使生产的全过程都处于受控状态。

基本要求：要求全员参加的质量管理；范围是产品质量产生、形成和实现的全过程；是全企业的质量管理；所采用的管理方法应是多种多样。

它是在统计质量控制的基础上进一步发展起来的。它重视人的因素，强调企业全员参加，全过程的各项工作都要进行质量管理。它运用系统的观点，综合而全面地分析研究质量问题。它的方法、手段更加丰富、完善，从而能把产品质量真正地管起来，产生更高的经济效益。

中国自 1978 年开始推行全面质量管理，并取得了一定成效。这时的质量管理不仅包括制造业部门，而且包括采购部门和销售部门。

3.1.2.3 个性化需求时期

数量需求和质量需求都是在社会经济发展水平相对较低，消费者支付能力有限的条件下存在的，是以中间商大量普遍存在，生产者与消费者不能直接见面为条件的。网络经济的出现，新经济时代的来临，使社会经济快速发展，人们收入明显增加，特别是通过电子网络，生产者可以直接和消费者联系，消费者的个人欲望可以得到更好的体现。因此，从 1995 年起社会需求开始转向个性化需求时期。其中有三个特别重要的内容：消费者更注重价值导向，需求信息并且能够接触到更多的信息，满足客户需求的定制化产品。

在这种趋势下很多公司推出了新的产品系列：如福特公司设计的雷鸟（Thunderbirds）汽车具有 69 120 种功能组合；摩托罗拉公司根据客户的要求设计了 26 亿种呼叫功能的不同组合；尼康公司的太阳镜分别针对从滑雪到驾车再到水上运动等一系列活动推出了 5 种型号的镜片和超过 30 种型号的镜架；李维·施特劳斯公司允许顾客在自己的商店中利用一台“定型终端”发出各种可选指令，这台计算机与公司在美国田纳西州的工厂相连，在工厂里机械手根据消费者的体形裁剪适合他们的牛仔裤。

3.1.3 消费者购买行为理论

消费者购买行为是指消费者为满足其个人或家庭生活而发生的购买商品的决策过程。消费者购买行为是复杂的，其购买行为的产生是受到其内在因素和外在因素的相互促进交互影响的。企业营销通过对消费者购买的研究，来掌握其购买行为的规律，从而制订有效的市场营销策略，实现企业营销目标。

消费者的购买行为是否有规律可循，对市场营销工作者无疑是非常重要的，学者们为此做了大量的工作，提出了解释消费者购买行为的一些理论。当然，这些理论的真理性还需要我们在实践中加以检验。下面我们主要介绍这样几种理论。

3.1.3.1 习惯建立理论

习惯建立理论认为，消费者的购买行为实际上是一种习惯的建立过程。消费者对消费对象和消费方式的喜好是在重复使用和消费中逐步建立起来的，这个过程不需要认知过程参与，消费者在内在需要的激发和外在商品的刺激下，购买了该商品并在使用过程中感觉不错，那么他可能会再次购买并使用，如果多次的购买和使用给消费者带来的是愉快的经历，购买、使用和愉快的多次结合，最终在消费者身上形成了固定化反应模式，即消费习惯建立了。每当产生消费需要时，消费者就会想到这种商品，并随之产生相应的购买行为（图 3－2）。

习惯建立理论完全符合斯金纳操作条件学习理论，是行为主义心理学观点在消费行为研究上的应用。消费者主动的购买和使用行为在先，愉快这种正强化在后，此过程丝毫不见认知因素的影子。多次的购买和使用与愉快经验的结合就在消费者身上形成了固定的联结，一种新的条件反射建立了。

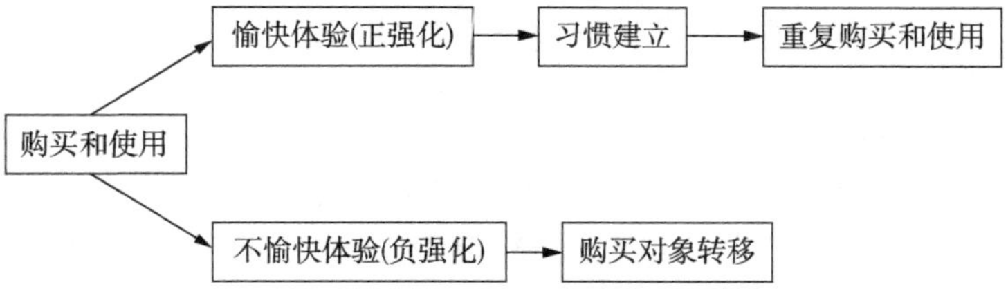

图3-2 消费习惯建立模型

在日常生活中每个人都有许多这样的习惯性购买行为存在，如对牙膏、香皂、理发服务等都有其固定的消费偏好，而不会轻易选择新的消费对象。这样做可以使人最大限度地节省用于选择的精力投入，同时也避免了非必要的消费风险的发生。然而，习惯建立理论不能解释所有的消费行为，后面我们要加以介绍的理论会对不同类型的消费行为或者对消费行为的不同侧面提出解释。

3.1.3.2 信息加工理论

信息加工理论不是某一种理论的名称，而是一类理论的统称。信息加工理论把人看作一个信息处理器，而人的消费行为就是一个信息处理过程，即信息的输入、编码、加工、储存、提取和使用的过程。消费者面对各种大量的商品信息，要对信息进行选择性注意、选择性加工、选择性保持。最后作出购买决定并产生购买行为。这个过程可以用心理学原理解释为：商品信息引起了消费者的有意或无意注意，那么大脑就开始了对所获得的信息进行加工处理，这个过程包括知觉、记忆、思维和态度，最终购买决定就产生了(图3-3)。

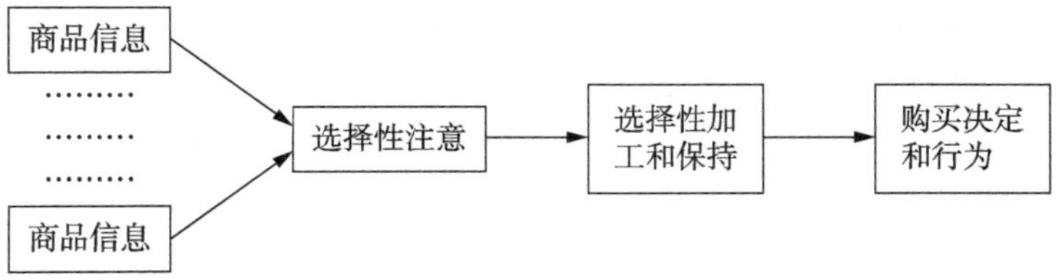

图3-3 购买决策信息加工模式

需要注意的是信息加工理论的理论假设前提是“人是理性的”。只有这个前提成立，信息加工理论才能成立。而事实上人是理性和非理性的复合体，纯粹的理性状态和非理性状态都是非常态，所以在应用信息加工理论时必须注意这个问题。可以这样说，信息加工理论揭示了人的一个侧面，能够解释消费行为的某些种类和某些部分。如消费者的随机性购买和冲动性购买，受教育程度较低和智力较低的消费者的购买行为，则其信息加工过程不明显，或者说谈不到什么真正的信息加工。而前边介绍的习惯性购买行为也不存在明显的信息加工过程。而那些受过良好教育的人，又面临高卷入的购买行为，同时又有大量的商品信息可资利用时，信息加工理论就能为此时的购买行为提供比较完美的解释。

3.1.3.3 风险减少理论

风险减少理论认为，消费者购买商品时要面临各种各样的风险，而这种风险和人的心理承受力会影响人的消费行为。所谓风险是指消费者在购买商品或服务时，由于无法预测和控制购后的结果是否令自己满意而深陷或体验到的不确定性。这种观点认为，消费者的消费行为就是想方设法寻求减少风险的途径。消费者对可能存在和发生的风险的心理预期就会影响到他的购买行为。消费者对风险的感知程度对消费行为产生影响。至于现实中风险到底多大，有还是无并不重要，风险的大小由消费者的主观感受为指标。

风险减少理论认为，消费者进行消费时承受的风险主要有六种类型：

第一，产品功能风险；功能风险是产品未必具备人们所期望的性能而存在的风险。例如，该产品能完成既定的功能吗？其寿命有多长？与竞争产品相比，其功能是优还是劣？

第二，生理健康风险；安全风险是产品可能对自己或他人产生危害的风险。例如，该产品使用安全吗？它是否会对其他人造成伤害？是否会危害我们的环境？

第三，经济风险；经济风险是产品的实际效用未必抵得上消费者所支付价格的风险。例如，该产品是我有限购买力的最佳用途吗？它值这么多钱吗？我支付的是最优价格吗？

第四，社会风险；社会风险是因购买决策失误而受到家人、朋友或其他人嘲笑的风险。例如，我的家人和朋友同意我的选择吗？对我来说比较重要的其他人欣赏我的选择吗？我的产品与我所在组织中的其他人使用的产品相似吗？

第五，心理风险；心理风险是因决策失误而使消费者的自我情感受到伤害的风险。换言之，是所购买产品与消费者的自我表现形象未必相符的风险。例如，以我国的春节消费为例，这一传统的节日使举国上下都沉浸在欢乐中。此时人们购买年货十分活跃，尤其是食品消费其势头之猛，销量之大堪称一年之最，消费者购物心理的感情色彩这时最浓。然而春节一过，市场显得格外冷清，约有十天半月才能逐渐恢复常态；而家家户户要连续数日消费节日购置的过量食品，承受节日超常消费心理带来的风险。

第六，时间风险。商品销售时令性很强，商业经营者历来十分重视商品的上市期、回落期。通常是将商品生命周期、消费需求变化周期和商品销售寿命周期三者结合起来，确定商品销售时间。一般来说，按季节分，商品销售时间可分为迎季、季中、过季；按社会习俗分，又可分为平日、假日、节日销售时间。不同的商品销售时间，对消费者产生的心理影响不同，可能遇到的风险表现也不同，由此产生的消费心理障碍也有很大区别。

总之，由于商品销售的时间差别，使消费者面临着多方面的风险，从而导致消费者在不同时间具有不同的消费风险防范心理，造成购物心理障碍。

风险减少理论认为，个体所体验到的风险水平受四种因素影响：

(1) 消费者个体付出的成本大小。对具体消费者而言，通常其付出的成本越大，相应感受到的风险就可能越大，在采取购买行为时就会越谨慎。这里所说的成本包括心理成本、生理成本、时间成本、机会成本、经济成本和社会成本等。

(2) 消费者对风险的心理承受力是影响风险感知程度的主要影响因素。个体的心理素质差异以及个体对购买结果的心理顶期水平的差异是构成消费者心理承受力的两大因素。

(3) 服务产品的购买风险大于实物产品。原因在于：实物产品在购买前可以有实物供消费者进行比较、判断，从而避免了一些风险的发生。服务产品有两个主要特点：即产品的无形性和生产与消费的同时发生性，消费者在购买之前通常无法对其功能和质量等进行判别，而这种判别和鉴定只能在消费行为发生之时进行，这样风险就可能已经发生。由于服务产品的无形性和生产消费的同时发生性，使得消费者一旦遭遇风险就难以拿出实证性证据用于申诉，因而自身权利难以得到保障。所以说服务产品的购买风险大于实物产品。

(4) 购买风险与产品销售方有关系。通常情况下，人们倾向于认为实力雄厚的大公司一般不会欺诈，似乎更值得信赖，而与小公司打交道会感知到更多的风险。购买有固定销售场所的产品比购买无固定销售场所的产品感知到的风险小。流动商贩和邮购就属于此列。

风险减少理论认为，消费者为了控制由于购买决策所带来的风险，在作出决策时总是使用一些“风险减少策略”来尽力控制风险的发生，从而达到增强自己决策决心的目的。

消费者常用的控制风险的方法有六种：第一，尽可能多地收集产品的相关信息；第二，尽量购买自己熟悉的或使用效果好的产品，避免购买不熟悉的产品；第三，通过购买名牌来减少风险；第四，通过有信誉的销售渠道购买产品；第五，购买高价格的产品。人们信奉一分钱一分货，价高则货好；第六，寻求安全保证。如企业提供的退货制度，权威机构的检测报告，保险公司的质量保险，或者免费试用等。

3.1.3.4 边际效用理论

边际效用理论认为，消费者购买商品的目的就是要用既定的钱最大限度地使个体的需求得到满足，换句话说，就是要以最小的投入换取最大的产出，以一定的钱买来尽可能多的商品，从而达到总效用和边际效用的最大化。

效用是指商品满足人的需求的能力。通俗地说就是一种商品能够给人带来多大的快乐。总效用是指消费者在一定时间内消费某种商品而获得的效用总量。随着商品消费的增加，总效用也增加，但却是以递减的比例增加，即增长率递减。另外，随着消费量增加，总效用将达到一个最大值，此后，若继续增加消费量，其总效用非但不会增加反而会下降。

边际效用是指每增加一个单位的商品所增加的总效用，即总效用的变量。边际一词在经济学中通常是指一个量的变化率，见下面公式：

$$\text{边际效用(MU)}=\frac{\text{总效用的增加量}}{\text{商品总增加量}}$$

在一定的时间内，一个人消费某种商品的边际效用，随着其消费量的增加而减少的现象被称为边际效用递减规律。总效用和边际效用的关系如图 3-4 所示。

边际效用递减规律的特点为：

(1) 边际效用的大小与人的需求强弱成正比。对一个商品的需求越强，其边际效用越大。反之则边际效用越小。对某商品没有需求，则边际效用为零。

(2) 边际效用的大小与商品的稀缺性成反比。

(3) 边际效用递减规律只在特定时间内有效。由于需求具有再生性、反复性，因而边际效用也具有时间性。连续地消费某一物品，从某一点以后边际效用才开始递减。例如早餐喝一杯牛奶正好，如果喝两杯就已经没有意义了，其边际效用为零；如果喝四杯牛奶则会使人非常难受，边际效用为负数。但是第二天早晨，牛奶的边际效用仍会是正的。

(4) 正常情况下边际效用永远是正值。虽然在理论上边际效用会出现负值，而实际上如果不是被不可抵抗的外力控制，当一种物品的边际效用趋于零时，个体就会放弃对它的消

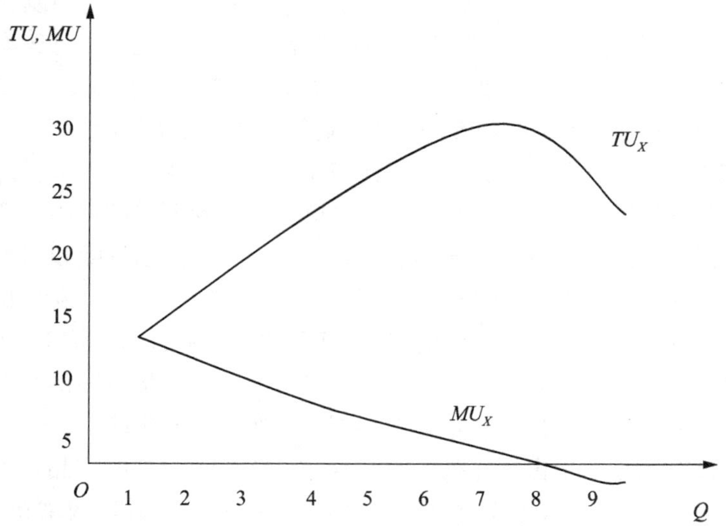

图 3-4 总效用和边际效用

费，而转向其他物品。

边际效用理论对消费者的消费行为规律进行了深入的剖析，即消费者在拥有货币一定的情况下，努力寻求总效用和边际效用两者的最大化。边际效用理论的思想基础是享乐主义哲学和传统的理性人假设。按照边际效用理论的解释，消费者本质上是一个最大限度地追求享乐和舒适的理性的"机器"，随时随地地计算如何使自己的收益最大化。边际效用理论对人的冲动性消费、习惯性消费、信念性消费等现象则无法作出令人满意的解释，边际效用理论的最大价值是能够比较圆满地解释人的复杂消费行为。

3.2 网络经济的消费者需求

在网络经济下，消费者对某种商品使用得越多，增加该商品的消费量的欲望就越强，出现边际效用递增的现象。

在传统市场营销中，消费者是营销活动中重要的一环，因为公司的产品能否在市场上实现其价值，关键在于有没有消费者购买。在网络市场中，同样如此，这关系到公司的发展和壮大的问题。虽然中国互联网起步较晚，但自从 1994 年接入互联网后我国的网上市场也得到快速增长，并且形成了一定的网上市场规模。

2014 年 1 月第 33 次中国互联网络发展状况分析报告显示，截至 2013 年 12 月 31 日，我国网民规模达 6.18 亿人，互联网普及率持续上升至 45.8%；中国手机网民规模达 5 亿，较 2012 年底增加 8009 万人，年增长率为 19.1%。网民中使用手机上网的人群占比提升至 81.0%。手机继续保持第一大上网终端的地位，手机网民成为拉动中国总体网民规模攀升的主要动力。截至 2013 年 12 月，我国网民中农村人口占比 28.6%，规模达 1.77 亿，相比 2012 年增长 2 101 万人。

2013年，中国网络购物用户规模达3.02亿人，使用率达到48.9%，相比2012年增长6.0个百分点。团购用户规模达1.41亿人，团购的使用率为22.8%，相比2012年增长8.0个百分点，用户规模年增长68.9%，是增长最快的商务类应用。商务类应用的高速发展与支付、物流的完善以及整体环境的推动有密切关系，而团购出现"逆转"增长，意味着在经历了野蛮增长后的洗牌，团购已经进入理性发展时期。

3.2.1　网络经济消费者需求动机

需求是人类从事一切活动的基本动力，是消费者产生购买想法、从事购买行为的直接原因。一个人的购买行为总是直接或间接地、自觉或不自觉地为了实现某种需求的满足。由需求产生购买动机，再由购买动机加上购买决策导致购买行为。因此，研究人们的网络购买行为，首先要研究人们的网络购买需求。

由于现在的网络传递和基于网络构架的物流还处于相对初期阶段，所以在网络的虚拟社会中的需求还很少涉及物质的方面。随着技术的发展和人们对于网络认识的提高，从衣食住行到工作，人们必将会以网络为基础来完成。对于网络产品营销活动，网络营销人员所构思的网络营销计划除了要考虑传统市场中顾客的各种需求外，还必须照顾到网民的新需求：即兴趣、聚集和交流。所设计的网站要从调动顾客兴趣入手，利用和谐的气氛和丰富的信息资源聚集顾客群体，通过完善的检索手段和通信设计充分的信息流，最后达到扩大销售的目的。

1. 兴趣

分析畅游在虚拟社会的网民，可以发现，很多网民之所以热衷于网络漫游，是因为对网络活动抱有极大的兴趣。这种兴趣的产生，主要出于至少两种内在驱动力：一是探索内在的驱动力。网络世界给人们展示了一个前所未有的广阔世界。从每日的新闻报道，各种各样的科学文化知识，到千奇百怪的娱乐活动，可以说几乎囊括了人类几十万年以来的所有知识精华。人们出于好奇心探究秘密，驱动自己沿着网络提供的线索不断地向下查询，希望能够找出符合自己预想的结果，有时甚至到了不能自拔的境地；二是成功的内在驱动力。

当人们从网络上找到自己需求的资料、软件、游戏，或者进入某个重要机关的信息库时，自然产生一种成功的满足感。随着这种成功的个人满足感的不断加强，对网络的接受程度也在不断增强。新知识的吸引力和创造性思维的愉悦感，使网民无需外力推动，不必嘉奖刺激，完全出于内在的追求而久久停留在网络。

这种兴趣会产生相当于现实社会中物质以外的购买欲望。例如现在常见的会员制。成为会员本身就须交纳一定入会费，这种购买资格的行为，大部分是以获得比较专业化、时效性的信息为目的的。同时这种会员制的资格取得以后，也是有时间限制的。因为"网络上没有免费的信息"。即使现在它没向你收费，那么它可能正在利用这种免费形式在吸引你，从而达到其他的目的。网络上唯一的消费资源就是注意力。兴趣本质就是一种注意力的需求。如果这种注意力来自于商业利润，那么这种兴趣就变成了真正意义上的商业。

2. 聚集

现实社会中资源配置的均衡的第一步是需要知道哪里需要哪种资源。虚拟社会提供了具有相似经历的人们聚集的机会，这种聚集不受时间和空间的限制，并形成富有意义的个人关系。通过网络而聚集起来的群体是一个极为民主性的群体。在这样一个群体中,所有成员都是平等的。每个成员都有独立发表自己意见的机会,这种轻松的氛围使得在现实社会中经常处于紧张状态的人们能够在虚拟社会中寻求到解脱。

应当指出的是,对于网络中虚拟社会的人们,聚集只是网络应用的枝端末节。网络真正的目的在于沟通商业、生产、科技等方面的信息。人们可以在运河里游泳,但是没有人会为游泳而修运河,因为运河的真正目的在于灌溉和运输,只有利润才能促成浩大的工程。网络也一样,它在为价值没有被充分实现或被浪费的资源寻找出路。

但是寻找出路的第一前提是知道哪里有需求、哪里有供给。网络为信息的广泛传播提供了很好的基础和场所。这种基础和场所本身就具有不可估量的商业价值。此外,对于资源充分利用所产生的价值的充分实现所带来的商业增值也是巨大的。

3. 交流

聚集起来的网民,自然产生一种交流的需求。信息的交流由沟通演变为交易,成为人们确确实实的需求。随着这种信息交流频率的增加,交流的范围也在不断地扩大,从而产生示范效应。带动对某些种类的产品和服务有相同兴趣的成员聚集在一起,形成商品信息交易的网络,即网络商品交易市场。这是一个虚拟社会而且是高级的虚拟社会。在这个虚拟社会中,参加者大都是有目的的,所谈论的问题集中于商品质量的好坏、价格的高低、库存量的多少、新产品的种类等。他们所交流的是买卖的信息和经验,以便最大限度地占领市场,降低生产成本,提高劳动生产率。人们对于这方面信息的需求永远是无止境的,这就是电子商务出现之后迅速发展的根本原因。

电子商务活动就是在网络提供的场所上进行信息的收集与检索,最终的目的在于现实商业利润物流的产生。这中间就要经过交流的阶段。其实交流的本身就是信息产生的过程。因为它是对原有集聚信息的询问、补充、质疑等。虽然交流是必要的,是最终促成商业物流产生的重要阶段,但是对于整个过程而言,也可能最终没有形成物流。现实中的物流的费用是昂贵的,而且商业因素变化频繁,商业利润期望程度高等都可能影响物流的形成。

3.2.2 网络消费需求的特征

由于电子商务的出现,消费观念、消费方式和消费者的地位正在发生着重要的变化。互联网商用发展使商品生产者、供给者与消费者的距离消失了,加之消费的信息极为丰富和极易传播,促进了消费者主权地位的提高。在互联网上,消费者极易掌握丰富的信息,并且快速、低成本、类比极为方便。这使得消费行为有充分的信息依据,消费质量大大提高。而且,在互联网商用发展推动下,企业对市场和消费者的反应极为快速,虚拟商店的无库存或低库存经营,以及中间环节的减少,使消费者与生产者能够直接交流与互动。这种消费观念、消费方式和消费者的地位的变化,使得当今的企业面对着前所未有的激烈竞争,市场正由卖方垄断向买方垄断演变,消费者主导的营销时代已经来临。在买方市场上,消费者将面对更为纷繁复杂的商品和品牌选择,这一变化使当代消费者心理与以往相比呈现出新的特点和趋势。

3.2.2.1 个性消费的回归

顾客需求特征随着技术、社会的发展经历了一系列演变。首先是前大众传媒、大众营销时代的个性化服务。此时的销售形式多为一个区域内的顾客均在一个小百货店购买所需日常用品。由于顾客少、购买地点集中、零售店主比较熟悉各位顾客的消费习惯和偏好，因此他在组织货源时不会引入人们不需要的物品。在顾客购买时，他也会根据不同顾客的偏好和习惯向他们推荐商品。总之，此时的零售店主自发地进行着较低级的个性化顾客服务。

接下来是大众营销时代的服务。在20世纪50年代，国外大众市场营销借助于电视广告、购物商城、超级市场、大规模生产的工厂以及适合大批量消费的社会，开始改变着人们的消费方式。大众市场营销使公司失去了和顾客的亲密关系，它们仅将顾客看成统计报表中的数字，而不是有需求差别的人。大家都会记得福特公司那句傲慢的话："不管你需要什么颜色，我们只有一种颜色——黑色!"，这就是那个时代市场营销的真实写照。

但当市场经济发展到今天，多数产品无论在数量上还是在品种上都已极为丰富，消费者能够以个人心理愿望为基础挑选和购买商品或服务。

消费回归个性化。更进一步他们不仅能作出选择，而且还渴望选择。他们的需求更多了，需求的变化也更多了。从理论上看，没有一个消费者的心理是完全一样的，每一个消费者都是一个细分市场。心理上的认同感已成为消费者作出购买品牌和产品决策的先决条件，个性化消费正在也必将再度成为消费的主流。个性化消费使网络消费需求呈现出差异性。不同的网络消费者所处的时代、环境不同也会产生不同的需求，不同的网络消费者在同一需求层次上的需求也会有所不同。这是因为网络消费者来自世界各地、来自四面八方，国别不同、民族不同、信仰不同、生活习惯也不同，因而产生了明显的需求差异性。这种差异性导致商务活动的差异。

3.2.2.2　需求产品的层次具有逆向扩展性和交叉性

在传统的商业模式下，人们的需求一般是由低层次向高层次逐步延伸发展的，只有当低层次的需求满足之后，才会产生高一层次的需求。而在网络消费中人们的需求具有逆向扩展性，即由高层次向低层次扩展。在网络消费的开始阶段，消费者侧重于精神产品的消费，如通过网络书店购书，通过网络光盘商店购买光盘。到了网络消费的成熟阶段，消费者在完全掌握了网络消费的规律，并且对网络购物有了一定的信任感后，消费者才会从着重于精神消费品的购买转向日用消费品的购买。

网络消费需求还具有交叉性。在网络消费中，各个层次的消费不是相互排斥的，而是具有紧密的联系，需求之间广泛存在交叉现象。例如，在同一张购货单上，消费者可以同时购买普通的生活用品和昂贵的饰品，以满足生理的需求和尊重的需求。这种情况的出现是因为网络虚拟商店可以囊括几乎所有商品，人们可以在较短的时间里浏览多种商品，因此产生交叉性的购买需求。

3.2.2.3　需求产品更新速度加快

现代社会的发展速度加快，新生事物不断涌现，网络消费者的主流是具有一定超前意识的中青年，他们对新生事物反应灵敏，没有旧框框，接受速度很快。网络营销构造了一个世界性的虚拟大市场，在这个市场中，最先进的产品和最时髦的商品会以最快的速度与消费者见面。具有创新意识的网络消费者必然很快接受这些新的商品，从而带动周围消费者掀起一轮消费热潮。

过去一种产品流行多年的现象已极为罕见，消费品更新换代速度加快，品种花色层出不穷。产品寿命周期的缩短反过来又会促使消费者心理转换速度进一步加快，消费者求新、求变的需求欲望进一步加强。

3.2.2.4 消费行为的理性化

尽管需求产品的更新速度加快，但网络消费者的消费行为却是理性的。这是由于在网络环境条件下，消费者面对的是网络系统，商品选择的范围可以不受地域和其他条件的约束。理性的消费行为主要表现在以下三方面：

(1) 能对商品和服务进行大范围的选择比较

对个体消费者来说，购买往往会"货比多家"，精心挑选。那种由信息来源和地理环境所限，不得已而为之的"屈尊"购物现象将不复存在。对单位的采购人员来说，其进货渠道和视野也不会再局限于少数几个定时定点的订货会议或几个固定的供货厂家，而是会大范围地选择质量好、价格合理、信用条件佳的厂家和产品。

(2) 理智的价格选择

虽然营销工作者倾向于以各种差别化来减弱消费者对价格的敏感度，避免恶性削价竞争，但价格始终对消费心理有重要影响。对个体消费者来说，不再会被那些先是高位出价，然后再是没完没了的讨价还价的价格游戏弄得晕头转向，他们会利用手头的计算机快速计算商品的实际价格，然后再作横向的综合比较，以决定是否购买。对单位采购进货人员来说，他们会利用预先设计好了的计算程序，迅速地比较进货价格、运输费用、优惠折扣、时间效率等综合指标，最终选择最有利的进货渠道和途径。也就是说，在网络环境条件下，人们必然会更充分地利用各种定量化的分析模型，更理智地进行购买决策，因为上网购物一般都是知识型的购买者。另一方面，消费者可以通过网络联合起来向厂商讨价还价，使消费者也具有过去单独个体不具有的要价能力，从企业定价转为消费者引导定价。

(3) 消费主动性增强

在网络环境下，消费者不再会在被动的方式下接受厂家或商家提供的商品或服务，而是根据自己的需要主动地通过各种可能的途径获取与商品有关的信息并进行分析比较，去寻找适合的产品。如果找不到，则消费者会通过网络系统向厂家或商家主动表达自己对某种产品的欲望和要求，其结果是使消费者从实际上参与和影响到企业的生产和经营过程。在社会分工日益细化和专业化的趋势下，即使在许多日常生活用品的购买中，大多数消费者也缺乏足够的专业知识对产品进行鉴别和评估，但他们对于获取与商品有关的信息和知识的心理需求并未因此而消失，反而随着人文素质的普遍提高而增强。这是因为消费者对购买的风险感随选择的增多而上升，而且对单向的"填鸭式"营销沟通感到厌倦和不信任。消费者自己的交互分析也许不够充分和准确，但却可从中获得心理上的平衡，以减轻风险感或减少购后产生后悔感的可能，增加对产品的信任和心理上的满足感。消费主动性的增强来源于现代社会不确定性的增加和人类追求心理稳定相平衡的欲望。

3.2.2.5 对购买方便性的需求与购物乐趣的追求并存

一部分工作压力较大、紧张度高的消费者会以购物的方便性为目标，追求时间、精力和劳动成本的尽量节省，特别是对于需求和品牌选择都相对稳定的日常消费品，这一点尤为突出。然而另一些消费者则恰好相反，由于劳动生产率的提高，人们可供自由支配时间的增加，一些自由职业者或家庭主妇希望通过购物消遣时间，寻找生活乐趣，保持与社会的联系，减少心理孤独感。因此他们愿意多花时间和精力去购物，而前提是购物能给他们带来乐趣，能满足这些人的心理需求。这两种相反的心理将在今后较长的时间内并存和发展。

3.3　网络经济下消费者的购买行为

3.3.1　网络经济下消费者的购买决策

人们购买一种商品的行为并不是突然发生的，在购买行为发生之前，购买者会有思维活动或行为来保证以后购买的商品自己能满意。即使一个消费者把商品买到家里、他还会进一步研究他所买的商品，看性能如何等等。这样看来，与消费者购买行为相关的是一个完整的消费者的购买过程。

与传统的消费者购买行为相类似，网络消费者的购买行为早在实际购买之前就已经开始，并且延长到实际购买后的一段时间，有时甚至是个较长的时期，从酝酿购买开始到购买后的一段时间，网络消费者的购买过程可以粗略地分为五个阶段：需求确认、信息收集、评估选择、购买决策与购后评价（图3-5）。

需求确认 → 信息收集 → 评估选择 → 购买决策 → 购后评价

图3-5　网络消费者的购买过程

3.3.1.1　需求确认

消费者首先要认识到自己需要某种商品的功能后，才会去选择和购买，因此，需求确认是消费者购买决策过程中的第一个阶段。在这个阶段里，消费者认识到自己的即时状态与理想中的状态的差距，所以就想消除这个差距。

在传统的购物过程中，诱发需求的动因是多方面的。当人们看到冰箱里空了，就会去买蔬菜、水果、饮料等来补充它。但对于网络营销来说，诱发需求的动因只能局限于视觉和听觉。文字的表述、图片的设计、声音的配置是网络营销诱发消费者购买的直接动因。从这方面讲，网络营销对消费者的吸引具有相当的难度。这就要求从事网络营销的企业或中间商注意了解与自己产品有关的实际需求和潜在需求，了解这些需求在不同时间的不同程度，了解这些需求是由哪些刺激因素激发的，进而巧妙地设计促销手段去吸引更多的消费者浏览网页，诱导他们的需求欲望。

3.3.1.2　信息收集

消费者认识到自己的需要以后，便会自动地进入购买决策过程中的另一个阶段——收集信息。当然，对于反复购买的商品，消费者会越过信息搜索阶段，因为所需信息已被消费者通过过去的搜索而掌握，这是不言而喻的。另外对于一个消费者来说，越贵重的商品越能使消费者重视信息搜索。

当然，不是所有的购买决策活动都要求同样程度的信息和信息搜寻，依据消费者对信息需求的范围和对需求信息的了解程度的不同，可以将购买决策情景划分为广泛的问题解决、有限的问题解决、惯常的问题解决三种模式。

其中，广泛的问题解决过程是指消费者尚未建立评判特定商品或特定品牌的标准，也不存在对特定商品或品牌的购买倾向，而是很广泛地收集某种商品的信息。处于这个层次的消费者，可能出于好奇、消遣或其他原因而关注自己感兴趣的商品。这个过程中收集的信息会对以后的购买决策提供经验；此外，有限的问题解决的消费者已建立了对特定商品的评判标准，但尚未建立对特定品牌的倾向。这个层次的信息收集才真正而直接地影响了消费者的购买决策。在惯常的问题解决中，消费者对将要购买的商品或品牌已有足够的经验和特定的购买倾向，他的购买决策所需要的信息较少。

在购买前的信息搜寻过程中，消费者首先在自己的记忆中搜寻可能与所需商品相关的知识和信息，如果没有足够的信息用于决策，他便要在外部环境中寻找与此相关的信息。信息的外部来源有两种。

1. 个人来源

亲戚和朋友是典型的外部信息来源。在与亲朋好友的聊天中，人们会获得关于商品的知识和信息，这种信息和体会在某种情况下对购买者的购买决策起着决定性的作用。网络营销决不可忽视这一来源的作用。在没有实物作为信息载体的情况下，人们对于网上商品的质量、服务的评价主要是通过语言和电子邮件传递的。这种传递的范围可能是小范围的，如一个家庭、一个单位；也可能是很大范围的，如一个地区、一个国家或者是全世界。所以，对一件好的商品，一次成功的销售可能带来若干新的顾客；对一件劣质产品，一次大败的经历可能使销售商几个月甚至几年不得翻身。

2. 公共来源

公共来源的范围较广，可以是政府或其他组织的评奖，也可以是报纸或杂志中关于产品的评论与介绍，还可以是广播电台或电视台组织的有关商品的节目。网络营销的信息传递主要依靠网络广告和检索系统中的产品介绍，包括在信息服务商网页上所做的广告、中介商检索系统上的条目以及自己主页上的广告和产品介绍。

一般说来，在传统的购买过程中，消费者的信息收集大都是被动进行的。往往是看到别人买什么，自己再去注意；或者是看到了广告才注意到某种商品。与传统购买时信息的收集不同，网络购买的信息收集带有较大的主动性。在网络购买过程中，商品信息的收集主要是通过互联网进行的，主要包括三种方式：一是浏览，它没有特定的目标，完成任务的效率低且较大程度地依赖外部的信息环境，但能较好地形成关于整个信息空间结构的概貌。此时，用户在网络信息空间的活动就像随意翻阅一份报纸，他能大概了解报纸信息包括了哪些内容，能否详细地阅读某消息就依赖于该信息的版面位置、标题设计等因素了；二是搜索，即在一定的领域内找到新信息。搜索中收集到的信息都有助于达到发现新信息的最终目的。搜索时用户要访问众多不同的信息源，搜索活动对路标的依赖性较高。用户在网络信息空间的搜索，就如根据目录查阅报纸，获取某一类特定信息；三是寻找，指在大信息量信息集里寻找并定位于特定信息的过程。寻找的目的性较强，活动效率最高。在信息空间的活动中，这三种任务不是孤立进行的，而是交叉互动的，用户的任务或意图会在他的信息活动过程中逐渐变化而渐趋明晰。

3.3.1.3 评估选择

评估选择有一个过程。首先，假设每个消费者都把产品看成是一系列产品属性的集合；其次，消费者会根据他或她独特的需要和希望而区别不同属性的重要性程度；第三，消费者会形成一系列关于各个属性中不同品牌性能的品牌信念。人们关于某个特定品牌的一系列信念就是我们所说的品牌形象。消费者的信息受到亲身经验和选择性注意、曲解及保留的影响，所以可能与真正的产品属性有些差异；第四，消费者期望的产品全部满意度随不同的属性水平而变化；第五，消费者通过某种评价程序而形成对不同品牌的态度。

在消费者评价与选择的标准中，通常会有一个是促成消费者决策的主要因素，这个因素被称为决定性因素。决定性因素依商品的种类和消费者的感觉、生活方式、态度、需要等诸多方面的因素而变化。有时决定性因素并不止一个，可以是两个同样重要的因素。

对企业来说，使某种商品具有独一无二的特色并不是工作的全部，要紧的是这个特色必须与消费者眼里的决定性因素结合起来，这样才能吸引消费者并满足消费者的迫切需要。网络购物不直接接触实物，消费者对网上商品的比较依赖于企业对商品的描述，包括文字的描述和图片的描述。

3.3.1.4 购买决策

消费者经过搜索信息对产品进行了评价与选择后就会作出购买决定。购买决定是指消费者在购买动机的支配下，从两件或两件以上的商品中选择一件满意商品的过程。在选择评价步骤中，消费者对不同产品进行排序并形成了购买意向。一般说来，消费者的购买决定将是购买他最爱的产品，但在购买意向和购买决定之间还可能会受到两个因素的影响。第一个因素是他人的态度，第二个因素是不可预料情况因素。

当然，消费者也可能因为评价与选择过程中的问题推迟或取消购买的决定，这时消费者购买的决策过程处于停滞状态。参与营销的企业不可能对消费者的购买决定做任何工作，因为消费者一旦做出购买决定，余下的只是在商店或其他什么地方完成交易，也就是付款、提货或安排交货地点等事宜。

3.3.1.5 购后评价

将商品买回家以后，消费者的购买决策过程还没有终止，因为在最初使用商品的过程中，消费者会以购前的期望为标准来检查与衡量自己买回来的商品，为的是看看有没有什么问题或不满意的地方。到此，营销人员的工作也并未结束。决定消费者对购买是满意还是不满意的关键在于消费者期望和产品的被觉察到的性能之间的关系。如果产品未达到消费者期望，消费者就会失望；如果达到了期望，消费者就会满意；如果超出了期望，消费者就会惊喜。

消费者的期望基于他们从销售商、朋友及其他来源处获得的信息，如果销售者夸大了产品的性能，消费者的期望就不会得到满足，必然导致不满意。期望和性能之间的差距越大，消费者的不满意程度就越高。这表明销售者应诚实地描述产品的性能以便让购买者满意。

几乎所有的购买都会引起认知分歧，或者说由于购买后冲突引起的不适。顾客购买之后，对所选品牌的好处感到满意并庆幸避免了未买品牌的缺点。不过，每次购买都存在折中的情形，消费者会因所选品牌的缺点及失去了未买品牌的益处而感到不安。因此，在每次购买后消费者都会有某种程度的购买后分歧。

让消费者满意是非常重要的。公司的销售额来自两个基本的群体：新顾客和回头客，吸引新消费者往往比挽留现有顾客要困难，而挽留现有顾客的最佳方式就是让他们满意。满意的顾客会重复购买，向他人推荐该产品，并且不留意竞争性品牌及广告，还会向该公司的其他成员推荐。许多营销者不仅仅是满足顾客的期望——他们的目标是让顾客惊喜。惊喜的顾客更有可能重复购买并赞扬该公司及其产品。不满意的顾客反应就不同了。平均说来，满意的顾客会向3个人讲述买了件好产品，而不满意的顾客却会向11人进行抱怨。实际上，一份研究显示13%对某个公司不满的人会向超过20人进行抱怨。显然，坏话比好话传得更快更远，并会迅速危及消费者对某个公司及其产品的态度。

因此，一个公司的明智之举应该是定期衡量顾客的满意程度，不能坐等不满意的顾客自己提出抱怨。大约96%的不满意顾客不会向公司抱怨。公司应建立鼓励消费者进行投诉的系统。这样做，公司可以了解到自己做得怎么样及如何去提高。除了寻求抱怨并做出反应外，营销者还应采取额外的行动来减少顾客购买后的不满意程度并帮助顾客对其购买感觉良好。

互联网为网络营销收集消费者购后评价提供了得天独厚的优势。方便、快捷、便宜的电子邮件紧紧连接着厂商和消费者。厂商可以在订单的后边附上一张意见表。消费者购买商品的同时，就可以收集到这些评价，之后，通过计算机的分析、归纳，迅速地找出工作中的缺陷和不足，能够及时了解到消费者的意见和建议，从而及时改进自己的产品性能和售后服务。

奥科菲和麦克伊奇恩在传统的消费者购买决策制定模型的基础上，建立了一个针对网络消费者购物决策过程的研究框架，称为消费者决策支持系统(Consumer Decision Support System)，简称CDSS(表3-1)。

表3-1 消费者决策支持系统

决策过程	CDSS的辅助手段	一般因特网辅助技术
需求确认	代理和事件通告	网站的横幅广告 实物上的网址广告 新闻组讨论
信息搜集(购买什么？从哪里购买？)	虚拟目录 结构化的交流和提问、回答 到外部资源的链接和指南	网页目录和分类 网站内部的搜索 外部的搜索引擎 集中的商品目录和信息中介
评估、谈判和选择	常见问题解答和摘要 样品和试用品 提供现成的评估模型 帮助接触现有顾客	新闻组的讨论 跨网站比较 一般模式
购买、支付和送货	产品和服务的订购 交货安排	电子现金和虚拟银行 物流提供商和包裹跟踪
售后服务和评价	通过电子邮件和新闻组提供的顾客支持 电子邮件交流	新闻组讨论

3.3.2 网络经济下消费者购买方式的优势

3.3.2.1 信息优势

互联网及其相关技术备受青睐的原因在于它架起了一座通向外界的桥梁，互联网环境是开放、无国界的，消费者可以与世界各个地方的人们交换信息，及时获得最新资讯。计算机的存储技术使网络成为全球最大的信息资源库，信息可长期存储、发布。更为方便的检索技术、传输过程使消费者可以轻而易举地获得想要的信息。

3.3.2.2　分析优势

社会分工日益细化和专业化，对于一些耐用的大件产品以及高技术含量产品，消费者缺乏足够的专业知识对产品进行鉴别与评估。尽管消费者得到的各种指标、数据、说明书很多，但对于这些信息内涵缺乏必要的了解。比较、定量化分析模型、谈判软件以及智能代理的出现使消费者自己可以参考这些分析模型，理性地判断产品价格的合理性，对产品的整体效果进行评定。在这种情况下，企业趋向于按照成本定价而不是按顾客价值定价。

目前，网上出现了一些方便顾客搜索、比较的工具(表3-2)。

表3-2　方便顾客搜索、比较的常用工具

工具类型	功　能	实　例
搜索引擎	利用关键字搜索网站	GOOGLE,BAIDU
比较网站	比较产品和服务的价格和特征	COMPARENET
购物机器人	代表顾客在网上购物并为找到的产品设定最好的程序	LYCOS
智能代理	找出价格和特征并为了购买进行价格谈判	KASBAH

3.3.2.3　抗干扰优势

一些顾客不喜欢面对面地从销售员那里购买东西，也有一些人出于隐私的考虑不愿到商店购买易于引起敏感性话题的产品。在网络购物环境下，消费者可以通过主页了解产品，反复比较进行选择。通过填写表格来表达自己对产品品种、质量、价格和数量的选择。上错了网址可以按键重来，输错了命令可以“取消”，这种随意使互联网成为一个自由轻松的网络购物空间。消费者不会受到周围环境的干扰，也不会为售货员的态度所左右。在这里一切都显得比较自我、舒适与从容。

3.3.2.4　时间优势

在线购物的另一个优势是不受时间的限制。网络企业可以每年365天每天24小时全天候地进行各种营销活动，发布信息、进行交易、提供服务。消费者可以随时购物。不会遇到交通堵塞，不需要排队守候，不会在销售高峰时浪费时间，不会再有双休日、节假日产品维修与投诉无门的麻烦。消费者可以随时上网购物，从容寻找合适的产品，实现随时随地购物。这也使商家无须在本该员工休息的时间安排加班，商业企业管理和发展获得了更为有利的条件。

3.3.3　网络经济下消费者购买方式的不足

3.3.3.1　感受不足

在非网络选购的状态下，顾客是通过看、闻、摸等多种感觉来对产品进行判断与选择的。而网络购物只提供了一种可能——看。这势必对消费者的刺激大大减弱。对于相当一部分人而言，身临其境的购物是一种社会实践，是一种接触社会的机会，是一种享受。网上购物失去了上街闲逛的乐趣，对那种热烈的现场气氛的感受大大减少，购物过程的乐趣必将大打折扣。而在我国,购物仍然是许多居民一种主要的休闲方式。

此外,传统的店面销售所营造出的友好和谐的购物环境,良好的销售人员形象的塑造,对于消费者购买心理产生的影响、刺激作用也因为网络购物的虚拟性而不复存在。因此,人际化沟通与切身感受的缺乏是网上购物的软肋。

3.3.3.2 适用范围小

虽然理论上任何产品都可以进行网上交易,但在实际的操作过程中,仍有许多产品不适合网络销售。这涉及产品的属性与特点。如:布匹的质感如何用文字给予恰当的描述?饮料的口感又如何准确表达?何况对布料的手感、饮料的口感也因人而异。目前在线销售中成熟的实物产品要数计算机硬件、音像制品(书籍、唱片)、家用电器以及软件销售了。因为这些产品的物理性质决定了在配送过程中不易耗损和破坏,有些产品还可以在网上免费试用。另外,长期以来人们已经习惯了这类产品的邮寄购买的配送过程。

此外,从成本角度考虑,对于某些产品而言,网上购买成本要比传统购买成本高出很多,这在一定程度上也缩小了消费者选择产品的范围。上网作为一种消费行为,用户必须为此支付一定的费用。由于目前的环境与技术的不完善,上网仍是一件耗时的事。一方面带宽不够导致上网速度较慢,另一方面互联网上提供的精彩内容与便捷服务常使得网民的购买注意力下降,网民容易沉溺网络之中。消费者选定产品之后,除了产品的实际价格以外,还要支付产品邮寄、传递的费用,这中间还不包括购物的精神成本。尽管互联网给人们带来了休闲、轻松的体验,但人们仍需要承受一定的精神压力和风险,例如,人们必须耗费精力去判断网上信息的真实性、判断网络交易是否安全等。

总之,虽然网上的产品种类繁多,但是在把产品价格、配送等因素考虑进去以后,真正适合消费者购买的种类并不多。

3.4 网络经济环境下消费者购买行为类型

对传统意义上的消费者来说,不同消费者购买的决策过程复杂程度不同,究其原因,是受诸多因素影响,其中最主要的是参与程度和品牌差异大小。同类产品不同品牌之间的差异越大,产品价格越昂贵,消费者越是缺乏产品知识和购买经验,感受到的风险越大,购买过程就越复杂。按照消费者购买时的卷入程度以及产品的品牌差异程度,他们的购买类型可分为四种类型,即复杂型购买、和谐型购买、多变型购买和习惯型购买(表 3-3)。

表 3-3 阿萨尔购买行为类型

参与度 / 品牌差异	高度卷入	低度卷入
品牌间差异很大	复杂的购买行为	多变型购买行为
品牌间差异很小	和谐型购买行为	习惯型购买行为

复杂型购买发生在消费者初次购买电视机、照相机等单价高、品牌差异大的耐用消费品

的场合。由于多数消费者不太了解这些产品的品种、规格、性能等技术细节，因此购买时需要经历一个认识学习的过程。

和谐型购买发生在卷入程度虽高，但所购产品品牌差别不大的场合。一般消费者关心的是价格是否优惠和购买的时间与地点是否便利。

多变型购买是消费者购买饼干等品牌差别很大的产品的低卷入行为。在这种购买中，为寻求变化和新鲜，消费者经常变换所购买产品的品牌。消费者一般不主动寻求产品信息，也不认真评价品牌。

习惯型购买是消费者购买食盐等品牌差别很小的低卷入行为。消费者大多是根据消费习惯与经验来购买这一类产品。

互联网作为一种新型媒体，它的应用必然会对消费者的购买行为和购买过程产生影响，而上述的传统的购买行为方式划分也在网络经济下产生了一些新的变化。互联网上前所未有的充分的信息环境、方便快捷的操作，使得消费者不容易受到所谓“权威观点”的影响，而倾向于自己去收集、筛选信息，凭借自己独立的判断力来分析所获得的信息。产品品牌对消费者的影响已不如以前那么大了，消费者更加注重的是产品质量、价值和自己个性化需要的满足。

按照消费者的需求个性化程度可以将消费者网络购买行为划分为定制型、复杂型与简单型，如图 3-6 所示。

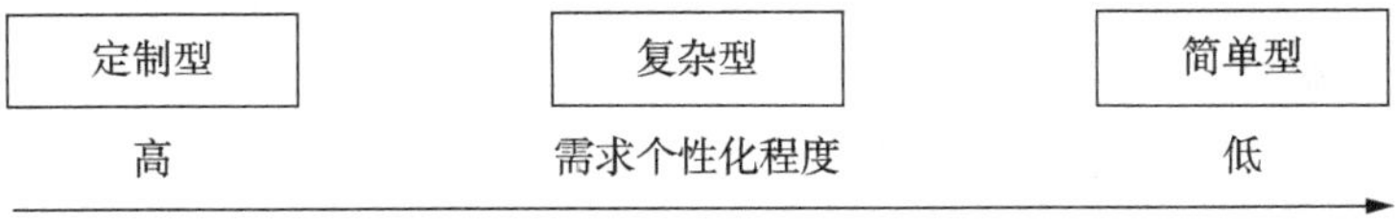

图 3-6　消费者网络购买类型

定制型购买充分满足了消费者的个性化需求。消费者通过网络按照自己的需求与标准要求厂商对产品的外观到内在“内容”进行定制化生产。这种产品有三类，一是技术含量高、价值高的大型产品，如汽车、住宅、电脑等。这些复杂的大型产品是多个部件和多种功能的集合体，通用产品经常造成要么功能不足、要么功能过剩，标准化和大规模生产所带来的成本降低被功能过剩所抵消。通过定制，虽然增加了制造成本，但可以大大削减非必要功能，从而获得更个性化，同时也是更经济的产品；二是技术含量不高，但价值高的个性化、形象化产品。这类产品与消费者的兴趣、偏好有直接的关系，如服装、首饰、家具、办公用品等。这些产品虽然技术含量不高，但它直接影响着一个人的形象和气质、个性，而这又是一个在社会竞争中获得成功的要素或标志，所以许多人愿意为此付出较高的代价；三是计算机软件及信息产品，计算机软件定制首先是由于存在定制的可能性和必要性，尤其是对组织用户来说，信息产品的定制来源于信息爆炸，太多的信息使消费者无所适从。而对互联网来说，传送每一个顾客独特的信息需求又并不是一件困难的事。消费者个性化需求的复苏一方面是由于技术水平的提高，企业可以满足顾客的独特需求；另一方面是随着生活水平的提高、产品的极大丰富以及资讯的“爆炸”，消费者也开始注意到自身的独特需求。我国移动和联通都开展手机上网业务，每月支付一定金额的使用费就可以获得你希望了解的网上信息，或者是你的邮箱新邮件信息。

对于企业而言，实现这种差异化的甚至“一对一”的营销，必须具有雄厚的财力、较强的技术力量，并且要求企业销售额的扩大所带来的利益必须超出营销总成本费用的增加。简单型购买的产品大多是食品、音像制品。消费者对它们的个性化需求不大，基本上属于同质市场。消费者购买前不会认真地收集信息，进行分析筛选，而以方便购买作为首要条件。一般说来，消费者购买这类产品是以传统购买习惯为依据的，不需要做太多的选择，购买过程被简化了。

复杂型购买主要发生在购买电视机、冰箱、轿车等产品技术含量相对较高的耐用消费品的场合。消费者对这些产品的性能并没有什么特殊的要求，但消费者毕竟对产品的许多技术细节不尽了解，对品牌的依赖性较大。随着这些产品逐步走向成熟，消费者对它们变得越来越熟悉，这种复杂型购买将逐步减少，购买趋于简单化。对这些产品，消费者的个性化需求主要表现在产品的颜色、外观造型上，对厂商的要求不是很高，厂商卷入的程度不高。

针对网络经济下的消费者购物行为也有学者提出新的分类方式。他们把网络购买行为分成五种类型，分别是：简单型、冲浪型、接入型、定期型和运动型。

简单型：简单型的顾客需要的是方便、直接的网上购物。他们每月只花少量时间上网，但他们进行的网上交易却占了一半。零售商们必须为这一类型的人提供真正的便利，让他们觉得在你的网站购买商品将会节约更多的时间。

冲浪型：冲浪型的顾客占普通网民的 8%，而他们在网上花费的时间却占了 32%，并且他们访问的网页是其他网民的 4 倍。冲浪型网民对常更新、具有创新设计特征的网站很感兴趣。

接入型：接入型的顾客是刚触网的新手，占 36%的比例，他们很少购物，而喜欢在网上聊天和发送免费的问候卡。这一类型的消费者，他们喜欢讨价还价，并有强烈的愿望在交易中获胜。

定期型和运动型：定期型和运动型的网络使用者通常都是被网站的内容所吸引。定期型的网民常常访问新闻和商务网站，而运动型的网民喜欢运动和娱乐网站。

3.5 网络经济下影响消费者行为的因素

3.5.1 外在因素

3.5.1.1 文化因素

文化通常是指人类在长期生活实践中建立起来的价值观念、道德观念以及其他行为准则和生活习俗。它以特定的认同感和影响力将各成员联系在一起，使之持有特定的价值观念、生活格调与行为方式，是引发人们的愿望及行为的最根本原因。若不研究、不了解消费者所处的文化背景，往往会导致营销活动的失败。随着时代的发展，社会文化也在悄然转型。网络生活中集中的是深具活力、走在文化前沿的中青年消费者。

1. 参照群体

群体是指由两个或两个以上的人为达到某种目标而组成的相互影响、相互作用的人群结合体。根据这一定义，群体不能太大，因为太大的群体中的成员无法意识到对方的存在，也不可能彼此都有交互作用。此外，在马路上一起围观车祸的一群人，或凭自由买票而进入同一影院观看电影的一群人，也不能算是群体。

那么什么是参照群体呢？所谓参照群体就是指对个人的行为、态度、价值观等有直接影响的群体。虽然个体并不一定是该群体的实际成员，但它对个体行为的影响却是很大的。

从消费者行为学的观点来看，所有影响消费者购买行为的正式和非正式群体都是人们的参照群体。消费者可以使用产品或品牌来认同某一群体或成为其中的一员。他们通过观察参照群体成员的消费方式来学习，并在他们自己的消费决策中使用同样的标准。

参照群体首先可以分为直接的参照群体和间接的参照群体(图 3-7)。直接的参照群体是直接接触别人生活的面对面的成员群体关系。他们可以是主要成员群体或次要成员群体。直接成员群体包括人们以非正式的面对面的方式经常相互影响的所有群体，如家庭、朋友或同事。相反，人们与次要成员群体的交往是非持续而更正式的，这些群体如俱乐部、宗教团体等。间接的参照群体包括渴望参照群体和非渴望参照群体。渴望参照群体是人们渴望加入的群体，非渴望参照群体是人们试图与其保持距离、避免与其有关的群体。

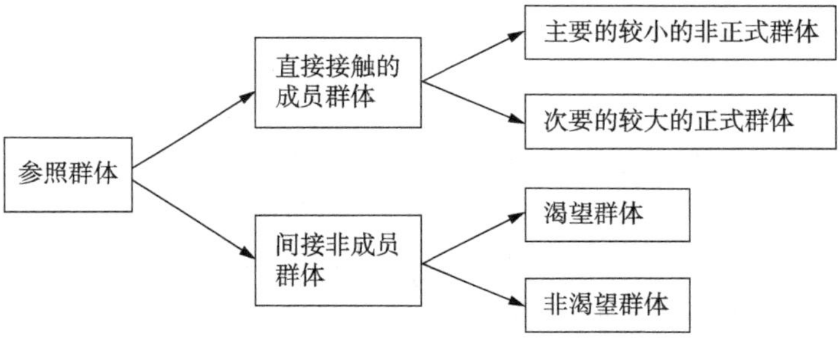

图 3-7　参照群体的类型

在参照群体中，家庭对消费者个体行为的影响重大。在一个家庭中，丈夫、妻子、子女在商品购买中所起的作用和影响是不同的。如夫妻购买的参与程度大都因购买品的不同而有所区别，在购买过程的不同阶段所起的作用也有很大不同。家庭主妇通常是一家的采购者，特别是在食物、家常衣着和日用杂品方面的购买，传统上更主要由妻子承担。但随着知识女性事业心的增强，男子参与家庭和家务劳动风气的逐步兴起，现在企业如果仍然认为妇女是他们产品唯一的或主要的购买者，那将在市场营销决策中造成很大的失误。而在价值较大的物品购买上，最终的决策往往是由夫妻双方以及已长大的孩子共同作出的。

亲戚、朋友、同学、邻居等也是影响消费者购买行为的重要相关群体。这些相关群体是消费者经常接触关系密切的一些人。由于经常在一起学习、工作、聊天等，使消费者在购买商品时，往往受到这些人对商品评价的影响，有时甚至是决定性的影响。

3.5.1.2　信息网络技术因素

在网络经济下，消费者直接面对商品挑选的机会大大减少，更多的是通过网络技术。尤其在电子商务活动过程中，很多交易流程是通过消费者和电脑界面的互动完成的。在这种情况下有两个方面的因素是消费者非常关注的。一是操作过程的简便性和快捷性，另一是操作的安全性。这些都是直接由技术决定的。

我国信息产品(包括 PC 机、网络设备、主机系统)的技术水平远远落后于发达国家，而且网络基础设施差，上网速度慢，一直是上网用户抱怨的主要内容之一。根据中国互联网络信息中心(CNNIC)发布的第 33 次“中国互联网络发展状况统计报告”显示，截至 2013 年 12

月，我国网民数量是6.18亿，不断增长的网络用户使网络拥挤，速度下降，“宽带不宽”的问题仍然存在。根据Akamai公司的报告数据计算，我国平均上网速度，只有857kbps，接入速度远远落后于美国、日本、韩国等互联网发达国家，许多的用户都抱怨网络速度太慢。其次，缺乏安全、有效的网上支付机制。消费者选择网上购物面临的安全威胁有：①虚假订单，假冒者会利用消费者的名字来订购商品，而真正的消费者却被要求付款或返还商品；②机密性丧失，在支付过程中，消费者的个人资料和信用卡密码可能会被窃取盗用；③信用体系不健全，消费者对网上的信息并不完全信任，担心付款后收不到货物；④攻击者可能向销售商的服务器发送大量的虚假订单来耗尽他的资源，从而使合法用户得不到正常的服务。

这些问题都和技术和网络信用机制问题有紧密的联系，如果能在这些方面有很大的进步，消费者网上购物、消费和活动能得到高安全性的保障，网络经济活动势必能更快、更迅猛地发展。

3.5.2 内在因素

3.5.2.1 年龄和性别

人们在一生中不断改变他们对产品和服务的选择。人们对食品、服装、家具及娱乐的品味常常和年龄有关。在不同年龄，相应需要各种不同的商品。如在幼年期，需要婴儿食品、玩具等；而在老年期，则更多需要保健和延年益寿产品。购买行为还受到家庭生命周期的不同阶段的影响，家庭随时间推移而不断成熟所经历的各个阶段。此外，随着年龄的增长，通过网络进行消费的活动也会有不同的参与倾向。

根据中国互联网络信息中心(CNNIC)发布的第33次“中国互联网络发展状况统计报告”显示，截至2013年12月，我国上网用户年龄分布情况如图3-8所示：

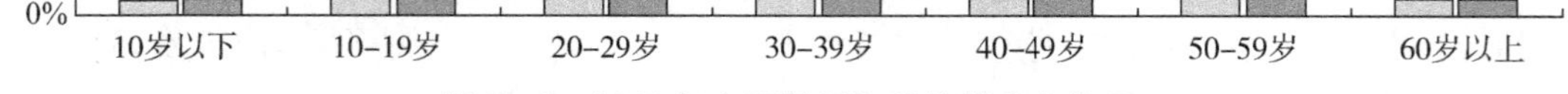

图3-8 2013年中国网民年龄结构分布情况

家庭生命周期可以分为五个阶段：单身期、初婚期、满巢期、空巢期、解体期。处在不同阶段的家庭，消费能力、消费内容和消费方式都会不同。青少年在目前仍然是我国网民的主体，这也是很好理解的情况。中青年消费者，特别是青年消费者在使用网络的人员中占有绝对的比重，这样在网络上依然是以中青年消费者为主体的市场。所以，网络营销必须瞄准中青年消费者。青年人喜欢的摇滚歌星唱片、游戏软件、体育用品等都是网络上的畅销产品。这类市场目前是网络市场最拥挤的地方，也是商家最为看好的一个市场。

网络经济下，性别对消费者的购买行为也有很大影响。截至2013年12月，我国网民男女性别比例为56.0∶44.0(图3-9),男性群体占比高出女性近12个百分点,女性互联网普及程度相对较低。

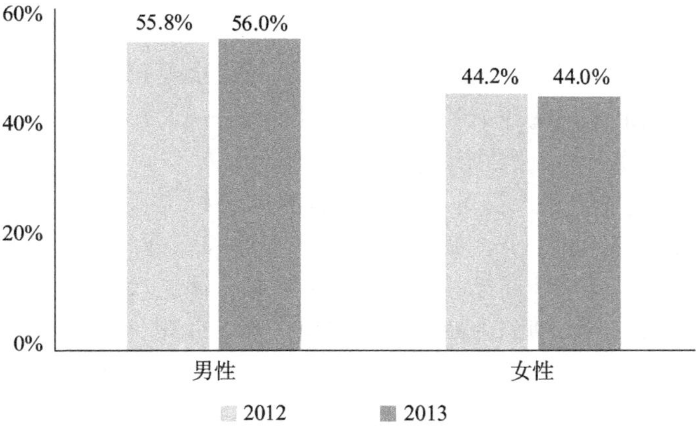

图3-9 网民性别结构对比

一般而言,男性比女性对网络和电子商务等新兴事务的接受速度和能力要快和强。如网上购物中,很多网站都提供多种支付方式供消费者选择,其中普遍都支持网上支付,网上支付涉及到提交个人的银行账号和口令。女性往往比较担心存在的风险,而男性往往选择网上支付,对风险的感知比较弱、风险承受能力比较强,当然有时出于方便性的考虑。所以当前电子商务和网络经济的主要消费者中,男性的比重较大,尤其以中青年男性为主。另外一种说法是:虽然女性网民的人数比男性少,但近六成被调查家庭的消费计划是由女性说了算,而且女性对网上购物感觉越来越不错,网络营销中也应始终保持对女性顾客的关注,一般女性较感兴趣的网上内容有服装、首饰、化妆品、情感以及女性话题等。

3.5.2.2 社会阶层和经济状况

同时,消费者的社会阶层不同也影响着其对商品的购买。人们通常选择能代表自己身份的产品。社会阶层指的是某一社会中根据社会地位或受尊重程度的不同而划分的社会等级。显然,存在于社会中的各个社会阶层是一个连续的系统,而且,划分这个系统的标准不是唯一的。也就是说,一个人位于哪个社会阶层不是单一地由某个因素决定的,而是至少由几个因素决定的。这些因素包括受教育程度、职业、经济收入、家庭背景、社会地位甚至住房档次以及居住的地理位置等。其中,受教育程度、职业和经济收入尤为重要。当然,在不同的社会里,上述各因素的相对重要性可能有差异。比如,对中国人来说,经济收入和父母亲的社会地位相对比较重要,而对英国人来说,他们可能更看重世袭成分在社会地位中的作用。

学生依然是中国网民中最大的群体,占比25.5%,互联网普及率在该群体中已经处于高位。个体户/自由职业者构成网民第二大群体,占比18.6%。企业公司中管理人员占比为2.5%,一般职员占比为11.4%。

为了帮助读者理解中国社会阶层的大致的情况,这里借用国外的分类方法对中国社会阶层进行一下粗略的描述:上上层包括那些在近年来暴富起来的千万富翁、亿万富翁们。这种类型的人虽然人数很少,但因为拥有巨额财富,因此消费能力十分可观,是豪华轿车、别墅、境外旅游的主要消费者;下上层是指一些规模较大的个体私营企业老板、高科技企业的CEO、IT业中的佼佼者、体育和演艺界的“大腕”以及新近出现的一些“知本家”们。在中国,这一阶层的人士在数量上要远远高于上上层。他们一般拥有高级轿车、高档住宅,购买名贵物品和时髦用品,经常在饭店吃饭;中上层是指那些中小企业主、包工头、身兼数职的知识分子、外企的中上层管理人员、高科技企业的管理人员以及规模较大的国有企业的老总们等。这部分人收入颇丰,大都有一笔相当数额的存款、投资或一技之长,没有什么后顾之忧,因而消费能力很强,他们追逐时尚、生活舒适,经常下馆子,出入坐车。

中层中的一部分是属于收入稳定甚至稳中有涨的那些国家公务员、事业单位的有职称的专业技术人员、效益较好的企业的技术工人以及那些经营业绩尚可的小业主们。这部分人人数较多且收入稳定,是中档商品的主要消费者。他们为改善居住条件一般贷款买房,最通常的交通工具是公共汽车,他们能够赶时髦但比较注重实惠;中层中的另一部分包括乡镇企业和效益一般甚至不太好的国有企业的职工、经营业绩不太好的小业主、大部分退休人员等。这部分人人数多但收入不太稳定,是中低档商品的主要消费者,而且主动压抑自己的消费能力。他们比较节俭,注重储蓄;下上层包括濒临倒闭的企业的在职工人、夫妻中只有一人在职的家庭或虽然已经下岗但能找到一些临时工作的那些人。由于收入水平很低或没有保障,因此他们维持着比较低的生活水平,买低档商品且喜欢讨价还价;最后是下下层,包括夫妻双双下岗而又失去或基本失去劳动能力的家庭、没有收入来源的单亲家庭等。总之,这一阶层指的是只能靠社会救济、在贫困线上挣扎的那些人。这部分人人数很少,收入极低,他们的消费只是为了维持基本的生存需要。

首先,由于人们的社会阶层不同,他们对商品和品牌的偏好也不一样。比如,受教育程度往往影响人们对艺术品的消费,收入低的人一般不会购买高档的奢侈品如进口轿车;其次,社会阶层也可能告诉营销人员他们一般在什么样的购物场所消费。富有的上层购买者经常出入高档的商店或地点,而这些地点可能会让其他阶层的人感到不舒服;最后,社会阶层还能决定广告媒体的使用。社会阶层不同,对不同媒体的喜好也不同。比如,上层消费者更喜爱杂志和书籍,而下层消费者更喜爱电视。即便同是对于电视来说,不同阶层的人对不同节目的喜爱也不同。总之,社会阶层与人的消费行为的确有着比较密切的关系。

消费者的经济状况会强烈影响消费者的消费水平和消费范围,也和消费方式、消费内容和消费习惯有很大的关系,并决定着消费者的需求层次和购买能力。众所周知,经济状况和社会阶层有很大的正相关性。一般而言,社会阶层较高,其经济状况也较好。消费者经济状况较好,就可能产生较高层次的需求,购买较高档次的商品,享受较为高级的消费。相反,消费者经济状况较差,通常只能优先满足衣食住行等基本生活需求。收入情况和个体的消费方式、消费内容和消费习惯有很大的关系。

3.5.2.3 个性及自我观念

性格是指一个人特有的心理素质,通常用刚强或懦弱、热情或孤僻、外向或内向、创意或保守等去描述。不同性格的消费者具有不同的购买行为。个性是指能导致一个人对自身环境产生相对一致和持久的反应的独特心理特征。个性常用性格术语来描述,例如自信、好支配他人的、好交际的、自主的、自卫的、适应性强的及进取的。与个性有关的还有另外一个概念,个人的自我观念。基本的自我观念的前提是:人们所拥有的东西影响并反映他们的身份,即:“我们是谁取决于我们拥有什么。”由此,为理解消费者行为,营销者必须首先了解消费者自我观念与其拥有物之间的关系。网络经济时代的企业更多的是面对强调张扬个性的年轻人，因此对个性及自我观念的了解与分析在网络营销中尤为重要。

3.5.2.4　教育背景

一个人的教育主要包括三个部分，家庭教育、学校教育和社会教育。我们这里主要着重学校教育。一般而言，接受过高等教育和专业技术教育（尤其是计算机技术）的消费者比较容易接受和适应网络经济环境下的新兴事务。从而可以推断针对这样的消费者的商品可以通过电子商务网站、手机短信以及直销等形式进行销售。

根据中国互联网信息中心（CNNIC）发布的第 33 次“中国互联网络发展状况统计报告”显示，截至 2013 年 12 月，我国上网用户的学历构成情况如图 3－10 所示：

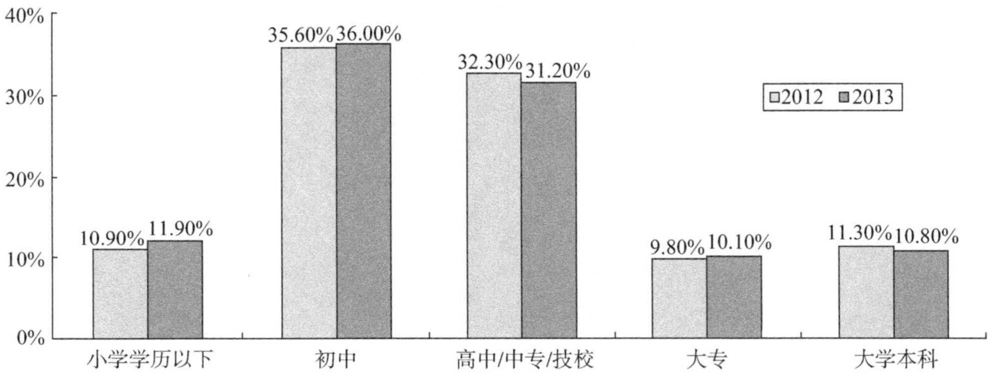

图 3－10　网民学历结构

通过以上数据，我们可以看到网上冲浪对学历的要求不是很高，应该说要求越来越低。一方面是因为现代电脑设计和网站浏览和操作日益人性化，另一方面互联网的日益普及也功不可没。

3.5.2.5　城乡之别

根据中国互联网络信息中心（CNNIC）发布的第 33 次“中国互联网络发展状况统计报告”显示，截至 2013 年 12 月，我国上网用户的城乡构成情况如图 3－11 所示：

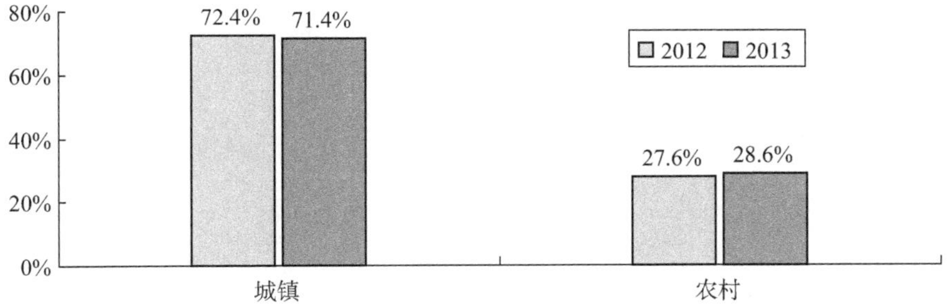

图 3－11　网民城乡结构

截至 2013 年 12 月，我国网民中农村人口占比 28.6％，规模达 1.77 亿，相比 2012 年增长 2101 万人。2013 年，农村网民规模的增长速度为 13.5％，城镇网民规模的增长速度为 8.0％，城乡网民规模的差距继续缩小。

近年来，随着中国城镇化进程的推进，我国农村人口在总体人口中的占比持续下降，但我国农村网民在总体网民中的占比却保持上升，反映出农村互联网普及工作的成效。2013年，中国农村互联网普及率为27.5%，延续了2012年的增长态势，城乡互联网普及差距进一步减少，农村地区依然是目前中国网民规模增长的重要动力。

参考文献

[1] 刘培刚. 网络经济学. 2版. 上海：华东理工大学出版社，2011.
[2] 胡春. 网络经济学. 北京：清华大学出版社，北京交通大学出版社，2010.
[3] 盛晓白、韩耀、徐迪. 网络经济学. 北京：电子工业出版社，2009.
[4] 张丽芳. 网络经济学. 北京：中国人民大学出版社，2013.

第 4 章　网络经济的企业组织和生产

4.1　网络经济的企业

经济全球化是当今世界经济的大环境背景，自由贸易成为世界贸易的发展方向，全球性市场日渐形成，国际间资本流动加速，国际产业分工正从垂直方向朝水平方向发展，在世界范围内形成生产体系，跨国公司的经营战略全球化，国际企业的合并、兼并日趋激烈。

信息时代已经成为我们所处时代的代名词，其正在以前所未有的速度和强度改变着人们的生活。而且，这种变革会随着信息技术的发展而越来越深入，信息技术已成为推动社会进步的主要力量。迅速发展的信息技术主要表现在微电子、数字转换处理、软件技术等方面。

在经济全球化和信息时代的背景下，顺应经济的发展和科技进步的潮流，依托互联网等技术手段，传统组织和企业必将面临着重大变革，对其进行重新审视和变革后形成的一种新的企业运作方式和组织形态——网络企业，这是一种高级的企业形态，是伴随着计算机、互联网和通信技术的发展而产生的。

4.1.1　网络经济中的企业类型

网络经济下的企业可以概括为两类：一类是传统企业在网络环境下的重塑——传统企业 e 化。这类企业在网络经济时代来临之前就已经存在，在目前外部环境即网络环境下面临一个如何重新塑造自身的问题，这类企业通常是综合利用现代网络技术、通信技术等手段，在传统企业现有的生产、经营、管理基础上，通过对组织结构、业务流程、管理思想进行全面改组和重构而构建的；另一类是因网络的出现应运而生的企业。这类企业直接运用信息化手段、采用电子商务模式进行经营管理，它们在网络经济时代之前并不存在，伴随着计算机网络的发展而产生，可以称之为电子商务企业，是网络经济下的新兴企业类型。

4.1.2　网络经济中企业的特征

网络经济中企业的特征主要体现在以下几个方面。

1. 以先进技术为基础

网络企业是伴随网络的发展而出现的，所以网络企业的一个最重要的特征就是以先进的技术手段为实现基础，如果没有当前发达的互联网体系、没有日益发展的计算机技术、没有先进的通信方式，那么网络企业只能停留在一个空想的阶段。

由于计算机业的发展带动了高科技产业的腾飞，并引发了一系列相关产业的超常规发展，从而使得企业原有的运营模式和管理理念已经难以适应这种巨大的社会变革所带来的日新月异的世界，所以迫使企业不得不进行全方位的改组，以谋求持续发展的前景空间。在企业进行变革的过程中，技术尤其是计算机技术成为变革的必要手段，企业的信息处理、产品设计、业务联系、决策管理等各个方面都离不开计算机的支持，计算机已经演化成为企业日常工作的一个最常用工具。同时，无线通信、远距离传输、宽带视频等技术手段也在企业变革过程中发挥了重要的作用。可以说，技术的进步是促使网络企业产生的原因和推动网络企业前进的动力。

2. 以协作分工为形式

网络企业的一个最显著特征在于其业务和管理的网络化。网络是由多个节点和节点之间的联系组成的，相应的网络企业也是由多个独立的企业节点和这些企业节点之间的联系组成。在与其他企业节点没有联系的情况下，各个企业节点可以完成一定的任务，行使一定的功能，相当于一个简单的企业单元；在与其他企业节点有联系的情况下，各个企业节点分担不同的任务单元，通过网络进行协同工作，共同完成一个任务目标，从而打破了各个企业节点之间的独立性，组成一个有机的网络企业整体。

可以看出，组成网络企业的多个企业节点必须具有独立的功能边界，可以有完成不同的任务分工，相互之间有连通的网络，可以随时进行信息和数据交流，通过这种交流使得企业节点组成一个共同体，从而扩展了原有企业的业务边界。

3. 以自适应性为目标

网络企业面临的是复杂多变的系统环境，信息的获取具有高度的不确定性和不完全性。在外部环境发生变化后，网络企业必须能够及时捕捉到这种变化，并对其进行分析和处理，然后将结果反馈给企业系统。根据这种反馈，网络企业做出适当的调整以适应环境的变化。

另外，企业还必须能够根据历史的和现有的信息对未来发展做出预测，并在系统反馈信息的帮助下对企业现有业务流程自动做出规划，以提前适应未来企业环境的变化需要，实现网络企业的自适应机制。

4.1.3 网络经济中企业的形式

目前，网络经济中企业的基本形式可以概括为三种：作业小组、虚拟企业和企业联盟。这些基本形式都是在传统企业的基础上，经过对网络发展的深刻认识和对企业发展的趋势把握，通过对现有企业业务流程的重新规划，充分利用现代化的技术手段而实现的。

1. 作业小组

现实商业中更多地将作业小组称为项目小组，这是指在网络经济环境下，为了完成某个特定的项目任务而由组织中不同的部门、不同专业的人员组织起来的一个特别工作单元，不受现行的行政职能组织的约束，也不能代替现行组织职能的功能。作业小组或项目小组可以存在于一个企业内部，由各不同部门组建，也可以是由网络经济中属于不同实体的节点组成。

作业小组或项目小组有以下特点：第一，组织方式灵活，类似于企业网络上的不同节点，其面向特定作业或项目任务、产品和客户的方式，符合新的经济运行方式；第二，小组的成员充当多种角色，不再长期从事某一项单调的工作，这就需要各成员具备多重技能和出色的协调合作精神，不同成员协调工作使得小组的柔韧性增大，出现问题时，多个成员共同解决；第三，劳动作业方式并行化，网络技术改变了工业经济下的流水作业方式，在作业过程中，项目小组的各个部分同时进行，小组成员这种同时工作、协调作业的特点可以对日益个性化的消费需求做出灵敏反应；第四，小组成员之间进行全方位的沟通协调，既避免了工作过程的割裂和各个环节信息传递的延误，又增强了集体凝聚力，有利于集体决策的准确性；第五，作业小组强调以人为本，实行目标管理，注重人的主观能动性的发挥。

2. 虚拟企业

虚拟企业是指架构在电子网络基础上，在面对一个可能的市场机遇时，一个或多个企业发起，召集其他企业一起通过电子网络从事生产和经营，各个参与企业在自己的优势领域里独立运作，并通过与其他企业合作，完成整个项目。

虚拟企业有以下特征：第一，组织结构上的临时性。虚拟企业是为了适应迅速变化的市场而产生的临时联合体，所以它是与市场机会共生共灭的，这就要求企业的组织结构能够及时反映市场的动态，能够根据目标和环境的变化随时进行调整或重组；第二，地域上的分散性。虚拟企业是由异地的企业组成的，一般来说其组成范围越大，优化程度也越高；第三，功能上的完整性。虽然虚拟企业是个临时联合体，但它仍具备一个企业的全部功能，包括设计、制造、装配、营销、财务等，只是这些功能不再局限在一个企业内部，这也就要求一个企业不必在各个职能上都有优势，仅需在虚拟企业中发挥其核心能力即可；第四，组合上的敏捷性。虚拟企业的组织结构是动态多变的，这就要求形成虚拟企业的各个成员企业内部的组织能够适应这种变化，即能够通过现代通讯设施轻易、快速地组装其技术、人员等，只有具备了这种灵活的重构和解散功能，虚拟企业才能具有强大的生命力；第五，领导上的相对性。形成虚拟企业的各个成员企业是在协议的方式下运行的，各自承担不同的任务，谁能最先抓住市场机遇并掌握关键技术，谁就最有可能优先获得虚拟企业的领导权，但是这种领导权与传统企业相比要小得多。

3.企业联盟

在网络经济中，企业与企业之间通过网络的合作关系，相互利用资源以创造竞争优势，就形成了企业联盟。

企业联盟与虚拟企业是不同的，企业联盟是企业从战略上进行考虑，与其他企业建立的一种较为长期而松散的网络关系。与其联盟的企业可以是虚拟企业也可以是传统的企业，这种联盟的重点是企业间的优势互补，合作是为了进一步扩大核心业务和提高核心竞争力，合作也形成了一条价值链，使得各个企业都能从中受益。

4.2　网络经济的企业组织结构

4.2.1　传统企业组织结构的特点及面临的挑战

1. 直线职能制企业组织结构

该结构以直线制为基础，在各级生产行政领导下设置相应的管理职能部门，分别从事专门的职能管理工作。职能部门拟定的计划、方案以及有关指令，由生产行政领导者批准下达，职能部门对下级领导者和下级机构无权直接下达命令或进行指挥，只起业务指导作用。

直线职能制组织吸取了职能组织发挥专业管理作用的长处，从而有助于提高企业组织管理的效率，为发挥生产行政指挥系统的作用提供了组织保证。但在网络环境和经济一体化的环境下，随着企业管理信息化要求的提高，组织环境的复杂性与交易性程度明显提高，对专业分工的职能部门和横向联系也提出了新的要求。在网络环境下，直线职能制组织容易产生部门间的脱节，导致信息失真，决策失误，其不适应性完全暴露出来了。

2. 事业部制组织

事业部是在企业统一领导下，根据产品、地区或市场而划分的，统一进行产品设计、采购、生产和销售活动的相对独立的经营单位。事业部是企业控制下的利润中心，具有利润生产、利润核算和利润管理的职能，有自己的产品责任单位或市场责任单位，有自己的产品和独立的市场(图 4－1)。

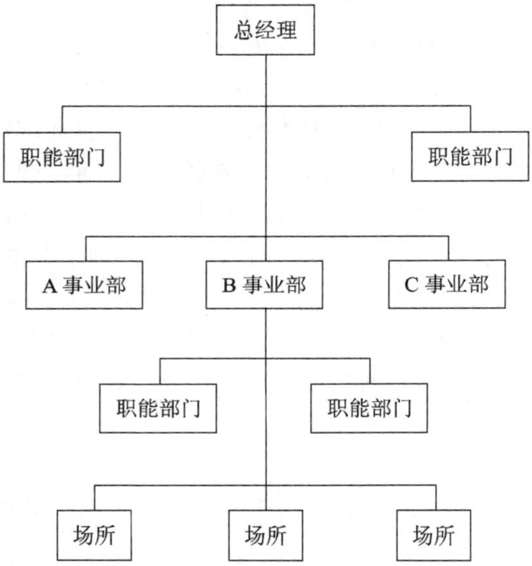

图 4－1　事业部制组织结构图

其优点是便于灵活地根据市场做出相应的对策，取得竞争的主动权，有利于企业最高管理者专心致力于公司的战略决策和长期规划，有利于调动部门积极性，提升人才，进行业绩核算。但如前所述网络环境压缩了企业规模与组织层次，这些都对事业部结构提出诘难，事业部制的不足主要体现在事业部的利润中心容易产生本位主义，树立信息交流壁垒；各事业部设立的职能部门容易造成管理机构垂直，管理人员浪费，增加交易成本，不利于事业部合作和各自目标的实现。

3. 矩阵制组织结构

该结构把按职能划分的部门和按产品、服务项目的划分小组结合起来组成一个矩阵，同一名职能成员既同职能部门保持组织与业务上的联系又参加产品或项目小组的工作。矩阵制结构打破了传统的一元性领导关系，它可以使企业组织管理中的纵向联系和横向联系较好地结合起来，加强了职能部门与职能部门之间的协调配合；激发了成员的积极性，提高了技术水平,并且有较好的适应和稳定性。但正因为这种突破容易在组织内部引起工作矛盾,除非对职权和职责关系有着明确规定和理解,否则这种类型的结构会给管理者带来问题并对作业效率带来牺牲,同样离网络环境的要求有一定距离。

4.2.2　网络经济对企业组织结构变革的要求

在传统的经济环境下,实物资本、货币资本以及技术是经济增长和企业竞争优势的主要源泉,传统的企业内与企业间组织形式正是着眼于实现资本与技术等要素的有效配置而设计的。而在网络经济下,人力资本以及由此产生的知识积累则成为经济增长和企业竞争优势的主要源泉,自然需要新的企业组织形式来保证新的核心要素的有效配置。同时,世界经济全球化的推进,科技的飞速发展以及信息的指数化增长,也使得传统的组织形式在一定程度上不能适应外部环境的快速变化和进行有效的内部沟通。这就需要新的组织形式来与组织的发展和变化相适应。总的来说,网络经济要求组织结构具有以下特征。

1. 扁平化

扁平化是网络经济下企业组织变革最显著的特征。适合工业革命需要的组织结构都是一种金字塔式的层级结构,这种组织结构的优点是分工明确、等级森严、便于控制,但是这种组织结构在网络经济下暴露出越来越多的弊端。例如:由于管理层次多导致机构臃肿、人员冗余,进而造成管理成本居高不下;不同机构之间互相推诿责任,管理效率低下;组织内部信息传递不畅等。为了克服传统组织的这些缺点,组织开始出现扁平化的趋势。组织结构的扁平化改变了传统命令链的多层级和复杂性,精简了结构层次,从而有利于信息的传递,保证信息传递的有效和不失真,大大提高了组织效率。

2. 网络化

企业组织结构的网络化主要体现在四个方面:一是企业形式集团化。随着经济全球化的趋势,企业集团、企业战略合作伙伴、企业联盟大量涌现,这使得众多企业之间的联系日益紧密起来,构成了企业组织形式的网络化;二是企业经营方式连锁化。很多企业通过发展连锁经营和商务代理等业务,形成了一个庞大的销售网络体系,使得企业的营销组成网络化;三是企业内部组织网络化。

3. 虚拟化

传统组织结构的设计总是力求职能部门的“全面化”,企业组织也总是力求“大而全、小而全”的模式。不管是职能制、事业部制,还是矩阵制组织结构,也不管规模大小和在某项功能上的优势如何,企业组织内的各种具体执行功能,诸如研究开发、设计、生产、销售等都是以实体性功能部门而存在的。这些实体性功能组织部门作为企业组织系统中相对独立的单元,往往难以对市场变化作出快速而有效的反应。网络经济下企业组织要想具备竞争力,必须要有快速而强大的研发能力,有随市场变化而变化的生产和制造能力,有广泛而完善的销售网络,有庞大的资金力量,有能够生产出满足顾客需求的产品的质量保证能力和管理能力等,只有集上述各种功能优势于一体的组织才具有强大的市场竞争能力。事实上,大多数企业组织只有其中某一项或少数几项比较突出、具有竞争优势,而其他功能则并不具备竞争优势。为此,企业组织在有限资源条件下,为了取得最大的竞争优势,可仅保留企业组织中最关键、最具竞争优势的功能,而将其他功能虚拟化。虚拟化了的功能可通过借助各种外力进行弥补，并迅速实现资源重组，以便在竞争中最有效地对市场变化做出快速反应。

4. 组织决策的分散化

在工业经济时代，组织高层几乎拥有所有的决策权。在这种单一的决策模式下容易产生官僚主义、低效率、结构僵化、沟通壁垒等问题。网络经济的发展，要求企业组织由过去高度集中的决策中心模式改变为分散的多中心决策模式，组织的决策由基于流程的工作团队来制定。决策的分散化能够增强组织员工的参与感和责任感，从而大大提高决策的科学性和可操作性。

4.2.3 网络经济中的企业组织结构变革的方向——网络组织

网络组织这种新型组织形式不仅满足组织扁平化、网络化和虚拟化的要求，而且具有广泛的适应性。它既适合于总组织，也适合于拥有现在流行的项目组织，独立的生产组织、部分自治小组等形式的小型的企业组织。

1. 网络组织的含义

虽然众多学者认为网络组织是网络经济下企业组织的发展方向，但是由于网络组织是一个前瞻性概念，企业在实践中也有多种具体的形式，因此关于网络组织目前还有一些不同的认识。一个被较为普遍接受的定义为网络组织是由多个独立的个人、部门和企业为了共同的任务而组成的联合体，它的运行不是靠传统的层级控制，而是在定义成员角色和各自任务的基础上通过密集的多边联系、互利和交互式的合作来完成共同追求的目标。网络的基本构成要素是众多的节点和节点之间的相互关系。在网络组织中，节点可以由个人、企业内的部门、企业或是它们的混合组成，每个节点之间都以平等身份保持着互动式联系。如果某一项使命需要若干个节点的共同参与，那么它们之间的联系会有针对性的加强。密集的多边联系和充分的合作是网络组织最主要的特点，而这正是其与传统企业组织形式的最大区别所在。

2. 网络组织的类型

一般网络组织框架允许它有不同的类型和级别。从不同的角度也可以将网络组织划分为不同的类型。米鲁斯等人将网络组织划分为三类：内部网络组织、稳定的网络组织和动态的网络组织。

(1) 内部网络组织　内部网络包括两个方面的含义：一是通过减少管理层级，使得信息在企业高层管理人员和普通员工之间更加快捷地流动；二是通过打破部门间的界限，使得信息和知识在水平方向上更快地传播。这样做的结果，就使企业成为一个扁平的、由多个部门界限不明显的员工组成的网状联合体，信息流动更快，部门间摩擦更少。

(2) 稳定的网络组织　稳定的网络组织是指一种以长期合作关系为基础的网络组织，其中每一个企业组织都是独立的，它们通过契约与核心企业相联结。其典型代表是企业战略联盟。

(3) 动态的网络组织　动态的网络组织是许多企业的临时联盟，他们具有自己的关键技术，通常围绕某个领导企业或中间企业组织的关键技能联成临时网络组织，以达到共享技术、分摊费用以及满足市场需求的目的。这种动态联盟表现出短暂和临时的特点，某个目标一旦完成就会宣告解散，而为了新的机会又会重新组建新的联盟，其典型代表是虚拟企业。

3. 网络组织结构的实现

网络组织是一个前瞻性的概念，是未来企业组织结构发展的方向，但是，希望企业从传统组织结构直接转变为网络组织是不现实的，新的组织结构毕竟要以过去的组织结构为基础，而不可能凭空创造出来，所以企业组织必然要采取一些措施在结构上向网络组织过渡，或者说建立具备网络组织的某些特征的新的组织结构。

(1) 组织层级的减少

对于企业组织结构是直线职能型的情况，企业不论大小自上而下自成体系，"麻雀虽小，五脏俱全"，属于典型的层级组织。这种组织的主要特征有：垂直一体化程度相当高，所有权集中，并因此可能导致最低的产品差异性以致形成商品同构；在发生冲突时，较多采用行政命令来解决冲突；组织边界层次分明、固定、刚性，典型的静态连接或联合。这种组织模式在网络经济时代的弊端愈来愈明显。不能希望企业组织结构从传统的直线职能制直接变革为网络组织结构，但是，减少组织层次是我国企业目前能够做到的，也是必须要做到的。从联想集团组织结构的变化可以看出我国企业组织层级减少的趋势。联想集团于2004年调整了企业战略，并作了相应的组织结构变革。首先是统一了中央市场部，在这个平台上进一步研究识别细分客户的需求，同时指导整体市场的工作。与此同时把原来的华南、华中、华东、西南、西北、东北和华北七个销售大区进一步分成了18个销售大区。如把以前属于华中销售大区所辖的湖北、河南和江西三个销售分区重新划分为湖北销售大区、河南销售大区，江西销售分区则和湖南销售分区一起组成湘赣销售大区，结果减少了销售过程中的层次，使得营销更加贴近用户，便于深耕细作区域市场。

(2) 以流程为导向的工作团队的建立

在流程变革的基础上，组织需要建立工作团队，也就是将过去以功能分工的组织方式改变为以"流程"、"网络"为导向的工作小组。过去分散于各职能部门的工作由一个小组结合起来，承担起满足社会需要的所有工作，各组成小组构成了一个非中心化的联合体网络，这样不但可以避免传统企业内部广泛存在的"官僚主义"所导致的管理低效率，而且也使各组成小组的界限不再严格地局限于功能和层次。

当组织职务是围绕小组而不是个人来进行设计时，结果就组成了任务团队。"团队"一词有着特定的含义，主要包括能够自我优化、自我设计、自我创造和自我组织。按照德鲁克教授的分类，团队只有三种类型：第一种是网球双打型的。在这种团队里，它必须是小型的，每一个成员必须使自己适应队友的个性、技能、长处和弱点；第二种是足球队型的。每一个队员有一个固定的位置，但整个队伍是整体移动的(除了守门员)，同时队员们又保持各自的相对位置；第三种是棒球队型的或者是乐队型。每个成员都有固定的位置。网络经济下的企业组织将越来越多地在企业内部和外部使用跨职能的任务团队，人们必须学会在没有固定职务、没有命令权威、既不是被控制也不是控制他人的情况下去进行管理，去完成任务，去实现目标。

(3) 内部市场化

从传统组织到网络组织的另一个途径是内部市场化，即在企业网络化的基础上，让组织内部的各个单元(节点)形成自己的利润中心，这些单元可以根据自己的情况和市场环境选择与组织内部或者外部的其他企业进行交易。如购买原材料、产品或服务以及对外部单位进行投资，以便更好地根据市场条件确定业务。这样，企业组织内部不存在垄断，利润中心有从组织内部和外部各单位购买产品或服务的自由，同时，这些利润中心也必须把他们的产品或服务以竞争性的方式销售给内部或外部的单位。但是，组织内部单元的这种市场化行为必须与组织的发展目标相适应。在这些内部市场组织形式中，各个单元都需要建立自己的财务报告，以便组织对各个单元的情况进行了解和协调。

在企业组织进行内部市场化过程中，往往会碰到的一个难题就是各个利润中心或各个单元难以确定互相提供产品或服务的价格。在这一点上，可以从海尔建立的内部价格体系来得到一些启示，海尔的内部市场化是伴随着流程再造建立的。海尔集团产品事业部与商流推进部之间的价格体系是根据整合前产品事业部的销售费用占销售额的比率作为基数（以后根据上年度的销售费用作为基数），以此为标准，双方通过协商确定新的折扣比例，核算出商流推进部从事业部的采购价，即采购价＝ 产品市场价×（1－折扣比例）；产品事业部与物流推进部的价格体系是根据整合前产品事业部每批次采购物品所需的采购费用作为基数（以后根据上年度的采购费用作为基数），以此为标准，双方通过协商确定新的折扣比例，核算出事业部从物流推进部的采购价，即采购价＝物流采购价×（1＋折扣比例）；设备公司和产品事业部的内部价格体系是根据整合前，产品事业部采购设备、维修设备所消耗的费用作为基数（以后根据上年度的采购、维修费用作为基数），然后双方协商确定一个比例和基数相乘得出的数额，作为设备公司应得的报酬，其他各部门之间的价格体系的建立与此类似。正是由于内部价格体系的确立，保证了海尔内部市场化的目标得以实现。

4.3 网络经济的生产要素

生产要素是指生产中的投入，或者说是指生产过程中所使用的各种资源。网络生产与大工业生产的不同，首先体现在生产要素上的不同。

土地、劳动、资本构成了传统经济学上的生产要素。农业经济的生产要素是劳动和土地；机器大工业的生产要素除了劳动、土地外，还有以各种具体生产要素形式（如设备、厂房、原材料等）所表现出来的资本，而且资本还成为生产要素的核心；网络生产是在机器大工业基础之上出现的一种经济形式，它的生产要素与大工业有继承关系，但又有变化和发展。网络生产条件下的劳动、土地和资本，虽仍然是其不可或缺的生产要素，但是知识和信息以及组织内部的能力、客户也构成了网络经济下的生产要素，并且其中的知识和信息在许多生产领域已取代资本而成为核心要素。

4.3.1 知识与信息成为核心的生产要素

1. 产业结构的调整

机器大工业的产业结构先以纺织工业为核心，继以采掘业、冶炼业、机器制造业、建筑业和化工业为核心，它们构成了被称为现代大工业的产业群，且以高投入、高产出为特征。虽然随着产业技术构成的提高和生产工艺过程变革的加快，大工业生产的科技含量也随之不断的提高，但是知识和信息在大工业时代并不作为独立的生产要素发生作用，它们或者和物质技术装备、劳动对象相结合，或者和劳动相结合，从来没有游离于劳动资源、劳动对象和劳动之外，而独立地在直接生产和再生产中发生作用。物质生产总是依赖于劳动、土地，特别是资本的高投入，而且每一次由科技所引起的生产力变革和工艺过程的变革都意味着资本投入量的增长。

与机器大工业的生产方式相比较，在网络经济条件下，产业结构以高新技术产业为主体和核心。高新技术产业是一特殊的新兴产业，它既不以劳动密集为特征，又不以资本密集为特征，而是以知识密集、信息密集为特征。比如转基因生物的生产也需要土地、劳动和资本，但更需要知识型的技术；网上商店也需要有设备和资本的投入，但更需要的是供求双方的信息。在高新技术产业群出现和发展的条件下，知识信息以及属于知识范畴的管理和技术"异军突起"，已作为一种独立的要素大步登上生产和流通的"舞台"。比如生产中的计算机控制系统的程序编制，电子商务中的信息流等，都表明在生产和流通中知识和信息正独立地发生作用，从而成为了生产要素的重要内容。

2. 知识和信息成为劳动对象和劳动资料

高新技术产业又称为知识型产业。在知识型产业群中，信息产业处于核心地位、基础地位和领先地位。信息的搜集、处理、储存和传输、发布是信息产业生产的中心内容。信息从而作为信息产业的劳动对象而存在。

同时知识、信息又是知识型产业的劳动资料、劳动手段。这表现为在物质资料的生产过程中，智力劳动的主体地位已经形成；在非物质资料生产的服务领域，如中介行业中的咨询业、律师业等的各类事务所等，知识和信息正是它们的劳动资料和劳动手段。

3. 传统的生产要素靠知识和信息整合

大工业造就了惊人庞大的生产力，随着这种生产力的发展，生产、流通、分配与消费延伸为跨国、跨地区的经济活动，并形成国际分工及国际分工体系。在这种条件下，资本流向何方、商品和劳务又输向何方，均需要由信息和知识予以指引和整合。至于世界范围内的生产，如像波音公司一类的跨国公司的生产，则更需要知识和信息把它分布在不同国度的生产厂商的资本、劳动、土地等生产要素整合起来才能得以进行。这就是说知识和信息在生产中的作用超过了资本、劳动、土地等传统生产要素，因为它不仅是生产要素，而且还是传统生产要素的凝聚剂或黏合剂。

4. 知识和信息提高了传统生产要素的作用程度

人类的生产与人类的文明相生相伴。生产是人类由野蛮时代跨进文明时代的门槛的标志。石器的制造、植物的栽培、动物的驯化、土地的开发和耕种等生产活动的更替，都标志着人类文明的进步；狩猎文明、农耕文明等每一文明的出现和进步都是人类知识的累积。经济发展史证明，科技从有生产文明开始便成为生产力的内容。工业文明取代了农耕文明后，生产要素的科技含量不断得到提高。由此人们又进一步把科技的作用概括为"科技是生产力"。虽然人类生产史的每一次变革都源于知识对生产的改造，但是只是到20世纪60年代之后改造的步伐、改造的力度、改造的范围和深度才令人瞠目结舌，这突出地表现为劳动、土地和资本的知识化、信息化。比如传统农业、工业中作为其命脉的土地、石油等自然资源，正在或已经发生了短缺，知识恰恰可以通过科技或者合理地、综合地、集约地配置这些自然资源，或者开发出新的富有的自然资源对短缺资源进行替代，从而创造出新财富。例如生产计算机芯片的材料来自石头，受控热核聚变原料来自水中的氢等。这样科技已经成为了第一生产力，改造了生产要素，提高了生产要素的生产率、贡献率。

劳动的实现依赖于知识化和信息化。在当代努力掌握信息技术、计算机技能和丰富的专业知识，已经成为对劳动力的一般要求。经济生活证明，劳动既离不开知识，劳动也不可能没有信息支撑。

土地维护和利用依赖于知识和信息。土地资源已经成为稀缺资源中最稀缺的资源之一。维护土地资源和提高土地资源利用的程度，是摆在我国乃至世界面前的重要课题。这一课题的解决无疑是只有依赖于土地利用和维护改造的知识和信息。

资本的流向和流量依赖于知识和信息。资本总流向能带来最大利润的地方和领域。要保证资本利润的最大化，就需要确保资本流向的准确和流量的适度，为此，就需要准确而及时的市场信息和据此作出的科学决策。当资本运动的空间扩大到世界范围内，信息的充分、完备、及时和决策的正确就显得更为重要了。比如量子基金会在20世纪90年代的投机活动，因信息的准确而使英镑贬值，因信息的失误却在香港股市上以失败告终。当今世界的实践证明，资本与知识、信息的结盟是如虎添翼，增加了勃勃生机。

5. 知识与信息成为生产要素的经济学意义

知识、信息作为生产要素的提高，实际上是传统西方经济学中劳动要素与企业家才能要素的认识的发展和升华。传统经济理论对企业家才能的肯定，初步承认了企业家的组织管理活动，是一种创造性劳动，是有着独立价值的劳动。但是它仍然排斥了一般劳动者智力的创造性，同时将企业视为一个封闭的系统，从而也没有把企业外部的智力劳动包含到企业中去。

经济学将知识和信息视为生产要素，不仅承认了企业内部所有劳动者智力在创造企业价值中的重要地位和作用，而且还将企业作为一个不断吸收整个社会的智力创造的开放系统。

传统的经济学，无论是马克思经济学还是西方经济学，都重视资本(资产)构成的研究，但研究主要是针对有形资产的构成、价值构成、有机构成、要素构成等，而对无形资产，其中主要是指企业拥有的知识、信息、技术和智力等并未给以足够重视。在经济学中，承认知识和信息成为生产要素，这就能为无形资产和有形资产构成的研究奠定理论的前提。而这种研究又是现实的客观要求。因为在全球范围内的企业资产中，无形资产的比例正在大大增加。

总而言之，传统工业经济需要大量资金、设备，其中有形资产起着决定性作用；网络经济则对知识、智力等无形资产的投入起着决定性作用。当然，网络也需要资金投入，对于高技术产业甚至还依赖风险资金的投入。但是，如果没有更多的信息、知识和智力的投入，它就不能形成高技术产业，就不是网络经济。在当代，无形资产的投入已成为网络经济投入的主要内容。由此，无形资产的研究必然成为经济学研究重要而紧迫的课题，这就是知识和信息作为主要生产要素的经济学意义之所在。

4.3.2 组织内部的能力作为生产要素

网络经济下很多知名的企业如微软、惠普等，之所以比他们的竞争对手更成功，一个重要的原因就是其组织内部的核心能力起了关键作用，组织的能力也逐渐成为网络经济的重要生产要素之一。贾维坦教授在其文章《核心能力:在现实中它意味着什么》中解释了核心能力的性质。他认为一个组织的一系列的资源被有效利用到什么程度取决于组织的能力。核心能力是能够协调所有能力的能力,涵盖了全部业务单位的专门技术和知识。

由于拥有合适的能力对厂商未来的业绩变得更加重要,厂商的能力作为生产性资源的意义正在提高。重点在于能力之间的匹配,尤其是核心能力和厂商战略之间的匹配,同时能力必须通过保持可选择的业务实施的拓展性,继而在需要时及时调整战略,为灵活地进行创造作出贡献。

当获得和保持永久的技术领先地位的机会正在绝大多数行业消逝的时候,厂商持有、开发、组织和利用各种能力的功能决定了未来是否成功,这一点至关重要,不仅仅在制造行业,在服务行业里,组织的能力同样提供了使组织"迅速、灵活、友好和集中"的功能。组织要做的就是将其资源培养成能力,通过构建其能力而创造出适当的竞争力,从而在激烈的竞争中占据优势。

4.3.3 客户作为一个生产要素

在传统经济学中,企业为了生产商品而协调生产要素(土地、劳动和资本)。生产的过程包括效用的创造和价值的创造。商品的生产是为了满足客户的需要。在一个价值链的概念中,生产要素创造价值的同时,消费者在消费过程中则"破坏"价值。

而在信息时代和网络经济下的组织中,供应商和客户在商业网中相互影响,其关系不断变化,客户在驱动公司战略的过程中非常重要,他们接受的信息与以往相比更加完全,受到的教育更多,应该作为新经济中的价值创造者和关键的生产要素来考虑。网络经济下的企业应该与他们的客户结盟,因为客户是新商业中的最佳创造者,听取他们的意见,生产、产品和服务就可以有的放矢。很多时候客户还是观念和创新精神的缔造者,他们的角色已经多重化了,客户已不仅仅是使用者,而且还是影响者、决策者。

总之,网络经济下的生产要素有了更新的内容,知识信息、组织的能力以及客户逐渐成为新的关键的要素,取代了传统的土地、资本和劳动三大要素的核心地位。并且,更多的是这些要素的糅合、相互影响和渗透,成为网络经济的生产要素的一大特色。

4.4 网络经济的生产方式

4.4.1 网络生产

网络生产是社会生产史上的一个崭新阶段。它并非"空穴来风",从天而降。它在它的前一阶段的基础上出现。正如大工业生产是在协作和工场手工业基础上所出现的那样,它在大工业生产的基础上出现、产生,但它不是对大工业生产的简单否定,而是大工业生产的发展和延续。

生产问题一般可以从两个层面来分析:一是从微观层面上来看,生产者如何决定自己的生产，以实现投入产出的最大化；二是从宏观层面上来看，国民经济如何实现资源在微观生产者中的优化配置，资源如何充分利用。这也就是说，生产受制于资源的稀缺、资源配置的模式以及资源的被利用水平这三方面。

显然，网络生产仍然存在着上述两个层面的问题，所不同的是，同大工业生产相比，网络生产能较好地解决这两个层面上所存在的问题，让生产从资源的稀缺、资源配置模式以及资源的被利用这三大问题中，最大限度地解放出来，让社会生产更有效率。

1. 网络生产突破了大工业生产的资源稀缺性的限制

资源的稀缺性是相对于社会无限多样性且日益变化的需求的稀缺，满足需要的有用资源总是相对不足的，或者说是有限的。自然资源在经济上可划分为两大类，一类是生活资料的自然资源，例如土壤的肥力、鱼类丰富的水域等；一类是劳动资料的自然资源，如可以航行的河流、可供开发的瀑布、森林、矿藏等。

在大工业生产条件下，自然资源具有决定性的意义。因为大工业就是以自然力的应用为其本质特征的。随着机器生产力的不断发展，生产规模的不断扩大，利用自然资源的程度、深度和规模也相应扩大，这终将形成有限的自然资源与大工业无限扩大的生产的矛盾，使自然资源的稀缺性问题日趋严重，最终遏制着大工业生产的进一步发展。

与大工业生产依赖自然资源不同，网络生产直接依赖于信息。因为信息是其生产的核心要素；同时，网络又可以使信息在全球范围内及时传输、复制、存储、筛选组合，既成为信息源，又生产着新的信息；由于网络是信息共享性的平台，因而它又可使信息开发主体大众化。这样，在信息源和信息开发主体大众化这两种力量的作用下，信息资源就会趋于无穷大而成为非稀缺资源，突破了大工业生产单纯依赖自然资源所出现的资源稀缺性的限制。

2. 网络生产突破了传统的资源配置模式

在社会化大生产条件下，解决资源配置与资源利用的经济模式有两种。一种是计划经济体制，即通过中央计划来决定整个社会的生产活动。不言而喻，这是一种事前进行配置的模式。还有一种是市场经济体制，即通过市场双方自发的逐利行为来进行配置，这是一种事后配置模式。从理论上说，计划经济模式能够兼顾社会生产总体上的平衡，但是在需求个性化、产品多样化、生产分散化的今天，"计划"总显得十分"尴尬"，其灵活性和针对性程度都很低。市场经济模式能够针对个人的需要进行生产，"看不见的手"的事后调节，以及由市场竞争而致的垄断，又会造成资源浪费及市场失灵。

网络经济时代的生产既不可能通过中央计划来决定，也不完全由市场来配置资源。因为网络进入到家庭、企业和政府之后，个人的需求和社会总需求会在电脑中得到准确反映。生产厂商可以及时掌握，并根据所掌握的信息来组织生产、进行购销活动。政府也可以根据需求信息和厂商的信息进行适时的宏观调控，克服恶性竞争。总的说来，充分而及时的网络市场信息能够使微观和宏观层次上的供求紧密地结合在一起，从而能更加有效地配置资源。

在网络尚未出现的前提下，市场资源配置信息分散于供给与需求的各个个体之中，因而难以获取充分、及时和准确的信息；计划的资源配置信息也会因传递过程中信息的放大与缩小而失真。总之这两种资源配置的模式都会因缺少了网络而使信息扭曲，最终降低了资源配置的效率。网络经济则克服了这两种模式在信息搜集、传输中所形成的信息扭曲，从而走出了资源配置的"困境"。

3. 网络生产节约大量的社会资源

在机器大工业经济中，生产与消费之间的中间环节多，造成实物、资金、信息的迂回流动，交易成本居高不下。网络经济则是一种基本消除中介的直接经济模式。它从诸多方面节约着社会资源：①消除了因路径迂回所造成的信息失真，避免了由此产生的决策失误；②节约了信息传输成本，减少了不必要的信息传输费用；③加快了信息传输速度，减少了等待成本；④加快了资金流动速度，提高了资金利用率；⑤由于缩短了物流距离而节约了运输成本，同时企业虚拟后减少了库存成本等。这样生产与消费过程的各项环节衔接都会更加紧密，有效地避免了社会资源在各方面的浪费。

4.4.2　精益生产

1. 精益生产的发展过程

精益生产(Lean Production，简称 LP)是美国麻省理工学院根据其在"国际汽车项目"研究中，基于对日本丰田生产方式的研究和总结，于 1990 年提出的制造模式。

20 世纪初，从美国福特汽车公司创立第一条汽车生产流水线开始，大规模的生产流水线一直是现代工业生产的主要特征，改变了效率低下的单件生产方式，被称为生产方式的第二个里程碑。大规模生产方式是以标准化、大批量生产来降低生产成本，提高生产效率的。这种方式适应了美国当时的国情，汽车生产流水线的产生，一举把汽车从少数富翁的奢侈品变成了大众化的交通工具，美国汽车工业也由此迅速成长为美国的一大支柱产业，并带动和促进了包括钢铁、玻璃、橡胶、机电以至交通服务业等在内的一大批产业的发展。大规模流水生产在生产技术以及生产管理史上具有极为重要的意义。但是第二次世界大战以后，社会进入了一个市场需求向多样化发展的新阶段，相应的要求工业生产向多品种、小批量的方向发展，单品种、大批量的流水生产方式的弱点就日渐明显了。为了顺应这样的时代要求，由日本丰田汽车公司首创的精益生产，作为多品种、小批量混合生产条件下的高质量、低消耗进行生产的方式在实践中摸索、创造出来了。精益生产方式在实践应用中根据丰田实际生产的要求而被创造、总结出来的一种革命性的生产方式，被人称为"改变世界的机器"，是继大量生产方式之后人类现代生产方式的第三个里程碑。

总体来说，根据精益生产方式的形成过程可以将其划分为三个阶段：丰田生产方式形成与完善阶段，丰田生产方式的系统化阶段(即精益生产方式的提出)，精益生产方式的革新阶段(对以前的方法理论进行再思考，提出新的见解)。

(1) 丰田生产方式的形成与完善阶段

1950 年一个年轻的日本工程师丰田英二到底特律对福特的鲁奇厂进行了三个月的参观，当时鲁奇厂是世界上最大而且效率最高的制造厂。但是丰田英二对这个庞大企业的每一个细微之处都作了审慎的考察，回到名古屋后和在生产制造方面富有才华的大野耐一一起很快得出了结论：大量生产方式不适合于日本。因为当时日本国内市场狭小，所需汽车的品种又很多，多品种、小批量并不适合大量生产方式的要求；并且战后的日本缺乏大量外汇来大量购买西方的技术和设备，不能单纯地仿效鲁奇厂并在此基础上改进；同时日本缺乏大量廉价劳动力。由此丰田英二和大野耐一开始了适合日本需要的生产方式的革新。大野耐一先在自己负责的工厂实行一些现场管理方法，如目视管理法、一人多机、U 型设备布置法等，这是丰田生产方式的萌芽。

随着大野耐一式的管理方法取得初步实效，他的地位也得到了逐步提升，大野耐一式的管理在更大的范围内得到应用，他的周围同时也聚集了一些人，进一步完善方法。通过对生产现场的观察和思考，提出了一系列革新，例如三分钟换模法、现场改善、五问法、供应商队伍重组及伙伴合作关系、拉动式生产等。同时这些方法是在不断地完善中，最终建立起一套适合日本的丰田生产方式。

1973 年秋天发生石油危机以后，日本经济下降到负增长的状态，但丰田公司不仅获得高于其他公司的盈利，而且与年俱增，拉大了同其他公司的距离。于是丰田生产方式开始受到重视，在日本得到了普及推广、得到了学术界的认可，吸引了一些教授对其进行研究，完成了内容的体系化。

随着日本汽车制造商大规模海外设厂，丰田生产方式传播到了美国，并以其在成本、质量、产品多样性等方面的巨大效果得到了广泛的传播。同时，并经受住了准时供应、文化冲突的考验，更加验证了丰田生产方式的适宜性，证明了丰田生产方式不是只适合于日本的文化，是普遍适用于各种文化、各种行业的先进生产方式。例如，在丰田生产系统中，最重要之处在于一旦发生小故障等问题，就停止生产线运转。但如果是在美国，一旦停止生产线的工作，就毫无例外地要被解雇，因为工人没有被授予可以停上生产线的权力。而且在美国这个责任自负的国度中，一旦行为失误，将被追究责任。这种情况不仅存在于美国的汽车产业，在其他产业中也都如此，所以大家都害怕停止生产线的运转。这就是两国文化差异的一个例子。

(2) 丰田生产方式的系统化阶段——精益生产方式的形成

为了进一步揭开日本汽车工业成功之谜，1985 年美国麻省理工学院筹资 500 万美元，确定了一个名叫“国际汽车计划”(IMVP)的研究项目。在丹尼尔教授的领导下，组织了 53 名专家、学者，用了五年时间对 14 个国家的近 90 个汽车装配厂进行实地考察，查阅了几百份公开的简报和资料，并对西方的大量生产方式与日本的丰田生产方式进行对比分析，最后于 1990 年著出了《改变世界的机器》一书，第一次把丰田生产方式定名为 Lean Production，即精益生产方式。这个研究成果在汽车业内引起轰动，掀起了一股学习精益生产方式的狂潮。精益生产方式的提出，把丰田生产方式从生产制造领域扩展到产品开发、协作配套、销售服务、财务管理等各个领域，贯穿于企业生产经营活动的全过程，使其内涵更加全面、更加丰富，对指导生产方式的变革更具有针对性和可操作性。

接着在 1996 年，经过四年的“国际汽车计划”(IMVP)第二阶段研究，著出了《精益思想》一书。《精益思想》弥补了前一研究成果并没有对怎样能学习精益生产的方法提供多少指导的问题，而这本书则描述了学习丰田方法所必需的关键原则，并且通过例子讲述了各行各业均可遵从的行动步骤，进一步完善了精益生产的理论体系。

在此阶段，美国企业界和学术界对精益生产方式进行了广泛的学习和研究，提出很多观点，对原有的丰田生产方式进行了大量的补充，主要是增加了很多 IE 技术、信息技术、文化差异等对精益生产理论进行完善，以使精益生产更具适用性。

(3) 精益生产方式的新发展阶段

精益生产的理论和方法是随着环境的变化而不断发展的，特别是在 20 世纪末，随着研究的深入和理论的广泛传播，越来越多的专家学者参与进来，出现了百花齐放的现象，各种新理论的方法层出不穷，如大规模定制(mass customization)与精益生产的相结合、单元生产(cell production)、JIT2、5S 的新发展、TPM 的新发展等。很多美国大企业将精益生产方式与本公司实际相结合，创造出了适合本企业需要的管理体系，例如：1999 年美国联合技术公司(UTC)的 ACE 管理(获取竞争性优势 Achieving Competitive Excellence)、精益六西格玛管理、波音的群策群力、通用汽车 1998 年的竞争制造系统(GM Competitive MFG System)等。这些管理体系实质是应用精益生产的思想，并将其方法具体化，以指导公司内部各个工厂、子公司顺利地推行精益生产方式。并将每一工序实施过程分解为一系列的图表，员工只需要按照图表的要求一步步实施下去，并且每一工序对应有一套标准以评价实施情况，也可用于母公司对子公司的评估。

在此阶段，精益思想跨出了它的诞生地——制造业，作为一种普遍的管理哲理在各个行业传播和应用，先后成功地在建筑设计和施工中应用，在服务行业、民航和运输业、医疗保健领域、通信和邮政管理以及软件开发和编程等方面应用，使精益生产系统更加完善。

2. 精益生产的定义

精益生产的实践由日本人开始到现在已经有半个多世纪的时间，但把它提高到理论高度来研究则是近些年的事。美国麻省理工学院的教授们把这种生产方式称为“精益生产”，但在论述精益生产的经典著作《改变世界的机器》一书中，也未见给出其确切的定义，这里以北京航空航天大学的杨光京教授给出的定义作为参考。“精益生产是通过系统结构、人员组织、运行方式和市场供求等方面的变革，使生产系统能很快适应用户需求的不断变化，并能够使生产过程中一切无用、多余的东西被精简，最终达到包括市场供销在内的生产的各方面最好的结果。”

在《改变世界的机器》一书中从五个方面论述了精益生产的特征，分别是：工厂组织、产品设计、供货环节、顾客和企业管理。归纳起来精益生产的主要特征为：对外以用户为“上帝”，对内以“人”为中心，在组织机构上以“精简”为手段，在工作方法上采用“团队工作”和“并行设计”，在供货方式上采用“准时”(JIT)方式，在最终目标方面为“零缺陷”。

如果把精益生产体系看作是一幢大厦，它的基础就是在计算机网络支持下的、以小组方式工作的并行工作方式，在此基础上有三根支柱：第一，全面质量管理，它是保证产品质量，达到零缺陷目标的主要措施；第二，准时生产和零库存，它是缩短生产周期和降低生产成本的主要方法；第三，成组技术，这是实现多品种、按顾客订单组织生产、扩大批量、降低成本的技术基础。

3. 精益生产的特点

精益生产作为一种从环境到管理目标都全新的管理思想，并在实践中取得成功，并非简单地应用了一二种新的管理手段，而是一套与企业环境、文化以及管理方法高度融合的管理体系，因此精益生产自身就是一个自治的系统。

在将精益生产与大批量生产方式管理思想的比较时，有以下区别。

(1) 优化范围不同。

大批量生产方式源于美国，基于美国的企业之间的关系，强调市场导向，优化资源配置，每个企业以财务关系为界限，优化自身的内部管理。而相关企业，无论是供应商还是经销商，则以对手相对待。

精益生产方式则以产品生产工序为线索，组织密切相关的供应链，一方面降低企业协作中的交易成本，另一方面保证稳定需求与及时供应，以整个大生产系统为优化目标。

(2) 对待库存的态度不同。

大批量生产方式的库存管理强调一种风险管理，即面对生产中不确定因素(主要包括设备与供应的不确定因素)。因此，适当的库存是用以缓冲各个生产环节之间的矛盾、避免风险和保证生产连续进行的必要条件。这种传统生产方式的库存管理与优化是基于外界风险而固有的(从统计资料获得)，它追求物流子系统的最优化。

精益生产方式则将生产中的一切库存视为“浪费”，出发点是整个生产系统，而不是简单地将“风险”看作外界的必然条件，并认为库存掩盖了生产系统中的缺陷。它一方面强调供应对生产的保证，另一方面强调对零库存的要求，从而不断暴露生产中基本环节的矛盾并加以改进，不断降低库存以消灭库存产生的“浪费”。基于此，精益生产提出了“消灭一切浪费”的口号。

(3) 业务控制观的不同。

传统的大批量生产方式的用人制度基于双方的“雇佣”关系，业务管理中强调达到个人工作高效的分工原则，并以严格的业务稽核来促进与保证，同时稽核工作还防止个人工作对企业产生负效应。

精益生产源于日本，深受东方文化影响，在专业分工时强调相互协作及业务流程的精简(包括不必要的核实工作)——消除业务中的“浪费”。

(4) 质量观的不同。

传统的生产方式将一定量的次品看成生产中的必然结果。这是因为通常在保证生产连续的基础上，通过对检验成本与质量次品所造成的浪费之间的权衡，来优化质量检测控制点。

精益生产基于组织的分权与人的协作观点，认为让生产者自身保证产品质量的绝对可靠是可行的，且不牺牲生产的连续性。其核心思想是，导致这种概率性的质量问题产生的原因本身并非概率性的，通过消除产生质量问题的生产环节来“消除一切次品所带来的浪费。”

(5) 对人的态度不同。

大批量生产方式强调管理中的严格层次关系，对员工的要求在于严格完成上级下达的任务，人被看作附属于岗位的“设备”。精益生产则强调个人对生产过程的干预，尽力发挥人的能动性，同时强调协调，对员工个人的评价也是基于长期的表现。这种方法更多地将员工视为企业团体的成员，而非机器。

精益生产管理方法上的特点有以下几方面：

(1) 拉动式准时化生产。

——以最终用户的需求为生产起点。

——强调物流平衡，追求零库存，要求上一道工序加工完的零件立即可以进入下一道工序。

——组织生产线依靠一种称为看板(Kanban)的形式。即由看板传递下道工序向上道工序需求的信息(看板的形式不限，关键在于能够传递信息)。

——生产中的节拍可由人工干预、控制，但重在保证生产中的物流平衡(对于每一道工序来说，即为保证对后道工序供应的准时化)。

——由于采用拉动式生产，生产中的计划与调度实质上是由各个生产单元自己完成，在形式上不采用集中计划，但操作过程中生产单元之间的协调则极为必要。

(2) 全面质量管理。

——强调质量是生产出来而非检验出来的，由生产中的质量管理来保证最终质量。

——生产过程中对质量的检验与控制在每一道工序都进行。重在培养每位员工的质量意识，在每一道工序进行时注意质量的检测与控制，保证及时发现质量问题。

——如果在生产过程中发现质量问题，根据情况，可以立即停止生产，直至解决问题，从而保证不出现对不合格品的无效加工。

——对于出现的质量问题，一般是组织相关的技术与生产人员作为一个小组，一起协作，尽快解决。

(3) 团队工作法(Teamwork)

——每位员工在工作中不仅是执行上级的命令，更重要的是积极地参与，起到决策与辅助决策的作用。

——组织团队的原则并不完全按行政组织来划分，而主要根据业务的关系来划分。

——团队成员强调一专多能，要求能够比较熟悉团队内其他工作人员的工作，保证工作协调的顺利进行。

——团队人员工作业绩的评定受团队内部的评价的影响(这与日本独特的人事制度关系较大)。

——团队工作的基本氛围是信任，以一种长期的监督控制为主，而避免对每一步工作的稽核，提高工作效率。

——团队的组织是变动的，针对不同的事物，建立不同的团队，同一个人可能属于不同的团队。

(4) 并行工程(Concurrent Engineering)

——在产品的设计开发期间，将概念设计、结构设计、工艺设计、最终需求等结合起来，保证以最快的速度按要求的质量完成。

——各项工作由与此相关的项目小组完成，进程中小组成员各自安排自身的工作，但可以定期或随时反馈信息并对出现的问题协调解决。

——依据适当的信息系统工具，反馈与协调整个项目的进行。利用现代 CIM 技术，在产品的研制与开发期间，辅助项目进程的并行化。

4.4.3　敏捷制造

著名经济学家汪丁丁在他的《网络经济的三个经济学原理》(见《海脉经济导报》第 312 期)里曾对网络经济时代的企业生产方式所适用的三个经济原理进行了阐释，其中他谈到，由于信息在网络经济里传播的成本越来越低，使“大规模的量身订制(mass-customization)”成为可能。因为在传统经济里，为特定客户“量身定制”是很昂贵的，通常意味着特权价格(包含一部分“炫耀性消费”的价格)和超额利润。但是网络彻底改变了这一局面，信息的充分传播，使任何特殊款式的商品都面对着全球范围的潜在市场，而且最重要的是集结这一全球市场所需要的费用正以网络经济的扩展速度迅速下降。商品一旦可以批量生产，就具备了按照相应的规模经济效益降低成本和竞争性价格的技术经济条件。也就是说，网络时代的来临，企业信息化的应用，从而使得这个原理所代表的经济力量与传统经济里起作用的其他经济力量相比越来越占据主导的位置。

汪丁丁所阐释的“大规模的量身定制”原理，其实就是“敏捷制造”方式的基本原理。“敏捷制造”是信息社会里信息化企业所产生的最有效的生产方式。现代工业企业和其他各类企业，面对信息时代的发展给企业产品战略和生产方式带来的挑战，必将适时转变其固有的生产方式和理念，以顺应形势的变化要求，而这一新的生产方式的广泛应用将成为必然趋势。随着人类社会从工业化向信息化的迈进，传统工业的制造方式也经历了一个从手工生产方式、大量生产方式、JIT 生产方式、精益生产方式、敏捷制造方式的发展过程。

1. 敏捷制造的含义

所谓敏捷制造，就是在与传统生产方式下进行的规模生产所投入的成本相比，现代企业通过信息技术手段的采用，而能够在相对不增加生产成本的前提下，针对不同客户对同类产品的不同需求，为之生产同类产品的不同样式、结构和型号等不同形式的产品。企业采用敏捷制造方式的最终目的可概括为：“将柔性生产技术，有技术、有知识的劳动力与能够促进企业内部和企业之间合作的灵活管理集成在一起，通过所建立的共同基础结构，对迅速改变的市场需求和市场时机做出快速响应。”

敏捷制造的核心是使企业面对市场的变化，有能力做出敏捷的反应，即所谓的“敏捷竞争”。它要求企业通过提高其“敏捷性”来提高其驾驭未来市场和竞争环境的能力，使其能从变化的调整中掌握主动并赢得竞争。敏捷竞争要求能最充分、有效地利用各种信息和现代技术，能通过并行工程和仿真技术的应用，通过对全生产过程的仿真模拟来实现第一个产品就是最优产品的目标，从而彻底取消原型和样机的试生产过程。敏捷性使企业能以最快的速度、更好的质量、更低的成本和更优质的服务来赢得市场竞争。

2. 敏捷制造的主要形式——虚拟企业

敏捷制造依赖于各种现代技术和方法，而最具代表性的是虚拟企业的组织形式和拟实制造的开发手段。

虚拟企业有时候也称为动态联盟，是当市场出现新机遇的时候，具有不同资源和优势的企业为了共同开拓市场，共同对付其他的竞争者而组织的，建立在信息网络基础之上的共享技术和信息，分担费用，联合开发的、互利的企业联盟体。虚拟企业的出现常常是由于参与联盟的企业追求一种完全靠自身能力达不到的超常目标，即这种目标要高于企业运用自身资源可以达到的限度，因而企业自发的要求突破自身的组织界限，与其他对此目标有共识的企业实现全方位的战略联盟，共建虚拟企业。

拟实制造也称为拟实产品开发。它综合运用建模、仿真、虚拟现实等技术，提供可视交互环境，对从产品概念产生、设计到制造全过程进行模拟实现，以期在真实制造前，预估产品的功能及可制造性，获得产品的实现方法，从而大大缩短产品上市时间，降低开发、制造成本。其组织方式是由从事产品设计、分析、仿真、制造和支持等方面的人员组成“虚拟”产品设计小组，通过网络合作并行工作；其应用过程是用数字形式“虚拟”地创造产品，即完全在计算机上建立产品数字模型，并在计算机上对这一模型产生的形式、配合和功能进行评审、修改，这样只需制作一次最终的实物原型，就可使新产品开发一次获得成功。

3. 敏捷制造的特点

(1) 敏捷制造的着眼点是快速响应市场的需求

未来产品市场总的发展趋势是多元化和个人化，传统的大批量生产方式已不能满足瞬息万变的市场需求。目前制造业已呈现从规模经济向品种经济发展的趋势。敏捷制造思想的出发点是在对产品和市场进行综合分析时，首先考虑的问题是：用户是谁？用户的需求是什么？企业对市场做出快速响应是否值得？如果企业做出快速响应，能否获利？

由此可见敏捷制造的着眼点在于快速响应市场需求，使产品设计、开发、生产等各项工作并行进行，迅速设计和制造高质量的新产品，以满足用户不断提高的要求。

(2) 敏捷制造要求企业不断提高自身能力，全面、协调地集成技术、管理和人员

企业要在激烈的市场竞争中生存和发展，必须具有敏捷性，即能够适时抓住各种机遇，把握各种变化的挑战，以及不断通过技术创新来领导市场潮流。企业实施敏捷制造必须不断提高自身能力，实现对技术、管理和人员全面、协调的集成。企业的敏捷性体现在以下几个方面：企业的应变能力、先进制造技术、企业信息网、信息技术。

其中最关键的因素是企业应变能力，敏捷企业在纷繁复杂的商务环境中能够以最快的速度，最好的质量和最低的成本迅速、灵活地响应市场、用户需求，从而赢得竞争。

(3) 敏捷制造强调"竞争—合作(协同)"，采用灵活多变的动态组织结构

瞬息万变的竞争环境要求企业做出快速反应，为了赢得竞争优势，必须改变过去以固定专业部门为基础的静态不变的组织结构，以最快的速度从企业内部某些部门和企业外部不同公司中选出设计、制造该产品的优势部分，组成一个单一的经营实体。在这种竞争—合作(协同)的前提下，企业需要考虑的问题包括：有哪些企业能成为合作伙伴？怎样选择合作伙伴？选择一家还是多家合作伙伴？采取何种合作方式？合作伙伴是否愿意共享数据和信息？合作伙伴是否愿意持续不断地改进？这个单一的经营实体在完成所承接的产品或项目后即行解体，实体的参与人员立即各自转入其他项目。

4.4.4　网络经济中的其他生产方式

网络经济下新的概念层出不穷，有时候也出现不同的概念所论述说明的是同一事物。网络经济下的生产方式，除了以上基本的准时生产、精益生产、敏捷制造外，国内外还有学者提出诸如可定制企业、个性化制造等生产方式。但从本质上看这些也都还是指在以客户为中心的前提下，应对变化的市场需求而进行的网络下的生产和服务形式，内涵与精益生产、敏捷制造的虚拟企业等方式是一致的。

4.5　网络经济的生产（商务）流程

网络经济的生产方式，形成了网络经济特有的生产流程，其制造业流程的典型代表就是Dell 的直接生产流程模式。

网络经济的一般性生产(商务)流程如下(图 4－2)：

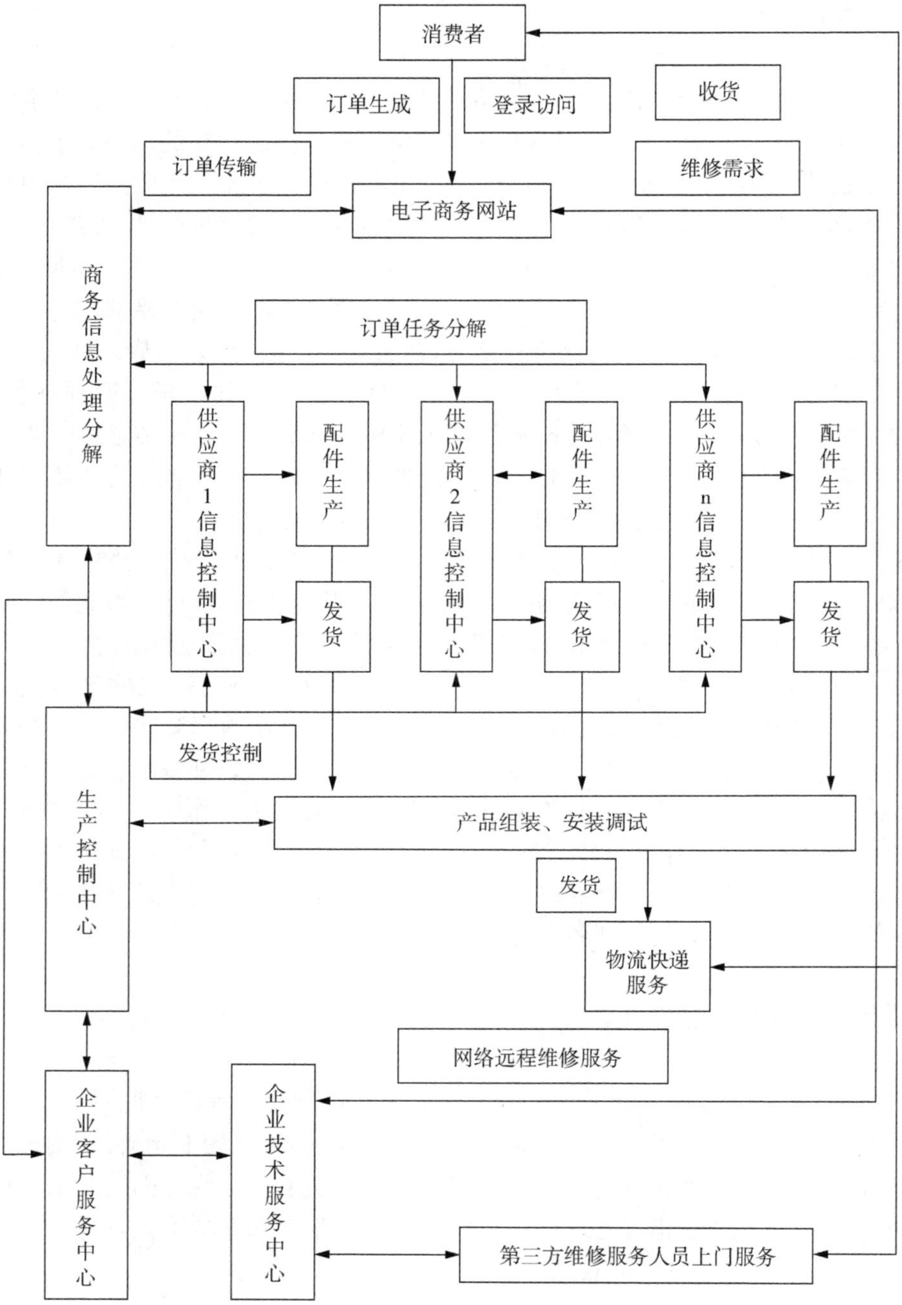

图 4-2　网络经济的一般性生产(商务)流程

(1) 消费者登录企业网站,获取和了解商品信息,接受企业客服中心的售前服务。

(2) 消费者选择购买商品,生成订单。

(3) 订单信息的不同内容分别传送到企业信息中心和客户服务中心。

(4) 客户服务中心收到订单信息后,随时通过网站、社区、电话等网络手段与客户保持联系,并提供相应的售中服务。

(5) 在信息中心,订单的产品信息被转换为生产任务信息,生产任务被分解,并分别被传送到不同的供应商。

(6) 供应商收到订单任务后，进行配件的组织和生产，并由物流配送至生产企业。

(7) 企业在收到配件后，进行产品组装和生产调试，完成产品生产。

(8) 商品经由物流服务配送至消费者手中。

(9) 消费者在商品消费使用中产生的问题，由消费者通过企业网站反馈。

(10) 消费者问题及服务需求信息经网站传送至企业客户服务中心。

(11) 客户服务中心根据问题分类解决。一般问题直接为客户解决，技术问题转由技术服务中心解决，并将相应的问题传送至相应部门。

(12) 技术服务中心收到客户问题后，可以通过网站、远程等手段为客户解决。必要时，可由专业技术人员上门服务。

4.6　网络经济中信息商品的生产特性

4.6.1　信息商品及其特性

在物质商品生产领域，产品生产与商品生产几乎是同义语，由于市场经济的高度发展，生产的社会化程度极大的提高，几乎所有的生产都是为交换而进行的，“即便存在着为自身消费而进行的生产，但由于交换关系的广泛存在性，产品生产也打上了商品生产的烙印”。然而，在信息生产领域，不论信息的社会化程度有多高，信息生产总是分成产品生产和商品生产两部分，即同时存在着信息产品生产和信息商品生产，那些用于满足社会信息需求的公益性信息产品和用于自身消费的信息产品只能以产品的形式存在而不能成为信息商品。

信息商品的生产与物质商品的生产有很大的不同，在信息商品的生产过程中，人们注入了很多的脑力劳动，将生产对象(信息资源)经过思维活动而整理、加工并创造出新的信息——信息商品。因此，信息商品的生产就是指信息产品生产者根据不同的目的和要求，按照一定的程序和方法，进行信息采集、整理、分析研究，形成并物化信息成果的活动(图 4－3)。信息商品的生产过程有时也与信息传递过程紧密相关，甚至信息的传播过程也被纳入信息生产的过程中，作为生产过程的一个不可分割的组成部分，正因为信息商品的生产过程有其不同于物质商品生产的特性，故有必要从商品生产特性和商品经济特性两方面对信息商品的特性加以探讨。

图 4－3　信息商品生产过程

4.6.2 信息商品的生产特性

虽然不同类型、不同层次的信息商品生产都可抽象为一种信息变换过程，但它们在生产目的、生产环节、生产性质等方面都有不同于物质商品生产的特点。

1. 信息商品的生产具有明显的阶段性

由信息商品的生产过程可知：任何类型、任何层次的信息商品要进入流通和消费领域，其生产过程必然包含两个必不可少的阶段，即信息商品本身(指信息商品的信息内容)的生产阶段和信息商品内容的物化复制阶段。第一阶段信息商品本身的生产具有非物质性，是智力劳动过程，包括信息商品构思、信息搜集、信息整理加工和信息分析研究等环节，属知识生产；第二阶段的物化复制就具有了明显的物质商品生产的特征。例如，科学论文的撰写过程、软件的编写过程等属于信息内容生产，其成果是信息产品。而印刷、复制过程则具有完全不同的性质和意义，属于物质生产，其产品已包含着物质生产过程的种种特征，复制这些产品时，物品本身的自然属性已经具有了重要意义。例如，书籍的纸张和印刷质量、光盘磁碟及其刻录质量等。因此信息商品的生产也有广义和狭义之分，狭义的信息商品生产仅指信息的采集、整理和分析研究等环节——第一阶段信息商品本身的生产，而广义的信息商品生产包括了从生产的动因产生到信息商品复制的所有环节。

2. 信息商品的生产具有知识创造性

信息商品的生产是对未经加工的信息资源进行加工，或对已加工的信息资源、信息产品进行再加工而形成的信息商品，因此信息商品是以信息为原料并在加工过程中注入了人类的创造性脑力劳动，是以信息劳动为主而形成的产品，其主要成分是信息。由于人类的劳动具有目的性，在信息商品的生产中，人类的劳动主要是有目的的知识输出，可以说信息商品的生产是一种智力劳动或知识劳动。由于知识输出并非原有知识简单累加后的输出，而是经过人脑的创造性思维形成新的知识之后才输出并注入信息商品的，因此说信息商品的生产具有知识创造性，此外信息商品也只有作为创新产品才具有现实价值。

3. 信息商品的生产具有很大的或然性

信息商品尤其是一次信息商品的生产具有很大的或然性，信息商品的生产融入了人类丰富复杂的脑力劳动，人们的一个想法、一个设计在投入实施进行信息商品生产时，其结果是无法预知的，投入与结果之间并没有绝对的必然联系，也许你投入了大量的资金和劳动，最终却一无所获，也许会获得意想不到的结果。这对于科学研究、技术发明来说显得尤为突出。因此人类的这种创造性劳动的成果是不可预知的。即信息商品的生产具有或然性、不确定性。对于二次信息商品和三次信息商品，因为是对一次信息的整序、综合和精练，是对已知信息的再创造，是以一次信息商品为基础进行生产的，相对于一次信息商品生产来说，其或然性要小得多，但仍具有想当大的不确定性。而物质商品的生产则不一样，只要各种生产要素具备，物质商品就一定能生产出来，在投入与产品之间有着必然的联系。

4. 信息商品的生产具有非重复性

在一般情况下，物质商品的生产具有重复性(从某种意义上来说，是信息商品生产的第二阶段，第一阶段为物质商品的设计开发阶段，属于信息内容生产)，如果某一商品投产后，就可按一定标准进行重复生产，直到出现更新换代产品为止。而信息商品的生产则具有非重复性，信息商品如科技成果、发明专利等，一旦生产出来，并公布于众，就标志着该成果永远从发明和发现的领域被排除，在其寿命周期内，不需再生产就可以满足多次需要和使用。正因为如此，在实际工作中就应避免重复信息商品的生产，在进行信息商品生产之前应进行充分、全面的检索，如若是已有的信息商品就可以通过一定的途径直接加以应用，而不必再进行生产，以免造成重复生产，浪费资源。

信息商品生产的非重复性还表现为信息商品生产者之间知识结构、思维方式的不同，以及在不同时间、不同环境同一信息商品生产者也会有不同的思维结果，因此即使是在拥有相同信息资源和生产条件的情况下，不同信息商品生产者，也会生产出不同的信息商品，甚至是同一信息商品生产者，在不同的时期也会有不同的信息商品生产。

5. 信息商品的生产具有不可分割性

信息商品的生产具有不可分割性，这是由信息商品在使用中的不可分割性造成的。即信息商品在结构上是内在不可分割的和仅当整数时才有价值，如就生产某一药品（或食品）的配方而言，如果你仅获得了配方的一半，甚至是绝大部分，即便是仅差一种成分，这也没有任何直接使用价值。再如对一应用软件，若仅有部分编程或仅缺少了关键部分的编程，这也是没有任何直接使用价值的。因此信息商品在生产时就必须生产出一套完整的信息商品，否则对于消费者和用户来说就没有任何价值。有时信息商品在交换中是可分的，某一信息商品的一部分也具有市场价值（具有不完全使用价值），然而即便如此也只有将全部信息商品集合都付诸应用，其使用价值才能发挥或得到最佳发挥。例如，对于一个多媒体系统来说，多媒体产品（如 DVD、CD、VCD 等）是进行多媒体欣赏和应用的基础，而多媒体播放软件则是一种必不可少的“驱动力”，没有多媒体播放软件，最完善的多媒体产品也是一堆“死”商品，是没有直接的使用价值的。但在实际的市场交换中，多媒体商品和多媒体播放软件往往又分属于不同的生产厂家，它们从各自不同的生产厂家出发，经各自不同的流通渠道传递到信息市场并进行交易，因而具有各自不同的分市场价值。但就多媒体系统而言，只有当它们汇聚于某一使用者手中并以完整的信息集合形式应用时，其使用价值才能得到最直接的发挥。

参考文献

[1] 覃征，汪应洛，张磊.网络企业管理. 西安：西安交通大学出版社，2001.

[2] 王健伟，张乃侠. 网络经济学. 北京：高等教育出版社，2004.

[3] [美]萨尔坦，科马里. 信息时代的经济学. 姚坤，何卫红，译. 南京：江苏人民出版社，2000.

[4] 陈友龙. 网络经济. 经济管理出版社.2001.

[5] 赵春雨. 网络经济与企业组织. 商场现代化，2005(11).

[6] 曹高辉，王鑫鑫. 网络经济下的企业组织结构变革. 改革与发展，2004(4).

[7] 黄宗捷. 论网络生产的特征. 成都信息工程学院学报，2002(4).

第 5 章　网络经济的市场与竞争

5.1　网络经济下的市场与资源配置效率

5.1.1　网络经济下的市场

5.1.1.1　传统经济下的市场及市场均衡

1. 传统经济下的市场

微观经济学的创始人亚当·斯密，在《国富论》中考察了如何确定单个价格以及土地、劳动与资本的定价问题，并研究了市场机制的优点和缺点，指出了市场的效率特征，且看出经济利益来源于个人的自利行为，认为经济学的这一分支——微观经济学主要研究市场、企业、家庭等单个实体的行为，所有这一切在今天仍有重要的意义。

在美国和大多数民主国家中，多数经济问题是由市场来解决的。因此，它们的经济制度称为市场经济。市场经济(market economics)是一种主要由个人和私人企业决定生产和消费的经济制度。价格、市场、盈亏、刺激与奖励的一整套系统解决了生产什么、如何生产和为谁生产的问题。企业采用成本最低的生产技术(如何生产)，生产那些利润最高的商品(生产什么)，消费则取决于个人如何决策去花费他们的收入(为谁生产)，这些收入包括来自劳动的工资收入和来自财产所有权的财产收入。

萨缪尔森在《经济学》中的观点①：市场经济是一部复杂而精良的机器，它通过价格和市场体系对个人和企业的各种经济活动进行协调。它也是一部传递信息的机器，能将成千上万的各不相同的个人的知识和活动汇集在一起。在没有集中的智慧或计算的情况下，它解决了一些连当今最快的超级计算机也无能为力的涉及亿万个未知变量或相关关系的生产和分配等问题，并没有人去刻意地加以管理，但是市场却一直相当成功地运行着。在市场经济中，没有一个单独的个人或组织专门负责生产、消费、分配和定价等问题。市场如何决定价格、工资及产出？最初，市场是买者与卖者面对面地进行交易的实实在在的场所。农民将他们的产品拿到集市上或城镇里出售，在那里，满眼都是黄油、乳酪、活鱼、蔬菜等大家十分熟悉的东西。今天的美国仍然有许多交易者汇聚的重要的市场。例如，小麦和玉米在芝加哥期货交易所交易，石油和白金在纽约商品交易所交易，而宝石则在纽约市的钻石区进行交易。

---

① 萨缪尔森，诺德豪斯.经济学(第 16 版)[M].萧琛，等译.北京：华夏出版社，2000.

市场(market)应该被理解为买者和卖者决定价格并交换物品或劳务的机制。从艺术到污染，几乎每一样东西都存在相应的市场。市场可以是集中的，如股票市场；也可以是分散的，如房地产或劳动力市场。它甚至可以是电子化的，例如许多资产或服务是通过电脑进行交易的。市场最关键特征是将买者和卖者汇集在一起，共同决定商品的价格和成交的数量。市场是买者和卖者相互作用并共同决定商品或劳务的价格和交易数量的机制。在市场体系中，每样东西都有价格(price)，即物品的货币价值。价格代表了消费者与厂商愿意交换各自商品的条件。比如，如果我同意以4 050美元的价格购买交易商的二手货“福特轿车”，这就表明该汽车对于我的价值高于4 050美元，而这一价格也高于交易商眼中该汽车的价值。这样，二手汽车市场就决定了二手福特车的价格，并通过自愿交易将汽车分配给那些对其具有最高价值的人。对于生产者和消费者来说，价格还是一种信号，如果消费者需要更多数量的某种物品，该物品的价格就会上升，从而向生产者传递出供给不足的信号。例如，每年夏天，由于许多家庭外出旅行，汽油的需求量会大幅度上升，从而价格也会上升。较高的价格一方面刺激石油公司增加产量，另一方面抑制旅行者延长行程的愿望。在市场中，价格协调着生产者和消费者的决策，较高的价格趋于抑制消费者购买并刺激生产；较低的价格鼓励消费者，同时也抑制生产。价格在市场机制中起着平衡的作用。

通常，我们把市场竞争程度的强弱作为微观经济学中划分市场类型的标准，而影响市场竞争程度的因素主要有市场上厂商的数目、厂商之间各自提供的产品的差别程度、单个厂商对市场价格的控制程度、厂商进入或退出一个行业的难易程度。根据以上四点，我们可以把市场划分为四种结构，即完全竞争、完全垄断、垄断竞争、寡头垄断。

(1) 完全竞争市场中存在众多的卖者和买者、同一行业中每一个厂商生产的产品是完全无差别的、不存在产业壁垒，厂商进入或退出一个产业是完全自由的、市场信息是充分的。该市场中价格完全由供给和需求来决定，价格竞争是十分激烈的，企业只是按边际成本定价，没有任何经济利润，可以说是一种理想的市场模型。

(2) 完全垄断市场中只有唯一一个厂商生产和销售产品，市场上没有任何相近的替代品，其他任何厂商进入该市场都极为困难和不可能，厂商在很大程度上能够控制价格(但经常受到管制)。

(3) 垄断竞争中卖者的数目很多，规模小，每个单独的卖者的行为对市场上的其他卖者不会产生很大影响。企业很容易从一个行业转移到另一个行业。但垄断竞争的结构又有垄断的特点。因为在这种结构中，一个企业的产品假定和另一个企业的很接近，但又不能完全代替，这意味着单个企业对价格有一定的控制力。

(4) 寡头垄断市场中卖者的数量很少，在一个市场中，卖者的数目到底少到多少才算是寡头垄断，也没有准确的限制。在这种市场结构中，每一个厂商的定产定价行为都会对整个市场的价格和产量产生影响，每个厂商的决策要依赖其他厂商的选择。寡头垄断企业销售的产品可以是同质的，也可以是有差异的。如果产品是同质的，这种市场就是纯寡头垄断，美国的钢铁行业就属于这种。如果产品是有差异的，就成为有差异的寡头垄断。关于进入条件，一种寡头垄断市场结构要想长期保持，就必须有某些因素能够阻止新的企业进入该行业。寡头垄断市场被认为是一种现实中较为普遍的市场结构。市场结构的比较分析见图5-1。

	市场结构的比较			
	完全竞争	垄断竞争	寡头垄断	完全垄断
企业目标	利润最大化			
最大化原则	MR＝MC			
是价格的接受者吗	是	部分是	部分是	否
需求曲线	水平线	向下倾斜，富有弹性	不同的竞争模式中各不相同	行业需求曲线
能生产福利最大化的产量?	能	不能	不能	不能
长期过程中能赚到经济利润?	不能	不能	不能	能
主要竞争手段	成本	价格产品差别化 产品质量广告与促销	谈判与协调	差别定价、双重定价、获取专利
主要决策变量	价格 成本	需求价格弹性 需求交叉价格弹性	竞争对手反映 规模经济性	潜在竞争者进入 规模经济性

图 5－1　各种市场结构的比较分析

2. 传统经济下的市场均衡

市场均衡代表了所有不同的买者和卖者之间的一种平衡。在每一时点，都有一些人正在购买，而另一些人正在出售；一些企业正在投资于新产品，而政府正在制定管制旧产品的法规：一些外国企业正在美国开设工厂，而美国的企业也正在将它们的产品销往海外。居民户和企业愿意购买或出售的数量取决于价格，市场找到了正好平衡买者和卖者的愿望的均衡价格。过高的价格意味着产量太多从而产品过剩；太低的价格会引起排队和导致短缺。在某一价格水平上，买者愿意购买的数量正好等于卖者愿意出售的数量，这一价格就形成了供给和需求的均衡。在让每一市场上的卖者和买者(供给和需求)相匹配的过程中，市场经济同时解决了生产什么、如何生产和为谁生产这三个问题。关于市场均衡的一些情形，可见以下分析：

(1) 生产什么商品和劳务取决于消费者的货币选票——并不是每两年或每四年到选举场所去投票，而是每天都在作购买决策。他们支付给企业收款机的货币最终构成了工资、租金和红利，这些名目再由消费者以劳工的身份收回，作为其所获得的收入。从厂商方面看，企业会受利润最大化愿望的驱使。利润，即净收益，等于总销售额和总成本之间的差额。根据市场信号，企业既会因为利润低而离开亏损的行业，也会受高利润的吸引转而生产需求较高的物品。一个熟悉的例子是好莱坞，如果一部电影获得了巨额利润——如有关恐龙或邪恶科学家的故事——那么，其他制片商就会争先恐后地加以效仿。

(2) 如何生产取决于不同生产者之间的竞争。为了对付价格竞争和取得最大利润，生产者的最佳方法便是采用效率最高的生产技术，以便成本降低到最低点。有时，技术改进是渐进的，往往只是改善机器性能或调整投入组合以获得成本优势。这在竞争市场仍非常重要，而另外一些时候，技术可能会发生巨大变革。比如，由于蒸汽机每单位有用功的成本更低，因而取代了马匹；又如，飞机取代火车成了效率最高的长途运输工具。我们正处于一个天翻地覆的技术转型时期。

(3) 为谁生产主要取决于生产要素市场上的供给与需求。要素市场决定了工资、地租、利息和利润的水平。这些价格被称为要素价格(factor prices)。一个人可能分别从工作、股票、存款、财产上获得工资、红利、利息和租金。把要素取得的所有收益加总在一起，我们可以计算出他的市场收入。因此，收入在居民户之间的分配取决于他们所拥有的要素的数量(人、时间、英亩等)和价格(工资率、地租等)。

但要注意，收入不仅体现辛苦劳动和节俭积蓄的报酬，高收入也可能来源于遗产继承、好运气、有利的位置和为市场所重视的技术。人们通常将低收入者描绘为懒虫，而在事实上，低收入的原因通常是由于教育水平低或者生活在就业机会少、工资低的地区。当我们看到某人失业时，我们也许会说："感谢供给和需求的恩惠，否则我也会失业。"

5.1.1.2 网络经济下的市场及市场均衡

网络经济平台上的市场是由一系列供应商和需求商在网络经济平台所构成的集合。实际上，界定市场的过程对企业而言就是界定其参与竞争的范围，并甄别出竞争对手的过程。依据 Besanko 的理论，判断网络经济平台上的产品是否紧密替代，至少包括以下三个条件：一个是具有同样的或类似的产品性能特征；另一个是具有同样的或类似的使用场合；还有就是均在互联网上出售。一般来说，网络经济中的市场结构是以竞争性垄断为主的，这种市场结构是网络外部性不断深入和影响市场竞争的结果，我们可以将它的特点概括为以下几个方面。

1. 市场中存在众多企业，具有较高的市场集中度

竞争性垄断市场中存在很多的企业，但这些企业的盈利能力和利润水平存在着相当的悬殊，表现出明显的两极分化；为数较少的企业掌握着大部分的市场份额，其盈利能力可能是位于其后几个企业的数倍，并且这种盈利差距随着市场规模的差距增大而递增。

易观国际发布的《2012 年中国第三方支付年度盘点》显示，2012 年中国第三方互联网支付的交易规模达到 3.8 万亿元人民币，同比 2011 年增长 76%。在中国第三方互联网支付企业中，2012 年支付宝、财付通、银联网上支付分别以 46.6%、20.9%和 11.9%的市场份额占据市场前三位。其后四家企业的市场份额分别为：快钱 6.2%，汇付天下占 6%，易宝支付占 3.5%，环迅支付占 3.2%。其余公司合计占比 1.7%。前七家企业的市场份额占 98%以上。这意味着，第三方支付行业诞生十余年来，虽然交易规模日益庞大，市场集中度依然非常高(图 5-2)。

这种市场份额和利润空间的巨大差异被认为是市场在网络外部性作用的均衡结果，引发了正反馈的竞争效应，使强者愈强而弱者愈弱，从而导致了产业市场的高集中度。

2. 具有基于同一标准平台上的产品差异化

差异化战略又称别具一格战略，是指为使企业产品、服务、企业形象等与竞争对手有明显的区别，以获得竞争优势而采取的战略。这种战略的重点是创造被全行业和顾客都视为是独特的产品和服务。差异化战略的方法多种多样，如产品的差异化、服务差异化和形象差异化等。实现差异化战略，可以培养用户对品牌的忠诚。因此，差异化战略是使企业获得高于同行业平均水平利润的一种有效的竞争战略。其主要包括横向差异化和纵向差异化两种战略。

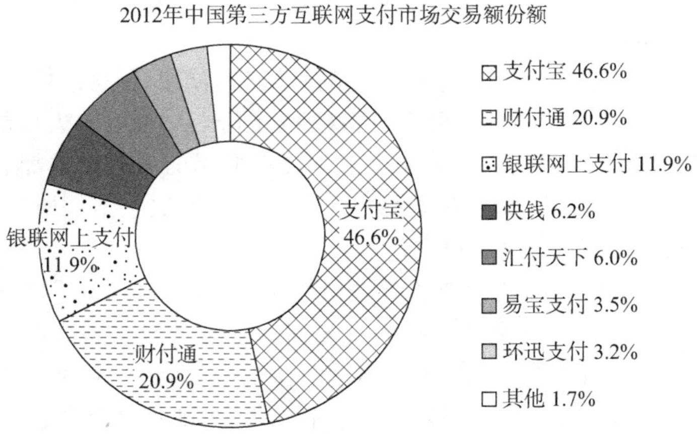

图 5－2　2012 年中国第三方互联网支付企业市场份额

从横向的技术竞争来看，网络经济竞争中的兼容效应使得在互补产品之间、同一技术系统内的关联技术、并行技术之间，只有通过统一的产业技术标准才能实现互联互通和系统兼容；从纵向的技术发展来看，由于网络经济的竞争中存在标准化效应，因此任何新产品的开发研制必须以技术演进过程中已产生的沉淀性技术为基础，并由此发展形成了产业技术标准，使产品创新在标准平台上开展，从而有效地减少产品创新的不确定性。可见，竞争性垄断市场中的产品差异性由于标准化而被减弱，伴随着产品主流化的趋势，不仅会导致企业分布两极分化的市场结构特征，也会在一定程度上加剧同质竞争，削弱产业盈利潜力。

3. 市场中存在进入壁垒

在竞争性垄断市场中也存在着进入壁垒，但进入壁垒被进一步分化为“入门壁垒”和“立足壁垒”。“入门壁垒”是一个企业进入行业所面临的资金、技术等障碍，是传统意义上的进入障碍，网络资本的兴起和网络经济中的知识外溢效应等会使得竞争性垄断市场中的“入门壁垒”大大降低；但是由于网络经济竞争中的安装基础效应和锁定效应的存在，使“立足壁垒”呈现出来并变得显著。“立足壁垒”表现为如企业享受外部性收益、利用网络效应促进企业成长所需的一种需方规模壁垒等等。如果“立足壁垒”较高的话，就会使一些潜在竞争者不断进入，结果形成这样一种新企业不断涌现，原有企业不断被淘汰的市场格局。纳斯达克市场上不断有大量新企业上市，同时也不断有大量企业下市的现象，就是“立足壁垒”较高所产生结果的印证。

4. 市场中的垄断是技术主导的垄断形态

从垄断发展的历史阶段来看，垄断市场结构始于规模垄断形式，然而随着知识和技术在竞争中地位的增强，技术垄断形态相应占据了支配地位，并在网络经济中突出表现为技术主导的垄断形态。在这一新型的市场结构中，由于标准化的企业能用标准阻碍潜在竞争者进入市场，能通过控制和标准的兼容而限制竞争，还能用标准来锁定用户市场。在网络经济中，技术壁垒在一定程度上还有效地保护和激励了创新。技术壁垒同时也影响规模壁垒的形成。一些技术或标准将直接导致低成本的规模优势，而另一些技术和标准则会通过企业的“干中学”降低学习曲线来形成规模壁垒。因而，在技术主导的竞争性垄断市场中，既存在技术壁垒又存在规模壁垒。技术壁垒是主导，规模壁垒是基础，两者将相互促进。

5. 市场中的垄断具有竞争性

竞争性垄断市场中的垄断具有竞争性，主要表现在以下三个方面：首先，垄断地位在一定程度上是不稳定的，这和技术壁垒先天所具有的脆弱性一脉相承。虽然技术壁垒具有高壁垒的一面，但技术创新将使技术壁垒变得十分脆弱。因为没有什么技术和标准是一成不变的，技术和变革将使垄断地位不复存在；其次，垄断地位的形成过程是一个激烈竞争的过程，竞争使价格甚至定在了边际成本以下。同时竞争在网络经济中是全方位的，而且更多地表现为一种市场选择的过程，这和传统垄断与由政府管制和企业行为造成的垄断有所区别；再次，竞争性的垄断反而会增强竞争。因为"垄断是在竞争的基础上产生的，但在竞争中成长起来的垄断并没有消除竞争，垄断结构改变的只是竞争的形式，而不是竞争本身，恰恰相反，如果放眼于更长的时间跨度和更广的时间范围，垄断结构反而使竞争更激烈"。

另外，随着信息技术的发展和网络的出现，网络经济下市场的试错过程也发生了改变。首先，试错过程中的博弈主体，由原来的"多对多"发展为"多对一"的格局，即由多个卖主对多个买主发展为多个卖主对一个买主的博弈格局。这主要是由于在网络经济中，网络提供了一种竞标交易的技术；消费者可以在网上公布自己的需求，然后由卖主竞价来达成交易。这样一来，一位顾客的需求可能成为总需求，就有可能获得均衡价格与均衡产量的信息。其次，网络减少了市场试错的次数，提高了试错过程的效率。互联网不仅提供了大量可由供需双方共享的信息，更重要的是提供了交易双方进行快速博弈的平台。这必然减少了市场试错的次数，提高了市场对资源配置的效率。最后，网络节约了试错成本，提高资源的配置效率。通过网络聚集的买主能够形成虚拟群体，以集体竞价的形式与卖主谈判，使卖方可能获取更多的消费者声誉，在很大程度上节约了交易费用和试错成本，并使市场所追求的帕累托效率更加符合社会的道德评判。同时，网络经济的资源配置效率得到了提高。网络经济中仍以真实市场为基础，市场力量决定网络经济中的资源配置，网络经济的市场权力由卖方转向了买方，资源配置的特点也由于网络的存在而发生了变化。

5.1.2 网络经济下的资源配置

传统的资源配置理论把计划和市场作为实现资源配置的两种手段，市场在其中起到基础性的作用，这种基础性配置是市场通过对生产和流通的调节作用来实现对资源的配置，市场价格显示产品的稀缺程度，反映市场的供求状况。当市场价格发生变化时，市场经济主体必然会做出灵敏反应，调整自己的生产决策以尽快适应需求，也即企业要接受市场的调节，进行自主的决策。经过了这样一个过程，生产要素的组合发生了变化，资源的利用方式也发生了变化，市场实现了对资源的一次重新配置。当然，有学者认为市场通过试错方式来寻求市场上供给与需求的平衡以及资源的最优配置，因为只有通过市场不断的试错才能找到市场供求的均衡点。

但是，在网络经济条件下，市场的这一试错过程发生了变化，网络改变了试错过程中的博弈主体，由原来的多个卖主对多个买主逐渐转变为多个卖主对一个买主这样一种局面。因为广大消费者可以通过网络公布自己的需求，然后由卖主竞价以达成交易，这样就使得一位消费者的需求可能成为总需求的局面。另外，网络也会对试错过程的效率产生影响。网络在提供大量信息给供需双方的同时，也为双方提供了一个快速交易的平台，这样一来必然会减少试错的次数,提高市场对资源配置的效率。

总之,与传统经济相比,网络经济的资源配置效率得到了很大的提高,也呈现出以下几个方面的特点:

(1)“资源”内涵的扩大化。在网络经济中,信息和网络成为网络经济中的核心资源,对整个国民经济增长起着关键作用。信息革命能够实现信息资源对传统资源的置换,劳动者通过对信息资源的学习与掌握,更好地利用智能化的生产资料,创造出更多的价值。因而网络经济中最重要资源是信息(包括知识),其他物质资源在网络经济中则被虚拟化、数字化和符号化,成为电子信息在网络平台上参与市场配置。可以说,网络经济资源配置的核心问题是信息资源的配置和被数字化的实物资源的配置,实现了资源内涵的扩大化。

(2)市场配置功能的分化。在网络经济中,虽然我们可以从网络上阅读并且下载各种信息,但对于各种有形的物质生活资料往往是束手无策。因此可以说,网络经济的发展离不开高度发达的市场经济。只有当互联网络知识足够普及、网络经济足够发达时,我们才可以认为网络是平行于真实市场的一个虚拟市场,或者说它是真实市场的一个信息平台。网络市场这个虚拟市场的高效运行正是得益于它与真实市场的分工,即网络市场处理信息流,提供交易磋商的平台,而真实市场处理物质流,提供生产配送和消费的过程。两者的分工与协作,我们可以通过网上交易来分析,见图5-3。因而在网络经济中,市场对资源配置的过程被分成了两个相互联系的步骤:一方面在虚拟化、数字化的网络市场中,通过网络平台完成对信息资源的配置。买方通过互联网搜索所需的产品信息,卖方通过互联网找到潜在客户和市场。经过交易磋商后,双方可以在网络环境条件下签订合同,支付定金,并且借助互联网手段进行订单查询和售后沟通。当然,卖方还可以用互联网提供在线的售后服务支持。在真实化、实物化的真实区域市场中所进行的是对物质资源的市场化配置;另一方面在真实市场中,生产者根据网上的订单进行生产和配送,并通过互联网指导商品消费、提供服务支持。实际上,在网络交易中,真实区域市场的作用就是执行由网络市场所形成的资源配置要求,完成价值创造、价值转移、价值支付和资源配置。

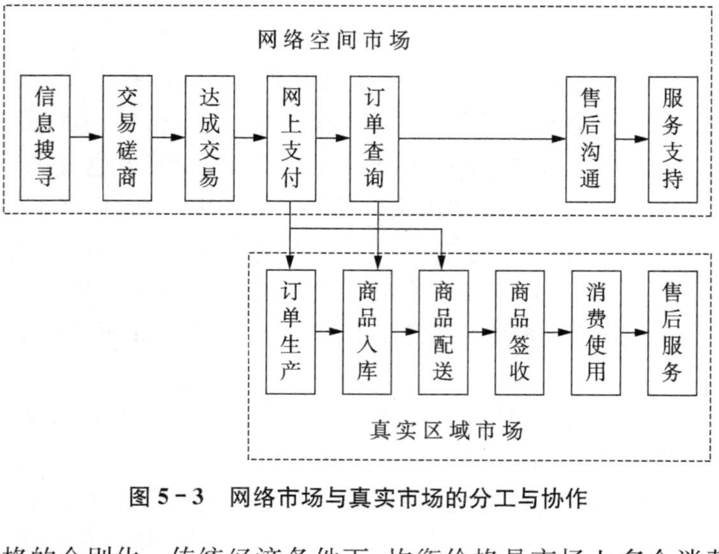

图5-3 网络市场与真实市场的分工与协作

(3)均衡价格的个别化。传统经济条件下,均衡价格是市场上多个消费者与多个企业进行多方博弈的结果。随着消费个性化的发展，原有的同类产品市场会由于这种个性化的需求而分化为小规模的消费群体，企业所提供的产品和服务也必须个性化和差异化，这种差异化在网络经济时代表现得尤为突出。网络经济条件下，消费者可以公布自己的需求，并可先喊价，然后由多个卖者来竞标，通过这样一种拍卖机制来满足这种个性化。这样一来，同一产品市场可能由于这种消费的个性化分化为由单个消费者形成的、众多的小市场，其市场均衡价格必然个别化，一个消费者、一种商品就是一个市场，而一次交易价格也就是一种均衡价格。同时，网络经济还为均衡价格在市场上的"事先达成"①提供了可能。

(4) 资源配置效率的次优化。帕累托最优是资源配置所追求的效率目标，但是帕累托效率在网络经济中的适用性值得考虑。因为与商品消费不同的是，一方面个人对信息消费的边际效益是递增的，当一个人拥有的信息越多，每增加一条信息对这个人的效用就越大；另一方面信息消费具有非独占性，消费和使用信息并不会对信息产生消耗，因而同一信息资源可以被无数多的个体共享。因此，网络经济在任何时候都可能通过增加信息的共享，在其他人的效用水平至少不下降的情况下，使任何别人的效用水平有所提高。所以从某种意义讲，网络经济是难以实现帕累托最优的。网络经济的外部性就意味着网络经济的经济规模和企业效率的平衡点出现无边界倾向，资源配置在网络经济中不存在最优配置的解，而只能寻求一种次优解。

(5) 市场失灵的加剧化。"市场失灵"这个问题在网络经济中也是存在的，其突出表现在三个方面：一个是网络经济中的外部效应。信息资源的可重复利用以及生产的无竞争性，使得信息产品具有了准公共产品的性质，也使得信息产品消费带有外部性。比如，作为一种信息产品的软件产品，盗版和正版常常同时存在于同一市场上，盗版软件的使用者往往会得到与其付出的成本不相匹配的效用和收益，这就会挫伤软件市场上生产者的积极性，缺乏激励，生产者往往会减少供给，造成市场供给小于有效供给，甚至会出现类似于"劣币驱逐良币"的现象；另一个是完全竞争的缺乏。网络经济市场上对完全竞争的偏离要远远高于传统经济，在网络经济中，技术成为市场竞争中的主导，拥有了新技术就具有了更强的竞争优势，而主导技术和标准的形成必然导致一定程度的垄断，进而引起市场竞争的更为不充分；还有一个表现就是全球化市场的形成可能会加重网络经济中的"市场失灵"问题。一方面要求政府要加强对经济的干预，另一方面网络市场又是一个全球化的市场，各国政府作为管理主体分别进行管理，必然会造成效率的低下，这也是网络经济中存在的一个问题。

总之，网络经济是一种崭新的经济形态，它在提高了市场资源配置效率的同时也带来了许多问题。因而，对网络经济的研究需要新的经济学理论来引导，要以对待新事物的眼光去研究网络经济，重新构建网络经济的经济学。

---

① 所谓事先达成是针对传统经济下均衡价格的形成而言的。传统经济下，均衡价格是内生变量，它是在多次商品交换之后形成的。而网络经济下，一个消费者、一种产品就是一个市场，均衡价格可能在一次商品交换之前就已经形成.

5.2 网络经济的产品供求分析

5.2.1 网络经济的产品供给分析

网络产品具有特殊的成本结构，即高固定成本，低边际成本。当开发某一项网络产品的时候，会投入大量的研发成本、宣传成本，这些都属于沉没成本。譬如说某公司开发一个软件，会投入相应的研发人员，进行一定时期的开发工作，开发完成后，还要进行测试，测试完后进入市场，为了形成临界容量需投入一定的市场开发成本。这些成本，均属于企业的固定成本。但是一旦软件成功进入市场之后，生产一个新的产品，即复制一份软件的成本接近于0。所以，网络产品的生产，没有传统经济下资源有限的限制，可以大规模、低边际成本地供给产品。

5.2.2 网络经济的产品需求分析

网络产品具有较强的网络外部性，即随着消费某一产品人数的增多，该产品的价值越大，越能吸引更多的消费者来消费这个产品，产品价值越来越大，从而形成一个良性循环。所以消费者对某一网络产品的需求取决于消费该网络产品的消费者的数量。譬如说腾讯QQ，如果一个消费者进入即时通信市场，他会选择使用QQ，还是选择使用MSN？答案肯定是QQ，因为QQ的价值大于MSN，即时通信软件产品的价值取决于使用该通信产品的消费者的数量，消费者越多，价值越大，使用QQ的消费者大于使用MSN的消费者，如果新进入者，会考虑在QQ上能够寻找到更多的好友，来进行会话交流。

5.3 网络经济的垄断

5.3.1 网络经济的垄断特点

在网络经济下，由于技术创新、产品的特性、网络的外部性等原因，使垄断在形成过程中表现出与传统经济不同的特征。这里我们借鉴苗小玲的分析，说明网络经济下垄断框架的特点①(图5-4)。

(1) 技术创新　网络经济条件下，创新既是形成和维持垄断的根本，又是击破垄断的要诀。由于网络经济下主要的生产要素不再是劳动资本，而是知识、信息，产品也不再是物质产品，而是知识、信息等非物质化的产品。因此，只有通过不断的创新，才能实现有效

---

① 苗小玲.对网络经济下垄断的解析[J].经济师，2002年第10期.

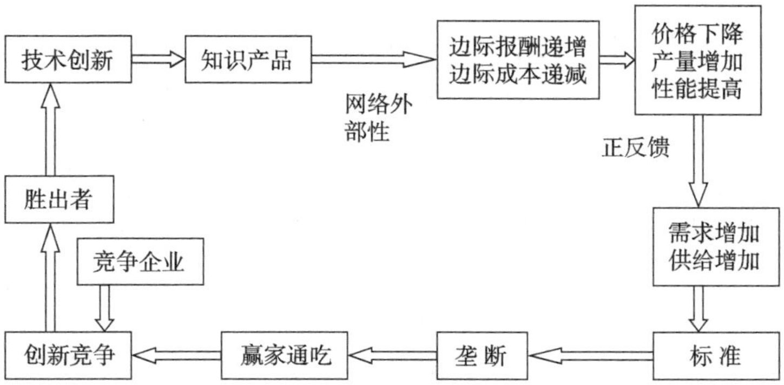

图 5-4 一个垄断框架

的投入产出，才能更容易地实现成本优势，迅速占领市场，最终占据垄断地位。创新经济学家莫尔顿·卡曼和南赛·施瓦茨的创新与市场结构理论揭示了垄断竞争和创新之间的关系。他们指出，技术创新可以分为两类，一类是垄断前景推动的技术创新，一类是竞争前景推动的技术创新。前者是指一个企业由于预计自己所进行的创新能够获得垄断利润而采取的创新。也就是说，一个企业要想拥有垄断地位，必须积极地推动创新；后者是指一个企业由于担心自己目前的产品可能在竞争对手的创新之下丧失利润，从而采取的创新。因此，一个垄断企业要想维持自己的垄断地位而不被竞争对手打破，也必须进行创新。网络经济下，企业用不断创新追求一定时期的经营垄断。企业把新思想、新技术转化为新产品去占领和扩大市场，最终达到攫取垄断利润的目的。但继起的创新又使持久的垄断永不可能出现。创新对垄断的这种正反作用，使得创新的频率不断加快，新的市场规模和市场容量不断出现。著名的摩尔定律（在前面的篇幅中有所论述）就揭示了创新的时效性。因此，企业只有不断地更新产品，不断缩短产品达到一定市场占有率的时间，才不会让竞争对手赶上或超过自己。比如：Yahoo! 杨致远（当初一位二十多岁的中国台湾移民）在美国斯坦福大学攻读博士研究生时，与同窗 DAVID FILO（29 岁的美国青年）合作，为方便上网查找资料，编出一个专门用于整理 Internet 上各个节点资料的程序，并于 1994 年 4 月正式在互联网上推出，很快 YAHOO! 便成为网民首选的查询工具。1995 年 4 月 12 日，YAHOO! 正式在华尔街上市，上市第一天的股票上涨 154%，总价达到 5 亿美元，发展到 2010 年 10 月，Yahoo! 的市值为 205.6 亿美元左右。正如有的学者所说，“如果你是某家数字公司，你知道摧毁你的将是一家你闻所未闻的公司，这使你不可避免地处于压力之下”。所以，在网络经济中，企业必须不断进行技术创新，即使处于垄断地位，也要创造性地毁灭自己，否则就会遭到被别人创造性毁灭的命运。

(2) 知识产品　在传统经济条件下，由于土地、劳动力、资本等主要的资源是稀缺的、有限的，所以生产中总是会有成本约束，如果没有不断的技术进步，报酬将呈现出递减趋势。而在网络经济条件下，主要的资源是知识、信息，产品也主要是知识型或信息型产品（框架中我们用知识产品表示）。它们都有共同的特性，就是可重复性和共享性。因此，作为一种特殊的资源，这些产品有着无限的发展空间，只要有需求，就可以不断地投入。知识、信息产品的前期投入诸如巨额的研发费用、设备的购置费等非常大，但随着产量增加，追加的可投入如人工、原材料很少，也没有生产能力的限制，所以知识产品就具有了高固定成本、低边际成本和边际报酬递增的特点。

(3) 报酬递增　亚当·斯密在分工理论中指出,技术进步以分工加速知识累积的方式,成为报酬递增的一个重要源泉。更直接地,技术进步是报酬递增的源泉。马歇尔在其经典之作《经济学原理》中指出,外部经济的自然增长是报酬递增的唯一源泉。而新增长理论的代表人物罗默则把这一外部经济强调为知识的外部效应或知识的外溢性。后来的经济学家阿瑟也认为协同效应(网络的外部性)、学习效应等是产生报酬递增的重要原因。所以在网络经济中,技术竞争日趋激烈,技术创新不断加快,表现为知识、信息的主要生产要素和产品的外部性更加显著,促使报酬递增现象更为凸现。

(4) 网络正外部性　网络具有正的外部性,即某个网络的参与者越多,这个网络的价值就越高,或者说,每个参与者从网络中获得的收益就越多。用梅特卡夫法则描述为网络的价值等于网络节点数的平方。在极端的情况下,网络外部性可以导致赢家通吃市场。产生网络外部性的关键原因是网络成分之间的互补性。互补性概念对网络经济现象的分析极其重要。在网络经济条件下,信息和基础设施(即软件和硬件)之间的互补性、消费者之间的互补性、消费者和供给者之间的互补性,其本质都表现为知识的互补性。互补性的存在,才使网络具有了正的外部性。

(5) 价格问题　网络经济中,知识、信息产品随着产量的不断增加、性能的不断提高,价格却快速下降。据美国商务部报告,由于产品独特的成本结构和激烈的竞争,造成信息技术产业价格逐年下降。这是因为此时的价格不再由传统的边际利润等于边际成本决定,价格的均衡状态不再实现,而是处于非均衡状态。这一方面是由于知识、信息产品高固定成本、低边际成本的成本结构,使得企业在拥有一定市场份额的情况下,即使很低的价格也能获得很高的利润;另一方面,竞争企业只有通过低价,才有可能扩大市场份额,通过网络外部性,实现自身的垄断地位。而对于垄断企业,相对而言垄断是暂时的,激烈的竞争压力会促使该垄断企业通过低价来有效抵制现实的和潜在的竞争对手,并借机进行新的创新,以巩固自己的垄断地位。

(6) 正反馈　产量增加、价格下降,使企业的市场份额不断扩大。由于边际报酬递增和网络的正外部性,供给和需求之间就会出现正反馈。需求增加,降低了成本,增加了报酬,从而导致产品价格的下降,进而创造出更多的需求。这种需求和供给互为因果的正反馈机制使得企业的供给量不断增加,市场势力不断增强,出现强者愈强,弱者愈弱的马太效应。

(7) 标准　由于网络的外部性和正反馈机制,会使扩大的市场需求进一步扩大。当需求的产品达到了临界容量,产品就能占领市场成为标准。如 IBM 所确立的 PC 产业标准、微软确立的操作系统标准等。在网络经济时代,垄断表现为技术的垄断、标准的垄断。标准成为企业的核心竞争力。企业控制了产业标准,也就确立了自己在市场中的垄断地位,同时在很大程度上,掌握了产业发展的前奏与方向,使得后发者在竞争中处于一种动态性的不利地位。企业要想使自己的技术或产品成为事实上的标准,一方面要有技术上的优势,另一方面借助于技术创新,能够迅速占领市场,锁定消费者。科索马罗和塞尔比指出“成为标准提供者并非一件很容易的事情,还有两个不易应付的挑战。一个是在足够长时间内维持这一标准,以便在几代产品中利用这一优势;另一个是将这种支配力扩展到新的市场上去。”

（8）赢者通吃　网络经济中，企业在技术创新和网络外部性的作用下，会产生马太效应，导致市场上只有一个赢家，出现赢家通吃这种网络经济中特有的垄断形式。

5.3.2　网络经济的垄断效率

传统经济中，一方面独家厂商控制了生产某种商品的基本资源或全部资源的供给，通过这种对生产资源的独占来排除经济中其他厂商生产同种产品的可能，同时独家厂商也拥有生产某种商品的专利权，这种专利权也会使得该厂商可以在一定的时期内垄断某种产品的生产；另一方面政府往往在某些行业实行垄断的政策，如邮电部门、供水供电部门。当然，也不排除有的行业有这样的现象，即只有整个行业的产品都由一个企业来生产时才有可能达到一定的生产规模，因为它生产的规模效益需要在很大的产量范围和巨大的资本设备的生产水平上才能得到充分体现，而且只要发挥这一企业在这一生产规模上的生产能力，就可以满足整个市场对产品的需求。因此，在这样的行业内总会有某个厂商凭借着雄厚的资本实力和其他优势，最先达到这一生产规模，从而垄断了整个行业的生产和销售，出现自然垄断现象。处于垄断地位的企业，就不会再像完全竞争条件下的企业那样只是单纯的价格接受者，而会通过垄断势力操纵市场价格，控制产量，从而使得均衡产量较低，均衡价格较高，边际社会价值大于边际社会成本，资源不能得到有效配置，降低了市场效率，损害了竞争的公平性和消费者的利益。

而在网络经济下，企业垄断地位的获取是因为它垄断了知识、信息产品及其资源。一方面它可以通过技术创新、开发出新技术、新产品，并迅速占领市场，这是企业自身原因引起的；另一方面由于网络的正外部性、需求方的规模经济、知识的外溢性、互补性等原因，也会形成企业的垄断，这是从企业的外部原因分析的。网络经济下企业依赖的是知识、信息等非物质资源，这些资源本身又是可再生的，通过不断创新呈现出更高级的形式，从而降低了原有的知识信息资源的价值，这就决定了企业拥有这些资源的暂时性，也就决定了其垄断地位的暂时性。因此，网络经济下企业只有通过不断创新来追求一定时期的垄断。企业将新思想、新技术转化为新产品去占领和扩大市场，并建立和拥有公认的标准，以锁定广大用户群体，通过路径依赖赢得暂时的垄断地位和竞争优势，达到赢者通吃和攫取巨额垄断利润的目的。但继起的创新又使持久的垄断永不可能出现（这也包括垄断企业自身通过技术创新，打破自己原有产品的垄断，形成新产品的垄断）。

我们从垄断企业特有的行为入手，从企业对价格、产量的控制力，企业对市场势力的扩展行为来分析网络经济下垄断企业的行为及其效率。

1. 对价格、产量的控制力

传统西方经济学理论认为产品的价格由边际成本决定。而网络经济下信息产品的平均成本是递减的，边际成本趋向于零。只要信息产品价格大于零，并有很大的市场份额，厂商的收益就不会减少。所以，企业并不像传统经济下那样通过垄断高价获取垄断利润，而是通过低价和不断扩大的市场份额获取垄断利润。因此，由于厂商降低产量以抬高价格所导致的垄断的市场效率损失在网络经济下不存在。

2. 对市场势力的扩展行为

在网络经济下，企业扩展自己的市场支配力，会不断投资以扩大顾客基础。通过网络的外部性、需求方规模经济，对顾客产生“锁定”效应，以达到进一步巩固其垄断地位的目的。同时，通过技术创新努力使自己的产品确立为产业标准，利用标准引发正反馈，帮助新技术、新产品起飞，从而成为市场占有者。在定价方面，它们可能会将两种技术产品捆绑销售，利用一种已获取市场地位的产品捆绑另一种新产品销售，获取利润，并推出自己的新产品，避免了竞争对手类似新产品的竞争威胁。

这些行为是否排斥了竞争，影响了市场效率，不能一概而论，要做客观、全面的分析。首先，对于标准，很明显，它对于信息的有效流动和信息技术的推出是至关重要的。以个人计算机行业为例，在DOS操作系统推出之前，各家计算机公司的软盘均使用不同的格式，相互之间都不兼容，在一台计算机上存储的文件无法在另一台计算机上打开使用，从而给计算机用户带来很大的不便。微软公司推出了与英特尔处理芯片配合使用的操作系统，解决了兼容问题，并由此形成的个人计算机行业中的“Wintel”标准。它利用这种“先入者优势”，不仅开发出计算机技术的大规模市场，也为消费者提供了很大便利。并且信息技术领域的标准化往往要通过公司或厂商之间的协议来形成，通常会使一家或几家公司通过“先入者优势”取得市场垄断地位，甚至导致“赢者通吃”的结果。在网络经济下，这是企业竞争的一种常态。确立产业标准是企业取得竞争优势的关键，是技术发展、知识创新的内在要求，同时也增进了消费者的利益。其次，对于企业的捆绑定价，在网络经济中，判断是否构成垄断行为是比较困难的。两种技术产品的捆绑很难说是在进行技术升级或是一个完整的系统，还是两个真正独立的产品“捆”在一起。如果是前者，就是值得肯定的，因为这是技术创新的结果，也给消费者带来了便利。但如果是后者，就应该加以限制。因为这是一种利用已有市场势力排斥竞争的垄断行为。而事实上，在网络经济中，企业很少会做出后者的行为，这是由技术创新产品特性决定的。例如，微软在它出售的电脑中已经装好了与操作系统相匹配的性能良好的“探索者”浏览器，进行捆绑销售，而价格增加很有限，甚至完全免费提供，这无疑给消费者带来了很大的方便和福利的增加。也许正因为这样，据民意调查显示，认为微软对消费者“好”的人数比例为67%，而认为它对消费者“差”的人数仅有8%。这方面可见表5-1的数据。

表5-1 传统市场与网络市场中垄断厂商行为比较

	产量	价格	创新	网络外部性	消费者福利	产品类型
传统市场	减少	提高	无动力	弱	全体减少	单一
网络市场	扩大	下降	积极	强	增加	多种

综上所述，在网络经济下的垄断由于它本身具有的特性，在一定程度上可视为有效垄断。一方面技术革新会吞噬垄断力量，加剧企业间激烈的竞争，也就是说，有效垄断并没有排斥竞争，反而有利于促进竞争；另一方面，它能够增进消费者的福利，提高市场效率。

5.4　网络经济的竞争方式

5.4.1　竞争的特点

竞争是市场经济的特有现象，网络经济的竞争无非是将传统的市场竞争搬到网络上来进行。因此，网络经济的竞争一般是指市场的参与者通过网络，为取得最大经济利益的争胜过程。网络的出现，不仅扩大了各参与者的竞争范围（从局部扩大到全局甚至整个世界），也或多或少地改变了竞争的方式，为参与者彼此之间的竞争增添了许多新的内容，呈现出以下几个方面的特点。

1. 竞争范围有所延伸

网络的出现，极大地促进了跨国生产经营和兼并，竞争的范围从某个局部地区扩展到整个世界，并使国际竞争成为普遍的现象。当市场范围逐渐增大时，市场所能容纳的企业也会增多，企业所面临的竞争范围也会不断扩大。网络经济下的市场也已经从地理区域的“场所市场”发展成为“空间市场”，更大地突破了地域限制，减少了全球网上市场的形成周期，加快了全球经济的一体化过程，给企业增加了新的竞争内容。比如网上广告竞争，许多企业投资于网络的主要目的就是要通过网络树立企业形象，提升企业品牌价值，获得更多的收益。再比如网费和域名竞争，上网费用的多少一般是由市场供求状况以及所在地区因特网服务供应商的竞争程度决定的，而域名运作的时间越长、投资越大，它所带来的商业价值也就越大，因此互联网上域名的竞争同样也是十分激烈的。

2. 竞争深度有所加深

传统经济市场中，企业间的竞争往往停留在大众化市场层面。而在网络经济中，网络经济能从经济上甚至技术上提供满足各种个性化、多样化需求的解决方案，使得企业间的竞争深入到了个体市场层面。这主要是由于需求的个性化和与之相适应发展起来的市场超细分化造成的。当然，这种竞争的加深还体现在竞争的前沿从企业的外围——产品和服务的竞争深入到企业的内核——组织、文化、技术等方面，核心竞争力在网络经济中比以往有了更重要的意义。例如一些门户网站在竞争中纷纷推出了个性化的“首页”，网络用户可以在“我的雅虎”、“我的网易”上接收信息定制服务，选择性地享受个性化信息服务。

3. 竞争强度有所加剧

在网络经济平台上，企业间的竞争空前加剧。竞争强度的加剧除了由于竞争广度的扩大和竞争深度的深化以外，互联网对产业吸引力所带来的影响也是不容忽视的一个原因。互联网的发展，便利了产品购买者，他们能够更容易地获得产品和供应商的信息，这就无形中增强了买方的砍价能力；互联网的发展，也减弱了对现有的销售力量或销售渠道的依赖，相应降低了进入壁垒；互联网的发展，提供了满足需求和履行职能的新型途径，创造了新的替代品。总之，一个公司想要在互联网这样一个开放的体系中维持商品的专利属性越来越难，网络经济中的竞争强度相对于传统经济是明显增强。

4. 竞争组织实现联盟

由于信息网络技术的发展和应用，带来了企业组织边界的延伸，企业组织结构向扁平化、网络化和虚拟化方向发展。企业不仅将顾客纳入了自己的虚拟边界，让顾客参与产品的设计和制造，而且还与供应链上的其他企业组成了各种各样的联盟，以形成优势互补的格局，共同应对激烈的竞争。在这些联盟中，有门户网站美国在线（AOL）和内容提供者时代华纳之间的资产型联盟；有传统企业百事公司与网络企业雅虎之间的松散型品牌联盟；还有通过业务外包实现的 IBM 与其 OEM 厂商之间的动态战略联盟。各种形式的联盟使企业之间的协作加强，不仅有利于企业有效规避竞争中的风险，而且提高了企业的竞争力。因而，在网络经济平台上，联盟化的竞争组织得到了更多的发展。

5.4.2 竞争的方式

基于网络经济中竞争范围的扩展、深度的加深、力度的加强等特点，对于单个企业来说，只有采取企业联盟的方式才能增强自己的竞争实力，不能继续单打独斗了。企业之所以要采取合作方式，主要是由于：一方面是避免过度竞争。伴随着大企业市场占有率的提高，各大企业最终总是会分割一定容量的市场份额，但是如果各个大企业之间还要为其他一些零星的小市场而继续竞争的话，必然会导致其成本的增加，甚至会影响到自身已经拥有的市场份额。这样一来，企业之间就可以通过建立联盟，加强合作来避免彼此间的不良竞争，保持市场秩序的持续和稳定；另一方面也是为了提高自身竞争优势和竞争力的需要。在当前网络经济中，各个企业都应该想尽办法将外部各种有利资源与内部优势资源相结合，为企业的长期稳定发展做出贡献。比如美国一些地方电话公司与有线电视公司的结盟，每家参与公司都意识到单靠自己的力量无法拥有一些基本的技术，也无法实现自己的目标，电话公司需要借助有线电视公司的宽频传输和节目播放专长，而有线电视公司需要借助电话公司的信号传输专长，这样两家公司相互取人之长，补己之短，大家在相互合作中共同获利，共同提升自己的竞争力。正是基于此，合作性竞争就成为网络经济时代的主要竞争方式。

1. 关于合作性竞争

合作性竞争以“双赢”为特点的，工业经济时代竞争中，垄断作为竞争的结果，是以竞争中一方的失败为代价，赢者成为垄断者，失败者不是被兼并，就是倒闭。网络经济时代竞争的结果是双赢，竞争中有合作，合作中有竞争，竞争的结果避开了传统的垄断表现，即不再表现为企业规模的扩大、价格上升等，而是以战略联盟和虚拟企业的形式出现。这种竞争的结果也就是垄断的新形式。

合作性竞争采取了战略联盟和虚拟企业的形式。战略联盟和虚拟企业的出现，是把传统的市场竞争搬到网上进行后产生的新形式，体现了网络经济时代合作与竞争的统一。战略联盟是企业之间为了长期的目标而进行的长期合作，它不是企业之间的收购或兼并。联盟后企业规模没有扩大，企业各自产权独立，相互无权控制对方，仅在知识领域相互合作。20 世纪 90 年代以来，企业之间技术合作、知识联盟兴起，为共同的目标结成群体。群体内知识、信息、技术共享，竞争只是针对群体外的企业。就同行之间的水平型联盟而言，联盟在竞争对手之间进行，联盟内既有竞争，又有合作。微软和英特尔合作创造的 Wintel 标准，是战略联盟成果的典范。联盟的目的是增强企业的长期竞争优势，加盟企业利用各自的优势部分进行联盟，例如如果一个企业在营销上有优势，另一企业在技术上有优势，第三个企业在开发研究上有优势，三者可以结成联盟，三方的实力都会有所增强。联盟企业通过网络进行合作，把分布在不同企业的优势资源集中起来，形成一条价值链，总体竞争力提高，利益共享。

虚拟企业是企业之间为了短期目标而进行的联合，它是一个团队组织，为完成一定的任务而联合，任务完成，团队解散。"虚拟企业没有固定的组织层次和内部命令系统，而是一种开放的组织结构"。其实虚拟企业不是一个实体，而是一个虚拟组织，目的是为了完成单个企业难以承担的功能。虚拟企业这种合作形式，使企业在相互竞争中达到"双赢"，优势互补，实现以最低的成本，对外部市场需求做出快速反应。互联网络为这种虚拟联合提供了方便。近几年，虚拟企业的兴起，使传统制造业的分工模式发生了变化，分工从公司内向公司外发展，公司模式变成了"有头有尾无中间"，拥有名牌商标等无形资产的公司，自己不再拥有厂房、设备，公司重视新产品的研制和开发、市场销售，把中间的制造过程委托给别的企业。公司只保留核心品牌，因为网络经济时代，无形资产比有形资产更重要。公司只掌握无形资产部分，把附加值低、劳动密集型的部门外包给世界上最好的、劳动力成本低的专业公司，把产业链中的某些部分虚拟化。针对网络经济时代市场需求多元化、不稳定，产品的生命周期短的特点，虚拟企业不失为一种灵活、有效的组织，体现了竞争中有合作。

2. 竞争战略联盟的构成要素①

在合作性竞争中，各公司由于不同原因的考虑结成竞争联盟，但这种联盟的成功与否往往由以下三个要素所决定：

(1) 贡献。指通过合作竞争建立伙伴关系能够为合作的双方带来的利益。比如效率的提高、产品或服务附加值的提高、竞争优势的提升、获利能力的改善等。通常我们可以把贡献看作是竞争联盟成功的基础。比如美国的联邦快递公司与 Intel 公司建立了良好的合作伙伴关系，负责 Intel 公司部分物流的配送工作，合作的成果是保证的交货期由原来的 4 个工作日减少到 3 个工作日，同时也大大降低运送的失误率，这样的合作为双方创造了更多新的价值。

(2) 亲密关系。指合作双方的相互深层次的信赖以及专注于共同利益的双方的共同合作。可以说，它是竞争联盟成功的保证。

(3) 合作远景。指合作竞争的战略伙伴关系之间关于未来合作成就的蓝图以及共享的理念，这是一个远期的、通过合作可能实现的目标。它可以激励合作双方通力合作，以实现更大的共享利益。

3. 合作的程度

进入信息时代以后，网络为企业在全球范围内寻找合作伙伴提供了良好的条件，企业间的合作得到了比企业竞争更为充分的发展。尤其在网络经济平台上，信息网络和信息系统将无数企业"捆绑"在一起，使企业时间联系比以往更为紧密，相关企业之间的角色定位越来越倾向于各种各样的合作者，尤其在企业与供应商之间表现得十分突出。同时，合作方式也呈现出多样化的趋势，战略联盟(strategic Alliances)、增值伙伴关系(value-added partnership)、动态网络(dynamic network)、虚拟组织(Virtual organization)等各种新型合作组织应运而生。由此可见，网络经济时代竞争的思维不同于传统的"零和博弈"——通过议价能力对比实现供方与企业利益的再分配，而是一种"正和博弈"主导了竞争；供方与企业将合作扩

---

① 王道平.网络经济[M].石家庄：河北人民出版社，2000 年.

大共同的利益,其次才是利益的分配问题。因此,在网络经济中供应方对产业更为显著的影响不是来自供方议价能力,而是来自供方的合作程度。关于合作程度的决定方面,根据 Kenneth Preiss 的研究,企业间的合作程度是由三个维度决定的(图 5－5),它们是报酬维(企业给予供应商的回报)、价值维(供应商给予企业的价值)和连接维(供应商与企业的一切工作)。具体而言,企业与供方的合作程度取决于双方在合作可能获得的价值与价格之间的衡量,而且这种衡量建立在合作所必须的连接上(连接维)。由于网络经济学平台提供了这种高校连接,供方对企业的响应能力大大增加,因此合作的程度得以大大提高,基于三维平衡的合作关系变得更为稳固。

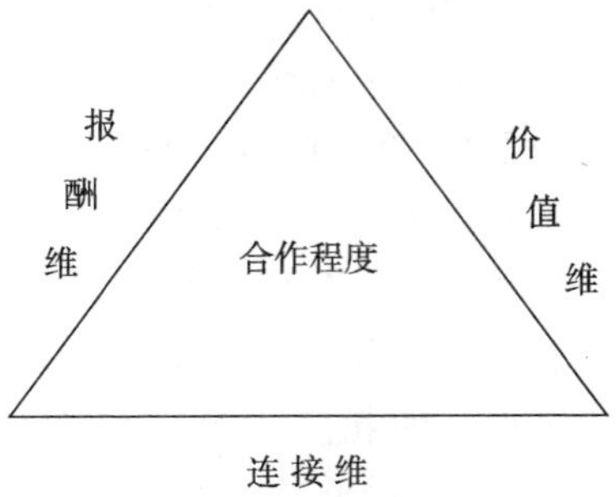

图 5－5 决定合作程度的三维模型

5.5 网络经济的竞争分析

5.5.1 波特的五力分析

五力分析模型是迈克尔·波特(Michael Porter)于 20 世纪 80 年代初提出,对企业战略制定产生全球性的深远影响。用于竞争战略的分析,可以有效地分析客户的竞争环境。五力分别是:供应商的讨价还价能力、购买者的讨价还价能力、潜在新进入者的能力、替代品的替代能力、同业竞争者的竞争能力。五种力量的不同组合变化最终影响行业利润潜力变化。

五种力量模型将大量不同的因素汇集在一个简便的模型中,以此分析一个行业的基本竞争态势。五种力量模型确定了竞争的五种主要来源,即供应商和购买者的讨价还价能力,潜在新进入者的威胁,替代品的威胁,以及最后一点,来自目前在同一行业的公司间的竞争。一种可行战略的提出首先应该包括确认并评价这五种力量,不同力量的特性和重要性因行业和公司的不同而变化,如图 5－6 所示:

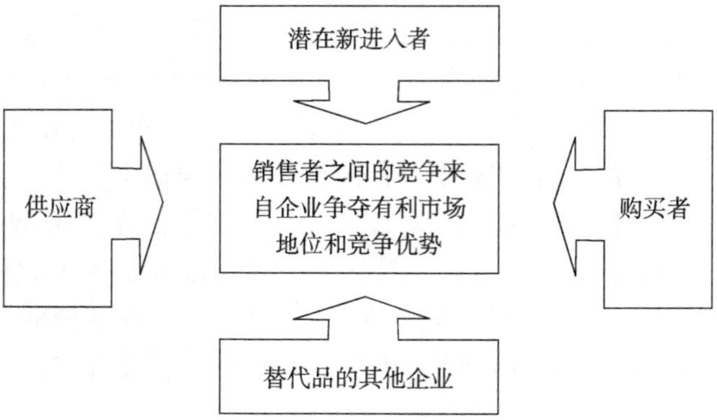

图 5－6 五力分析模型

1. 供应商的讨价还价能力

供方主要通过其提高投入要素价格与降低单位价值质量的能力，来影响行业中现有企业的盈利能力与产品竞争力。供方力量的强弱主要取决于他们所提供给买主的是什么投入要素，当供方所提供的投入要素其价值构成了买主产品总成本的较大比例，对买主产品生产过程非常重要或者严重影响买主产品的质量时，供方对于买主的潜在讨价还价力量就大大增强。

2. 购买者的讨价还价能力

购买者主要通过其压价与要求提供较高的产品或服务质量的能力，来影响行业中现有企业的盈利能力。

3. 潜在新进入者的能力

新进入者在给行业带来新生产能力、新资源的同时，将希望在已被现有企业瓜分完毕的市场中赢得一席之地，这就有可能会与现有企业发生原材料与市场份额的竞争，最终导致行业中现有企业盈利水平降低，严重的话还有可能危及这些企业的生存。竞争性进入威胁的严重程度取决于两方面的因素，这就是进入新领域的障碍大小与预期现有企业对于进入者的反应情况。

4. 替代品的替代能力

两个处于同行业或不同行业中的企业，可能会由于所生产的产品是互为替代品，从而在它们之间产生相互竞争行为，这种源自于替代品的竞争会以各种形式影响行业中现有企业的竞争战略。第一，现有企业产品售价以及获利潜力的提高，将由于存在着能被用户方便接受的替代品而受到限制；第二，由于替代品生产者的侵入，使得现有企业必须提高产品质量、或者通过降低成本来降低售价或者使其产品具有特色，否则其销量与利润增长的目标就有可能受挫；第三，源自替代品生产者的竞争强度，受产品买主转换成本高低的影响。总之，替代品价格越低、质量越好、用户转换成本越低，其所能产生的竞争压力就越强；而这种来自替代品生产者的竞争压力的强度，可以具体通过考察替代品销售增长率、替代品厂家生产能力与盈利扩张情况来加以描述。

5. 同业竞争者的竞争能力

大部分行业中的企业，相互之间的利益都是紧密联系在一起的，作为企业整体战略一部分的各企业竞争战略，其目标都在于使得自己的企业获得相对于竞争对手的优势，所以，在实施中就必然会产生冲突与对抗现象，这些冲突与对抗就构成了现有企业之间的竞争。现有企业之间的竞争常常表现在价格、广告、产品介绍、售后服务等方面，其竞争强度与许多因素有关。

行业中的每一个企业或多或少都必须应付以上各种力量构成的威胁，而且客户必面对行业中的每一个竞争者的举动。除非认为正面交锋有必要而且有益处，例如要求得到很大的市场份额，否则客户可以通过设置进入壁垒，包括差异化和转换成本来保护自己。当一个客户确定了其优势和劣势时(参见 SWOT 分析)，客户必须进行定位，以便因势利导，而不是被预料到的环境因素变化所损害，如产品生命周期、行业增长速度等，然后保护自己并做好准备，以有效地对其他企业的举动做出反应。

根据上面对于五种竞争力量的讨论，企业可以采取尽可能地将自身的经营与竞争力量隔绝开来、努力从自身利益需要出发影响行业竞争规则、先占领有利的市场地位再发起进攻性竞争行动等手段来对付这五种竞争力量，以增强自己的市场地位与竞争实力。

5.5.2 SWOT 分析

SWOT 分析这个概念是 20 世纪 80 年代由美国旧金山大学的管理学教授韦里提出来的，是麦肯锡咨询公司的分析模型。通过分析组织的优势(Strength)、劣势(Weakness)、机会(Opportunity)、威胁(Threats)，可以帮助组织把资源和行动聚集在自己的强项和有最多机会的地方。

用 SWOT 分析的步骤：

(1) 罗列出组织的优势和劣势，可能的机会和威胁；

(2) 将优势、劣势与机会，威胁相组合，形成 SO、ST、WO、WT 策略；

(3) 对 SO、ST、WO、WT 策略进行甄别和选择，确定组织目前应该采取的具体战略和策略，如图 5-7 所示：

	优势(S)	劣势(W)
机会(O)	SO 策略 发挥优势，把握机会	WO 策略 利用机会，克服弱点
威胁(T)	ST 策略 利用优势，回避威胁	WT 策略 减少弱点，回避威胁

图 5-7 SWOT 分析

其中：

WT 策略是一种最为悲观的对策，是处在最困难的情况下不得不采取的对策；

WO 和 ST 是一种苦乐参半的对策，是处在一般情况下采取的对策；

SO 策略是一种最理想的策略，是处在最为顺畅的情况下采取的策略。

5.6 网络经济的竞争策略

5.6.1 定价策略

定价策略主要是针对网络经济中的数字产品来说的。

在传统的经济中，每件商品都有其生产成本，且存在销售、物流、库存等其他成本，并且当产品完成研发进入批量生产阶段后，对成型的产品做任何改动成本都很大。与传统经济相比网络经济中的数字化产品的成本结构十分特殊，即零边际成本与较高的固定成本。因为数字化产品在生产第一个的时候(即在研发阶段)其成本是非常高的，但是之后的生产是极其廉价的，技术上是可以无限复制的，增加产量的边际成本也为零；并且这些信息产品没有具体的物理形式，因此不需要包装，也不需要运输，在开发完成后的成本极低。此外，大多数数字化产品表现为“体验式商品”，即消费者只通过产品的外形、名称和包装等信息等很难对产品的功能和质量有准确的判断，必须经过用户亲自体验才能了解产品的主要性能。然而，用户在体验过程中是否需要付费是网络经济学中决定商品定价的主要因素。数字化产品的这些特征影响了其在网络经济中的定价模式，并且也使得数字化产品很难按照传统经济学的方法进行定价。

由于网络经济中数字产品的上述特征，使其价格是随着不同的环境条件变化的，所以在考虑数字产品的定价策略时，我们要考虑制订定价方案的出发点，而产品差异化与定价之间存在着密切的联系，所以我们在研究网络经济中的定价策略时要讨论产品差异化问题。

事实上，产品的差异化是属于产品策略范畴，它与定价有着密切的关系。定价是要以产品差异化为中心，围绕产品差异化进行，同时产品差异化也会促进定价行为的灵活运用。当然，我们要明确的是，产品差异化并不是要改变原有产品的种类，只是在原有产品的基础上使得其与同类产品有所不同。比如，现在市场上充斥着不同品牌的杀毒软件，像瑞星、金山、卡巴斯基、360等，即使是同一品牌的杀毒软件也会存在不同的版本，不同品牌的杀毒软件属于杀毒软件本身的差异化产品，而同一品牌不同版本的杀毒软件又属于该品牌的差异化产品。

关于产品差异化，有几个问题还是需要注意的：首先，产品的差异化会降低产品之间的替代性。产品差异化的存在往往会形成一些固定的客户群，这些顾客群对具有差异化的产品具有特别的偏好，不会轻易选择其他产品，这种行为就会影响到实施产品差异化的企业对市场占有的力度。随着产品替代性的降低，一家企业产品降价的行为并不会显著影响另一家企业产品的市场份额，因此，能够成功进行差异化的产品就可以抵御降价的不利影响，使得自己的价格维持在边际成本之上。因此，产品差异化能够在很大程度上抑制同类产品企业之间的不受任何约束的竞争；其次，产品差异化也并不是随意的。企业不可能将所有技术上可行的产品都生产出来，而是事先从所有可能的模型中选择出若干种进行生产，这主要是与固定成本有关。

一般的，对于产品差异化的实施，我们可以考虑以下两种方式：一种是横向差异化。即在给定价格相同的情况下，消费者所做出的最优选择仅仅与其个人偏好有关，比如产品的颜色，再比如唱片公司推出的某些经典歌曲的翻新版等；另一种是纵向差异化。即所有消费者对所提及的大多数特性的偏好次序是一致的，比如质量。由于原材料、加工费用的不同，往往会带来产品成本的不同，当产品的质量发生变化时，纵向差异化的产品的价格必然会呈现出质量越好的产品价格越高，质量越差的产品价格越低这样一种趋势。当然，产品也可以同时进行横向和纵向的差异化。在实施产品差异化时，我们需要注意：横向差异化后的产品没有通常意义上的好坏之分，因为消费者对横向差异化所设计的产品特征的偏好是不一致的，即对这些产品特征的偏好完全依赖于消费者个人不同的口味。而纵向差异化的方向可以是从低级到高级，也可以从高级到低级，它所导致的价格差异并不完全反映所对应的成本，价格与成本之间并不具有线性关系。

在网络经济条件下，由于数字产品的成本特征以及信息技术的推广，使得产品差异化成为了信息型企业生存的必须，同时产品差异化与定价的联系也越来越紧密了。如果产品不能有效地进行差异化，那么，数字产品市场的激烈竞争会导致价格下降到零，这时企业就难以维持了。企业之所以千方百计地改进他们的产品，是因为他们想通过产品的差异化使得企业自身在定价方面有更大的自主空间。如前所述，产品差异化在降低产品替代性的同时，使得企业拥有了一定的市场支配权，这种支配权会让这些企业进一步抬高价格，最终会导致产品或市场的垄断。

网络经济中的定价策略在网络经济竞争中占有一定的地位，定价策略又主要包括以下几个方面：

(1) 歧视定价策略　这是目前在网络经济中最常使用的一种方法。歧视定价是根据数字化产品对消费者需求满足的程度不同，来确定其产品在网上销售的价格。互联网除了更容易地对产品进行个人化之外，还容易地对价格进行个人化。

网络经济中的歧视定价有三种。

① 个人化定价

当一家垄断厂商能够向每个消费者索取其愿为每单位商品支付的最高价格时，厂商就实现了完全价格歧视或一级价格歧视。信息技术的发展使信息服务的个性化设计或定制服务越来越容易实现，定制服务使数字商品对消费者具有最大的效用；然后，分析出消费者的消费偏好、购买力、累计总额等信息；最后，对价格进行个人化。由于现代通信技术的成熟和良好的交互性，厂商可以一对一地建立智能定价系统，彻底剥夺消费者剩余。

② 群体定价

群体定价指对不同的顾客群体设置不同的价格。数字商品的供应商鉴于不同的顾客群体对价格的敏感性不同而有针对性地采取不同的定价。具体而言，就是愿意购买同一数字商品的许多消费者形成一个购买集体，而厂商则将该数字商品打折出售给该购买集体。价格折扣可固定，也可根据消费者数量的多少来决定折扣的高低，一般买者越多折扣越大。实际上是厂商设计了一种隐蔽的自我选择机制，实施了三级价格歧视。厂商通过调查将消费者分为有耐心参加集体竞价、对价格敏感者和没有耐心、时间的机会成本较高、不愿参加集体竞价的价格麻痹者两组。数字商品较低的边际成本使厂商在集体竞价中即使以低于市场价格成交仍有利可图。互联网的广泛应用使消费者之间交流信息和搜寻信息的成本大大降低，使愿意购买同一数字商品的消费者形成购买集体成为可能，否则在一般市场中要将许多具有相同购买意愿的消费者集合起来，其成本之高昂难以想象。

③ 版本划分定价

针对消费者的需求紧迫程度、对信息内容详略的要求以及消费能力等的不同，生产者提供不同版本的信息，每个版本的内容、功能、价格不同，以满足不同消费者的需求。每位顾客可以选择最适合自己需求的版本，这样一个完整的商品系列会使数字商品供应商提供的商品的总价值最大化。这种定价方式的优点就是供应商可以不用花费成本去了解消费者的需求特征，而由消费者根据自身的需求主动去选择其认为最合适的产品，这样供应商既达到了赚取最大化利润的目标，又可以从消费者的购买行为中了解其需求特征，从而为以后新产品的推出积累了第一手资料。目前，很多数字商品的供应商均采取这种定价方式。

总之，价格歧视定价是数字商品厂商增加销量、收回固定成本、获得更多利润的有效手段，它将是数字商品市场的基本定价策略，在此基础上综合利用多种定价策略，敏感而又灵活地把握市场变化，就能及时制订出合适有效的商品价格。而且将更加有利于企业实施商品差别战略和低成本策略。

(2) 渗透定价策略

渗透定价是指企业把其创新产品的价格定得相对较低,以吸引大量顾客,提高市场占有率。

渗透定价的实施条件:一是市场需求对价格极为敏感,低价会刺激市场需求迅速增长。二是企业的生产成本和经营费用会随着生产经营经验的增加而下降。三是低价不会引起实际和潜在的竞争。

数字产品实行渗透定价就要在进入市场的初期采取低价格、零价格或者负价格的办法,也就是先发制人,以争取更多的安装用户,达到必要的临界值,其目的是对消费者进行"锁定"。有的数字化产品在进入市场时采用低价和零价销售的策略,从而取得了在网上浏览器市场上先入为主的有利地位。

(3) 跟踪定价策略 通过利用网络的技术条件比如顾客跟踪系统经常关注顾客的需求,时刻注意潜在顾客的需求变化和心理变化,以此来确定价格。从以上网络市场产品定价的种类,我们可以看出,由于电子化市场在通信和交流的效率上具有的先进性,Internet 技术为在线企业制定价格带来了在传统市场上几乎不可能实现的奢望。但是,从经济学角度看,正是这种区别与传统市场的非一致定价所带来的信息的非对称问题("柠檬"问题),带来了网络市场中的价格离散。

(4) 参照价格策略 在网络营销产品线中增添高价产品项目,无形中提高了消费者的参照价格,使得产品线上的其他产品显得便宜。比如,提供额外收费的技术支持作为"黄金版"的方法,只要没有太多的人选择黄金版,增加这种支持的成本就会很小。

(5) 动态定价策略 XML 和其他技术使动态网页成为可能,这些技术使得数据库信息在网页上得到整理,当然这些信息可以根据时间和用户而发生变化。

5.6.2 标准竞争策略

关于标准竞争的定义,卡尔·夏皮罗等人做出过努力,认为标准竞争是两种新的不兼容技术之间为争夺事实标准地位而进行的一种斗争。但该定义只给出了当标准尚不存在时的竞争情况,忽略了当标准已经存在时和存在众多标准时的标准竞争情况。目前,国内外关于标准竞争策略的相关问题还没有一个系统的分析框架,只是大致有一个基本的看法,认为标准竞争战略的具体内涵应包括:第一,从顾客需求价值出发,依照由外至内的战略逻辑,以顾客价值最大化作为战略使命;第二,以使企业技术成为产业的唯一标准、主流标准和持续标准作为战略目标;第三,通过标准实现用户价值垄断,并产生更大的网络外部性,以标准和用户安装基础作为战略优势,从而超越竞争。

在标准竞争策略中,标准是核心,它改变着竞争的性质,使企业有可能通过标准竞争策略的实施,用企业行为影响和决定市场结构。标准在竞争中起到了如下作用。

首先,扩大了网络效应。标准的产生和存在使网络规模得以扩大,网络之间的兼容性和互联性得以增强,为用户带来更多的网络外部性收益。当然,扩大的网络外部性使人们认识到竞争的赢家不一定是拥有最优产品和技术的企业,但却一定是拥有标准、能提供最大网络效应的企业。

其次,形成竞争的标准平台。根据卡尔·夏皮罗等人的观点:"因为标准减少了锁定,他们把竞争的中心从争夺市场统治地位转移到争夺市场份额，公司们的竞争目标不再是市场，而是以共同的标准在同一市场中竞争。”由此可见，标准为企业间的竞争搭建了一个新的平台。无论是现有竞争者还是潜在竞争者只要参与竞争就必须涉足于标准平台，才能获得标准的使用许可，这样会在一定程度上避免过度竞争，确保了市场的有效竞争。

再次，产生对竞争者的控制，使竞争向专业化深入。当标准为企业或企业联盟所控制时，标准竞争成为一场由制订规则的裁判和运动员同场竞技的竞争，竞争的起点并不是公平的，但却是合理的，拥有标准的企业能很容易地形成竞争对手的控制。同时，在标准尚未建立时，系统性能占优的产品会在竞争中胜出；等标准建立之后，系统中组件的相互兼容程度提高，组件之间的协调效用和兼容效应便成为了一个相对固定的值，从而使竞争的核心从以往追求系统的优化转为追求每个组件的最优化。因此，标准使企业的竞争向更专业化的方向深入。

最后，减少销售者锁定和不确定性。标准，尤其是开放的标准一旦形成以后，就会对竞争产生巨大的影响。如果标准是真正开放的，消费者就不会担心被锁定。因为标准提供给生产者和消费者信息使他们得以判断产品质量和安全性，并提供更重要的功能——使互补品、同一产品的不同成分之间相互兼容。比如，当时网景在其网页上大张旗鼓地推出“开放标准保证”，并公布了浏览器——Navigator 的源代码，这对竞争对手微软产生了巨大的压力。结果微软被迫开放 Windows 操作系统和 NET 服务器软件的源代码。然而，开放标准在减少了消费者锁定的同时，将迎来一场更为严峻的竞争，因为开放的标准消除了“市场壁龛”，围绕标准进行的竞争对抗可能会更为激烈。另外，标准也会减少技术创新和技术扩散过程中的不确定性。因为标准的确立不仅使企业预见到技术发展所依赖的路径，也会促使消费者打消疑虑采用新技术。在标准尚未确定的市场，产品推广往往是十分困难的。

一般的，标准竞争是一个动态的过程，某一标准在这一时间段可能会成为标准，在另一时间段可能就不是标准；可能一种标准使得市场上出现了“赢者通吃”的局面，也可能市场没有一个主导性质的标准。无论哪种形式的格局，都将会在各企业对利润的追求中不断变化。对网络经济平台上的企业而言，标准竞争策略同时也是与其环境相匹配的战略定位。首先，标准竞争策略是与竞争性垄断市场相匹配的一种战略。垄断性竞争市场中的产品差异基于同一标准平台上，企业的市场竞争必然从标准平台开始。标准竞争策略的实施往往会形成竞争性垄断市场中的技术主导型垄断格局。在标准竞争中，新的不兼容技术之间的竞争、新旧标准之间的竞争、多种标准将成为主流标准而进行的竞争，会打破原有的垄断，从而保持市场的竞争性。因此，标准竞争策略实质是以竞争性垄断市场为背景，为保持标准的领先，或挑战标准或为成为主流标准等一系列目标而制定的战略选择；其次，标准竞争策略的实施还与网络经济中的价值网一致，它们都以顾客为中心。作为企业的竞争战略选择，标准竞争策略将标准控制作为价值网中的关键点，并在此价值网分析的基础上进行竞争策略的制定。所以，实施标准竞争策略的企业一旦实现其战略目标，就会形成对价值网的主导，从而获得竞争优势。而且在标准竞争策略中也将充分体现竞合思想，价值的并行制造、虚拟制造使得价值以网的形式传递，这也是充分符合价值网模式的。

总之，标准竞争策略是以标准作为竞争策略的核心；以用户安装作为竞争策略的基础；以竞争性垄断市场作为竞争策略的市场背景；以价值网分析竞争策略中的优势来源；以用户价值作为竞争策略的逻辑导向；以超竞争理论作为竞争策略的理论渊源；以标准竞争作为竞争策略的应用环境；以网络经济作为竞争策略平台的一种策略。

5.6.3　锁定策略

锁定就是指这样一种状态，即由于各种原因导致从一个系统(包括一种技术、产品或标准)转换到另一个系统的转移成本大到使这种转移变得不经济，从而使得系统达到某个状态之后就很难退出并进行转换。[①] 因此，在这一锁定策略中，我们首先要掌握的是有关转移成本和安装基础的问题，因为这两个问题与网络经济中的锁定策略是密切相关的。锁定的本质是"你将来的选择将受到今天的选择的限制"，锁定也是路径依赖存在的结果，只不过由于网络效应的存在，强化了系统对用户的锁定，系统是逐渐适应和强化这种状态，从而形成一种"选择优势"把用户锁定在这个均衡状态之中。

1. 转移成本

转移成本是与锁定相关的一个概念，它是顾客从一个系统转移到另一个系统所必须支付的成本，转移成本有时会高得惊人，可以说越高的转移成本往往代表着越强的锁定效应。正如经济学家 Carl Shapiro 和 Hal Varian 所指出的，锁定和转移成本"是规律，而不是例外"，锁定广泛存在于经济生活中。企业锁定用户的七种类型为：合同义务、耐用品的购买、针对特定品牌的培训、信息和数据库、专门供应商、搜索成本和忠诚顾客计划。表 5－2 是这七种锁定类型对应的转移成本内容。

表 5－2　锁定类型与转移成本关系

锁定类型	转 移 成 本
合同义务	补偿或毁约损失
耐用品的购买	设备更新、随着耐用品的老化而降低
针对特定品牌的培训	学习新系统，既包括直接成本，也包括生产率的损失；随着时间而上升
信息和数据库	把数据转移为新格式，随着数据的积累上升
专门供应商	支持新供应商的资金，若功能很难得到维持，会随时间上升
搜索成本	购买者和销售者共同的成本，包括对替代品质量的认知
忠诚顾客计划	在现有供应商处失去的利益和可能的重新积累使用的需要

资料来源：黄潞.网络经济平台上的企业竞争战略研究[D].四川大学博士论文，2003.

显而易见，我们如果要使系统从一个状态中退出并且转移到新的均衡状态，就必须使系统的转移成本能够小于转移收益。可见转移成本与锁定之间存在着密切的联系。但是，转移成本并不是产生锁定的直接原因，它实际上是对路径依赖程度和锁定程度的衡量。当产品和技术的标准化还不健全的时候(或者说系统之间不兼容)，消费者和企业如果自愿从一个系统转移到另一个系统将会面临诸多障碍。这些障碍造成巨大的转移成本，而巨大的转移成本必然会阻止市场主体进入另一个系统。转移成本是一个动态的概念，从顾客购买产品开始到进行下一次产品转移为止，转移成本是在不断变化的。转移成本的变化趋势与转移成本的类型密切相关。比如，在信息存储和技术培训方面的转移成本，通常是随着时间的

① 张铭洪.网络经济学教程[M].北京：科学出版社，2002.

推移而增加，在产品折旧、高级的耐用设备方面的转移成本则往往是随着时间的推移而减少。因此要把转移成本放在整个锁定周期当中来进行考虑，转移成本在不同的时期是不一样的。

2. 安装基础

安装基础就是企业销售给购买者的，能够发挥锁定作用、产生转移成本的产品（或服务）。对于销售商来说，安装基础可以视为它的一项重要"资产"，销售商可以通过对安装基础的系统升级、出售相关的互补产品、垄断关键技术的方法获取高额的收益。可见，安装基础并不完全等于企业所销售的产品，虽然从实体上来看指的是同一物体，但理解的角度是不同的。如果安装基础预计能够为企业带来收益，那么企业就应该帮助顾客建立安装基础。

3. 关于锁定策略

在网络经济下，信息技术的高度发达使得经济以网络的形式组织起来，对数字产品的生产商来说，拥有大量的安装基础不但意味着众多的用户和潜在的收益流，而且会使网络效应发挥得更充分。我们分析锁定策略时可以从购买者和销售者的锁定行为两个方面来考虑。首先，购买者的锁定策略。购买者的锁定策略主要是将转移成本带来的不利影响降到最低，尽量避免锁定的出现，也尽可能地从销售商那里获得更多的优惠条件。购买者可以通过选择已经成为标准的产品来避免锁定，因为一旦成为标准以后，就会出现商品化趋势，购买者就可以拥有在配套服务、产品升级等方面的选择权，也就不会轻易地被锁定在一些厂商提供的产品上。购买者也可以保持选择权的开放以尽可能地避开锁定，因为选择权的开放可以减少购买者在产品转移过程中对新产品的适应，购买者可以及时改变对产品供应商的选择，从而避免日后的锁定；其次，销售者的锁定策略。该锁定策略的中心就是要通过提高购买者的转移成本来实现对购买者的锁定。销售者一方面可以通过建立安装基础来实施他的锁定策略。品质卓越的产品往往会在短时间内迅速建立起一个顾客安装基础，但是这种自认产生锁定的超群技术并不多见，而在多数情况下，企业需要依靠良好的经营管理来建立和保持一个稳定的安装基础。争夺安装基础的竞争是一场激烈的竞争，在这个过程中企业需要花费大量的投资去争取顾客，不愿意或不能够对顾客做出让步的企业很难在竞争中占取优势。企业应该将建立安装基础的投资成本与来自安装基础的可能收益进行对比，确定对企业最有利的投资规模。另一方面销售者还可以利用安装基础来促进策略的实施。在销售企业建立了具有转移成本的安装基础之后，接下来就是要充分利用它所拥有的垄断地位向其所建立的安装基础销售互补产品，此外，企业还可以向其他的销售商出售接入自己安装基础的机会。总之，锁定策略是网络竞争中特有的竞争策略，其目标是锁定用户，防止用户切换至其他网络。

5.6.4 最佳产品策略

麻省理工学院的阿诺德·哈克斯提出了网络经济中三类新的竞争策略，其中之一就是最佳产品策略。在传统的竞争战略中，企业或者采取成本领先战略，成为行业中成本最低的生产者；或者采取差别化战略，使自己的产品和服务在某些方面别具一格，甚至在一定程度上使得买主为了得到这些好处而额外加价。最佳产品策略正是建立在传统的成本领先和产品差异化策略基础上的。

采取最佳产品策略的企业可以通过先占策略来实现其目标。先占策略是网络竞争中最常用、最有效的策略。先占策略就是企业首先进入市场，迅速推广新技术，积极建立用户安装基础，在早期就取得市场地位。企业采取先占策略有时是为了取得成本领先，而有时是为了取得差异化。先占策略的理论逻辑是明显的，因为在存在正的网络外部性的市场上，先行者具有先动优势。消费者加入先行者的网络可以获得更大的网络外部收益。因此消费者对先行者产生一定的偏好，市场也随之会向先行者偏向，而正的网络外部性的作用会加速这种偏向作用，最终先行者的技术会成为事实上的标准。如在PC操作系统行业，微软占尽先机，在DOS操作系统成功之后，又不断成功地推出Windows操作系统，微软在PC操作系统上成为事实上的标准与它的先动优势有重要的关系。

采取最佳产品策略的企业也可以通过加强用户安装基础的构造来实现其目标。这一策略的主要目的通常是为了取得成本领先优势。由于用户安装基础决定网络规模的大小，影响使用这种产品的消费者的效用水平，因此，网络企业应大力加强用户安装基础的构造。为了尽快建立用户安装基础，企业应该采用渗透定价策略，先以极低的价格吸引用户入网；然后在采取定价策略的基础上，进一步采取资助策略，包括免费安装、培训、向用户出租硬件设备等方式吸引消费者加入这个网络，因为消费者加入一个网络时，会因对这个网络的未来命运尚不能肯定而犹豫不决，以出租的方式就可以减少未来因为网络收益不理想退出时所发生的沉没成本，这样可以促使消费者加入这个技术产品的网络；最后可以通过向用户提供互补产品进一步确立企业的主导地位。

采取最佳产品策略的企业还可以通过吸引其他企业采用自己的标准来实现其目标。这种策略也是为了取得成本领先优势。标准竞争的结果是非常残酷的，一种技术成为行业的标准，而另一种技术就可能成为一堆废物。承诺共同开发技术是使竞争者妥协的一种策略。因为随着技术进步，标准的特点会不断地改变，竞争者也希望在下一代技术标准中不至于落后，因此共同的研究开发可以保证加入本企业的技术标准的其他企业共同进步。

参考文献

[1] 王道平.网络经济. 石家庄：河北人民出版社，2000.
[2] 张铭洪.网络经济学教程.北京：科学出版社，2002.
[3] 王健伟，张乃侠.网络经济学. 北京：高等教育出版社，2004.
[4] 濮小金，司志刚.网络经济学.北京：机械工业出版社，2006.
[5] 高鸿业.西方经济学(微观部分).北京：中国经济出版社，1998.
[6] 萨缪尔森，诺德豪斯.经济学(第十六版). 萧琛，等译. 北京：华夏出版社，2000.
[7] 黄潞.网络经济平台上的企业竞争战略研究.四川大学博士论文，2003.
[8] 王丽敏，等.基于网络经济下企业竞争环境的分析. 技术经济，2002(7).
[9] 苗小玲.对网络经济下垄断的解析.经济师，2002(10).
[10] 谭玲玲.网络经济三大法则与企业竞争策略的选择.经济师，2003(12).
[11] 毛晶莹.网络经济时代的竞争策略. 江苏商论，2005(7).
[12] 潘勇，陈禹.网络市场中的“价格悖论”与逆向选择. 商业经济与管理，2005(3).
[13] 薛伟贤，冯宗宪.网络经济效应分析. 系统工程，2005(3).
[14] 曲振涛，尹妍.新经济条件下竞争性垄断市场结构的出现. 商业研究，2005(6).

第6章　网络经济的运行

6.1　网络经济运行的基础

6.1.1　网络经济运行的基础框架

任何经济形态都有其赖以建立的技术基础，这是一种经济形态得以建立的物质基础。但是仅仅有技术是不够的，因为技术的应用，必须有其必要的社会经济条件。我们从社会环境和技术基础两个方面来分析网络经济得以建立和正常运行的基础条件，如图6－1所示。

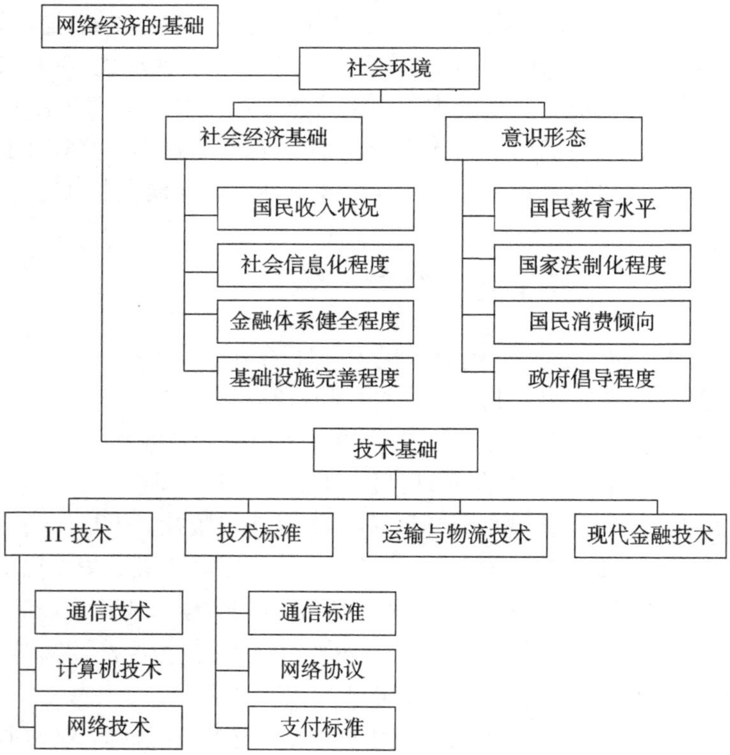

图6－1　网络经济的运行基础[①]

---

① 王健伟，张乃侠.《网络经济学》.北京：高等教育出版社，2004.

6.1.2　我国网络经济发展的社会环境基础①

6.1.2.1　中国互联网经济发展现状

1. 中国互联网经济用户特征

(1) 互联网用户年龄结构(图 6-2)

面向对象群体明显不同,互联网用户多集中在青少年。艾瑞咨询通过对比中国人口总体和网民群体各自的年龄构成发现,网民群体以青少年为主,10～29 岁网民占比高达 55.3%。这是由于青少年受教育程度更高,更容易接受新生事物。艾瑞预计随着时间的推移,随着如今青年人年龄的增长,中老年网民的比例将会上升。现在的互联网服务多是针对青年人,艾瑞咨询预计未来针对中老年群体的网站和服务将会增多并受到更多的关注。

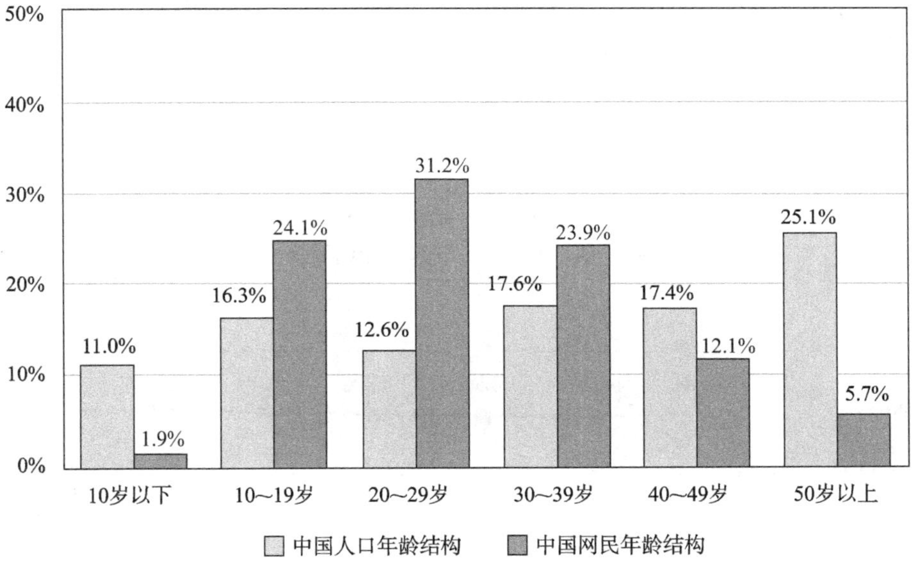

图 6-2　2013 年网民年龄结构对比

(2) 中国互联网用户规模(图 6-3)

艾瑞咨询整理的数据发现,截至 2013 年 12 月底,中国互联网网民达到 6.18 亿人。其中 2009 年底中国互联网网民数为 3.84 亿人。国家的家电下乡政策使农村地区群众购买电脑、手机等上网设备的成本降低,加快了互联网的普及。

2. 中国互联网经济行业特征

(1) 中国互联网经济规模(图 6-4)

2009 年中国互联网经济规模达到 985.3 亿元,同比增长 40.5%。考虑到中国互联网普及率还不高,部分网民网络消费、部分企业网上营销的习惯还未养成,艾瑞咨询认为中国网络经济仍然处于发展期,2013 年将达到 5 868 亿元。(注:桌面网络经济+移动网络经济为网络经济)

---

① iResearch (艾瑞咨询),2009—2010 年中国网络经济行业发展报告,2010.9.30.

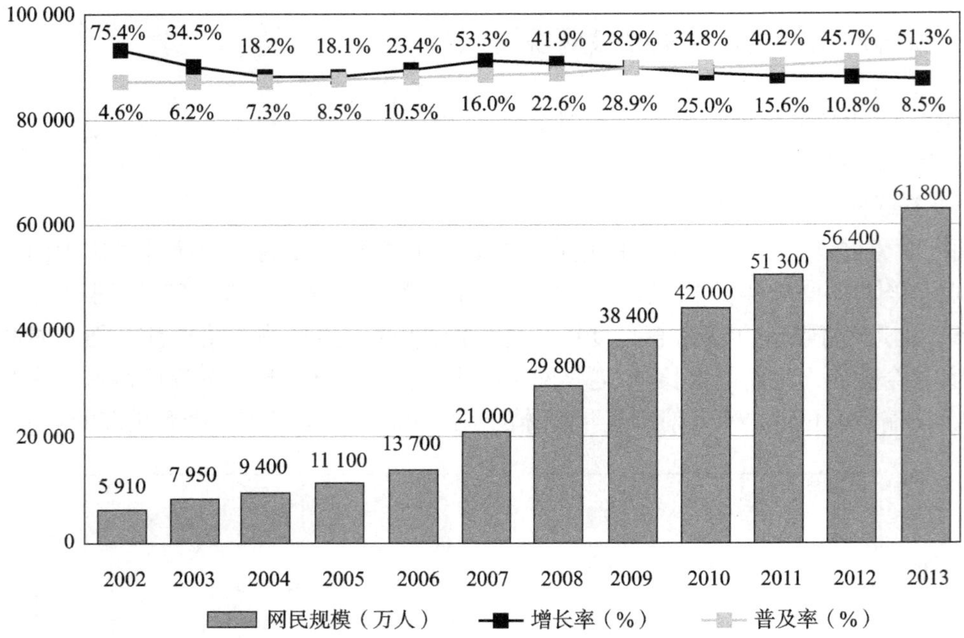

注：中国互联网用户定义为过去半年至少登陆、使用、访问互联网一次者。

图 6－3　2002—2013 年中国网民规模

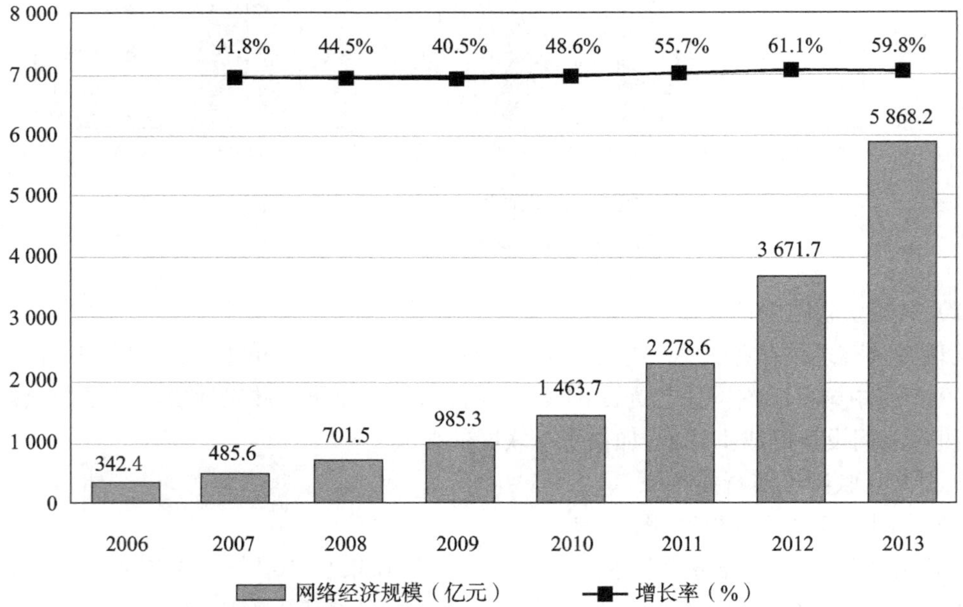

注：此处指广义网络经济，艾瑞将广义的网络经济定义为桌面网络经济与移动网络经济之和。

资料来源：综合企业和专家访谈，根据艾瑞统计模型核算及预估数据。

图 6－4　2006—2013 年中国网络经济市场规模

(2) 中国移动网络经济规模(图 6-5)

2009 年中国移动网络经济规模为 155.6 亿元,环比增长 29.6%。当时,艾瑞咨询分析认为,随着 3G 持续铺设、智能手机逐步普及,移动互联网细分行业和业务将不断发展和创新,未来移动网络经济将持续发力增长,预计到 2010 年移动网络经济规模增速将首超桌面网络经济,到 2012 年网络经济规模将达 786.7 亿元。

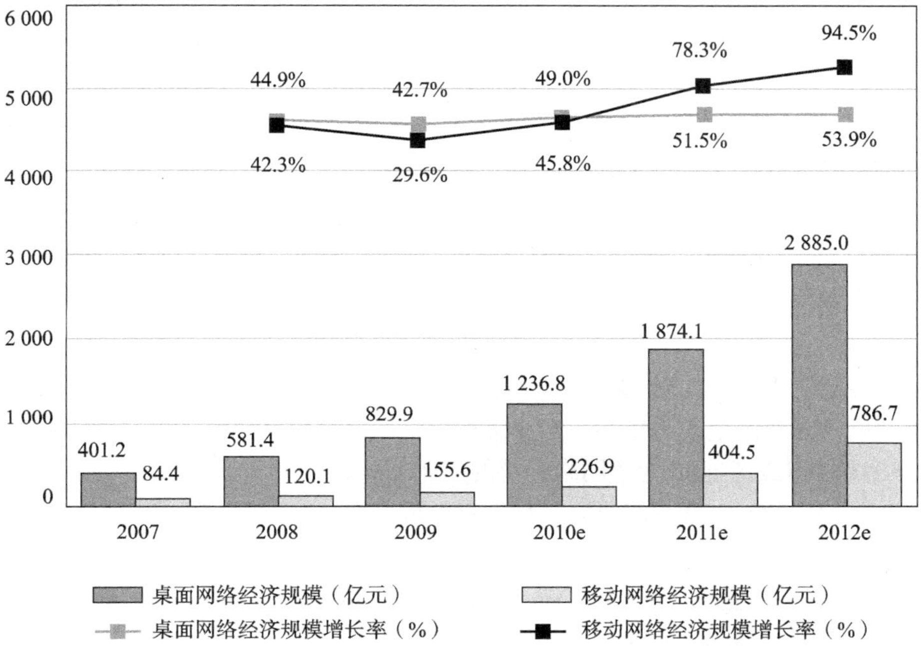

图 6-5 2007—2012 年中国桌面网络经济和移动网络经济规模

6.1.2.2 中国互联网产业发展趋势

1. 中国互联网产业发展总体趋势

互联网经济总体发展态势良好,各细分行业增长率不一。

艾瑞咨询根据对各行业市场份额和增长率的综合分析认为,中国网络经济发展总体态势良好,2010—2013 年将保持 45%以上的增长率,到 2013 年市场规模将达 5 868 亿元。但由于细分行业各自的发展阶段和市场环境不同,其未来增长率及对网络经济的贡献率不一。

网上支付发展迅速,目前所占总体份额较小,增长潜力巨大;网络购物目前正处于行业发展的成长期,营收规模高速增长,并且未来潜力较大;网络游戏市场份额近年来呈下降趋势,艾瑞咨询认为未来网络游戏行业整体仍将保持这一趋势,增长率将趋向平缓;网络招聘、B2B 电子商务、旅行预订市场份额不高,增长率徘徊在 10%至 30%,说明这些行业仍有增长空间,需要进一步培养用户习惯,加强营销宣传。

2. 中国电子商务行业发展趋势

全球电子商务市场将呈现欧洲、美国、亚洲"三足鼎立"之势。

艾瑞咨询根据 J.P.Morgan 发布的最新数据来考察全球各地区网络购物市场发展情况,研究发现:欧美地区(欧洲、美国)网购市场发展已处于全球领先地位,2009 年欧洲和美国网购市场交易规模合计占据全球将近七成的市场份额;其次是亚洲地区,其市场份额近年来持续递增，2009 年已达到 23.5%；另外根据数据，预计 2012 年欧洲、美国、亚洲网购市场份额分别为 36.4%、23.9%、28.9%，合计将占全球将近九成的比重。

3. 中国搜索引擎行业发展趋势

搜索引擎进入调整关键期。

艾瑞展望 2010 年中国搜索引擎市场的发展认为，中国搜索引擎市场将进入调整的关键时期，行业发展将实现“量”的积累到“质”的提升。搜索引擎商业价值将获得广泛认可，ARPU 值大幅提升，商业模式加速完善；行业将成功过渡至行业成熟期，从而获得长期持续的发展。

6.1.3 网络经济运行的产业基础——信息产业

在农业经济时代，第一产业——农业产业为其产业基础；在工业经济时代，第二产业——工业产业为其产业基础；在市场经济时代，商品服务产业——第三产业为其产业基础。

而在网络经济中，产业结构进一步演变成以信息技术服务产业为主，形成了第四产业，即由传统的以物质产品生产为重心的产业结构转向以信息产品生产和信息技术服务为重心的产业结构，信息服务产业成为了网络经济的产业基础。

第一产业、第二产业、第三产业同属物质资料再生产过程，其中第一产业、第二产业属于生产环节，第三产业属于流通、分配和消费环节，而信息技术服务产业从服务产业分离出来，并迅速向第一、第二产业渗透和扩张，使三次产业之间的界限逐渐模糊，形成第一、第二、第三产业逐渐融合的趋势，加快了国民经济服务化的进程。

第四产业或信息产业是从第一、第二和第三产业中分离出来的产业，它的母体便是第一、第二和第三产业，但是主要是第三产业，即广义的服务业。

最早提出和比较完整地测算过第四产业的经济学家是美国的马克卢普(F. Machlup)和波拉特(M. U. Porat)。1962 年马克卢普发表了一部专著——《美国的知识生产和分配》，书中研究了知识产业在国民经济中的构成比例并提出了一套测算方法。

波拉特以马克卢普的研究为基础，对信息产业在产业结构中的影响进行了详细的研究，提出了一整套操作的理论并据此对美国的信息产业部门进行了创造性的研究。他于 1977 年出版的《信息经济：定义和测量》是信息产业研究的经典著作。这部 9 卷本的巨著，第一次采用四分法把产业分为农业、工业、服务业和信息业。

6.1.4 网络经济运行的商务基础——电子商务

网络经济中，信息产业的形成和发展，使得信息技术服务广泛应用于商务领域，改变了传统的商务运作模式，形成了以现代信息网络通讯技术和信息软件处理技术为工具的新的商务运作模式——电子商务，即应用现代化电子工具(包括现代通信工具和计算机网络工具)和现代信息技术(包括现代信息处理技术和网络信息传输技术)的网络经济商务运作模式(包括企业经营管理活动和贸易活动)。电子商务已经成为网络经济运行的商务基础。

6.2　网络经济运行的经济周期

从工业革命到现在，世界经济有规律性的周期变动有五个长周期，它们是以纺织工业为主导产业的第一次工业革命，以钢铁工业为主导产业的第二次工业革命，以石油和重化工及电力工业为主导产业的第三次工业革命，以汽车工业为主导产业的第四次工业革命和以 IT 产业为主导产业的第五次工业革命。事实上，每一个长周期都与当时出现的每一次产业革命相联系。

以 IT 产业为主导的第五个世界经济长周期发端于 20 世纪 80 年代中期。美国凭借其在以 IT 技术为核心的高新技术方面的优势，率先进入这一以 IT 时代为特征的新长周期，其他发达国家和发展中国家，大多数是在世纪之交才开始步入这个长周期的。

6.2.1　经济周期的定义

各国经济的历史资料表明：宏观经济运行和发展不是一成不变的，有经济扩张和繁荣，也有经济衰退、金融危机和经济萧条，到达谷底后开始复苏。

经济周期就是指一国总体经济活动沿着经济发展的整体趋势所经历的有规律的扩张和收缩，在经济活动周期性变化的过程中，经济有长期增长趋势(曲线)。经济周期大体上经历周期性的 4 个阶段：繁荣(高涨)、衰退(危机)、萧条和复苏。如图 6－6 所示，图中的正斜率的直线是经济的长期增长趋势曲线。

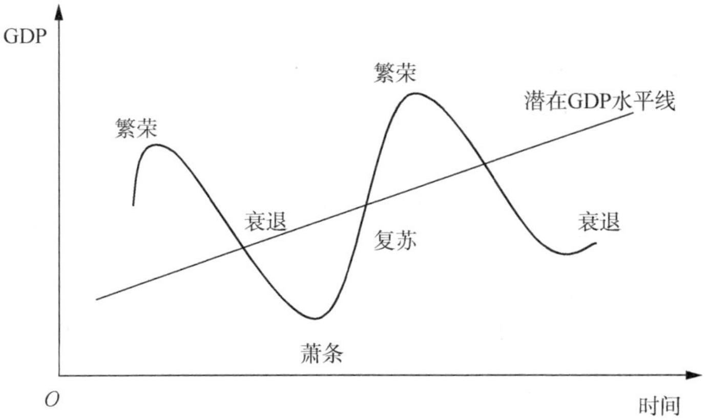

图 6－6　经济周期曲线

经济周期是指以实际国民生产总值衡量的经济活动总水平的波动。传统的经济理论将经济周期划分为萧条、复苏、繁荣、衰退四个阶段，基本上客观地反映了工业社会资本主义经济周期波动的规律。只是在二战后，随着西方发达国家加大宏观调控力度，采取反周期的手段，使经济周期出现了一些新特点，但始终没能摆脱经济周期的桎梏。尤其是在网络经济条件下，经济的周期波动出现了新的变化。

宏观经济总量发生周期性波动，是自重商主义时代以来遍及世界各国的客观规律。二战以后，特别是第三次科学技术革命以来，西方社会经济周期发生了明显的变化。具体表现为：

(1) 危机间隔时间缩短，发生较频繁；

(2) 经济危机周期过程中危机、萧条、复苏与高涨阶段界限已不明显，成为危机、回升和高涨三个阶段；

(3) 经济周期波动发生了某些形变，危机相对温和，没有大起大落。

以上这些特征最典型的代表就是新经济。发生这些变化的原因固然很多，其中有政府奉行凯恩斯主义对经济实行干预，缓和了危机的深刻程度，以及国际经济关系的影响等。但是，第三次科学技术革命的产生与深化，特别是信息技术的发展、信息产业和网络经济的形成，才是经济周期波动发生变形的"最根本的、具有物质性和本源性的"原因。

6.2.2 经济周期的类型

西方经济学家根据一个周期的长短将经济周期分为长周期、中周期和短周期。

(1) 长周期又称长波，是指一个周期长度平均在 50 年左右。这一划分是由苏联经济学家康德拉季耶夫(Kondratieff)于 1926 年发表的《经济生活中的长波》一文中首先提出的，故长周期又称康德拉季耶夫周期。

技术革命对经济周期的影响被经济学界所认识，经历了一个曲折的过程。苏联经济学家康德拉季耶夫于 1926 年首次以英国、法国、美国有关资料为基础作出统计数列，显示出经济波动的长周期趋势，提出了长周期假说，被称为康氏周期，又称长波理论(Kondratief, 1926)。当时，康德拉季耶夫并未揭示出长周期波动的发生机理，其重点只是对长周期波动的统计描述。

(2) 中周期又称中波，指一个周期平均长度为 8～10 年。关于中周期的研究较早。1860 年，法国经济学家朱格拉在其《论法国、英国和美国的商业危机及其发生周期》一书中系统地分析了这种周期，故又名朱格拉周期。

(3) 短周期又称短波，指一个周期平均长度约为 40 个月。它由美国经济学家基钦于 1923 年提出，故又称基钦周期。

熊彼特(Schumpeter, Joseph Alois)在其著作《经济周期》中曾经指出，长周期是技术革新引起的，并首先提出技术革新的长周期。他认为，技术革新处于周期性不稳定和经济增长之间。熊彼特在康氏周期论之后提出技术革新长周期，分别是：①18 世纪 80 年代至 1842 年的"工业革命"时期；②1842—1897 年的"蒸汽机和钢铁时代"；③1897 年以后的"电气、化学和汽车时代"。

20 世纪 70 年代，美国等西方资本主义国家出现严重经济危机和停滞膨胀，康氏周期重新引起人们的兴趣。长波理论的研究发现了伴随着长周期的一些经验性特点。其中，长期波动衰退期间产生的重大技术革新成果和重要发现、发明通常只是在下一次长期高涨开始时才能得到大规模应用。

20 世纪 50 年代以来的技术革新浪潮是以信息技术为核心的新技术群的产生为特征的。

以往的技术革新都是以扩大物质产品的生产规模，提高物质生产的能力为特征的，是大机器工业制造能力的提高，是人的体力劳动的节约，是物化劳动和劳动物化的革命。信息技术革命在技术特点、功能作用和产生的结果，以及产生结果的运行方式和周期规模等方面都在发生变化。如果说，以往的技术革新主要是以革新成果来替代和增强人的体能的话，那么，以信息技术为代表的新技术革命则是用其成果替代和增强人的智能。它使人直接操纵机器的劳动方式变成在人的控制下的智能机器间接操纵机器的劳动联结方式，使工业制造业等行业的生产自动化与过去产业革命形成的自动化相比有了质的飞跃。它产生了庞大的信息产业。历史上经济学家的判断所依据的周期波动规律和产业基础已经发生了巨大变化。

6.2.3 网络经济对经济周期的熨平作用

(1) 传统的物质生产部门在整个国民经济中的比重日益缩小，信息产业尤其是以知识、智能为基础的信息服务业大幅度增长，使得传统产业的衰退与高涨对整个国民经济的周期波动的影响力减弱。在欧、美等发达国家，传统工业只占整个国民经济的20%左右，比起工业革命时期的50%以上，它对经济增长的影响显然是大大下降了。传统的、由工业的兴衰决定的经济周期波动必然要发生重大变化。

(2) 第五次产业的周期波动将对经济增长周期波动特点产生决定性影响；第五次产业的周期波动将不取决于固定资本的更新，而取决于新技术、新知识以及新技术、新知识的获取方式。在当今的信息网络化时代，新技术、新知识，及其获取方式的创新速度，要远远快于传统工业技术革新的速度。如电话、电报、图书、校园教育，计算机、电视、录像机，计算机与通信结合的信息处理与传输网络，光纤通信、多媒体计算机、卫星通信、信息高速公路，全球通信和数据传输网等新技术的更新与进步，导致新行业、新市场、新需求不断涌现，成为决定经济持续增长的重要推动力。

(3) 高新技术融入传统工业领域，如计算机集成综合自动化系统在工业中的广泛应用使物质部门的固定资产更新方式和周期发生变化。传统的大机器生产线适应大批量、少品种的生产。当生产规模扩大到市场所不能容纳的地步时，就必须更新技术、更新设备、生产新产品以适应新的需要。因此，大规模的固定资产更新就成为经济由危机、萧条走向复苏、高涨的起点。在计算机控制下的集成综合自动化系统是一种"柔性"系统，或称"弹性"系统。它在满足市场需求变化时具有及时适应性，可以进行小批量、多品种生产制造。它的寿命长短主要由计算机软件决定。设备的改造更新，往往是新的计算机软件程序的设计和改进所致。这样，机器设备的更新，更大程度上将取决于其自然寿命，而不是社会寿命。这就是说，计算机软件的不断更新，将使固定资产的寿命延长，从而减缓由于固定资产更新所引发的周期波动。

(4) 高技术的突飞猛进和科学—技术—生产一体化的发展使从科学发现到相关技术的创新，再到新产品生产的周期发生变化。有资料表明，从科学发现和技术发明到投产所需时间在逐渐缩短，至今已出现一体化趋势。1885～1919年间，一项发明从设想、研制到试产的平均时间是30年，从生产上掌握它到投入市场的平均时间是7年，整个周期为37年。1920～1944年间，上述指标相应地缩短为16年及8年，整个周期为24年；1945～1964年间又相继缩短为9年和5年，整个周期为14年；而现在，整个周期缩短到10年以内，甚至不到1年。

这种巨大的进步，除了源于高技术本身的“科学技术一体化”的特征之外，也与现代企业组织特征有关，即：企业中科技人员比重不断增加，企业成为集中科技人员的主要场所之一。

（5）在网络经济时代，信息作为调节资源优化配置的“第二只看不见的手”，补充了市场价格机制失灵的空缺，使经济运行趋于平稳。例如，美、英两国，在20世纪80年代，库存对销售的比率是17%，现在仅为8%。信息的调节作用，不仅使生产更加符合市场的需要，而且使“市场出清”的速度大为提高。信息传输网以至信息高速公路的建成，对于商品流通、货币流通以及劳动力的流动方式均会带来积极影响，使生产者、消费者的时空观念发生相应变化，进一步使经济增长速度的周期波动过程变形。从理论上讲，由于信息要素在生产过程中地位日益重要，信息量的增大，信息传输速度的加快，必然使经济发展过程中各个环节、各产业部门之间的不平衡幅度缩小，使经济增长升幅、跌幅落差缩小。从实践的发展上看，欧美发达国家信息技术的进步，包括对传统产业的改造，以及信息服务业壮大，正以人们难以预料的方式和速度向前发展。这些国家的经济已经开始迈入知识经济和信息网络化时代，经济结构和经济运行方式都已发生了重大变化，那种工业时代的大起大落的经济周期波动，即将成为历史。

6.2.4 网络经济的经济危机

网络经济使得经济增长持续时间延长，但经济周期规律仍然适用于网络经济社会，在网络经济时代仍会有经济危机。

2007年4月，美国爆发了次贷危机，不久就演变为全球大规模的金融危机，现在危机已经蔓延到实体经济，成为实实在在的经济危机。

6.2.4.1 2007年金融危机发展过程回顾

从2001年起，美联储实行低利率政策与减税政策，推动美国放贷需求与房价不断攀升，商业银行为追求高利润，大量实行资本证券化，不断推出新的结构金融工具，资产支持证券反复衍生和杠杆交易满足了市场需求，但也造成了潜在的风险积累。当美联储在通货膨胀的压力下，从2004年6月起重新步入加息周期后，房地产价格从2006年6月开始下跌，次级抵押贷款市场以及金融衍生品市场繁荣的基础不复存在。2007年8月美国第五大投资银行贝尔斯登宣布旗下对冲基金停止赎回。引发了投资者撤资行为，从而触发了流动性危机。这被视为美国次贷危机全面爆发的标志。美国爆发次贷危机之后逐渐转变为金融危机，此后危机由国别危机转变为全球金融市场危机。金融市场危机也通过财富效应、信贷紧缩、切断企业融资来源等渠道影响到全球实体经济。

6.2.4.2 金融危机的产生原因

（1）持续不断的加息，加重了购房者的还贷负担。从2004年6月到2006年6月美联储连续17次调高利率，基准利率从1%调到5.25%，导致以浮动利率为主的次级抵押贷款利率不断提高，特别是2004年和2005年发放的次级抵押贷款合同，到了2006年、2007年进入利率重新设定期，利息剧增（提高50%或者更多）。

（2）房地产市场膨胀过后持续降温，导致抵押贷款信用质量下降。从2006年开始，美国房地产市场逐步降温，借款人很难再将自己的房屋卖出或者通过抵押获得新的融资，房屋价值也可能下跌到不足以偿还剩余贷款的地步。

(3) 美国国内居民储蓄率严重不足，没有风险抵抗能力。美国的个人储蓄率在近 30 年来急剧而且持续地下降，特别是近几年来，美国人崇尚消费，几乎没有储蓄，导致他们根本就没有风险承受能力。

(4) CDO 等基于次级房屋贷款的衍生品流动性不足。CDO 等衍生品是基于同一个基础资产衍生出的众多产品，当基础资产面临信用风险时，将产生链式反应。CDO 等是高度个性化的产品，通过 OTC 市场在各机构交易，流动性很差，在迫售的情况下难以获得合理的对价。

(5) 信用评级机构对结构性融资产品评级扭曲，扩大了金融风险。评级机构不仅评估信用风险，还参与结构性融资产品的构建，容易产生利益冲突问题。

结构性融资产品构造复杂，经过多次组合和分层，透明度不高，缺乏历史数据，影响评级独立性。投资者主要依靠评级机构出具的级别进行决策，一旦评级机构评级误差或对 CDO 降级，会引发信用风险，造成市场新一轮抛售，扩大危机。

6.2.4.3　本轮金融危机与历史金融危机有本质区别

本轮金融危机与历史上其他金融危机存在非常本质的差别。主要就是因为过去所发生的危机是原生品市场单一泡沫驱动下的传统金融危机，而本轮金融危机是原生品和衍生品双重泡沫驱动下的新型金融危机。

与传统金融危机相比，本轮金融危机不仅泡沫大，而且泡沫的损失非常高。数据显示，2001 年到 2006 年以次贷为主体泡沫扩大 2.4 倍，衍生品泡沫基于次贷 CDS 放大 300 倍，这种衍生品泡沫化的程度是远非原生品市场泡沫所能比拟的。本轮金融危机当中，原生品房地产贷款最大损失就是 3 600 亿美元左右，而衍生品的亏损却高达 1.54 万亿美元，相当于三个原生品泡沫还要大。

6.3　网络经济运行的特点

6.3.1　市场规模决定网络产品的成败

在传统经济中，产品的价格总是和产品的质量结合在一起的。决定产品成功与否的是产品的价格、质量等综合因素。但在网络经济下，产品价值会随着市场规模的扩大而增加，也就是说产品的市场规模很大程度上决定了产品的价值，而价格却随着产品价值的提高不断下降。所以产品的市场规模是最关键的，而不是质量。微软的视窗(Windows)系列产品就是例证：它不是最好的，但它是市场规模最大的，它控制了桌面电脑的操作系统，所以它是最成功的。别的小市场规模的产品(例如苹果公司的操作系统)质量可能不比微软的产品差，甚至优于微软的产品，但因为市场规模小，消费者不能享受市场规模带来的收益，购买的人就少。这在网站经营中的表现也非常明显。比如两个同做纺织贸易的 B2B 网站，一个的注册会员为 10 000 家，另一个为 100 家，那么后来加入的企业就会选择前者，因为在这里他能获得较多的商业机会。因此，对于一种网络产品的经营，关键是要取得最大的市场份额，市场份额小的网络产品则无生存之地。

因此网络经济造成了“赢家通吃”的市场局面。“赢家通吃”是指赢家获取一切，败者一无所获。这里，其理解可以从两个角度出发：

(1) 由于网络产品和服务本身对市场规模的要求，某产品市场份额越大，价值就越高，消费者越愿意消费该产品，因此，到竞争的最后，正反馈会使消费者选择消费同一种产品，而由于网络产品生产的边际成本很低，一家企业能够提供足够的产品。这样，最后成功的企业只有一家。这家企业赢得了绝大部分的市场份额，成为市场的统治者。

(2) 熟悉一个软件或一个系统的学习成本是很高的，从一个信息系统转换到另一个系统时，要放弃原先的知识和经验，重新接受训练，熟悉新软件的操作等，为此要付出巨大的时间、精力等成本。这一类成本就是“转移成本(Switching cost)”，即消费者使用另一种产品时必须付出的设备更新、学习等成本。当转移成本高到一定程度时，用户就会被锁定。这在软件产品上表现尤其明显，当人们最初选择了某种软件产品，并花了大量的时间、精力进行学习、实践，达到相当熟悉的程度，此时即使他面对一个可能更好的软件，他也不会轻易地接受，而是继续使用他所熟悉的原先那个软件，这就是所谓的“锁定(Lock in)”效应。网络企业销售网络产品的过程也是网络企业试图“锁定”消费者的过程。消费者被“锁定”后，他是否转而使用另一种同类产品的决策取决于“转移成本”和“转移收益”(如果我们把消费者使用另一种产品所产生的效用称为“转移收益”的话)。“转移收益”的大小毫无疑问又与该产品的市场规模有关，市场规模大的产品有机会获得更大的市场规模，引发正反馈，最终达到“赢家通吃”。

6.3.2 实施“主流化”营销战略

“主流化”战略可以简单概括为先低价销售或免费赠送产品，取得最大化市场份额，产品成为市场主流，从而实现“锁定”用户群；再通过产品升级、相关服务收费或会员费来取得利润的营销战略。“主流化”营销战略意味着网络经济有独特的赢利模式：先不惜一切代价获取市场份额，再获得收益。梅格卡尔夫定律、正反馈性质和“赢家通吃”现象都使网络企业不得不实施“主流化”营销战略。而网络产品的成本结构又使“主流化”战略成为可能。网络产品的销售竞争会把产品价格降为零。因为网络产品一旦已经被生产出来，它的成本绝大部分为“沉没成本”，既然“沉没成本”已无法挽回，产品的价格就直奔边际成本而去，而且边际成本又极低，那么，免费赠送产品也就在所难免了。“主流化”的目的是锁定用户群，使一大批用户不愿意学习使用另外的产品，或者因为要保持前后一致性而根本无法使用另外的产品，从而使产品有了固定用户群，这样，网络企业就可以对产品收费。当然，即使锁定用户后产品的售价也不能过高，因为一旦消费者认为产品价格高于他的“转移成本”，他就会选择另一种同类的产品。产品“主流化”后，网络企业还可以通过产品的更新换代造成用户重复购买来获得收益，正如微软每隔六个月就要升级其操作系统一样。另外还可以根据“剃须刀与刀片”原理，通过销售相关产品和服务等方法而获利。这样就说明网络企业的获利只能是在产品占据主流地位后。这种“主流化”战略是不得不实施的。因为如果一家企业不实行“主流化”战略而别的企业实施了，那么它的产品就毫无竞争力，就不能获得足够的市场份额，就会被淘汰。

6.3.3 独特的赢利模式

网络经济的赢利模式与传统经济有很大的区别，主要体现在以下两个方面：一是赢利滞后。如前所述，网络企业在取得最大的市场规模以前，是很难赢利的。网络企业一开始关注的焦点是市场规模，而不是利润。网络企业只有在取得足够的市场地位后才有可能赢利；二是“赢家通吃”。简单地讲，网络企业要么获得整个蛋糕，要么一无所获。市场统治者获得了该产品总收入的绝大部分，而淘汰者由于其产品还没有达到主流地位，没能锁定消费者，所以不能获得足够的收益来弥补投入。而在传统经济下，一个企业即使没能做到最好，没能垄断市场，但也能在产品的整个市场收益中分到一块，可能实现获利。

由于网络经济只有第一，没有第二，决定了网络企业创新的重要性。只有提供差别化的产品和服务，才可能在创新生存的网络经济中占据制高点，赢得先机。

许多网站创新了电子商务模式，如专注于 QQ 聊天的腾讯、网上招聘的前程无忧、网上订票的携程旅行，不管是提供了全面、及时的信息（新浪），还是创造了娱乐方式（联众等）、还是降低了交易成本（阿里巴巴等），网站都在经营自己独特的“卖点”。

6.3.4 更加激烈的竞争

网络产品以知识为主要的投入要素，所需的物质资源相对较少。因此，网络企业开办的物质障碍相对较少。例如建一个网站需要的只是服务器之类的少量设备。而在传统经济下，企业进入时用到的物质资源比较多，比如说大规模的机器、厂房等。建一个汽车制造厂需要巨额资金，这只是极少数人能办到的。而建一个网站是许多人能办到的。网络企业进入障碍相对较少，谁都能玩一把，也更能实现白手起家者的创业梦想，参与竞争的企业往往比传统经济下多。另外，在传统经济下企业竞争的差距从企业进入时就会体现，各个企业的起点由于一开始拥有的物质资源不同而不一致。而网络经济下更注重的是创意的竞争，如果经营同类产品，各个网络企业在初创时往往没有很大的差距，市场竞争更加激烈。

第 7 章　网络经济与资本市场

7.1　网络经济对金融支持系统的需求

如果说互联网像一个架在地球上的信息高速公路的话，每一个网站就如同一辆飞驰的汽车，那么风险投资可能就如同"加油站"了。

在每一个巨大成功的背后，风险投资起到了至关重要的作用。在我们耳熟能详的成功网站中，几乎都有过风险投资的合作经历。从美国的 Yahoo、Google、eBay、亚马逊，到中国的三大门户、百度、阿里巴巴、盛大等。

众所周知，美国由于新经济的发展，在 20 世纪末确立了在全球经济的领导地位。它的巨大成功不仅使美国经济持续了 10 年的高增长、高就业和低通胀，而且大大推动了全球经济一体化进程的加快，改变了世界经济格局和全球几十亿人的生活方式。透过这种新经济繁荣，可以发现它的基础正是互联网、通信、计算机软硬件、生物科技等高科技产业。可以说，一部美国新经济的发展史就是一部高科技产业的发展史。

网络经济和现代金融业是新经济的两大支柱。现实中网络经济是在金融业的支持下发展起来的，这不仅仅是偶然。网络经济对金融支持系统的制度需求来自于它的经济学本质。网络产品平均成本不断下降的供给特点与边际效用递增的需求特点，使网络经济产生了不同于传统经济的运行规律，从而使网络经济在资金支持、风险分担和管理支持方面产生了对金融支持系统的制度需求。金融业经过多年的发展，在证券市场、法律法规、投资主体、投资基金、专业化投资、中介机构等方面都产生了对金融支持系统的制度供给。制度供需在风险投资和二板市场创业板上取得了均衡。以风险投资与二板市场为核心的金融支持系统是网络经济发展的基础。二板市场的投资者是支持网络经济发展的资金链的最后一环，如果投资者不再投资网络股，二板市场就会崩溃，网络企业就无法实现 IPO，风险投资机构就会被套，风险资金无法实现良性循环，网络企业也就失去了资金支持，网络经济就会陷入萧条的境地。为防止这种情况发生，从长远来看，只能寄希望于投资者投资理念的转变；从短期来看，应该采取措施加强对二板市场的监管。

7.1.1　资本市场对网络经济的作用

网络经济具有扩张性，对资本市场具有更大的诱惑力。伴随着网络经济发展的同时，也带来一股投资的热潮。由于投资热潮的到来，资本市场必将空前活跃起来，网络经济与资本市场的互动必将引起更广泛的关注。

网络经济虽然创造了许多神话，但它仍遵循投入产出的原则。资本是网络经济最主要的投入要素之一，资本市场对网络经济的发展具有重要的推动作用。这种作用表现在三个方面。

7.1.1.1 资本市场对网络经济的推动作用

从网络产品市场规模的重要性、“赢家通吃”、“主流化”策略和网络经济的赢利模式可以看出，从网络产品的研制成功到网络企业的赢利之间往往需要很长的时间。在这段时间里，企业只有投入而没有赢利。网络企业在产品实现“主流”地位以前是不能获得足够的收入的。企业唯一能做的就是低价销售或免费赠送产品，以扩大市场份额。这是一场轰轰烈烈的“烧钱运动”，谁的资金实力强，谁能够熬到最后，谁就是赢家。

然而，任何一家企业的资金实力终究是有限的，企业本身的投入显然不能解决问题，而且网络经济的特点使企业不可能通过自身的积累来进行再投入。因此，融资系统是必不可少的。如果没有金融系统的支持，企业不大可能熬到最后。网络企业之间的竞争会发展成为企业融资能力的竞争，只有融资能力强的企业才可能成功。网络企业能做的就是融资—投入—再融资—再投入，“烧钱”直至其他竞争者全都倒下，自己获得最大市场份额为止。

只有资本市场的支持才能满足网络经济发展的需要。网络经济的多元性以及发展的阶段性和连贯性，需要不同的资本市场有机地连接在一起，为网络经济提供超常发展的平台。在网络经济高速发展的国家，风险资本市场作为企业初创的资本来源，而证券市场作为企业稳定发展的资本支撑。这些不同的资本市场，有效地满足了企业在网络经济发展各个阶段对资本的不同需要，为企业的发展提供了通道。

7.1.1.2 资本市场平抑网络经济投资风险的作用

与其他产业或一般的高新技术产业相比，网络投资更具风险性。针对这种风险，资本市场不仅构造了安全、透明、公平和有效的规则，而且通过完善的责任机制、对称机制和引导机制，使资本扩张与网络经济的实用性、创造性紧密联系，有效地提高了网络经济的创新能力，把资本风险降低到合理范围。

网络企业面临的风险可以分为技术风险和市场风险。

先看技术风险：技术风险是指网络产品在创新及产品化过程中，由于技术因素导致失败的可能性。风险体现在这样几个方面：①技术前景和效果的不确定性。网络技术在诞生之初往往是不完善的、粗糙的，在既有的技术知识下，能否很快地使其成熟和完善起来，这是无法确定的，这种新技术发展前景的不确定性使网络企业面临着很大的风险。同时即使一项新技术成功地完成开发和生产，但由于有些技术可能会有事先难以发现的副作用，这样的新技术就可能受到限制而不能实施；②技术能否产品化的不确定性。网络技术产品化，受到从设计原理突破、产品设计定型、产品改进完善等多个环节中的多种因素制约，任何一个环节的微小障碍都有可能使产品创新前功尽弃；③技术寿命的不确定性。目前网络产品的重要特点之一就是产品寿命周期短、更新换代快。由于网络技术产品寿命周期越来越短，对高技术产品创新者而言，如不能在高技术周期内迅速实现产业化，收回初始投入并取得利润，那么必将受到巨大损失。

再看市场风险：市场风险是指由于市场竞争导致的网络企业失败的可能性。从网络经济的特点可以看出：网络经济下竞争者空前众多，而成功者注定只能有一个，而且是“赢家通吃”，先前被淘汰者一无所获。这种竞争模式使企业面临的风险非常大。比如有100家网站同做纺织品的电子商务，按照我们的逻辑，最后成功的只能有一家。也就是说100家企业直奔同一个蛋糕而去，而最后享用这蛋糕的只能是一家。这样，99家即99%的企业注定是要被淘汰的。这100家企业的融资者就要有能够承受99%失败概率的能力。再比如，由于亚马逊(Amazon)的示范效应，中国的网上书店最多时曾达到过160家，几乎家家都声称要做中国的"亚马逊"，但这些书店中的大部分由于无法得到后续资金的支持已经关闭，现在仅剩下40家，而这些剩下来的书店除极少数有希望上市或被收购兼并外，其余的只是勉强维持惨淡经营。关于50%网络企业要在1年内破产，85%网络企业要在3年内破产的预言不绝于耳。这对金融支持系统的要求非常高。为降低风险，金融支持系统应该把资金分散到多个企业，把鸡蛋放在多个篮子里。只要有一个成功，得到整个蛋糕，投资者就可能获利。其次，可以扩大金融支持系统的基础，使其参与者众多，而每个参与者的投入又可以不多，也能使各个参与者可能遭受的损失减少。让1万个人共同投资1万元显然要比让1个人投资1万元更加有承受风险的能力。另外，应该有畅通的退出机制。如果投资者发现被投资企业已经增值，自己已经获利，那么应该可以通过退出机制顺利地实现增值退出。

企业面临的巨大风险就摆在金融支持系统面前。但即使是得到了金融支持系统的支持，网络企业的经营也不是一帆风顺的。许多网络企业在创业初期曾经得到风险投资的支持，但由于后续资金没跟上，网络企业还是破产了。体育服装零售网、宠物网、工艺零售网、玩具网、家具经销网等众多著名网站都遭受了这样的命运。体育服装零售网号称是欧洲资金最雄厚的网站，曾经拥有1.3亿美元资金，而被收购时只卖了37万美元，金融支持系统的损失之大可想而知。风险和收益是对称的，这就引申出制度的设计需要金融支持系统在承担巨大的风险同时也能享受巨大的收益。

7.1.1.3 资本市场对网络经济的综合支持作用

资本市场对网络企业资金和机制的双重输出。传统资本市场只输出资金，但随着从投资实物转向投资概念，不仅需要金融工具的衍生，同时也需要投资制度的创新，使得网络企业在资本市场上得到资金和体制的综合投入。通过这种综合投入，防止企业重筹资、轻体制，提高网络企业的成功概率，使资本市场对网络企业概念的投资延伸为对包括技术、管理、工艺和营销等在内的创新的投资，促进了网络经济的健康发展。

因为企业和投资者面临的风险是如此之大，技术发明者往往又缺乏市场经营和管理的知识和经验，所以技术发明者就希望能够得到有经营管理能力和经验的人才的指导。

比尔·盖茨虽然获得了巨大的成功，但他辞去了CEO的事务，而专注于CTO的工作，这很能说明问题。网易的创办人丁磊也一度辞去CEO的职务而担任CFO。新浪的首任CEO是技术人员出身的王志东，而自2006年5月起担任新浪首席执行官兼总裁至今(2010年10月)的曹国伟，毕业于上海复旦大学新闻系，并获得美国奥克拉荷马大学新闻学硕士及得州奥斯町大学商业管理学院财务专业硕士，为美国会计师协会会员，美国注册会计，在加入新浪之前，曹国伟曾在著名的世界五大会计事务所之一的普华永道公司(Pricewaterhouse Coopers)担任资深经理，1999年9月加入新浪，担任主管财务的副总裁，2001年1月升任公司的首席财务长，后任新浪首席财务长CFO兼联席运营长COO。2006年5月，曹国伟从汪延手中接过了新浪CEO的职位。反过来讲，许多网络企业的破产和倒闭往往不是因为产品的技术不行，而是因为管理混乱、销售拓展不力等原因。这种企业如果由有丰富经营经验的专业经营管理人才来管理，可能就有机会成功。另一方面，投资者为了对投入的资金负责，尽可能地降低风险，避免由于经营不善而埋没了好产品，产生了参与企业管理的需求。这样不但可以帮助技术发明者建立现代科学的企业制度，加强内部控制，提高企业的运转效率，提高资金利用效益，确保企业经营战略的正确性，还能使投资者随时掌握企业的经营状况，了解企业的经营前景，有助于降低金融支持机构的风险。可以看出，最合适的组合就是投资者同时也是经营专家。

以风险投资和二板市场为核心的信用经济制度作为一个整体，符合网络经济的运行规律，满足网络经济的要求，是目前为止最能为网络经济提供支持的制度，是网络经济发展的制度条件之一。正如汽车工业的发展离不开分期付款信贷制度一样，网络经济的发展离不开金融支持系统的配合，这对发展网络经济具有现实指导意义。

至此，我们从网络经济的经济学理论基础出发，说明了网络经济的运行规律，再从网络经济独特的运行规律和行为模式得出了网络经济需要金融支持系统的结论。

7.1.2 网络经济与金融支持系统的互动关系

7.1.2.1 资本市场推动网络经济的发展

1999年以来，全球网络产业掀起了历史上任何其他产业和技术行业都不曾有过的投资热潮。1999年美国过半数创业投资投向了电脑网络公司。欧洲和日本滞后了一步，但也正急起直追，加大资本投入，发展网络经济，意欲通过互联网络重新部署经济全球化战略，跨国大企业也纷纷通过拓展互联网业务抢占新的市场份额，巩固竞争优势。在这样一个全球经济版图和国际市场重新划分的关键时刻，无论是国家还是企业都必须顺势作出快速反应，亮出旗号，抢占阵地。为此，要特别重视支持新经济的资本市场的发育壮大。

网络经济为技术的推广应用，为信息的取得开辟了一个新纪元；网络经济开辟了一个个人经济的时代，就是说每个人的才能都可以通过网络得到更好的发挥，网络经济为电子商务开拓了一个广阔的前景，今天网络经济之所以能够得到迅速的发展，它要依靠资本市场的推广。在美国，网络经济之所以能够得到这样快的发展，就是因为有很多的风险投资者，有纳斯达克这样一个为新经济上市的市场。在香港，如果没有资本市场的作用，像李嘉诚次子李泽楷的盈科数码动力这样一个正在大量花钱建设中的盈科数码港，连一分钱都没有进账的盈科数码动力，是不可能来收购兼并香港电讯的。

网络在全世界开始信息互联的时候是万万没有料到自己日后能有如此身价，缺少了资本的推波助澜网络只不过是一门技术，网络成金是资本一手炼成的。当然，中国由于资本市场还不发达，对于中国的网络经济感兴趣的主要是国外的风险投资和国外的资本市场。相比之下，当时由于我国内地还没有一个为网络经济支持的资本市场，加之前几年由于风险投资不多，因此，前几年我国内地的网络经济发展是非常迟缓的。在若干年前，大家所知道的比较熟悉的就是一个瀛海威，但是瀛海威由于没有风险投资，惨淡经营，搞得非常之苦。

王志东也获得了风险投资，如果没有两次风险投资，他就不可能把新浪网建成现在的局面，也不可能去海外的资本市场上市，所以我国的网络经济是在资本市场支持下发展的。

7.1.2.2 网络经济为资本市场注入新的活力

网络经济代表着新一代的生产力，它的良好发展前景，使它很快就成了资本市场的宠儿，网络股价格扶摇直上，美国纳斯达克的上市公司股票价格几年来翻了几番。我国香港股市把网络股作为最有前景的股票。由香港和黄集团与长江实业携手建立的入门网站tom.com，要上创业板，公开招股。供散户认购的股数为4 280万股，发行价1.78港元，收回的申请表45.32万份，申请认购的总股数286.5亿余股，超额669倍。同样的例子，李泽楷的盈科数码动力有限公司(盈动)与大东电报局达成收购香港电讯的协议。原先既无客户又无收入的互联网企业鲸吞香港电讯业巨头，创出被喻为世纪收购的事件。盈动和香港电讯合并后的PCCW-HKT成了香港市场的第三大市值公司，市值达5 400亿港元。

总体来说，当时，因为网络的一度火爆，网络经济受到普遍关注，使得资本市场比过去大大活跃。网络经济这个理念深入人心，就使得资本市场中股市的价格有了一个新的评断。过去强调的是企业的经济业绩，强调绩优股。而现在股价的上升不完全是绩优不绩优，而要看它的经营范围，看它的成长性，这种新的投资理念使得我国也像美国、日本一样对网络经济给予了很大的热情，也正因为这样的资本市场支持了网络经济的发展，反过来，网络经济又活跃了资本市场，于是就形成了网络经济与资本市场的互动。这种互动实际上在美国早就已经开始了：也就是纳斯达克指数的扶摇直上，包括美国在线能够兼并时代华纳，都是资本市场对于网络经济的支持。

有人认为美国的互联网建设经过学校网—政府网—企业网—社会网的发展阶段，经过二三十年的建设，发展到今天这样的规模，它的网络股在资本市场的活跃是合理的。中国的网络经济还很幼稚，把网络股的价格炒得很高是不合理的。但也有另一种看法，即发达国家网络股价格扶摇直上展示了网络经济的发展前景，而这个前景对于中国经济也同样存在。因而，对于网络经济的美好憧憬，激活了资本市场是非常合理的。因为它代表着时代发展的大潮流，代表着经济发展的新方向，带.com的网络经济、带e字头的电子商贸业务受到股民的追捧，成为资本市场的热门，而传统的工业股、商业股、房地产股逐渐失去过去的辉煌，尽管中国的网络经济还刚刚起步，目前业务量小，没有利润，但它却使资本市场充满活力，它使广大投资者和股民可以有充分的想象力，来预测它的非常广阔的前景。

7.1.2.3 网络经济与资本市场互动泡沫问题

网络经济的发展需要资本市场的支持，反过来网络经济活跃了资本市场，对于这样的互动，传统理念的投资者是不认同的。按照传统的理念，资本的价格是资本的利息的价格，亦即，只有盈利的企业才能够有合适的股价，股价是按照市盈率的价格来计算的。而从网络经济的发展现状来看，许多网站在前期是亏本的，特别是在2000年互联网的寒冬来临前后，许多网络公司倒了下去，所以网络经济泡沫说一时甚嚣尘上。然而捱过互联网寒冬生存下来的网站，却逐渐出现了盈利，有许多新兴的网站，如盛大、百度都在纳斯达克上市了。百度在纳斯达克一上市，股价飙升，当时人们说又是泡沫，然而为何那么多的老百姓、股民还是追捧网络经济、追捧概念股呢？因为人们追捧网络股，不仅仅看待网络公司的目前盈利，更多的是投资网络公司的未来。正因为资本市场不再局限于短期的利润回报，而着重网络企业的成长性和长期性，才成就了那么多的网络创业家实现他们的梦想。

网络经济与资本市场的互动中之所以会泛起泡沫，是因为网络经济发展还不充分，而人们对其前景有着非常之好的预期。要消除泡沫，就得创造条件，使发展尚不充分的网络经济进一步得到发展，这在发达国家是如此，在中国尤其如此。

7.1.3　资本市场对网络经济投入的特点

与传统经济相比，资本市场对网络经济的投入也有一些新的特点。

首先，资本市场要求网络企业具有融合性。网络经济的本源是“融合”，这种融合不仅依赖于数据和通信技术的融合，还依赖于网络经济各个组成部分的融合，更依赖于通过网络实现产业和产业之间、生产和消费之间的融合。在国外资本市场，没有融合的网络是不可能发展的、没有融合的网络企业是不可能在资本市场上长期得到投资的。

其次，资本市场要求网络企业具有创新性。网络经济首先是一种知识经济，创新是它的重要特征。这种创新一般被理解为包括在高新技术之内的技术、理念或应用的创新。网络经济借助网络产品和服务的创新来引发巨大的市场，而资本则追逐市场的创新。

再次，网络经济改变了传统的投资理念。由于网络经济边际效用递增和边际成本递减规律以及网络经济的正反馈原理的作用，资本市场的投资理念发生了转变，网络企业的投资者不再注重公司眼前的盈利或正的现金流，而是关心它的成长性——它的长期盈利能力，并愿意忍受其巨大的亏损。

7.1.4　现代网络企业金融融资方式

现代金融对企业融资方式的制度供给不外乎债权融资和股权融资两种。那么哪一种更适合网络企业呢？我们先从融资及资本市场的概念讲起。

7.1.4.1　相关概念

1. 融资的概念

从狭义上讲，融资即是一个企业的资金筹集行为与过程，也就是公司根据自身的生产经营状况、资金拥有的状况，以及公司未来经营发展的需要，通过科学的预测和决策，采用一定的方式，从一定的渠道向公司的投资者和债权人去筹集资金，组织资金的供应，以保证公司正常生产需要，经营管理活动需要的理财行为。公司筹集资金的动机应该遵循一定的原则，通过一定的渠道和一定的方式去进行。

从广义上讲，融资也叫金融，就是货币资金的融通，是指当事人通过各种方式到金融市场上筹措或贷放资金的行为。

融资可以分为直接融资和间接融资。直接融资是不经金融机构的媒介，由政府、企事业单位及个人直接以最后借款人的身份向最后贷款人进行的融资活动，其融通的资金直接用于生产、投资和消费。间接融资是通过金融机构的媒介，由最后借款人向最后贷款人进行的融资活动，如企业向银行、信托公司进行融资等。

2. 资本市场的含义

资本市场是指证券融资和经营一年以上中长期资金借贷的金融市场，包括股票市场、债券市场、基金市场和中长期信贷市场等，其融通的资金主要作为扩大再生产的资本使用，因此称为资本市场。作为资本市场重要组成部分的证券市场，具有通过发行股票和债券的形式吸收中长期资金的巨大能力，公开发行的股票和债券还可在二级市场自由买卖和流通，有着很强的灵活性。

3. 股权融资和债权融资的不同点

企业在生产经营过程中，特别是在扩大生产经营规模时，常会碰到资金不足的困难。在企业自有资金不能完全满足其资金需求时，便需要向外部筹资。对外筹资可以有两种方法，一是资金需求者直接借助市场向社会上有资金盈余的单位和个人筹资，二是向银行等金融中介机构申请贷款等。第一种方式一般称为直接融资，第二种方式称为间接融资。

直接融资的主要形式有股票、债券、商业票据、预付和赊购。其中股票融资和债券融资是最重要的形式。银行信贷融资是间接融资最重要的形式，间接融资中的金融中介机构主要是商业银行。股权融资和债权融资属于不同的融资方式，在融通资金的性质、作用等方面有很大的不同。

(1) 银行提供给企业的资金融通，对企业而言是它的外部债务，体现的是债权债务关系；而企业通过股票融资筹集的资金是企业的资本金，它反映的是财产所有权关系。

(2) 债权融资是企业的债务，企业必须在到期时或到期前按期还本付息，因而构成企业的财务负担；而股权融资没有到期偿还的问题，投资者一旦购买股票便不得返股。

(3) 对提供融资者而言，债权融资是银行提供给企业的信用。银行提供的借贷资金不论数量多少，都没有参与企业经营管理的权利；而提供股权融资者即成为企业的股东，可以参与企业的经营决策。

(4) 从提供融资者收益看，银行的收益是固定(或根据一定的标准浮动)的利息收入，无论企业经营好坏，企业都有义务支付应付的利息；而股票的收益通常是不固定的，它与企业的经营好坏有着密切的关系。

(5) 在企业破产清算时，债权融资和股权融资的清偿顺序不同。银行提供给企业的贷款，不论有无担保，都是对企业的债权，可以在股东之前取得清偿权。

7.1.4.2 债权融资

首先来看债权融资方式：从资金提供的角度看，银行借款或发行债券需要企业有良好的信誉或能提供担保，这两方面初创的网络企业都是不能满足的。一个初创的网络企业拥有的往往只有一个创意、一种技术，而没有良好的融资记录，更没有担保物。另外，网络企业对资金的需求是持续的，对于一个没有赢利、资产负债率等传统评估指标不理想的企业，不可能持续借到款项或发行债券的。从风险角度看：债权人往往人数较少，譬如是几个大银行。网络企业创办成功可能性在10%～20%左右，银行的管理者、股东、储户显然无法接受这样低的成功概率。而且债权人的收益率往往是事先规定的，企业可能获得几十倍的收益，债权人的收益却不可能是几十倍，但同时要承担的风险却非常大，因此收益与风险不对称，银行要承担巨大的风险，却不能享受高收益。从对企业的其他方面支持的角度看：作为债权人，银行无法深入企业内部进行管理，对企业的指导不到位。另外，银行资本运营容易产生腐败行为，这已经是人们的共识。

7.1.4.3 股权融资

股权融资作为企业的主要融资方式，在资本市场中起着举足轻重的作用，它同样也是企业快速发展应采取的重要手段。股权融资适用于任一发展阶段的企业，但通常投资收益波动大、预期收益高的企业，或投资有一段较长的无收入或低收入期后才能有高收益的企业，更倾向于选择股权融资。对于投资者而言，管理团队、核心竞争力、市场前景和现金流状况决定了该企业是否有资格获得投资的入场券。网络企业正是被投资者看中具有良好预期的企业。

从资金的角度看:股权投资者可以不顾网络企业的财务状况,也不管有无担保物,而只凭网络企业的创意进行初始投资。而且如果网络企业上市成功,企业就可能从股票市场上连续获得资金支撑;从风险的角度看:股权融资可以实现风险的分担。如果通过金融市场形成一个拥有成千上万投资者的投资基金,再由投资基金投资网络企业,就实现了风险的社会化分担。企业上市后,初始股东就能退出,风险承担者可以变化。从对企业的指导来看,股权投资者作为股东,可以自己或选择经营管理人才参与企业的经营,能够掌握企业的经营状况,而且道德风险较小,监督成本较低。

7.1.4.4 股权融资方式及成功案例

策略决定发展,企业进行股权融资需要有一定的方式与策略。从融资方式角度来看,股权融资主要体现为VC(风险投资)、私募、上市前融资及管理层收购等方式。

1. 风险投资(Venture Capital)

2005年是风险投资抢滩中国的一年,各地风险投资纷纷在华撒下银子。2005年以来,各大风险投资商动作频频:软银亚洲成立一个6.43亿美元的基金;IDG在国内新设立了两笔总金额约为5亿美元的风险投资基金;Kleiner Perkins Caufield &Byers KPCB、Accel Partner、Matrix Partner三家国际风险投资也于2005年底进驻中国。据近期清科创业推出的“2005中国创业投资中期调查报告”显示:2005年上半年共有7家企业完成新的募资,募资基金合计为16.51亿美元,为2004年募资额6.99亿美元的两倍多。从行业上看,IT企业仍然是最能吸引风险投资的行业,占到总数量的63%。

以往的成功案例表明,无论是IDG还是软银,都始终活跃于IT领域。IDG长期着力于IT企业的前期创业,软银则已经形成了一个互联网体系的帝国,从雅虎到盛大,再到阿里巴巴,互联网的每一种模式都注入了软银的资金。

中国风险投资研究院发布的2009年中国风险投资行业的调研报告显示,2009年中国风险投资行业,呈现出募资规模稳步回升、人民币基金保持主流地位、投资整体规模超过外资,风险投资、私募基金支持的企业迎来了上市的高潮,上市的方式、退出比例增加等发展的趋势。研究中心的统计数据显示,2009年共发生123笔退出的交易,较2008年全年减少了12笔,降幅为8.9个百分点,但是从具体退出的方式来看,82笔IPO退出交易所,占退出总数的66.7%,较2008年全年增加了39笔,占比也由2008年全年的31.9%增加到34.8个百分点。

另外的一些统计数据也显示,在获得创投机构参股的19家创业板上市公司中,相关的创投资金增值13.49倍,巨大的财富效益带动了风险投资。使我国成为了全球创业风险投资最为活跃的地区之一,可以说2009年是我国风险投资行业格局发生重大变化的一年,外资一统天下的格局已经被打破,本土风险投资机构正在崛起,管理水平、品牌效应、退出回报等等都有了很大的提升。同时也涌现出了一批注入深创投、软银亚洲信息基础投资基金等优秀的机构。

2. 私募(Private Equity)

私募融资是相对于公募融资而言更快捷有效的一种融资方式,通过非公开宣传,私下向特定少数投资募集资金,它的销售与赎回都是通过资金管理人私下与投资者协商而进行的。虽然这种在限定条件下“准公开发行”的证券至今仍无法走到阳光下,但是不计其数的成功私募昭示着其渐趋合法化，并且较之公募融资，私募有着不可替代的优势，由此成为众多企业成功上市的一条理想之路。

一份研究报告显示，目前私募基金占投资者交易资金的比重达到30%～35%，资金总规模在6 000～7 000亿元之间，整体规模超过公募基金一倍。地区分布上，我国的私募资金又主要集中在北京、上海、广州、辽宁和江苏等地，但主体地域却在动态演变。

2005年3月，东软金算盘公司成功获得由英国联合利丰和另外一家国际金融集团联合投资的760万美元资金，并成立"金算盘软件(集团)有限公司"。自此，金算盘拥有超过70%的绝对控股权，而英国联合利丰公司和另一家金融集团则持有剩余的股份。双方签订的投资协议中指出，英国联合利丰将帮助金算盘优化企业治理结构，健全财务制度，改善企业管理，打造国际化的商业模式，拓展海外市场，并在未来一到两年内实现海外上市；金算盘将借助海外资本优势实现"在行业内做深，在地域上做广"的发展构想，借助合作伙伴逐步向国际市场渗透，在市场定位、渠道拓展、品牌提升、盈利增加、提高知名度、寻求更好的商业模式方面做大做强，依托国内外强大的人才资源与成本优势，以中低端管理软件为突破口，逐步占领国际市场，在未来使自己成为中低端管理软件的世界性领先品牌。

审视金算盘的成功，我们不难发现，成功的私募并不是一蹴而就的，偶然中存在着一定的必然性，独有的技术优势和稳定而成熟的盈利模式是获得私募的先决条件。并且，企业需根据融资需求寻找合适的投资者。外资往往更看重行业的发展前景和企业在行业中的地位，喜欢追求长期回报，投资往往是战略性的；风险投资机构追求资本增值的最大化，他们的最终目的是通过上市、转让或并购的方式，在资本市场退出；产业投资机构的投资目的是希望被投资企业能与自身的主业融合或互补，形成协同效应。

3. 上市前融资

作为私募的一种，上市前融资为众多企业上市的成功奠定了坚实基础。广义的上市前融资不仅包括首次公开上市之前的准备工作，而且还特别强调对企业管理、生产、营销、财务、技术等方面的辅导和改造。相比之下，狭义的上市前融资目的仅在于使企业能够顺利地融资成功。风险资本市场的出现使得企业获得外部权益资本的时间大大提前了，在企业生命周期的开始，如果有足够的成长潜力就有可能获得外部的权益性资本，这种附带增值服务的融资伴随企业经历初创期、扩张期，然后由投资银行接手进入狭义的上市前融资，逐步稳固地建立良好的运行机制，积累经营业绩，成为合格的公众公司。这对提高上市公司整体质量，降低公开市场的风险乃至经济的增长都具有重要的意义。

2005年上市成功的案例不胜枚举，从IT业巨头百度成功登陆纳斯达克募集资金1.09亿美元，缔造了首日市值就已接近40亿美元远远超过四大门户网站的股市神话；到交行香港B股市场成功上市，揭开其他国有商业银行纷纷登陆股票市场的序幕。这些无不昭示着上市融资依然是股权市场融资最有效的方式，同时也是投资者退出的最常见方式。而这所有IPO的成功，上市前融资的作用不可磨灭。蒙牛上市前融得的两笔合计4.77亿港元的资金，可谓是其整个资本运作链条中不可或缺的重要一环，对于蒙牛起飞的助推效果，甚至要超过上市融资得到的10亿港元。可以说，这两笔上市前融资，使蒙牛后来的上市融资水到渠成，由此证明了上市前融资的意义所在。

此外，MBO(管理层收购)、M&A(合并)等也是股权融资的重要形式，目前越来越多的国有企业采用了这样的一种变革方式进而融资。

从以上的分析可以看出：网络经济的金融支持体系必须是股权融资制度。现代投资理念和证券市场的发展已经设计了这样一种制度：先由大众投资建立投资基金，再由投资基金投资于网络企业，并参与经营管理，最后使企业上市，投资基金获得退出，新投资者持续进入。这正是目前的风险投资和二板市场制度。风险投资和二板市场制度正是网络经济对金融支持体系与金融市场制度供给的均衡点。

这套制度是一个整体，没有二板市场，风险投资就没有畅通的退出渠道，从而不能滚动式地连续支持网络经济；没有风险投资，二板市场就不能对网络企业给予最初的资金支持，因此同样也不能独自承担起支持网络经济发展的重任。这套制度符合网络经济的运行规律，是目前为止网络经济最佳的提供金融支持系统。

7.1.5　网络经济下投资者行为的经济学解释①

网络经济深刻地影响着我们社会的方方面面。商业经济的活力是同独特的和非凡的金融资本世界相适应的。风险投资和二板市场的发展和深化，在创造大量的一夜暴富的机会的同时也带来了巨大的一夜赤贫风险。风险投资在推动美国经济持续增长，尤其是高科技产业发展方面立下了汗马功劳。网络经济给我们带来了前所未有的投资天地，同时，完善的资本市场，频繁的投资活动和巨大的资本流动，才令网络经济得到了迅速的发展。

全球互联网的发展历程证明，一个产品只要有足够多的人使用就一定会产生价值。可能今天创业者的综合条件还不成熟，还不知道该如何把价值转换成收入，但在风险投资商看来，对于一个有发展前景的产品，随时都可以找到有商业经验的人来帮助完成这一转换，这并不是最难的。

那么，风险投资商在遇到一个新的产品，决定是否给予其投入的时候，主要关心什么呢？这里，需要创业者给出两个证明：第一，要能够证明你的产品对用户有独到的价值；第二，要证明这个创意(idea)会形成一个巨大的市场。

风险投资商看中的，是未来其用户能成指数级增长的项目。市场的规模是创业者要证明的很关键的一点。

网络经济有许多区别于传统经济的规律，其中最重要的有两条：一是边际效用递增和边际成本递减规律，二是正反馈原理。网络经济的特有规律使投资者行为发生了深刻的变化。

7.1.5.1　对网络投资者投资理念转变的解释

纯网络公司自从诞生以来，就与亏损紧密相连，而且经营理念越新、发展越快、规模越大、越知名的公司，其亏损往往越大，如亚马逊公司、eBay 等，Yahoo 也只是最近才有赢利(注：现在这些公司都实现赢利了)。然而正是这些公司，吸引了几百万的风险投资者，并在资本市场上融了数以千亿计的资金。这种现象可以解释为投资者投资理念的转变，网络公司的投资者不去注重公司的盈利或正的现金流，而是关心它的成长性，并愿意忍受其巨大的亏损。

对这种现象的经济学解释如下：

---

① 张小蒂，倪云虎.网络经济.北京：高等教育出版社，2002.

假设市场上只有一家网络公司。根据边际效用递增与边际成本递减规律，它的供给和需求曲线均与传统经济下的相反。如图 7-1 所示，在到达临界容量之前，消费者愿意出的价格低于其成本，此时其产品只能以低于成本的价格出售(现在都是免费提供，一方面以尽快达到临界容量，另一方面也是竞争的结果。注：免费是初期，现在许多网络公司通过差别化服务收费、赢利)。这样就出现了公司越发展，销售越多，亏损越大的局面。因此如果只看头几年的现金流量表，必是充满了红字，以传统的投资理念，一定会做出不对此公司投资的决定。

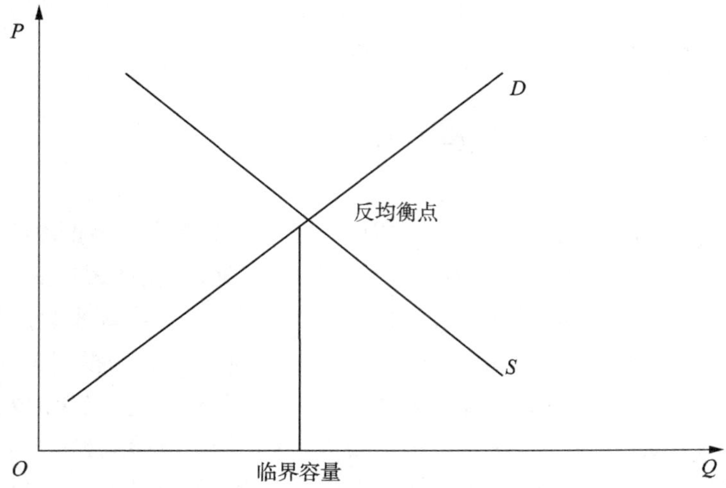

图 7-1　网络经济下的供给与需求曲线

在到达临界容量，也就是到达了反均衡点后，生产者发现，此时生产一个产品的成本小于消费者愿意出的价格，已经可以向消费者收取高于其产品单位成本的价格了，网络公司开始获取利润。在这以后，由于消费者愿意消费的产品数量和愿意出的价格都随着他们已消费产品的数量的增加而增加。而生产者的成本却在同时下降，这样，网络公司产品的单位利润和销售数量都迅速增加，而这两项相乘所得的总利润额呈爆炸式的增长，直到达到市场饱和为止。

所以，对网络公司不能只看近期的盈利而是要从长期来看它的盈利能力。

7.1.5.2　对投资网络股份风险大的解释

最乐观的投资分析师也会承认网络股中蕴含着的巨大风险，但是如果按第一点分析的那样，网络公司的未来收益是可以得到保证的并且是非常巨大的，那么风险并不会很大。不过这是由于第一点的假设条件——只有一家网络公司——的限制才会得出的结论。在网络经济中，这个假设条件是不成立的，这里充满了竞争，网络公司如雨后春笋般纷纷设立，传统企业触网也已成为时髦。竞争是激烈的，结果是残酷的，网络公司高成长性的美好盈利前景虚无缥缈，大量的网络企业难以为继，被淘汰出局。

对以上的现象可以用以下两点来解释：

首先，市场被分割，注意力成为了稀缺资源，对它的争夺异常激烈，而付出的成本(广告和促销费)也会大大增加。所以达到临界容量将变得非常困难，公司离达到良性发展阶段路途遥远。

其次，最重要的是，网络公司即使达到了临界容量，由于追赶者众多，市场仍会被别人抢走而仍然需要免费提供产品。在这里收不收费取决于转移成本的大小，只有在转移成本足够大时，网络公司才能收费。然而据分析只有大约占有了70%的市场份额后，才能够产生足够大的转移成本锁定消费者。

所以，成长性是否能带来盈利仍然是未知数。网络经济的投资充满了不确定性，巨大的风险始终蕴含其中。于是，一些基于分散风险、规避风险的投资理论就有了用武之地。其中就包括马柯维茨的资产选择组合理论。

7.1.5.3　网络投机与老虎理论

有一个故事：两友于野外露宿。半夜一老虎至，两人闻声而起。一人惊恐万分，两腿颤抖，木坐于地；而另一人迅速起身，穿鞋，作准备奔跑状。前人疑而问之："穿鞋有用乎？跑得过老虎乎？"后者答曰："只需跑得过你。"

这个故事就是股市中老虎理论的由来：大家在投机时都知道有股价暴跌这个大老虎等在后面，但只要不成为最后一个持股者便不会有亏损。这也可称为搏傻理论或最大的傻瓜理论，即在股市中，只要有更傻的人愿意以更高的价格买或以更低的价格卖，那你就可以在任何价位买卖并获利。

在网络股为核心的高科技股股市中，存在着巨大的风险，投机也成了必然的选择。而正是老虎理论的应用使得巨大的风险被分散，使投机成为可能，从而也使高涨的股市成为可能：从一个较长时段来看，网络股的股价波动剧烈，风险极大。但是由于投机的盛行，使风险从时间上和具体承受对象上被细分了。由于风险的细分和虚幻的成长性，促使网络股股价节节攀升。

7.2　风险投资与网络经济

7.2.1　风险投资的含义、特点

7.2.1.1　风险投资的含义

风险投资（Venture Capital），又称做创业投资。到目前为止，风险投资的基本概念在国内外并没有统一的定义。这里介绍几个权威机构对风险投资的定义。根据美国全美风险投资协会的定义，风险投资是由职业金融家投入到新兴的、迅速发展的、有巨大竞争力的企业中的一种权益资本。欧洲风险投资协会的定义：风险投资是一种由专门的投资公司向具有巨大发展潜力的成长型、扩张型或重组型的未上市企业提供资金支持并辅之以管理参与的投资行为。经济合作和发展组织（OECD）的定义：风险投资是一种向极具发展潜力的新建企业或中小型企业提供股权资本的投资行为。《关于设立外商投资创业投资企业的暂行规定》中定义：主要指向未上市高新技术企业进行股权投资，并且为之提供经营管理服务，以期获得资本增值收益的投资方式。

从国外经验看，由风险资本组成的创业基金在培植高新技术企业中发挥了重要作用。正如美国前总统科技顾问基沃斯博士所指出的那样："至少50%的高新技术中小企业在其发展过程中得到过风险投资的帮助。"根据统计,美国90%的高科技企业是按照风险投资模式发展起来的,这些企业已经成为20世纪90年代美国经济增长的重要源泉。如,数据设备公司(DEC)、英特尔(Intel)公司、Compaq计算机公司、戴尔(Dell)公司、Sun计算技术公司、微软(Microsoft)公司、苹果(Apple)电脑公司等,而以这些企业为核心的信息产业对美国20世纪90年代经济的"低通货膨胀、高就业和高增长"作出了重要贡献。

从严格意义上说,风险投资是介于直接投资与间接投资之间的新型金融体制。它以风险投资公司为中枢,一方面要吸收闲置资金形成风险基金,一方面还要评估、筛选目标企业或项目,并直接参与企业的战略规划和经营管理。显然风险投资家要面临技术、生产、市场等风险。面对投资成败起关键作用的不是来自投资而是融资方面的风险。这一点使风险投资中介机构的业务性质区别于其他传统金融中介,如商业银行和投资银行等。

风险投资与商业银行贷款截然不同之处在于:银行家总是回避风险,而风险投资家则试图驾驭风险。银行在贷款前,总是向借贷者要求财产抵押;而风险投资家则是一旦看准了一个公司或项目有前途,他们就会投入资本,同时他们还会帮助他们所投资的公司经营管理。因此,对那些处于起步阶段的创业家而言,接受风险投资,投资家们带给他们的不单纯是钱,还常常有更重要的,诸如战略决策的制订、技术评估、市场分析、风险及回收的评估以及帮助招募管理人才等。

风险投资也是一种主动从事创新冒险的行为,与被动防御市场中不可预测又难以避免的不确定性有本质上的差异。根据风险收益的配比原理,风险投资之所以迎着风险而上,是因为预期资本能大幅增值。从根本上说风险投资的高收益来自极具潜力的新兴高科技产业,但也与这一资本运营制度内部有效的运作机制密不可分。

7.2.1.2 风险投资的本质特征和内涵

与其他投资方式相比,风险投资有如下几个特点。

(1) 股权投资方式为主

风险投资公司与被投资企业之间的关系为股东与企业的关系,而不是债权与债务关系。

(2) 投向集中

风险投资的对象主要是具有高成长性的中小型高科技企业或项目。主要用于支持刚刚起步或尚未起步的高技术企业或高技术产品,特别是一些刚刚起步的中小型企业,甚至还没有形成企业的项目设计,其资金或资产往往十分有限,因而具有投资方向的前沿性和前瞻性,以及投资价值的高风险性和高收益性。

以美国为例,它是当今世界上风险投资业最发达的国家。接受风险投资的企业中有80%以上是高新技术企业,许多新建高科技企业的股权资本中3/4以上由风险投资提供。闻名世界的微软公司、英特尔公司、苹果电脑公司等无一不是借助风险投资起家。正是风险投资推动了全球高新技术产业迅猛发展。

(3) 高风险和高收益并存

被投资企业在技术和市场上都具有很大的不确定性,投资失败的概率很高。从发达国家的实践来看,种子阶段的成果能够为初创阶段所采用比例大约只有10%左右,初创阶段成功过渡到幼稚阶段的概率也仅有20%,再进入产业化阶段的比例为30%。另一方面,这些被投资企业或项目具有极高的成长性,如果企业发展顺利,风险投资者可能获得几十倍甚至上百倍的回报。

如，风险投资者在Compaq计算机公司初如投入250万美元，但在首次公开上市后价值达4 000万美元；Lotus公司投资210万美元，首次上市价值达7 000万美元。

(4) 属中长期战略性投资

投资的目的并不在于获取企业短期商业利润和长期控股权，而是追求企业成长期、成熟期后通过股权转让实现高额回报。其期限一般为3～7年，在此期间通常还要不断地对有成功希望的项目进行增资。因此，它也被称为“耐心的资本”。

(5) 主要采用组合投资方式

为了分散风险，风险投资通常投资于一个高风险、高回报的项目群，将其中成功的项目进行出售或上市，实现所有者权益的变现，从而不仅能弥补失败的损失，而且还可使投资者获得相对于其他投资方式而言的高额回报。风险投资不期望通过分红来获得回报，而是通过被投资企业上市或被收购、兼并来实现增值退出。

(6) 资金加监管的综合

风险投资是金融与科技，资金与管理相结合的专业性投资。高新技术产品的附加值和收益远远高于传统密集型的产业，因而，对风险投资家具有很强的吸引力。所以说风险资本与高新技术两要素构成推动风险投资业前进的两大车轮。风险投资家在向风险企业注入资金的同时，还参与到企业的经营管理，尽力帮助企业取得成功。

7.2.1.3 风险投资的类型

根据风险投资企业的不同阶段，我们一般可以将风险投资分为四种类型。

1. 种子资本

那些规模很小，或者刚刚处于发展早期的高新技术企业，既不可能从传统的银行获取信贷(原因在于缺乏可资抵押的财产)，也很难从商业性的风险投资公司获得风险资本。除了求助于专门的金融渠道(如政府的扶持性贷款)以外，这些企业更多的目光投向提供“种子资本”的风险投资基金。

“种子资本”主要是指为那些处于产品开发阶段的企业提供小笔融资。由于这类企业可能在很长一段时期内(一年以上)都难以提供具有商业前景的产品，所以投资风险极大。对“种子资本”具有强烈需求的往往是一些高科技公司。它们在产品明确成型和得到市场认可前的数年里，便需要定期注入资金，以支持其研究和开发。尽管这类投资的回报可能很高，但绝大多数商业投资公司都敬而远之，主要是因为：对投资项目的评估需要相当的专业化知识；由于产品市场前景的不确定性，导致这类投资风险太大；投资公司进一步获得投资人的资本承诺困难较大。

2. 导入资本

当一个公司拥有了确定的产品，并具有较明确的市场前景后，由于资金短缺，企业便可寻求导入资本，以支持企业的产品中试和市场试销。但是由于技术风险和市场风险的存在，企业要想激发风险投资家的投资热情，除了本身达到一定的规范外，对导入资本的需求也应该达到相应的额度。这样才能更具规模效应，增强抵御市场风险的能力。

3. 发展资本

就量而言，能够发挥更大作用的是用于企业扩张期的发展资本。这种形式的投资在欧洲已成为风险投资业的主要部分。以英国为例，目前发展资本已占到风险投资总额的30%。

这类资本的一个重要作用就在于协助那些高科技企业突破杠杆比率和再投资利润的限制，巩固在行业中的地位，为他们进一步在公开资本市场获得权益融资打下基础。

4. 风险并购资本

风险并购资本是一种特殊的风险投资工具，一般适用于较为成熟的、规模较大和具有巨大市场潜力的企业。与一般杠杆并购的区别在于：风险并购的资金不是来源于银行贷款或发行垃圾债券，而是来源于风险投资基金，即收购方通过融入风险资本，来购并目标公司的产权。以管理层购并为例，由于风险资本的介入，购并所产生的营运协力效果(指购并后反映在营运现金流量上的效果)也就更加明显。

7.2.1.4 风险投资的四个阶段

一项高新技术的产业化，通常划分为四个阶段：技术酝酿与发明阶段、技术创新阶段、技术扩散阶段和工业化大生产阶段。每一阶段的完成和向后一阶段的过渡，都需要资金的配合，而每个阶段所需资金的性质和规模都是不同的。对应于不同时期的风险投资阶段称为"种子期(Seed Stage)"、"导入期(Start-up Stage)"、"成长期(Expansion Stage)"、"成熟期(Mature Stage)"。

1. 风险投资的投入：种子期(Seed Stage)

在种子期，风险投资家多根据创业者所拥有的技术上的新发明、新设想以及对未来的蓝图来提供种子基金，资金需要量较少，一般需 4～8 年，但一旦成功，所获利润将几十倍几百倍于投资原额。此时的风险投资基金又叫"天使基金。"这个时期的风险投资称作种子资本(Seed Capital)，其来源主要有：个人积蓄、家庭财产、朋友借款、申请自然科学基金，如果还不够，则会寻找专门的风险投资家和风险投资机构。经过考察，风险投资家同意出资，就会合建一个小型股份公司。风险投资家和发明家各占一定股份，合作生产，直至形成正式的产品。这种企业面临三大风险，一是高新技术的技术风险，二是高新技术产品的市场风险，三是高新技术企业的管理风险。风险投资家在种子期的投资在其全部风险投资额的比例是很少的，一般不超过 10%，但却承担着很大的风险。这些风险一是不确定性因素多且不易测评，二是离收获季节时间长，因此也就需要有更高的回报。

据统计，风险企业单在种子期间的失败率就达 70%以上，而能维持风险资本成功退出则更是屈指可数。所以在种子期风险投资介入的规模很小。

2. 风险投资的投入：初创期(Start-up Stage)

初创期是指技术创新和产品试销阶段，这一阶段的经费投入显著增加。在这一阶段，企业需要制造少量产品。一方面要进一步解决技术问题，尤其是通过中试，排除技术风险；另一方面，要进入市场试销，听取市场意见。这个阶段的资金主要来源于原有风险投资机构的增加资本投入。这时期投入的资本称作初创资本(Start-up Capital)。如果这种渠道无法完全满足需要，还有可能从其他风险投资渠道获得。这一阶段风险仍主要是技术风险、市场风险和管理风险，并且技术风险和市场风险开始凸现。这一阶段所需资金量大，约是种子期所需资金的 10 倍以上，是风险投资的主要阶段。对于略大的项目来说往往一个风险投资机构难以满足，风险投资机构有时组成集团共同向一个项目投资。这样做也可以分散风险。据测算，约有 30%的风险企业在初创期败下阵来。这个阶段风险投资要求的回报率也是很高的。

3. 风险投资的投入：成长期(Expansion Stage)

成长期是指技术发展和生产扩大阶段。这一阶段的资本需求相对前两阶段又有增加，一方面是为扩大生产，另一方面是开拓市场、增加营销投入，最后，企业达到基本规模。这一阶段的资金称作成长资本(Expansion Capital)，其主要来源于原有风险投资家的增资和新的风险投资的进入。另外，产品销售也能回笼相当的资金，银行等稳健资金也会择机而入。这也是风险投资的主要阶段，这一阶段的风险已主要不是技术风险，因为技术风险在前两阶段应当已基本解决，但市场风险和管理风险加大。这一阶段的风险相比前两阶段而言已大大减小，但利润率也在降低，风险投资家在帮助增加企业价值同时，也应着手准备退出。

4. 风险投资的投入：成熟期(Mature Stage)

成熟期是指技术成熟和产品进入大工业生产阶段，这一阶段的资金称作成熟资本(Mature Capital)。该阶段资金需要量很大，但风险投资已很少再增加投资了。一方面是因为企业产品的销售本身已能产生相当的现金流入，另一方面是因为这一阶段的技术成熟、市场稳定，企业已有足够的资信能力去吸引银行贷款、发行债券或发行股票。更重要的是，随着各种风险的大幅降低，利润率也已不再是诱人的高额，对风险投资不再具有足够的吸引力。成熟阶段是风险投资的收获季节，也是风险投资的退出阶段。风险投资家可以拿出丰厚的收益回报给投资者了。风险投资在这一阶段退出，不仅因为这一阶段对风险投资不再具有吸引力，而且也因为这一阶段对其他投资者，如银行、一般股东具有吸引力，风险投资可以以较好的价格退出，将企业的接力棒交给其他投资者。风险投资的退出方式有多种，可以选择，但必须退出，不可犹疑。

由此看来，风险投资的投入有四个阶段：种子期的小投入、导入期的大投入、成长期的大投入及成熟期的部分投入(表7-1)。它们分别对应着产品成长的四个过程。而实际上，这四个阶段之间并无那么明显的界限。企业成长的四个过程是产品寿命周期理论的观点，较常用的区分四个过程的方法是根据销售增长率的变化。

表7-1 风险投资的四个阶段

风险企业所处阶段	投资风险	所需资金量	获得空间	介入风险投资量
种子期	巨大	很小	巨大	少
初创期	大	为种子期的10倍	大	很大
成长期	一般	为初创期的10倍	一般	很大
成熟期	很小	很小	较小	少

7.2.2 风险投资的操作流程

风险投资是一种集资金融通、企业管理、科技创新、市场开拓等诸多因素于一体的综合性经济活动，是实业投资与金融投资的结合，是产品市场、技术市场与资本市场的结合，是投资行为与管理行为的结合，是货币资本与智力资本的结合。风险投资的操作流程涉及如下几个环节。

7.2.2.1 资本募集

创业基金得以存在和产生的理由是高技术和创新产品的高投资风险，通常成功率在20%～30%，因而通过正常的金融渠道，从极其谨慎的银行家那里很难以得到融资。从世界创业基金的规模和增长情况看，20世纪80年代以来世界各国的创业基金规模得到迅速增加。在国外风险资本的提供者包括投资公司、退休基金、保险公司和个人投资者等。以美国为例，其创业基金的来源也经历了明显的变化，在创业基金发展的早期阶段，富裕的家庭和个人是创业基金的主要来源。

7.2.2.2 创业基金的设立与管理

从基金类型看，创业基金可以分为以下三类：

(1) 独立型创业基金这类基金或投资信托从各种不同渠道筹集风险资本，具体包括：年金基金、保险公司、富裕的个人和公司投资者。独立基金代表投资者利益管理，并取得管理费和超过约定资本收益以上一定份额的报酬。

(2) 附属基金与独立基金不同，附属基金是一些大财团，如，银行、年金基金和保险公司等的分支机构，它只管理母机构的基金。

(3) 半附属基金此类基金是前两类基金的组合，即：募集的基金与母机构基金共同存在。

根据投资企业生命周期不同，风险资本或创业基金又可以分为：种子基金（主要用于新产品开发）、创立基金（主要用于新企业创立）、成长基金（主要用于市场推广和技术的完善）和美化基金（主要用于企业财务报表的美化）等。

创业基金在国外存在两种设立方式：一是私募设立。即：由风险投资公司发起，吸收金融保险机构的资金组成；二是以公募方式设立。基金直接向社会公众发行而且可以上市。这类基金一般为封闭型的，可以自由转让。

7.2.2.3 风险投资方式与项目选择

创业基金对被投资企业的投资方式，通常是采取股权或债权投资公及两者兼有的投资方式。具体包括：股票（普通股、优先股）、债券、可转换债券投资等，在单一企业的投资比例低于 50%，通常以保证基金能够派遣人员参与董事会作为底限。

风险投资的对象主要是一些有发展前景的中小型高新技术企业。在具体投资产业的分布上，风险资本投资主要集中在信息产业包括软件、计算机和网络设备、通信产品等，医药保健产业、生物技术等高科技领域。据 2010 年 10 月 15 日，普华永道和国家风险资金协会根据 Thomson Reuters 的数据编写而发表的研究报告称：到 2010 年 10 月为止，2010 年风险投资公司已经向 2 497 家创业企业投入了 167 亿美元；在整个 2009 年，风险投资公司一共向 2 916 家创业企业投入了 183 亿美元。按照行业统计，软件创业企业得到的风险投资最多。第三季度软件行业得到 10 亿美元风险投资。生物技术排名第二，获得 9.437 亿美元风险投资。环保技术创业企业第二季度获得了 15 亿美元的风险投资，高于任何一个行业。但是，环保技术创业企业第三季度得到的风险投资下降为 6.252 亿美元，同比减少了 32%。

7.2.2.4 风险投资退出与收益实现

风险投资是一种长期性战略投资，它的投资价值实现主要是通过股权转让和股票上市，收回投资的数倍甚至上百倍的投资回报。一般来讲，在企业成长早期阶段的投资收益远远高于后期阶段，与此同时，早期阶段投资的风险也明显高于后期阶段。

退出是风险投资资金流通的关键所在，它既是过去的风险投资行为的终点，又是新的风险投资行为的起点。其意义表现在：①建立创业资本的退出机制是创业资本运作的本质要求；②建立创业资本的退出机制可为创业资本提供持续的流动性，从而达到创业投资的连续性和稳定性；③建立创业资本退出机制为创业资本提供增值或提升回报的机会，从而为创业投资的进一步发展准备了实现条件。

风险投资退出有两个重要的功能：①可以使风险投资家将其非金融贡献从成功企业转移至其他的创业企业；②可以使投资者观测和评估投资质量，必要情况下在风险投资和其他投资方式之间以及成功的风险投资家和失败的风险投资家之间重新配置资金。退出决策最重要的是时间与方式。

退出的方式主要有三种：出售、清算和公开上市(IPO)。无论在欧洲还是在美国，IPO和出售都是两种最常用的方式。如欧洲在风险投资总退出量中，出售方式占了53.6%，IPO占了18.8%，公司清理占了55%，其他方式占了22.1%。而美国的风险投资业中约有25%～30%的风险资本是采用此种方式，出售大约占了退出资本60%～70%的比例。

1. IPO

IPO是指风险投资者通过被投资公司股份的公开上市，将拥有的私人权益转换成公共股权，在获得市场认可后，转手以实现资本增值。一般说来，风险企业因为是新建企业，还达不到主板上市的标准，因此多在上市门槛较低的二板市场实现IPO的。许多国家和地区都建立了自己的二板市场，美国的是著名的NASDAQ市场，欧洲的是EASDAQ市场，我国香港也建立了自己的创业板市场，中国在2009年10月正式开创创业板市场。

公开上市是风险投资退出的最佳渠道，通过IPO，投资可以得到相当好的回报。在美国，约有10%的风险资本成功地实现IPO，其市场价值一般都增值10倍以上。

通过资本市场退出是风险投资"出口"的关键，原因有三点：① 在创业资本的各种退出方式中，通过资本市场退出实现的资本收益是最高的，所以，创业资本的资本市场退出符合创业资本家追求高回报的内在需要，从而形成了创业投资成功所必需的高回报实现机制；② 与其他退出方式相比，由于资本市场具有相对完备的信息披露制度和价值发现机制，最终提高风险投资成功的可能；③ 由于资本市场具有通过企业股票价值的业绩表现，反映企业家和资本家能力的功能，从创业资本家和创业企业家看，相对于其他退出方式而言，通过资本市场退出实现的投资回报较高。

在风险投资的发展史中，IPO拥有令人骄傲的历史记录，许多风险企业的首次公开发行股票让风险投资家和风险企业家一夜暴富，远的有苹果(Apple)公司、微软(Microsoft)公司、英特尔(Intel)公司，近的有雅虎(Yahoo)公司、美国在线(AOL)。风险企业管理层很欢迎这种退出方式，因为它既表明了金融市场对公司良好的经营业绩的确认，又保持了公司的独立性，同时还使公司获得了在证券市场上持续筹资的渠道。但是风险企业IPO受到许多条件的限制，如企业的资产规模、年销售额、连续盈利时间等方面都要达到法定的标准。虽然相对于主板来说，较为宽松，但大多数企业要达到这些要求仍非常困难。另外，IPO方式也有一些缺陷：① 需要的周期较长，加之风险资本在IPO后尚需一段时间才能完全退出，投资者不能立即获得资本增值的收益；② 股票上市要披露大量信息、定期报送财务报表；③ 需要耗费大量的人力、物力和财力用于企业上市的准备工作。因此，许多风险资本家选择别的方式退出。

2. 出售

出售是风险资本退出最常用的方式，风险投资家可以快速地将风险资本撤除风险企业，以实现资本增值。出售是企业产权交易的一种主要方式。一般根据出售的对象可以细分为三种情况：

(1) 企业回购　若风险企业家在产业化的过程中已获得利润也可以赎回风险投资者的股权(或股票)。风险企业发展到相当阶段,如果风险企业家希望能由自己控制这个企业,风险投资家也愿意见好就收,于是风险投资家将股份卖给风险企业家,实现风险资金的成功退出。

(2) 一般出售　风险企业发展到成长期后期,要想继续发展就需增加大额的追加投资,而风险投资家已不愿或不能再往里投资,这时风险投资家可将股份转卖给其他企业,完成退出。

(3) 二次出售　风险企业发展到一定阶段后,如果风险投资基金存续期到期,或出于某种原因须使收益变现,或风险企业家与风险投资家关系破裂,风险投资家将所持股份转手给另一家风险投资公司,将风险资本退出。

由于风险企业的业绩未能得到金融市场的认可,或风险投资家不愿意受到 IPO 的种种约束,风险投资家可采取出售的方式退出。在风险资本退出时,风险投资公司考虑到收购方会因此而产生协同效应、扩大市场份额,或进入新的市场,要求支付收购溢价,由此获得较高的回报率。与 IPO 相比,风险投资家出售风险权益时面对的谈判对手并非是整个市场,而是少数的几个买家,费用低廉,手续简便。同时可以立即回收现金,将风险资本从风险企业中完全退出,大大降低剩余风险。在采纳出售方式时,风险权益的售出对象、方式和时机都有较大的灵活性,适用于各种规模、各种性质的风险企业,对风险投资家有较强的吸引力。

但风险企业家并不欢迎这种方式,一方面因为买方太少,经常导致企业价值被低估,收益率与 IPO 相比明显偏低,只有它的 1/4～1/5;另一方面企业被收购后就不易保持独立性,企业管理层有可能失去对风险企业的控制权。

3. 破产清算

当公司经营状况不好难以扭转时,进行破产清算可能是最好的减少损失的方法。风险企业进行清算存在三个条件,一是风险企业在计划经营期内的经营状况与预计目标相差较大,或发展方向背离了业务计划及投资协议中约定的目标,风险企业家决定放弃风险企业;二是风险企业无法偿还到期债务,同时又无法得到新的融资;三是由于风险企业经营状况太差,或是由于资本市场不景气,无法以合理的价格出售且风险企业家无法或不愿进行股票回购。风险企业清算是风险投资家和风险企业家最不愿意看到的结果,这种情况的发生也就宣告了风险投资的彻底失败。

相当部分的风险资本不成功,越是处于早期的失败的比例越高。据统计,美国有风险资本所支持的企业,20%～30%完全失败,约 60%受到挫折,只有 5%～10%的创业企业可获得成功。

虽然清算方式的退出是痛苦的,但风险投资家在确定风险企业没有发展前途后一定要做出果断的决策,抽身而出。与其让一无前途的项目占据大量资金,还不如将资金退出投入新的风险投资项目,进入下一个循环。如果行动迟缓,往往会使沉淀在公司里的沉积成本加大,给风险投资公司带来更大的损失。据研究,清算方式退出的投资大概占风险投资基金总投资的 32%。这种方法仅能收回原投资额的 64%。

7.2.3　风险投资的发展

风险投资最早出现在美国，它诞生的标志是 1946 年美国研究开发公司(ARD)的建立。但其后几十年中，风险投资由于种种原因，并未引起人们更多的关注。风险投资经历了 20 世纪 70 年代的挣扎之后，在 80 年代出现快速增长。1979 年，除了美国在其他国家并不存在创业基金，而到 1988 年，英国创业基金达 41 亿美元的水平。80 年代，几个主要发达国家的创业基金的规模都有较大的增长。

目前，美国有 4 000 多家风险投资公司，雄居全球之首，它们每年为 10 000 多家高科技企业提供资金支持。世界各国为了鼓励银行向风险投资发展，普遍选择了政府担保的手段。

美国经济在 20 世纪 70 年代的持续高速增长得益于 60 年代的产业结构调整，得益于以信息技术为核心的高科技产业的崛起。事实上，目前美国经济增长的 30%以上是由信息产业提供的，而其信息产业的著名企业大多是在风险投资的支持下发展起来的。在美国，第二股票市场(英文缩写为 NASDAQ，通常称作纳斯达克)也催生孵化了大批高科技企业在短期内上市，许多企业经过 4～5 年甚至更短的时间即在纳斯达克上市。

斯坦福国际研究所所长 W·F·米勒说："由于风险投资的参与，科学成果转化为商品的周期已由原先的 20 年缩短至 10 年以下。"微软、英特尔、雅虎……这些世界企业巨星的成功之路上，几乎无一例外地留下过风险投资家的足迹。可以说，没有风险投资，就没有美国信息产业辉煌的今天，也就没有现在的新经济。

在巨大的风险投资的推动下，以美国硅谷为核心的科技企业大大推动了整个经济的增长。以计算机和半导体工业为例，风险投资大量涌入促使其飞速发展，目前，以计算机为主导的信息产业的产值已占美国工业总产值的 45%。全世界最大的 100 家电脑公司中，有 20%是在作为经济奇迹的硅谷滋养的，而硅谷又是风险投资的大本营。在硅谷，平均每一天就有 62 人跨入百万富翁之列。风险投资不仅造就了像比尔·盖茨、乔布斯、杨致远等一大批拥有几十亿甚至数百亿美元资产的世界超级富豪，同时也带来了美国经济今天的繁荣和世界产业结构的不断优化。

知识向资本的转化、科技向实际生产力的转化需要大量的资金，1981～1985 年，平均每个新兴高科技企业在其创始的最初 5 年之内，大约需要 200 万到 1 000 万美元的起动资金。21 世纪的今天这个数字已增长了几倍。风险投资为此提供了大约 2/3 的资金。风险投资在高科技企业乃至整个新经济的发展上立下丰功伟绩。没有风险投资就没有新兴科技企业和今天波及全球的新经济的蓬勃发展。以美国为例，风险企业平均生产率每年递增 9%，高于美国平均劳动生产率增长率的 3 倍，其税前收入每年递增 35%，而出口总额递增 23%。风险企业的就业机会每年递增 88%。不仅如此，风险投资为社会创造的大都是高、精、尖的就业机会，雇员中相当大的比重是科研、技术和管理等人员。这些人员占风险企业全部员工的 61%，而根据美国劳工统计局的数字，科技管理人员只占美国全部职工的 14%。

随着硅谷给世界带来的巨大魅力，过去的 10 年，美国风险投资业本身已形成了一个新兴的金融工业。风险投资公司如雨后春笋，成批涌现。拥有 1 亿美元，甚至 10 亿美元资产的风险投资公司比比皆是。

纵观微软、英特尔、苹果、雅虎等这些举世闻名的信息技术产业的龙头，尽管他们的核心技术及产品可能完全不同，而且各自的背景及成长史也迥然相异，但是在他们成功的里程中都有一段相同的经历：即他们都是从无到有，从小到大发展成为拥有亿万美元资产的大型企业；在这些明星企业的起步或早期发展阶段，都有风险投资家的参与和风险投资资本的注入。正是风险投资的参与，给予了这些核心技术以生命的活力，并奠定了企业日后发展的基础。

7.3 我国网络经济发展与资本市场的关系

7.3.1 我国风险投资的发展

7.3.1.1 我国风险投资业发展的历程

我国的风险投资业开始于20世纪80年代，被称为创业投资。它的正式启动是以1985年9月国务院正式批准成立“中国新技术创业投资公司”为标志的。1985年1月11日，我国第一家专营新技术风险投资的全国性金融企业——中国新技术创业投资公司在北京成立。该公司同后来成立的北京太平洋优联技术创业有限公司、清华永新高科技投资控股公司等数家风险投资公司为我国的高新技术产品的开发和应用起到了一定的推动作用。

1988年，国家科委成立了火炬基金，在新加坡上市，募集资金1亿美元，用于中国高新技术企业的发展。火炬基金是典型的风险投资基金。随后，全国各地都相继建立了“科技风险投资基金”或“科技发展基金”。沈阳市政府率先建立了科技风险开发投资基金；北京市政府集资了5亿元成立了风险投资公司；上海市出资6亿元设立了高科技成果转化风险资金；深圳市准备筹集数十亿元，建立科技风险投资基金；等等。

进入20世纪90年代以来，随着我国对外开放的进一步扩大和高新技术的迅速发展，国际风险投资公司开始进入我国市场。1992年，美国国际数据集团(IDG)创始人、董事长麦戈文先生率先投资成立中国第一个风险投资基金——美国太平洋技术风险投资基金。

1994年，美国国际数据集团(IDG)属下的太平洋风险投资基金出资100万元人民币，北京科委下属的北京太平洋优联风险技术创业有限公司出资100万元，先锋公司出资200万元人民币(含100万元无形资产)，共计400万元人民币的注册资金成立了面向游戏软件市场的北京前导软件公司，并开始代理及开发游戏软件。这便是中国最早的引进风险投资的雏形。

近年来，国际数据集团已先后在北京、上海、天津、广东等地，设立了总投资1亿美元的四家技术创业基金，曾对搜狐等四十多家高新技术企业投资。现在，美国国际数据集团已成长为全球最大的信息技术服务公司，业务遍及新闻出版、研究咨询、会议展览服务、教育培训、风险投资等多方面。美国国际数据集团公司决定在未来七年内斥资10亿美元，在华发展风险投资基金，扶持高科技企业发展。

7.3.1.2 风险投资与中国网络经济的发展

1. 风险投资：网络企业的寻觅和选择

中国的互联网经济是伴随着风险投资成长起来的，在这个市场上，我们随时都可以看到风险投资的影子，不管是最早上市的中华网，还是已经上市的掌上灵通、TOM Online、空中网、上海盛大，可以说没有风险投资，就没有中国互联网的今天。然而正如风险投资的名字一样，风险投资里暗藏风险，当互联网泡沫破灭的时候，许多公司随之蒸发，风险投资也在中国乃至全球的互联网市场遭遇重创。

对一些处于快速成长期的互联网企业来讲，在无法上市而又很难从其他渠道获得资金的情况下，风险投资注入的资金无异于雪中送炭。例如当当网从老虎基金那里获得了 1 100 万美元，根据当时乃至现在资本市场的情况来看，想要从银行间接融资是十分困难的，虽然上市直接融资本身就是当当网一直奋斗的目标，但老虎基金的那 1 100 万美元显然是十分重要的。

对优秀的网络公司来讲，风险投资是一座好的桥梁，通过与风险投资的合作而取信于人并最终达到上市的目的。而对于企业和风险投资两者而言，上市则一个是手段、一个是目的。

如盛大，软银亚洲 2003 年向它投入了 4 000 万美元，但这笔"小钱"却不够到韩国和美国收购游戏软件开发公司。在缺乏人才技术的情况下，盛大目前 95%的收入来自于出售游戏的装备及虚拟卡，这对盛大的长期发展是相当不利的，而要快速地获取技术以及人才的支撑，可行的办法就是收购。而收购所需要的大量资金不是软银亚洲那 4 000 万美元再加上盛大自己的积蓄就可以解决问题的，因此只有上市一条路。而软银亚洲在纳斯达克具有一定的影响力，与软银亚洲之间的合作无疑能够缩小与纳斯达克之间的距离——也是许多已经盈利但未上市的网络公司目前的普遍心态。

对于那些刚刚创业而又希望能拿到风险资本的公司来说，资本对其考核仍然相当严格。迄今为止在中国互联网投资最为成功的 IDG 董事长麦戈文表示，他们对于投资项目一般有以下几个要求：第一，所投资的公司成长非常快，预计四五年内销售额可以达到四五亿人民币，成长到这样的规模才有可能被别的大公司并购或者能够上市；第二，产品必须要有一些独特性，或者有一些独特的技术，这样不太容易被竞争对手复制；第三，必须拥有好的团队，这也是几乎所有的风险资本家的心声。

除了已有的一些盈利模式，风险资本更在努力挖掘新的盈利模式。软银亚洲总裁黄晶生说出了对风险资本的理解："风险资本的本质和任务是去发现别人还没有被发现的盈利点，或者说是尚未盈利但一旦条件具备就能盈利的企业"。

纳斯达克市场（纳市）是被几十年历史证明了的对科技股理解能力最强的股市，投资人对新兴科技、创新型公司的兴趣比较浓厚。此外这里的投资人能够敏锐地把握和判断新兴产业、新技术市场，公司的股价可以在这里得到充分的体现。更由于几大门户在纳市的成功，使得中国网络股的价值在纳市得到了认同。

虽然纳斯达克上市十分诱人，但国内投资机构信中利总裁汪潮涌认为："要想在纳斯达克上市很重要的一个前提要有像高盛、摩根这样的著名投资银行做包装，但他们的要求很苛刻，利润没有五千万元人民币以上，利润的增长率没有两位数以上，股东构成没有风险投资和投资人，股权构成如果不是很好，将极难获得他们的认同。而且如果到纳斯达克上市，到中国香港上市，每一种模式在资本市场的容纳程度是有限的，如果你不是前三名的话上不了纳斯达克，不是前五名上不了中国香港，所以重复的模式将来是没有上市的空间的。"

中国网络企业面临的资本困境：纳斯达克诱人，但是有些苛刻；中国香港创业板近水楼台,但是不解渴。2009年10月,中国的创业板终于正式拉开帷幕,首批28家公司头戴"两高六新"的花环粉墨登场;截至2010年10月,创业板共实现上市企业134家,总募资金额972.82亿元。

2. 风险投资的冷暖变迁与中国网络经济

"一部风险投资在华史就是一部中国互联网史",不少互联网大腕曾引用过这句精准语言,因为他们自己背后的故事就是与风险投资交融的历史。当1996年张朝阳凭借自己的执着和对国外互联网公司的简单模仿融来的18.5万美元,来到中国创办谁都听不懂的互联网公司时,人们明白了商业计划书可以换来创业资金的简单道理。

在美国,一个风险投资商(VC)对于创业项目的成功概率控制在10%左右,已经是非常成功了。因为任何一个成功的创业项目给风险投资商带来的回报可能是几十倍、甚至几百倍。这样,一个项目的成功收益往往可以大大高于其他9个项目失败而付出的成本。

事实上,早期从新浪、搜狐、网易等身上赚取大把银子的风险投资大有人在。当年像IDG、华登这样的开荒者,都成为了中国互联网产业的幸运者和获益者。

中国互联网产业若没有这些慷慨解囊者断然没有今天。即便到今天,几乎所有的中国大型商业网站的背后都是风险投资的身影。

1999年2月,才树立起大旗不久的新浪网宣布获得了包括高盛银行在内的海外风险投资2 500万美元,这在当时肯定是国内网络公司获得的最大一笔投资,为此它也拉开了20世纪末中国互联网服务企业进军海外资本市场的序幕。

1999年7月14日,中华网在纳斯达克独立上市成功,首次公募9 600万美元,开创中国网络股概念,同时也预示着风险投资商成功套现。2000年4月13日,新浪网逆市而上,继中华网后再次敲开纳斯达克大门,同年6月30日网易流血上市,7月12日搜狐在纳斯达克挂牌,那是中国互联网门户企业激动而又辉煌的日子。

于是,风险投资开始沸腾了。1999年下半年开始,大批的海归派带着千万甚至上亿资金的风险投资创立了成千上万的网络公司。紧接着的是铺天盖地的广告宣传、各种免费服务、高昂的薪水诱惑、豪华的写字楼等。

然而,后来的现实却给热情的风险资本泼了大大的一瓢凉水。随着纳斯达克网络股的暴跌,这些外国风险投资在中国冒冒失失地来,凄凄惨惨地走。

也许是未能找到网络经济价值链中营运增值的有效环节,也许是缺乏明确的赢利机制和可行的牟利模式,也许是没有把握住虚拟经济和实体经济的关系,也许是对网络经济发展的速度和节奏判断不准确,更可能是支撑网络经济的节点——网民和网企的基数还没有达到赢利的门槛(诚如专家所指,网络游戏业务必须有在线人数1万人以上,电子商务必须有1 000万连接Internet的电子终端铺垫,才能达到盈亏平衡点),总之网络经济的热潮也伴生了泡沫。从2000年下半年开始,一些泡沫相继破裂,纳斯达克指数急转直下,从暴升转向狂跌,直跌到2000点以下;曾经如日中天的英特尔、思科公司和中国的新浪、搜狐等网络企业的股票缩水得惨不忍睹;".com"公司大量倒闭,减薪、裁员络绎不绝;许多风险投资打了水漂或血本无归;过去成功的网络商店,如亚马逊、8848网、当当书店等亏损日增,难以为继;昨日风光无限的网站"首席执行官",今日工作和收入朝不保夕。风风火火的IT热潮慢慢沉寂。人们在思考:网络科技神话是梦幻、博弈、博智还是博傻,网络经济向何处去?

这种惨痛历史很大程度来自于纳斯达克模式在中国的照搬。纳斯达克股市在1997～1999年互联网热潮时普遍认为，在一个行业发展的起飞阶段，真正重要的不是盈利，而是增长速度和市场份额。华尔街的一位分析家曾说："在这一阶段，盈利并不能说明什么。投资者能够理解，在行业的早期增长过程中，保持高速增长和占有市场领先份额具有极为重要的战略优势。"

事实一开始的确如预想中的一样，网民成倍增长，互联网企业的用户规模不断膨胀，但很快，产业走向低潮，风险投资们也跟着前赴后继地倒下。

对于风险投资对中国互联网的作用，曾有人分析，至少教会了很多人上网，也培育了很多的中国互联网精英，也使得中国互联网在 2003 年以后的重新崛起。而且网络泡沫破灭的好处是，驱逐了风险投资中的散户炒家，迎来了真正的风险投资正规军。

产业轮回，变幻一瞬间。冷清几年的纳斯达克一复苏，在中国投资的风险投资商们又开始活跃。日本软银的孙正义因多年前就看好互联网宽带应用，因而在互联网泡沫时期成为最大的输家。但是，软银对上海盛大网络的投资则是经典之极——当时盛大已经在网络游戏圈内规模渐大，只差最后一笔资金助力，软银适时出手，并且在不到 2 年内将盛大送上纳斯达克，成功套现。

2004 年有包括携程、盛大网络、Tom、e 龙、第九城市、掌上灵通、空中网、前程无忧和金融界在内的多达九家的中国互联网公司在纳斯达克成功上市。网络对资本的寻觅，和资本对网络的追逐，在短时间内又达到了高潮。携程和慧聪各自在纳斯达克和香港创业板的上市，受到了海外资本市场的热烈追捧。除了上市之外，以并购、风险投资、私募、债券等各种资本形式为主题的事件出现在投资者和公众的视线之中：易趣被 eBay 高价收购，雅虎以不可思议的价格吞下"3721"，不出几个回合的谈判盛大即从软银获得 4 000 万美元的风险投资，阿里巴巴从苛刻的资本家那儿拿到了 8 200 万美元。

风险投资人也显得格外活跃，资本市场一字排开。仅老虎基金 2004 年就分别向 e 龙投资了 1 500 万美元，向卓越网投资了 620 万美元，向当当网投资了 1 100 万美元。

根据相关统计，2004 年由美国风险资本在中国达成的交易达到了 43 宗，是 10 年来的最高水平；而 2005 年，聚积在中国互联网上空的风险资本据说多达 20 亿美元，令人惊呼是否泡沫时代又来临。2006 年 9 月 7 日，道琼斯 VentureOne 和安永华明首次联合发布了中国区季度风险投资报告，该报告显示：2006 年第二季度，总部设在中国内地的公司共获得 54 笔风险投资，投资额达到 4.801 亿美元，是两年半以来的最高季度投资额，比 2005 年第二季度增长 1 倍。

7.3.1.3　我国风险投资业发展的新特点

中国风险投资研究院在 2010 年 1 月发布了《2009 年中国风险投资行业调研报告》。该报告的研究成果显示了以下的一些情况：

1. 随着风险投资行业相关税收优惠政策的出台

金融危机后中国经济率先企稳、IPO 重启、创业板开闸等一系列积极信号的释放，2009 年中国 VC/PE 市场迎来了令人欣慰的复苏和发展。募资、投资规模均逐步回升，从退出情况看，IPO 退出再次成为主要退出方式，伴随创业板的推出再添退出渠道，绝大多数的风险投资机构认为 2010 年中国的风险投资行业将平稳发展，但仍将面临着一系列的挑战（图 7－2）。

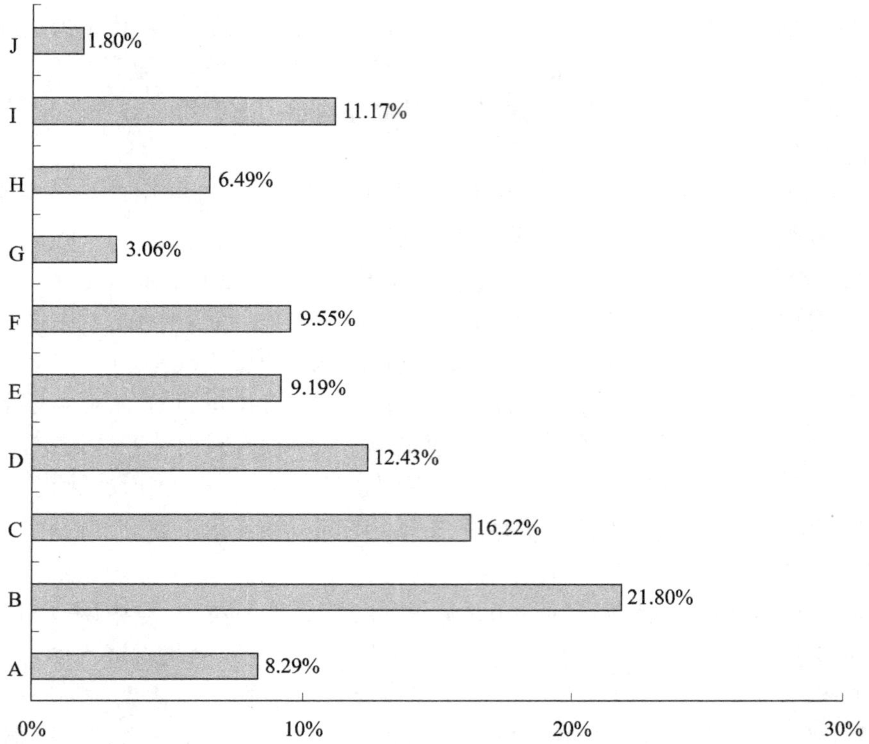

其中：

A 资金募集渠道不畅　　B 优质项目源缺乏

C 风险投资专业人才匮乏　　D 项目退出渠道不畅通

E 税收优惠措施难以落实　　F 机构的诚信体系尚未建立

G 缺乏高质量的中国风险投资行业研究机构　　H 缺乏完善的风险投资行业资讯平台

I 后危机时代，宏观经济不确定因素较多　　J 其他

图 7－2　2010 年中国风险投资行业面临的挑战

2. 2009 年中国风险投资行业呈现出如下发展趋势

① 募资规模稳步回升，人民币基金保持主流地位；

② 投资强度降低，本土机构投资规模整体超外资；

③ VC/PE 支持的企业迎来上市高潮，上市方式退出比例增加；

④“两高六新”中成长性和科技含量最受关注；

⑤ 上海成为风险投资机构最希望落户的地区；

⑥ 绝大多数的机构认为创业板上市披露对赌协议是合理的。

3. 募资规模稳步回升，人民币基金保持主流地位

国内 GDP 增速“保八”成功、创业板高达 100 多倍的市盈率，呈现一片火热景象。在国内相关政策的鼓励下，创业板带来的财富效应刺激下，风险投资机构募资稳步回升。人民币基金越来越多地在国内占据绝对主流的地位，越来越多的外资机构也都开始尝试在国内设立人民币基金，并且这将成为一个趋势。

据CVCRI统计，2009年已完成募集的136家机构/基金募集的风险资本额为963.29亿元(本报告若无特殊说明，均指人民币)，是2008年全年完成募集的资本额的94.56%；平均每家机构/基金募集的风险资本规模达7.08亿元，是2008年的1.33倍(图7－3)。

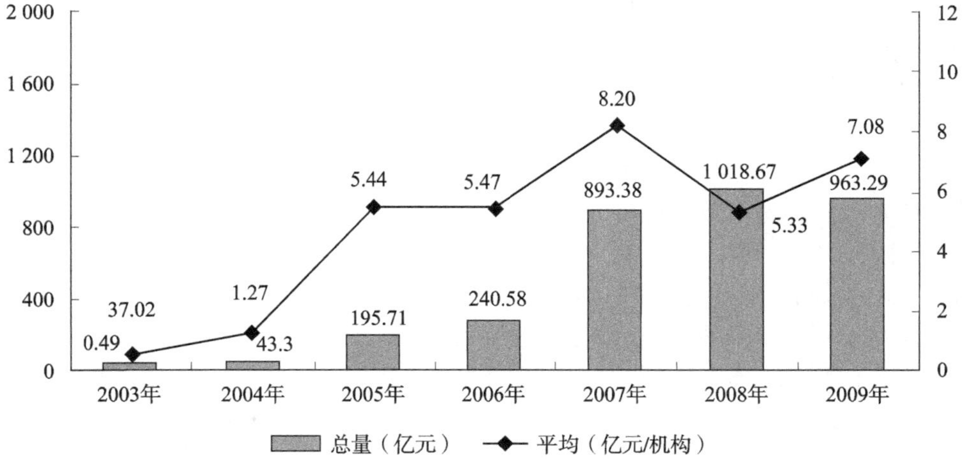

数据来源：CVCRI.

图7－3　2003～2009年完成募集的风险资本概况

4. 投资强度降低，本土机构投资规模整体超外资

2009年，随着政府基础建设投资增加、扩大内需等一系列政策的出台，中国的宏观经济得到复苏，整体呈现止跌回升的状态。加之IPO重启以及创业板推行，退出渠道不断完善。利好消息催生风险投资投资市场信心稳步回升，机构投资速度加快。

根据CVCRI统计，2009年风险投资总额为316.64亿元人民币，共投资了689个项目，投资金额和数量与2008年的339.45亿元和506个项目相比，投资金额略有下滑，而投资项目数却有所增加(图7－4)。

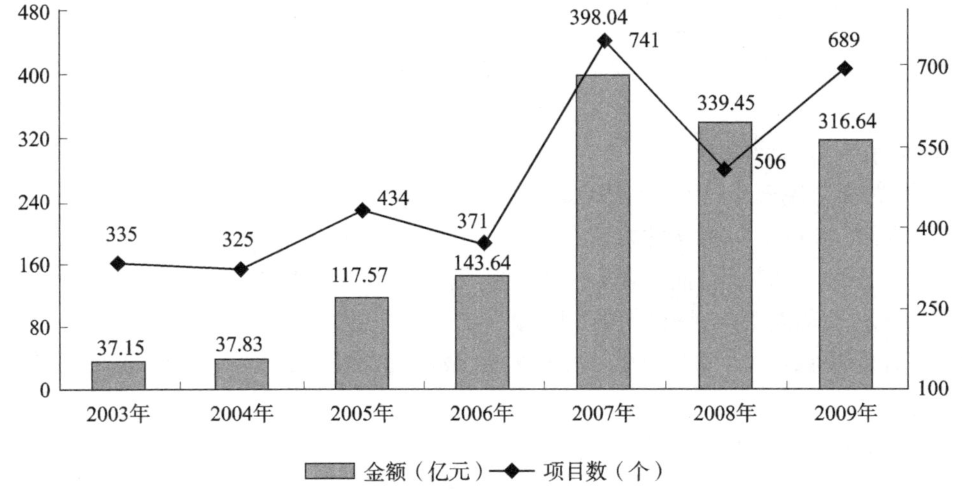

数据来源：CVCRI.

图7－4　2003～2009年样本机构风险投资规模

7.3.2 我国风险投资退出机制的问题及对策

7.3.2.1 我国风险资本市场的特殊性

由于我国风险资本市场所面临的制度架构、法制状况、治理文化和资本市场的发展现状均有其特殊性，我国风险资本市场的建设是一个长期的过程，只能结合其特殊性分步骤进行。

我国风险资本市场的特殊性可以从我国风险投资发展阶段的特殊性、支撑要素的特殊性和市场主体的特殊性三方面进行分析。

1. 发展阶段的特殊性

我国风险投资业还处于萌芽阶段，表现在三个方面：① 风险资本市场的单一层次，我国政府充当了风险资本市场的最初组织人，也就是说，我国风险资本市场始于“他组织”，而非“自组织”；② 有组织的风险资本市场细分程度低；③ 市场交易组织的低水平演进。如“资本找项目难、项目找资本难”是目前我国风险资本市场中普遍存在的现象，交易双方之间的交易达成需要支付高额的交易费用。

2. 支撑要素的特殊性

我国风险投资业发展环境不健全，表现在四个方面：① 法律法规缺乏有针对性的调整，在我国现行的有关法律法规中，存在着不少不适应风险资本市场特点的地方，严重地制约了市场的发展；② 契约失灵和信用危机现象比较严重。在我国经济生活中还存在着较为严重的契约失灵现象，主要表现在契约制定的规范性较差、契约执行的监督力度不够、违约处罚的执行率较低等方面；③ 适合风险资本市场发展的文化氛围有待形成；④ 政策配置失衡。

3. 风险资本市场主体的特殊性

风险投资市场主体的低效和低质，表现在四个方面：① 高新技术产业徒有规模，企业制度不完善、不成熟；② 专业性中介服务机构缺乏，规范性不够；③ 风险资本的投资管理主体严重缺位；④ 人才严重匮乏。

7.3.2.2 我国风险投资业存在的问题

由于我国风险投资市场的特殊性，阻碍了我国风险投资业的进一步发展。具体表现如下。

1. 资金来源有限，结构单一

风险投资资金规模小，投资主体单调，融资和投资渠道狭窄。目前，从事风险投资的主体是银行、财政、科技部门建立的投资公司，公司规模小，最小的只有 2 000 万元人民币，最大的也不过 10 亿元人民币，而美国目前每种风险投资基金平均规模为 7 600 万美元。筹集资本的渠道较少，私人资本、民间资本很少。

而国内许多网络公司规模较小，缺乏核心技术，无法与国外同行竞争，也使风险投资的风险性增大。

2. 风险投资退出机制尚未完全建立

风险投资“出口”问题尚未解决。由于我国正处于是由计划经济体制向市场经济体制转轨的历史阶段，市场尚不完备，没有建立产权交易退出机制，许多网络企业上市受发行额度的限制和向国有大中型企业倾斜上市政策的影响，难于直接上市发行股票。虽有一些风险，企业通过“买壳”、“借壳”进了主板市场,但毕竟是少数。买壳上市或借壳上市需风险投资公司与投资银行紧密合作,这一点我国尚未做到。

世界通行的做法是建立二板市场。2009年10月,酝酿已久的中国创业板市场正式开板,中国资本市场一扇向中小企业直接融资的大门悄然敞开。另一方面应允许合适的风险企业境外上市,当前我国已有不少公司成功在境外上市,如亚信、新浪、网易、搜狐等在纳斯达克登陆;阿里巴巴、复旦微电子等在香港创业板上市,大获成功。我国证监会应在对境外上市公司严格把关的同时,对境外上市持扶植态度,采取相应措施方便风险企业的顺利上市,使之成为一条光明的融资大道。

3. 缺乏高素质的专业人才

缺乏既懂技术又懂金融管理的专业人才。由于我国目前狭窄的教育体制及不利于人才流动的管理体制,严重阻碍了复合型人才的成长。现在的金融和企业管理人才基本上不懂工程技术,而工程技术人员又很少涉猎金融领域,所以我国目前尚缺乏既对高科技有深入了解又掌握投资运作的高水平风险投资人才。而风险意识的产生和风险资本投资的决心来自于风险投资者对高科技、未来高科技商品的市场及创业家素质的判断力,这种判断力是建立在熟练的专业知识和丰富的经验之上的,在这一方面,我国尤其缺乏经验和人才。

4. 缺乏健全的法律和法规体系

我国目前的《公司法》存在许多与风险投资相抵触的地方,不利于风险企业的发展,迫切需要成立专门针对中小企业的《中小企业法》以适应风险投资的发展。此外,现行的一些法律规定也制约了投资公司的发展,如我国现行的规定中,允许技术入股,且不得超过注册资本的35%,而禁止管理入股的存在,也未设立股票期权,无法使投资者利益与企业利益结合起来,缺乏调动投资者积极性的激励机制,影响产业投资基金及风险投资基金的发展。

我国当前的公司法缺乏关于风险投资公司的相应规定,依据公司法设立风险投资只能按一般公司设立方式运行,而其中有关限制发起人持有股份进行转让的规定以及对回购本公司股票的限制必然导致对风险投资的退出形成障碍。同时我国目前对一些高科技企业实行了优惠的税收政策,如在前三年内免除所得税,后两年里交纳所得税减半。但对于很多高科技企业而言,在最初建立的几年里,没有利润来源或获取利润很少,无形中大大减小了风险企业的诱人之处。同时由于优惠政策是对风险企业设定的,而不是针对愿意购买它的大公司、大企业,这使大公司、大企业没有足够的动力去收购风险企业,导致了风险企业出售这一兑资渠道难以扩展。

为了建立规范的风险投资退出机制,政府应尽快出台《风险投资法》,并对当前现有的一些法律条文加以修改。在制定相关优惠政策方面,政府应鼓励大型公司对小型高科技企业进行兼并收购。或者对进行收购的大公司实行贷款优惠政策,根据收购规模和收购行业给予相应年限的低息或无息贷款;或者对该公司实行税收上的优惠政策,降低或免除当年的所得税。如果能够采取有效的手段刺激大型公司或企业对小型高科技企业的购买,风险投资家就有了最便利、最迅速的投资渠道。

5. 产权交易不发达

风险权益的出售是最明显的产权交易。而多年来受我国计划经济的影响,我国的产权交易市场不发达,产权交易成本过高,同时在产权交易形式上以非证券化的实物型产权交易为主,再加上产权交易监管滞后,统一的产权交易市场难以形成,使跨行业跨地区的产权交易难以实现。这些都严重限制了高科技企业自由地转移产权。并且我国的高新企业多脱胎于高校、研究机构或传统企业，与原单位的产权关系模糊，更进一步地阻碍了产权交易。

6. 信息网络不健全

互联网集中在几个中心城市，用户也集中在IT业内人士和学生，加之支付和配送手段落后，使电子商务的发展受到很大的限制，从而使风险投资的风险性加大。

7.3.2.3 对策

为了加快发展我国风险投资事业，可以采取以下对策。

1. 创造有利于风险投资和创业基金的政策环境

创业基金所进行的是高风险的战略性投资，为了鼓励风险投资和创业基金的发展，我们必须制定有利于风险投资和创业基金发展的政策。这些政策包括：① 政府支持性融资。如，提供与风险投资配套的政府低利息长期优惠贷款和为风险投资对象的银行贷款提供政府担保等；② 风险投资的税收优惠政策。如新加坡政府规定，风险投资最初5～10年完全免税。中国台湾地区规定，公司投资于创业投资事业者，其投资收益的80%，免计当年度营利事业所得税。英国政府在投资信托法中规定，对于将80%以上的资产投资于未上市新兴企业的“产业投资基金”实行税收豁免政策。因此，为了发展高科技产业，有必要对风险投资或创业基金的投资实行所得税减免优惠；③ 政府采购。对一些风险投资企业的产品，为鼓励发展，政府可以通过采购政策予以支持。

2. 建立政府风险投资基金

在发展商业性创业基金的同时，建立政府风险投资基金，以协助商业性创业基金对企业的投资。从国外经验看，风险投资不仅是一种商业行为，而且政府通过各种途径协助高科技企业发展。在国外也存在专门为新兴产业中小企业提供融资的政府基金，如，美国中小企业发展局就通过为企业家提供政府贷款的形式，与创业基金共同支持新兴产业中的中小企业发展。日本各级政府也为风险投资建立相应的政府基金，以支持风险投资事业。在我国发展风险投资事业，仅仅依靠政府提供资金或者仅仅依靠商业性创业基金是不够的。

3. 发展和完善资本市场体系

对高新技术企业上市资格适当加以放宽条件，或者在条件成熟时建立第二股票交易市场(二板市场)。风险投资是一种中长期投资，其收益来自风险投资股权转让和流通的资本收益。从国外经验看风险投资价值实现的主要途径也是最佳途径是实现公司上市。使风险资本投得进，出得来，能及时套现。证券市场既是资金市场，又是产权交易市场。西方发达国家都有非常健全的证券市场，特别是都设立了以改造和交易高新技术风险股票为主的第二股票市场，风险资本筹措方便，产权交易体系发达，风险资本套现顺利。

4. 开辟多渠道的风险投资资金来源

风险投资的最显著特征就是高风险和高收益的中长期投资。在国外人们将风险投资称为“勇敢和有耐心的资本”。这些资本主要来自一些敢于承担风险的机构投资者和个人投资者，它们是年金基金、保险公司、证券公司、银行和个人。在我国，要发展风险投资事业首先就是要解决风险投资资金或风险资本的来源问题。从目前情况看，我国风险投资资本有以下几种可能的来源：一是机构投资者。机构投资者主要有：证券公司、保险公司、信托投资公司等，在机构投资者中最有实力的是保险公司；二是个人投资者。2009年底我国居民储蓄存款余额达到26万亿元，我们可以通过发行创业基金股份和风险投资受益凭证的方式，将部分储蓄存款转化为风险投资资本。

5. 健全风险投资法律环境

建立健全风险投资的法律体系。风险投资的目的之一就是为了促进科技创新，如果新技术的专利得不到法律的保护，则风险投资也成了一句空话，因此要尽快出台有关产业投资和风险投资方面的正式法规，完善《证券法》《公司法》，建立一个有利于发展风险投资基金的法律环境。

6. 大力发展和规范中介机构

风险投资涉及的中介机构有两类。一是一般的中介机构，如会计师事务所、律师事务所、信用等级评价机构、投融资咨询机构等，这些机构是风险投资公司选择项目、评价项目的辅助机构；二是特殊的中介机构，如行业协会、标准认证机构、知识产权评估机构、保险机构等，这些机构也是风险投资必需的辅助机构。中介机构的成熟和规范与否，直接影响着风险投资判断项目的正确性，影响着风险投资机构面临的风险程度。

7. 培养高素质的风险投资专业人才

合格的风险投资专业人才不但要精通财务、项目评估、金融、管理，还必须具有市场意识、风险意识、产业意识、创新意识、信息意识以及开拓和进取精神。

培养符合要求的风险投资专业人才。这需要改变我们以往的对人才划分过细、人才流动范围狭窄等一系列措施，在人才使用上充分坚持市场导向原则，充分发挥知识资本的作用，吸引并促使大量人才到风险投资领域来，拥有一批自己的风险投资家。

7.4 风险投资与二板市场

7.4.1 什么是二板市场

二板市场是与主板市场相对应的概念，是指一国证券主板市场以外的专门为新兴公司和中小企业提供筹资渠道的新型资本市场。它依托计算机网络进行证券交易，为风险投资提供退出通道，对上市公司经营业绩和资产规模要求较宽，但对信息披露和主业范围要求相当严格。它的服务对象主要是高成长性的中小企业和高科技企业。

二板市场是资本市场的重要组成部分，可以推动新兴产业的发展，许多国家设立它的目的就是主要为新兴的中小型科技企业提供融资渠道。因为这些企业在成立初期由于风险大，难以从银行获得贷款，单纯举债又会使资产负债率过高，间接融资渠道不畅。而主板市场上市标准对这些企业又显得过于严格，使其很难进入主板市场进行股权融资，在这种情况下，二板市场应运而生。

7.4.1.1 二板市场的主要特点

二板市场又称"创业板市场"，它的主要特点有以下几个方面。

(1) 具有前瞻性。从上市公司发展特点来看，二板市场注重的是公司是否有发展前景和增长潜力，是否有较好的战略计划与明确的主题概念。与主板市场相比，二板市场的上市标准相对较低，对企业的赢利要求较低甚至没有要求。

(2) 风险较大。与主板市场公司相比，二板市场上公司规模小，业务处于初创阶段，经营不善甚至破产倒闭的可能比主板市场上的要大。因此，其运行有较大风险。

(3) 监管要求严格。由于二板市场的高风险，对发行人、中介机构执行严格的监管标准，对市场的透明度要求高，以确保市场运作质量。

(4) 主要针对熟悉投资的个人投资者与机构投资者。

(5) 高技术产业导向明显。二板市场被称为“高科技企业的孵化器”、“高科技产业成长的摇篮”。

在发达国家的二板市场中，美国的纳斯达克最为成功，影响也最大，它主要的成功经验是：通过良好的制度安排和明确的定位，保持了市场的流动，美国高科技产业的蓬勃发展又为纳斯达克提供了有潜质的上市公司，这也就使得纳斯达克成为许多国家设立二板市场的范本。

7.4.1.2 二板市场的主要功能

风险投资的主要功能有以下四个方面。

(1)“资本放大”功能：即通过多层次的资金网络，迅速集聚分散资金投向风险企业，满足高科技成果转化和产业化发展所需的资金。

(2)“增值服务”功能：风险投资的内涵决定了风险投资不是一种单纯的投资行为，而是在投入资金的同时，积极参与企业的经营管理，提供全方位的增值服务。

(3)“风险调节”功能：多渠道的风险资金来源可使高科技企业的创业风险得到有效分散。同时，风险投资公司通过组合投资和分阶段投资等投融资策略，加之专业化的经营经验和管理技巧，也可以降低与分散经营管理风险。

(4)“企业孵化”功能：在高新技术企业的发展初期，习惯于“锦上添花”的银行信贷和公开资本市场的资金由于“三信”原则与“门槛”过高而无法介入，此时，风险投资充当了填补“投资缺口”、为高新技术企业“雪中送炭”的角色。

7.4.2 风险投资与二板市场的相互关系

7.4.2.1 风险投资是高科技企业进入二板市场的重要支持

二板市场的发展是与高科技风险投资的发展密不可分的。风险投资是高科技企业的孵化器，它投资于种子期和成长期前期的高科技企业。可以说，没有风险投资就没有20世纪90年代以来全球高科技企业的迅猛发展，就没有新经济时代的到来，也就没有为高科技企业融资服务的二板市场。二板市场虽然对上市公司的要求比较低，但并非没有要求。而风险投资通过多渠道的资金网络聚集资金投向创业初期的风险企业，使其获得成长和原始的资本积累；风险投资还通过积极参与高科技企业的经营活动，帮助其提高经营管理的水平和运作的规范性。这些都是高科技企业能够成长，并在二板市场上市的必需条件，因而可以说风险投资是二板市场存在和发展的基础。

7.4.2.2 二板市场是风险投资退出的主要渠道

风险投资是高科技企业发展过程中一定阶段的金融供给，因而在完成了它的历史使命之后，必须能够顺利地退出，才能够实现风险资金的良性循环。而二板市场则是风险资金有效的也是主要的退出渠道。从纳斯达克的运作经验来看，当风险投资运作到一定阶段，高科技企业已经到了成长期的后期，技术、产品、市场、管理水平都已经上升到一定的水平，具备了二板市场融资条件，此时风险投资就会选择二板市场上市以撤出资金用于再投资。因此，没有二板市场，风险资金再投资的通道将会被阻断，进一步将影响风险投资资金的进入，而整个高科技发展的资金供给链将会被阻断。二板市场给风险投资提供了一个有效的退出通道。不仅如此，二板市场给风险投资者提供了一个有关未来收益的预期，如果二板市场繁荣，风险投资就兴旺，反之亦然。因此，二板市场的发展是风险投资发展的必要条件。

风险投资在高科技企业和二板市场之间构成一个良性循环。风险投资与二板市场构成高科技企业发展过程中一个持续的融资通道，两者相互支持，相互补充，缺一不可。资金在两者之间的运作路径是风险投资—二板市场—变现退出—再投资，从而实现资金在资本市场和产业经济间的良性循环。

7.4.3 二板市场的国际经验

为了促进高科技中小企业的发展，世界上许多国家都开设了二板市场。它们的存在不但为高科技公司上市融资提供了场所，而且为风险投资者提供了良好的投资机遇，世界上许多著名的高科技公司都是从二板市场中脱颖而出的。

7.4.3.1 美国纳斯达克证券市场

世界上最早、最成功的二板市场要算美国的纳斯达克证券市场。纳斯达克市场，不仅吸纳了美国绝大多数最优秀的高科技企业上市，而且还吸引了全世界各地的高科技企业，也吸引着全世界各地的资金。

美国纳斯达克（NASDAQ）市场的全称是全美证券交易协会自动报价系统（National Association of Securities Dealers Automated Quotations）。它是当今世界上最大的股票交易市场之一。纳斯达克是全球最早的二板市场，它起源于1961年，也是目前为止最成功的二板市场，是各国效仿的榜样。

纳斯达克（NASDAQ）是全美证券交易协会自动报价系统的首字母缩略词。纳斯达克名下的上市公司在数量上超过了包括纽约证券交易所（NYSE）和美国证券交易所（AMEX）在内的任何一家美国证券交易所。与纽约证券交易所（NYSE）和美国证券交易所（AMEX）的多数上市公司相比，在纳斯达克上市的大多数公司规模较小。纳斯达克已经成为新技术公司——尤其是计算机和与计算机相关行业的基地。纳斯达克的交易是通过代表客户利益的股票经纪人发起的。这些经纪人与专注特定股票买卖的市场期票出票人进行协商以确定股票的价格。

纳斯达克证券市场本身是分层次的，它由全国市场和小型资本市场两部分组成。纳斯达克全国市场适合较大型企业，它们经严格审批后被列入全国性证券市场。纳斯达克小型资本市场突出培育发展创新中小企业，并为其融资创造积极的条件。与全国市场相比，纳斯达克小型资本市场二级交易的数量不多，但基金和机构投资人的兼并收购很活跃。由于纳斯达克证券市场有一批机构投资人和相互竞争的造市商的支撑而具有高流通性，它对高增长的企业越来越有吸引力。

早在1994年，纳斯达克市场交易值就超过伦敦证券交易所和东京证券交易所。目前，除了交易值和市值之外，纳斯达克市场在上市公司数量、成交量、市场表现、流动性比率、机构持股比率等方面都超过了美国的证券主板市场——纽约证券交易所，成为美国发展最快的证券市场。而各国企业也有许多在纳斯达克上市。

美国纳斯达克市场最新公布数据显示，截至2010年7月，共有148家中国公司在纳斯达克上市，超过美国以外任何国家。自2007年以来，中国已连续三年成为纳斯达克最大海外市场。在目前已经上市的148家中国公司中，125家来自中国大陆，17家来自中国香港，5家来自中国台湾地区，1家来自中国澳门。2009年，纳斯达克共吸引33家中国公司上市。而2010年1～7月，已有25家新公司上市。从上市势头来看，2010年中国企业赴纳斯达克市场上市的数量有望创出年度新高。

随着纳斯达克市场的成功，人们越来越发现，高科技企业的成长需要这样的土壤，高科技中小企业虽然有风险，但其回报也可观。关键是市场规则要清楚、信息披露需及时以及市场组织发育良好。可以说，世界上其他二板市场的发展都在很大程度上受到了纳斯达克市场的影响和启发。

7.4.3.2 欧洲的二板市场

为了在高科技产业的发展上与美国竞争，满足本地区高科技企业的融资需要，欧洲目前出现了一系列新兴的资本市场，以帮助欧洲高成长企业融资。主要包括布鲁塞尔的欧洲证券交易商自动报价协会(EASDAQ)、法国巴黎的新兴市场、英国伦敦的另项投资市场(AIM)以及法兰克福和阿姆斯特丹的新市场等。其中尤以英国的另项投资市场最为突出。

英国另项投资市场(Alternative Investment Market)成立于1995年夏天，它得到伦敦股票交易所的支持，目的是为了吸引年轻高成长的中小企业与高科技企业，并帮助他们融资。该市场受到伦敦股票交易所的监管。在该市场上市，条件比正式的公开上市要宽松，上市规模可以小一些，交易的历史也不用那么长。另外，在这个市场上从事投资的投资人可以享有税收的优惠。该市场声明它是高风险、高回报的市场，投资者必须风险自负。

7.4.3.3 亚洲的二板市场

亚洲各国对高科技产业的发展都极为重视，纷纷在政府的支持下开设二板市场，并与其他国家展开竞争。日本政府于1983年分别在大阪、东京、名古屋建立了“第二证券市场”，并于1991年正式成立日本自动报价市场。亚洲一些新兴国家也开设了二板市场，新加坡于1987年成立了自己的二板市场——新加坡自动报价市场(Stock Exchange of Singapore Dealing and Automated Quotation System, SESDAQ)，支持本国新兴高科技企业的发展。马来西亚成立了以小型公司为对象的吉隆坡二板市场及主要以高科技公司为对象的马来西亚市场。韩国的二板市场在帮助韩国经济复苏的过程中起到了巨大的作用。

尤其值得我们关注的是，香港联交所于1999年11月正式推出了自己的二板市场——创业板市场，受到了企业界的极大关注。

根据香港联交所的公告，创业板市场是指主板市场以外的另一个独立的市场，是以增长潜力为目标的一个股票市场，主要是为中小型民营企业和新兴企业提供筹资途径，协助高增加值的成长公司和高科技公司实现资本的迅速积累，从而加快企业的发展，促进企业实现良好效益。上市的要求如下：具有良好的增长潜力；专注单一业务；具有两年业务记录，不设最低盈利要求,上市前无需提交盈利记录。创业板上市规则如下:须委托两名具有相关经验的人士为独立董事,成立审核委员会;大股东在上市两年后才可出售股票及抵押股份;首次公开招股不一定要有包销安排;保荐人负责首次上市的工作,并在公司上市后两个年度内担任顾问。

创业板的其他特点还有:使用公告板作为交易途径,采取买者自负的原则,强调加强披露为本的监管理念,有别于主板市场。公司的行业范围将不受限制,不受注册地点的限制,只要符合上市的条件就可获准进入创业板市场。

创业板市场的设立,不但可以为香港、内地、中国台湾地区的高科技公司提供便利的融资渠道,促进本地区的产业升级和经济增长,而且对香港发展科技产业,加强国际贸易、金融中心地位有重大意义。

综合来看,二板市场有以下特点:第一,面向新兴的高成长、高科技中小企业;第二,较低的上市要求(资本和盈利);第三,明显的风险警告声明,投资者应该风险自负;第四,监管并不放松,上市企业需要披露的信息并不少于主板市场,同样要求正规的公司管治。

7.4.4　中国二板市场(创业板市场)的发展情况

中国的创业板市场经过十年精心而充分的筹建,于2009年10月正式挂牌交易,酝酿已久的中国创业板市场正式开板,中国的创业板终于正式拉开帷幕。

首批28家企业率先搭上了中国创业板市场的首班车,截至2010年10月,创业板上市企业总数已达134家,总募资金额972.82亿元,总市值近6 000亿元。

目前中国的创业板市场已运行一年,如何客观公正地评价创业板市场,无论管理层还是社会各界都十分关注。

1. 国内创投业获得高额回报

创业板以"2高6新"为判断标准,相比中小板上市企业有所放宽,因此创业板在过去的一年内迅速成为VC/PE投资机构的重要退出渠道。

数据显示,创业板134家上市公司中,有VC/PE投资背景的企业数量为79家,占企业总数的59%,平均每家企业有1.9家投资机构参股。另外,VC/PE们的回报率在过去一年中也是居全球最高的,创业板开板一年以来,投资机构通过企业IPO获得的平均账面回报率为13倍。

创业板开板一年来,那些蛰伏在创业板上市公司中多年的创投企业得到了丰厚的回报。从国内投资机构退出情况来看,最大的赢家无疑是深创投。其中,深创投所投上市公司数量10家,平均账面投资回报率为10.35,其次则是达晨创投、同创伟业、国信弘盛、中科招商等,他们所投上市公司数量分别为7家、6家、5家、5家,投资回报率分别是,3.85、10.05、5.34和10.95。

2. 外资看好国内创投市场

作为投资退出的重要渠道,创业板在中资机构收获颇丰的同时,也吸引着外资机构和美元基金进行境内IPO的尝试。

数据显示,在创业板134家上市公司中,有7家企业为外资机构或美元基金参股。其中,挚信资本(锦富新材)、红杉中国(乾照光电)、智基创投(国联水产)、华平(乐普医疗)、英特尔投资(银江股份)等所涉美元基金均为首次境内IPO。

有分析人士认为,虽然目前外资机构或美元基金参股的创业板公司不是很多,主要是受到境外资本市场回暖的影响,但是随着政府出台人民币基金优惠政策、QFLP试点有望获批、保险资金可向股权投资基金有限出资等利好消息的促进下,外资机构配备人民币基金将成普遍趋势,创业板上的外资机构人民币基金投资企业数量有望在未来1～2年内出现增长。

3. 创业板的推出对中国的创投业的发展功不可没

创业投资正是担负着为创业板投资和培育优质上市资源的职责,创业板与创业投资二者又处于同一条共存共荣的创业价值链上,因此应加快建立创业板与创业投资之间的长效互动机制,加强创业板监管部门和深交所对创业投资的正确指导,并及时了解创业投资的相关诉求,不断提高创业投资为创业板源源不断输送优质上市资源的效率。

有分析认为,创业板为国内的股权投资行业带来了深刻变革,机构投资策略、市场格局及发展状况都随之出现较大调整,境外上市中国企业或将涌现退市回归潮。

较高的发行市盈率以及发行溢价比所带来的巨大的财富效应,再也按捺不住一批批中小企业的创业者们冲关中国资本市场的冲动,中国资本市场随着创业板的开通再一次掀起了中小企业直接融资的热潮。

由证券时报社主办的"第四届中国中小板上市公司五十强暨首届中国创业板上市公司价值评选"在2010年6月28日举行了隆重的颁奖典礼。

评选出的"第一届中国创业板上市公司十佳创业团队"是:碧水源、神州泰岳、乐普医疗、华谊兄弟、特锐德、国民技术、三聚环保、硅宝科技、东方财富、同花顺。

评选出的"第一届中国最具创新商业模式创业板上市公司"是:吉峰农机、碧水源、华测检测、华谊兄弟、国民技术、乐普医疗、神州泰岳、万邦达、数字政通、三聚环保。

总体上,创业板市场是有效市场,并且是成功的。当然,创业板在过去一年的运行中,也出现诸多新的矛盾和问题,并面临严峻挑战。这些出现的问题是发展中的问题,是由于创业板市场是高风险、高成长的市场,加之我国的创业板市场运行刚刚一年,还比较幼稚,要走向成熟至少尚需一段时间。

参考文献

[1] 刘曼红.风险投资.创新与金融.中国人民大学出版社,1998.
[2] 夷萍,雷星晖.创建我国的NASDAQ.经济管理与研究,2000(2).
[3] 赵昌文,童牧.欧洲风险资本的退出机制分析.财经科学,2000(4).
[4] 张树中,胡海峰.试论美国创业资本的退出机制.世界经济,2000(1).
[5] 辜胜阻,李正友.我国风险投资的问题与对策.改革,2000(1).
[6] 高材林,黄冠华.世界二板市场发展与中国的选择.中国金融,2000(3).
[7] 陈钢等.解密互联网二次上市潮:排队上市的资本角逐.互联网周刊,2004(3).
[8] 蔡莉,熊文.我国风险资本市场的特殊性分析.科学学与科学技术管理,2003(7).

第 8 章　网络经济与经济增长

经济增长是经济学中的一个基本理论课题，其基本思想起源于古典经济学。鉴于经济增长的重要性，各国政府把持续的经济增长作为国家经济政策的主要目标。经济增长往往是通过一国的 GDP 水平、通货膨胀率及就业率等指标来衡量和体现的。

经济在沿着经济发展的总体趋势增长的过程中，常常伴随着产出、通货膨胀、利率和就业的波动，且呈现出周期变动的共同特征。然而，伴随着美国为代表的新经济现象的潮起潮落，人们除了考虑诸如：经济增长是可以长期持续的吗？如果可以，是什么决定长期增长率？哪一种经济增长得最快？政府可以使用什么决策来改善人民的生活水平？除了这些经济增长理论长期关注的焦点外，我们还要思考经济增长的源泉是什么？在网络经济条件下，经济周期消亡了吗？信息网络技术对经济增长带来了哪些影响？伴随着新经济的经济全球化对世界经济又产生了哪些冲击呢？

本章将就网络经济与经济增长的这些相关问题进行探讨。让我们首先沿着经济增长理论发展的脉络，来逐步理解和分析网络经济与经济增长的关系问题。

8.1　经济增长理论概述

20 世纪下半叶以来，经济增长理论历经兴衰，出现了三次大的高潮：第一次高潮是哈罗德—多马模式的产生和发展；第二次高潮是新古典增长模式的产生和发展；第三次高潮是近期的新增长理论的产生和发展。无论是哈罗德—多马模式为代表的资本积累论还是索洛、斯旺等为代表的"技术进步论"，这些模式都无法就人类漫长的经济增长史给出一致的、富有说服力的解释，而新增长理论在新古典增长理论的基础上，从"内生技术变化"的观点出发探讨经济增长，为解释 20 世纪 90 年代以来美国新经济为中心的新的经济增长现象提供了一个重要的分析框架。

8.1.1　传统经济增长理论

8.1.1.1　古典经济增长理论

1. 亚当·斯密的经济增长理论

亚当·斯密从富国裕民的目的出发，力求探讨国民财富的性质、增加国民财富的途径以及影响国民财富增长的主要因素。他认为财富不是金银货币，而是由生产劳动生产出来的有用物品，导致国民财富增加的主要原因是生产性劳动者人数的增加以及他们之间的劳动分工,资本积累只是为经济增长创造必要的条件而非经济增长的主要原因。

他在《国民财富的性质和原因的研究》一书中,阐述的关于经济增长思想的主要内容如下:① 物质财富增长的基本途径有两条:一是分工引起的劳动生产率的提高;二是生产劳动在全部劳动中所占比例是决定国民财富增长的主要因素。② 资本积累对国民财富增长具有重要作用。要提高劳动生产率,必须增加生产资料的数量,而生产劳动的数量,则依存于资本的数量。③ 经济人对个人利益的追求而引起的竞争,是增加国民财富的真正动力。

亚当·斯密很重要的观点——经济人观点:社会的整体利益——经济增长,是通过个人追求个人利益而实现的。

亚当·斯密理论所包含的基本成分在后来的所有经济增长理论中都能找到,如强调储蓄和投资是一国发展的基础等。亚当·斯密的理论为后来的经济增长理论奠定了基础。

2. 大卫·李嘉图的经济增长理论

大卫·李嘉图在继承斯密理论并克服了该理论中的一系列矛盾的基础上,指出生产商品所耗费的相对劳动量决定商品的价值,这种劳动既包括体现在商品中的过去劳动,也包括在劳动过程中所耗费的工人的直接劳动,从而把经济增长中劳动要素的分析推上了一个新的台阶。此外,通过一个两部门模型,李嘉图得出经济增长最终趋于停止的结论。同时,他将收入分配与经济增长联系在一起,说明了国民收入分配在经济增长中的作用。

他在《政治经济学及赋税原理》一书中,侧重从分配的角度研究了国民财富的增长:① 社会产品以工资、利润、地租的形式在工人、资本家、地主之间进行分配。但只有利润是用于发展生产的,利润的大小决定着财富积累的规模,而国民财富的增长又完全取决于资本积累;② 土地收益递减。一定的利润率是资本积累和资本主义生产发展的必要条件。如果没有技术进步,利润率下降,资本家积累货币的动因消失;③ 对外贸易可以阻止利润率的下降,这样做和改进机器能提高劳动生产率一样产生积极的效果。

对李嘉图理论的认识:强调投资在经济增长过程中的重要性,这一点在现代增长理论中仍起着重要作用。

3. 熊彼特的创新理论

奥地利籍美国经济学家熊彼特在他1912年版的《经济发展的理论》一书中提出,经济增长发展的主要动因是创新。创新活动推动的经济增长和发展是通过三个过程实现的:一是企业为谋取超额利润而进行的创新;二是企业为分享这种创新利益而开始的仿效创新活动;三是其他采用旧方式生产的企业为保证自己的生存而对创新的适应。

熊彼特关于创新理论与经济增长的关系的主要观点:① 经济增长主要是靠创新活动;② 资本只是创新的一个条件;③ 创新产生的潜在利润吸引了一大批的企业家,从而促进了一国经济的发展及其福利水平的提高。

熊彼特创新理论的一个新颖之处在于放弃了土地收益递减的假定。他宣称,经济增长发生在不同长度的周期中,创新引起的经济变革具有决定性,与之相关的经济或增长周期就越长;反之亦然。

熊彼特对经济增长理论的最大贡献在于:一方面,他把增长理论的因素与经济发展结合起来,创造了新的体系;另一方面,他把产生新技术或新产品并刺激经济发展的过程看成是内在因素决定的。

8.1.1.2　现代经济增长理论——哈罗德—多马经济增长模型

在长期化和动态化凯恩斯宏观经济理论过程中，由英国经济学家哈罗德（Roy F. Harrod）和波兰裔美国经济学家多马（Evsey D. Domar）于20世纪50年代建立起来的哈罗德—多马经济增长模型是现代经济增长理论形成的标志。

哈罗德—多马经济增长模型以凯恩斯的“有效需求原理”为出发点，将短期静态理论长期化和动态化，试图找到经济长期均衡增长所需要具备的条件，以防止经济危机和失业。

哈罗德—多马经济增长模型认为：决定经济增长的因素有两方面，即：① 资本积累。要实现经济增长必须进行资本积累，把国民收入中一部分储蓄起来，并在下一年转化为投资；② 劳动力的增加和劳动生产率的提高。

哈罗德在凯恩斯就业理论基础上，考察资本主义国家长期的经济问题；多马进行了类似的分析。分别提出含义完全相同的经济增长模型。其基本思想是：经济增长率取决于储蓄率和资本产出比。由于假设资本与劳动的配合比率不变，资本产出比也就不变，所以经济增长率实际取决于储蓄率，储蓄率即资本和积累率就成为唯一决定经济增长的因素。因此，该模型实际上是一种资本决定型经济增长理论。

1. 哈罗德—多马增长模型基本假设

哈罗德—多马增长模型基本假设条件包括：① 社会只生产一种产品，这种可用于消费，可作为生产要素即资本投入生产；② 生产中只使用两种生产要素，即劳动和资本，且技术系数是固定的；③ 生产规模的报酬不变，但每种生产要素报酬递减；④ 技术水平是既定的。

2. 哈罗德—多马增长模型的分析方法

采用凯恩斯的储蓄-投资分析方法，集中考察如下三个变量：一个是储蓄率S；一个是资本-产出比率V（资本系数或投资系数）；还有一个变量是有保证的增长率G_w，指在S和V已知时，为了使储蓄全部转化为投资所需要的产量增长率。

3. 哈罗德增长模型的表达式——实现稳定的经济增长的条件

$$G_w=S/V \quad 或 \quad G_w \cdot V=S$$

该公式中，G_w代表国民收入的增长率，即经济增长率；S代表储蓄率，即储蓄量在国民收入中所占的比例；V代表资本-产量比率，即生产-单位产量所需要的资本量。

在该模型中，为了实现经济的持续增长，经济的实际增长率不仅必须等于有保证的增长率，即由资本家集体意愿投资水平决定的增长率，而且必须等于经济的自然率，即为了使经济实现持续充分就业所需的增长率。哈罗德等人认为，三种经济增长率只会在极其偶然的情况下才会相等。因此，资本主义市场经济实现充分就业的均衡增长的可能性很小。不仅如此，根据哈罗德—多马不稳定性原理，资本主义市场经济一旦偏离充分就业的均衡增长，不仅不能自行纠正，而且还会沿着同一方向进一步偏离。因此，哈罗德和多马认为资本主义市场经济增长在本质上是不稳定的，被称为“刀锋”上的增长过程。

哈罗德和多马在重新唤起人们对增长和长期积累问题的兴趣方面起了开创性的作用，它奠定了现代经济增长理论的框架。哈罗德—多马模型是最早的经济增长模型，它虽然比较简单，而且有着明显的缺点（例如没有考虑技术进步的作用），但它为以后的经济增长模型奠定了基础，以后的经济增长模型都是对它的发展和改进。

8.1.1.3 新古典经济增长模型

美国经济学家索洛(Robert Solow)和斯旺(Tom W. Swan)于1956年各自独立地提出了一个经济增长模式,修正了哈罗德—多马模型,合称索洛-斯旺模型。索洛认为,在短期内,技术进步率、资本增长率及人口增长率是决定经济增长的三个主要因素。但在长期内,资本增长率和人口增长率对经济增长的作用不大,经济增长率主要取决于技术进步率。

1. 索洛-斯旺模型的基本假设

新古典模型也假设只生产一种产品和只使用两种生产要素(劳动和资本),并且规模收益也不变。即在新古典经济增长模型中,充分就业的稳定增长条件和哈罗德—多马模型一样,仍然是 $G_w=G_n=S/V$。这一模型与哈罗德模型的差别一是假定生产中,资本-劳动的比率和资本-产出比率是可变的;二是它考虑到技术进步的情况。

2. 基本公式

新古典经济增长模型以柯布-道格拉斯生产函数为基础,其经济增长公式是:

$$\Delta Y/Y=T+a(\Delta K/K)+b(\Delta L/L)$$

上式中,Y 代表收入或产量,$\Delta Y/Y$ 代表经济增长率;T 代表技术进步率;K 代表资本,$\Delta K/K$ 代表资本增加率;L 代表劳动,$\Delta L/L$ 代表劳动增加率;a 和 b:反映资本与劳动对产量的相对作用的权数,即 a 代表经济增长中资本所作的贡献比例,b 代表经济增长中劳动所作的贡献比例;a 与 b 之比,即资本-劳动比率。

这一模型的含义是:

第一,决定经济增长的因素是资本和劳动的增加以及技术的进步;

第二,资本-劳动比率是可变的,从而资本产量比率也是可变的。这是对哈罗德—多马模型的重要修正;

第三,资本-劳动比率的改变是通过价格的调节来进行的。如果资本量大于劳动量,则资本的相对价格下降,劳动的相对价格上升,从而就使生产中更多地利用资本,更少地利用劳动,通过资本密集型技术来实现经济增长。

反之,就通过劳动密集型技术来实现经济增长。这样通过价格的调节使资本和劳动都得到充分利用,经济得以稳定增长。因为这一模型强调了价格对资本-劳动比率的调节作用,与新古典经济学的观点相似,故称新古典模型。

3. 经济长期稳定增长的条件

新古典模型认为,在长期中实现均衡的条件使储蓄全部转化为投资,即把凯恩斯储蓄等于投资这一短期均衡条件长期化。这种情况下如果储蓄倾向不变,劳动增长率不变,则长期稳定增长的条件就是经济增长率($\Delta Y/Y$)与资本存量增长率($\Delta K/K$)必须相等。即:

$$\Delta Y/Y=\Delta K/K$$

该增长模型旨在证明中可能存在一种平衡增长路径,这种增长路径具有内在稳定性。这种理论发展表现为新古典增长模型(供给因素起重要作用),取代凯恩斯主义的哈罗德—多马模型(需求因素起重要作用)。索洛的增长模型为新古典理论的各种增长模型奠定了基础。

对新古典经济增长模型,克服了哈罗德—多马理论中稳定性差的缺陷;肯定了技术进步对经济增长的决定性影响；是经济学家对于长期增长的认识的基础；对一些经济增长现实缺乏解释能力，激起了经济学家们对新古典增长理论的思考。

8.1.2　新经济增长理论

由于新古典增长理论的中心问题——经济增长的原因及各国间的收入差别，索洛模型得出的许多结论与现实经济的实际情况不相符，这使得众多学者开始在新古典模型之外探索对经济现实的其他理论解释。一些经济学家开始修正传统的生产函数，直接将知识（技术）内生化地纳入生产函数之中，以说明知识（技术）的特征及其对经济增长的长期影响。他们在增长问题上的长期努力最终促成了新增长理论的产生。

新增长理论是经济学的一个分支，试图解决经济增长的根本原因问题。20 世纪 80 年代中期，以罗默（Paul M.Romer）、卢卡斯（Robert E.Lucas，Jr.）等人为代表，提出“内生技术变化”理论，掀起了新增长理论的热潮。新增长理论又称“内生经济增长理论”；新增长理论的出现，标志着新古典经济增长理论向经济发展理论的融合。这一融合的显著特点是，强调经济增长不是外部力量（如外生技术变化），而是经济体系的内部力量（如内生技术变化）作用的产物，重视对知识外溢、人力资本投资、研究和开发、收益递增、劳动分工和专业化、边干边学、开放经济和垄断化等新问题的研究，重新阐释了经济增长率和人均收入的广泛的跨国差异。为长期经济增长提供了一幅全新的图景。这一理论自 20 世纪 80 年代产生以来，迅速成为理论界关注的焦点，对世界经济增长尤其是对发展中国家经济产生了重要的影响。

8.1.2.1　新增长理论的基本内涵及其思想渊源

1. 新增长理论的基本内涵

新增长理论的“新”是区别于新古典增长理论而言，它将经济增长的源泉完全内生化，又叫“内生增长理论”（Endogenous Growth Theory）。该理论的内涵表现为两方面。

（1）新增长理论是对新古典增长理论的修正和发展

新古典增长理论：假定人均投资收益率和产出增长率是人均资本存量的递减函数。资本要素收益递减增长的原因是外生的技术变化，它是人们不可控制的（无法把握）。

20 世纪 80 年代兴起的新增长理论将知识和人力资本引入经济增长模式，提出了要素收益递增假定，对新古典增长理论进行了全面的修订和发展。最突出的改进在于，新增长理论赋予了技术一个完全内生化的解释，认为技术不是外生的、人类无法控制的东西，它是人类出于自利而进行投资的产物。其政策含义表明：政府不再是无所作为的实体，它可以通过支持教育、刺激资本积累、保护知识产权、补贴研究和开发、实行有利于新思想形成等政策促进增长。

（2）古典经济学是新增长理论的思想渊源

收益递增是新增长理论的核心，其基本思想来自斯密等的古典经济理论。斯密在被人们称为“劳动分工取决于市场范围”的斯密定理中最早提出了关于收益递增的见解，这一命题被美国经济学家艾林·杨（Yong A.）称誉为“全部经济学文献中最有阐述力并富有成果的概括”。

1928 年，艾林·杨在其经典文献《收益递增与经济进步》中，以斯密定理为主题，在协调收益递增与竞争性均衡方面做了最突出的尝试。其基本思想是：① 产业间的不断分工和专业化是收益递增实现过程的一个基本组成部分；② 收益递增取决于劳动分工的演进，并且现代形式劳动分工的主要经济是资本化的或以迂回的生产方式使用劳动的经济；③ 劳动分工取决于市场范围，市场范围又取决于劳动分工。

20 世纪 80 年代初，罗默重新发掘了古典经济学家，尤其是艾林·杨关于收益递增的经典思想，并运用动态模式证明了“收益递增可能会导致无约束的增长，外部性可能会允许竞争性均衡存在”的观点，重新激发了人们对长期经济增长的兴趣。

2. 新增长理论的基本思想

新增长理论的一个显著特点是知识、人力资本等内生技术变化因素的引入，其结果是资本收益率可以不变或递增，人均产出可以无限增长，并且增长率在长期可能单调递增。新增长理论的主要思想概括如下：

① 将知识和人力资本引入经济增长模式，提出要素收益递增假定。强调经济增长不是外部力量(如外生技术变化)，而是经济体系的内部力量(如内生技术变化)作用的产物；

② 赋予技术内生化的解释，技术不是外生的，是人类出于自利而进行投资的产物；

③ 重视对知识外溢、人力资本投资、研究与开发、收益递增、劳动分工和专业化、边干边学、开放经济和垄断化等新问题的研究。认为政府可以通过支持教育、刺激资本积累、保护知识产权、补贴研发、实行有利于新思想形成等政策促进经济增长。

8.1.2.2 *新增长理论的产生及其理论基础*

1. 新古典理论的尴尬困境

新增长理论的产生是对新古典增长理论的疏漏和缺陷的直接反应。在人均投资收益率和人均产出增长率是人均资本存量的递减函数的假定下，新古典增长模式的预见与现实相矛盾。以索洛模型为代表的新古典增长理论是现代经济增长理论的基础。索洛模型表明，经济长期增长必定来自于外生的技术进步。索洛模型恰恰没有解释什么导致一个国家的长期持续增长。新古典模型的另一个主要结论是穷国应该比富国增长更快，因为穷国的人均资本存量低，每单位新增投资能得到较高的报酬率。然而，实际的经验数据表明，穷国的经济增长往往更缓慢。

然而，自工业革命以来 200 年的经济发展历程显示：产出增长已超过人口增长；在长期不同国家有不同的增长路径；国家和地区的增长率与各种经济、社会和政治变量密切相关。面对理论对现实解释能力的不足，激发了大批经济学家对新古典增长理论的重新思考。

2. 实证结果与理论的矛盾

有关经济实证和理论研究的两组新的数据资料对新古典增长理论提出了挑战，直接推动了对新增长理论的研究。这两组数据是：① 麦迪逊 1982 年在《资本主义发展的阶段》一书中，给出多个发达国家一个世纪的几套数据；② 赫斯顿和萨默斯 1988 年的《130 个国家 1950～1985 年间的实际产出和价格水平的一组新的国际比较》。许多经济学家运用这两组数据，得出了与新古典增长理论相矛盾的结论：

(1) 生产率或人均 GNP 的增长率的长期趋势递增而非递减；

(2) 新古典模式预见的趋同现象没有发生：资本并不像新古典增长模式预见的那样从富国流向穷国；

(3) 长期数据显示出储蓄率和增长率之间存在相关性。

3. 新的理论基础

20 世纪 60 年代以来有关知识外溢、边干边学和人力资本的理论化和动态化研究为新增长理论的产生提供了理论基础。

1962 年，阿罗（Arrow K.）发表了《边干边学的经济含义》一文：强调要把从事生产的人获得知识的过程内生于模型，而知识水平本身作为一个生产要素具有递增的边际生产力。

1965 年宇泽弘文（Uzawa H.）在《经济增长总量模式中的最优技术变化》一文中，运用两部门模式结构，描述了一个人力资本和物质资本都能生产的最优增长模式，人力资本会导致无限增长。

1961 年舒尔茨（Theodore W. Shultz）在《人力资本投资》中，首次区分物质资本与人力资本，指出通过人力资本投资，人的质量能够得到不断改进，由此提高劳动生产率。

4. 内生技术进步模型

由于经济增长可以分为由资本或劳动等要素推动的和技术进步推动的两种类型，因此内生增长理论也可以分为"要素投入的内生增长"和"技术进步的内生增长"两种类型。

经济增长除了依靠要素增长以外，就是生产率的提高，而生产率的提高主要依靠技术进步。当一个经济的技术进步速度和路径有这个经济中的基石——企业的行为决定而不是外生决定的常数时，这种技术进步被称为"内生技术进步"。将技术进步内生化的模型很多，归纳起来如下。

（1）报酬递增的生产函数

通过选择具有要素报酬递增的生产函数，可以解释内生增长的存在性和原因。保罗·罗默在他的 1986 年的《收益递增与长期增长》一文中认为，企业通过投资增加资本存量的行为提高了知识水平，知识是非竞争性的，具有外部性，这种效应不仅使其本身形成收益递增，而且也是物质资本和劳动等其他投入要素也具有收益递增的特性，而这种收益递增会导致经济的长期增长。

（2）人力资本

卢卡斯在《论经济发展机制》一文中，用人力资本解释了长期增长。认为人力资本不同于一般的知识，是关于"特定的人或者一个民族的特定的文化"；人力资本也不同于劳动力，必须通过教育和培训成本的投入才能形成。人力资本可以相互传递，其结果不仅提高了投资者本身的生产率，而且也提高了劳动与物质资本的生产率，从而形成了生产的收益递增。拥有大量人力资本的国家会取得较快的经济增长速度，人力资本水平低下则是不发达国家经济增长缓慢的重要原因之一。

（3）干中学

干中学模型强调从事生产的过程也是获得知识的学习过程。生产过程中积累了资本，同时也积累了更多的新知识。干中学积累起来的经验使劳动力和固定资产的效率在生产过程中都有所提高，这就是所谓的知识的外溢效应（Spillover effect）。技术水平随着资本水平的提高而提高，学习参数的提高会促进长期增长率的提高，干中学模型以此来解释经济的长期增长。

（4）创新

创新是企业投资进行研究开发的成果。根据创新产品的类型不同，创新可以分为中间品创新和消费品创新。当创新产品为中间品时，创新表现为中间产品品种的增加和质量的提高，实际上意味着消费品生产率的提高。生产率的提高保证了在中间品投入总量不变的情况下消费品总量的上升，从而产生了经济增长。当创新产品为消费品时，在消费总支出不变的情况下创新表现为消费品品种的增加或质量的上升，可以提高消费者的效用，这样经济增长就表现为福利的增加。

8.1.2.3 新增长理论简评

新增长理论的核心在于：强调经济增长是经济体系内部力量尤其是内生技术变化的产物，重视知识和专业化人力资本的递增收益、外溢效应及其产生的边干边学效应。它的出现是发展经济学进入新阶段的重要标志，对发展中国家的经济发展具有十分重要的经济含义和政策意义。

1. 新增长理论的经济含义及其贡献

(1) 新增长理论是与新制度政治经济学共同生长的。它强调制度安排和政策选择对经济绩效的影响，使思想得到有效配置；强调劳动分工制度的作用；强调经济增长与经济史的一致性，即“历史至关重要”。

(2) 新增长理论的重要突破是把技术内生化，把知识和技术作为导致增长的第三要素。新增长理论认为：知识是内生的生产要素，它源于厂商利润最大化的投资决策的努力；知识或技术可以提高投资的收益，具有递增的边际生产率；存在一个投资刺激知识积累、知识积累反过来促进投资的良性循环；知识发现或技术创新需要某种垄断权力。

(3) 新增长理论将知识和人力资本因素引入经济增长模式，认为专业化的知识和人力资本的积累可以产生递增的收益并使其他投入要素的收益递增，从而总规模收益递增。

(4) 新增长理论认为一个国家的经济增长主要取决于它的知识积累、技术进步和人力资本的水平。知识、技术和人力资本水平高的国家经济增长率和收入水平就高；反之亦然。

(5) 新增长理论认为对外开放和参与国际贸易可以产生一种“外溢效应”。新增长理论认为，国际贸易的新原则应当从“比较成本优势”或“资源优势”原则转变为“技术或人力资本优势”原则；发展国际贸易可以加速世界先进科学技术、知识和人力资本在世界范围内的传递，使参与贸易的各国的知识、技术和人力资本水平得到提高，产生“外溢效应”。另外，新增长理论认为国际贸易是双方获益的“正和决策”，而不再是一方获益的“零和决策”。

(6) 强调劳动分工和专业化在经济增长中的作用。新增长理论认为，分工不仅使劳动和原材料的利用更有效，真正重要的是，可以使各种思想的利用更有效率。劳动分工受交易成本的限制，从而制度变迁与劳动分工的演进结合起来。

(7) 确认了政策对增长的重要影响，总结出一套维持长期增长的政策。新增长理论认为政府应该支持教育、刺激对物资资本的投资、保护知识产权、支持研究与开发工作、实行有利于新思想形成并在世界范围内传递的贸易政策、避免政府对市场的扭曲，应着力于能促进发展新技术的各种政策。

2. 对新增长理论的批评

新增长理论对经济增长和经济发展提出了许多深刻的见解，但它仍然没有使我们对经济增长中的技术进步机制有深刻的理解。不少经济学家对其提出批评。

(1) 新增长理论仍无法解决总量生产函数的问题。如人力资本可测性、可加性问题；

(2) 新增长理论并没有在生产理论上取得突破。以固定要素替代弹性生产函数和道格拉斯生产函数为基础，与索洛模式没有本质区别；

(3) 距离构建一个规范制度内生化的动态经济增长模式还有很长的路；

(4) 新增长理论是一个数学味道很浓的理论。经济学家需要一种直觉的逻辑技能。

新增长理论还很不规范，存在不少局限，但无可否认的是，这一新理论对人们重新认识长期经济增长问题提供了不少深刻看法，已在并仍将在经济理论和各国经济实践中产生深远的影响。正如新增长理论家格罗斯曼和赫尔普曼所言："新增长理论已在包含现实性方面——如引入不完全竞争、不完全占有、国际依存和规模效益递增等内容——的正确方面上迈出了一大步，这些方面对理解一个经济将在各种知识中如何投资相当重要。"

8.2 网络经济与经济增长的关系

8.2.1 经济增长的源泉

8.2.1.1 经济增长的定义与特征

前面我们分析了经济增长理论的大致发展脉络，那么到底什么是经济增长？经济增长表征有哪些？经济增长是通过哪些指标来体现的呢？信息网络技术对经济增长有哪些影响呢？下面，我们将一一来探讨。

1. 经济增长的定义

关于经济增长有多种定义，在这些定义中，美国经济学家库兹涅茨(S.S.Kuznets)给出的定义被经济学家们广泛接受："一个国家的经济增长，可以定义为给居民提供种类日益繁多的经济产品的能力长期上升，这种不断增长的能力是建立在先进技术以及所需要的制度和思想意识之相应的调整的基础上的。"

库兹涅茨的定义包含三个含义：① 经济增长集中表现为经济实力的增长，它的最简单的定义就是国民生产总值或国民收入的增长；② 技术进步是实现经济增长的必要条件；③ 经济增长的充分条件是制度和意识的相应调整，只有社会制度和意识形态适合于经济增长的需要，技术进步才能发挥作用，经济增长才是可能的。

2. 经济增长的基本特征

经济增长的基本特征表现在如下六个方面：

① 按人口计算的产量的高增长率。这一特征在经济增长过程中表现得非常明显，可以用统计资料加以证明；② 生产率本身的增长也是迅速的，这包括所有投入的生产要素的产出率都是高的。这一特征也可以用统计资料加以证明；③ 经济结构的变革速度是高的。这包括从农业转移到非农业，以及工业转移到服务业，企业生产规模的变化、劳动力职业状况变化、消费结构变化等；④ 社会结构与意识形态的迅速改变。例如城市化以及教育与宗教的分离就是整个社会现代化的一个组成部分，也是经济增长的必然结果；⑤ 经济增长在世界范围内迅速扩大。发达国家凭借其技术力量，尤其是运输和通讯，通过和平或战争的形式，向世界其他地方扩展，使全世界都卷入增长之中；⑥ 世界增长的情况是不平衡的。从目前看，还有占世界人口 3/4 的国家是落后的，有些国家的经济状况远远低于现代技术的潜力

可能达到的最低水平。在国际范围内,贫富的差距在拉大。

8.2.1.2 经济增长的源泉:资本、劳动和技术进步

经济增长集中表现为社会总产量的增加,因此可以根据总生产函数来研究增长的源泉。总生产函数是总产量和生产中所使用的全部生产要素投入量之间的函数关系。生产中投入的要素主要是:技术(A)、资本(K)、劳动(L)。函数公式为:

$$Y=A\cdot F(K,L)$$

资本的概念分为物质资本和人力资本。物质资本又称有形资本,是指厂房、设备、原材料等的存量。人力资本又称无形资本,是指体现在劳动者身上的投资,如劳动者的文化技术水平、健康状况等。

物质资本在经济增长中的作用是不容忽视的。在历史上,经济的增长和资本增长的关系是显著的。根据美国经济学家索洛的研究,美国从1909～1949年经济增长的12%由人均物质资本的增长带来的。其余88%是由无法用要素投入解释的技术进步带来的。问题是,技术进步在相当程度上也依赖物质资本的投入。

单纯依赖物质资本的投入和积累也会带来经济的较快增长,如东亚国家,但这种增长正如著名经济学家克鲁格曼所指出的,是不会持久的,迟早会中断或停滞的。东南亚金融危机便是一种验证。

劳动在经济增长中的作用,可从劳动力的数量增加和质量提高两个方面加以考察。劳动力数量的增加有三个来源,一是人口增加,二是人口中就业人口的增加,三是劳动时间的增加。劳动对经济增长的作用趋势主要是依赖劳动力的质量,主要是指劳动力文化技术水平的提高和健康水平的提高。这使劳动力越来越成为人力资本的一部分。同时,随着社会经济的发展,劳动力质量的提高,对教育的依赖越来越大,这使教育也日益成为推动经济增长的一个重要因素。根据索洛的研究,在1909～1949年这段时间中,劳动在经济增长中的贡献占38%左右。

应该指出的是,在经济增长的开始阶段,人口增长率较高,经济增长主要依靠劳动力数量的增加。但经济增长到一定阶段,人口增长率下降,经济增长主要依靠劳动力质量提高。

8.2.1.3 技术进步在经济增长中的作用

技术进步在经济增长中的作用,体现在生产率的提高上,即同样的生产要素投入量能提供更多的产品。

技术进步在经济增长中起了最重要的作用。据索洛估算,美国1909～1949年每年2.9%的增长率,技术进步所作出的贡献占51%左右。而且,随着经济的增长,技术进步的作用越来越重要。

技术进步主要包括资源配置的改善,规模经济和知识的进展。资源配置的改善主要是指资本有机构成的提高,即生产过程中对人力资源的数量依赖日益减少,而越来越依赖先进的机器设备,这使劳动生产率迅速提高。知识的进展是技术进步中最重要的内容。据美国经济学家丹尼森估算,技术进步引起的生产率提高中有60%左右要归功于知识进展。知识进展包括科学技术的发展及其在生产中的运用,新工艺的发明和采用等。应该强调的是,知识进展也包括管理科学的进展。管理科学的发展和新的管理方法的应用,在经济增长中起了重要的作用。

还应该强调的是，这里所分析的经济增长的源泉是指经济因素，它所假定的前提是社会制度和意识形态已经符合了经济增长的要求。

经济增长的技术进步率为：$Y=A\cdot F(L,K)$

这里，Y—总产量；A—技术水平；L—劳动；K—资本。

根据总生产函数，投入增加，产出也会增加，这意味着劳动的边际产量（FL）和资本的边际产量（FK）都是正的。这样，根据全微分方程，总产量变化可写成：

$$\Delta Y=\Delta AF(L、K)+FL\Delta L+FK\Delta K$$

在生产函数为规模报酬不变的条件下，劳动和资本的边际产量等于各自的实际报酬，这意味着总产出正好分为劳动的份额和资本的份额。劳动的份额 $SL=(FL\Delta L)/Y$，资本的份额 $SK=(FK\Delta K)/Y$，且 $SL+SK=1$。这样经过简单变换，就有：

$$\Delta Y/Y=\Delta A/A+SL\Delta L/L+SK\Delta K/K$$

上述公式表明，收入的增长率（$\Delta Y/Y$）等于以下三项之和：

第一，技术进步率（$\Delta A/A$）；

第二，劳动投入增长率（$\Delta L/L$）乘以劳动在总产量中的份额（SL）；

第三，资本投入增长率（$\Delta K/K$）乘以资本在总产量中的份额（SK）。技术进步率通常称之为全要素生产率，表示在所有投入不变的条件下，由于生产方式改进导致的产出增加量，换句话说，用相同要素投入得到更多产出时，意味着全部要素的生产率提高了。技术进步率 $\Delta A/A$，通常又被称作索洛剩余，反映了技术进步对经济增长的贡献度。

8.2.2　新经济与经济增长

信息革命是人类有史以来最伟大的一次科技革命，它以信息技术为核心，扩展成为一个庞大高新技术群，对整个宏观经济基础产生了强大的震撼力，改变了现有的经济结构和经济增长方式，引起了经济运行方式和市场机制的巨变，因而彻底地改变了传统经济周期运行的宏观环境。

信息产业在国民经济中取得主导地位是信息技术转化为活生产力的结果，也是网络经济形成的最大标志和核心内容。人类经济发展和进步是通过产业结构的变化呈现阶段性的，任何新经济形态的出现都与产业结构的变动有直接联系。在美国，以网络服务为核心的高新技术主导产业群，已取代了以汽车制造为核心的传统主导产业群，成为市场规模潜力大、产业关联度高、经济拉动范围广的前沿性支柱产业。在中国，信息产业增长率也在不断加大。

中国工业和信息化部发布的信息产业经济运行报告显示，2009 年以来，我国规模以上信息产业延续去年下半年以来的企稳回升态势，生产、出口、效益均呈现恢复性增长，同比增幅超过 20%以上。报告显示，前两个月我国规模以上信息产业增加值增长 26.4%，比工业平均水平高 5.7 个百分点。实现销售产值 7 963 亿元，同比增长 35.5%。出口交货值 4 579 亿元，同比增长 28.2%。同时，经济效益有所好转。前两个月规模以上信息产业实现主营业务收入 7 899 亿元，同比增长 38.5%；利润 217.6 亿元，同比增长 350.8%。

信息技术的发展,有力地促进了网络经济的发展,其原因不仅仅在于信息技术使信息产业本身获得长足的发展,更重要的是信息技术与以往的技术革命相比有质的飞跃,具有极强的渗透力,既能用于新兴的高科技产业,又能普遍用于传统产业的改造,将社会经济活动的各个层面、各个领域都联系起来。信息产品再生产与物质产品再生产同时并存,相互促进,并有以后者为主向以前者为主的趋势,两者运行既服从统一的一般规律,又服从各自不同的特殊规律。因此,由于新产业的新规律,传统的、由工业兴衰决定的经济周期波动必然要发生重大变化。

8.2.2.1 信息产业对经济增长的影响

1. 信息技术与经济增长

许多人都推测,我们已身处新经济时代,新经济是过去十多年内发生的各种结构性变化的产物,新经济对近来的经济成就与发展作出了贡献。当前,用实际 GDP 和实际人均 GDP 衡量的经济增长的强度和持续的时间是空前的,劳动生产率在加速提高,高利润率,高投资率,低通胀,低失业,收入分配的公平程度也有些增加。

引起这些变化的因素有:经济全球化、劳动力与管理方式的国际竞争加剧、随之引起的成本下降、与这些变化相关的效率的改善和提高。但最显著的是,新经济与最近几十年来技术创新的影响密切相关,技术创新在 20 世纪 90 年代中期开始开花结果,其表现是:计算机、移动电话、因特网以及其他许多商品与服务价格的急剧下降和效率的提高,金融市场的创新,新的支付手段的出现,与技术创新相关的其他产品与服务的效率与质量的改善和成本的下降。

(1) 信息技术促进经济增长的特点

信息技术产业的发展将对世界经济增长起到良好的促进作用,一个最显著的特点是投资于信息技术部门的比重及信息技术在整个经济中的比重迅速提高。据美国官方统计,在 1995～1999 年间,美国经济增长的三分之一归功于信息技术产业的增长;信息技术的广泛应用还使美国劳动生产率的增长速度从 1995 年之前 20 年的年均 1.4%上升到 1995～2001 年的 2.6%。美国经济网络公司估计,美国 2001 年经济增长的 17%将来自电脑销售增加,而 2002～2010 年间美国劳动生产率增长的 80%将归功于包括硬件、软件和服务等在内的信息技术投资的增长。

数字革命的许多因素在 20 世纪 90 年代中期之前就已经存在,但是,从 90 年代中期起,直到现在,这些综合影响和潜力开始实质性地浮现出来,并对经济造成巨大的影响。

(2) 信息技术产业占经济的份额和对增长的贡献

美国商务部的报告特别指出了互联网对经济持续增长的作用:“由互联网增长驱动的信息技术进步,也对创造这个比预期更健康的经济作出了贡献。”其机制是由于互联网被广泛用于通信、教育、娱乐和媒体,并作为电子商务的工具,由此拉动互联网的迅速增长。互联网的增长又拉动信息产业部门的迅速增长,从而使信息产业部门成为拉动整个国民经济增长的主导产业。

美国商务部发表的《2000 年数字经济》报告显示,1995 年以来,美国经济增长中 30%来自信息技术产业,信息产业已取代汽车、建筑等传统行业,成为美国新经济增长点。而且,信息技术在其他经济部门应用所产生的效益更难以估量。网络经济时代,科技真正成为了经济发展的第一利器。

信息网络技术对经济增长的巨大贡献能力，已经促使其成为当前全球经济复苏的突破口。当前，信息技术仍然保持高速发展势头，并继续向其他行业渗透。信息产业作为战略性新兴产业受到各国重视，网络经济在后金融危机时期被寄予经济复苏引擎的期待。在中国，信息网络产业对 GDP 的贡献巨大。2008 年中国的移动通信对 GDP 的贡献率达 5.83%，其中移动运营业贡献 2.23%，移动通信制造业及内容贡献 1.9%，用户获益的间接贡献 1.7%。2009 年，我国中小企业通过电子商务创造的新增价值占我国 GDP 的 1.5%，拉动我国 GDP 增长 0.13%，直接创造的新增就业岗位超过 130 万，相当于我国 2008 年全国城镇新增就业岗位的 11.7%。据研究，每增加 1%的中小企业使用电子商务，将带来 4 万个新增就业机会，淘宝网直接创造了 50 万就业岗位，间接创造了 162 万就业岗位。

2. 信息产业对劳动生产率的影响

信息产业本身劳动生产率极高，美国劳动生产率从 1995 年以来增幅平均达 2.8%，比 1973～1995 年之间的平均增幅 1.4%提高了一倍，其中一半以上的功劳归于信息技术产业。同时，信息技术在其他经济部门的广泛应用，又提高了传统产业的生产率，如大量使用计算机的制造业生产率由 20 世纪 80 年代的 3.2%增长到 90 年代的 5.7%。以往的技术革新主要以革新成果来代替和增强人的智能，而以信息技术为代表的新技术革命则用其成果来代替和增强人的智能，知识和信息成为经济增长的原动力。因此，高新技术在融入传统工业领域，提高其生产率的同时，使物质生产部门的固定资产更新方式和周期发生了变化，机器设备的更新，更多地取决于其自然寿命，而非社会寿命，从而减缓了固定资产更新所引起的周期波动。而且，信息产业本身的周期波动也不取决于固定资产更新，而取决于新技术、新知识及其获取方式。在网络经济时代，智力资源的潜力无限，新技术层出不穷，新知识不断涌现，而获取方式更加快捷方便，科学—技术—生产一体化的发展使新产品生命周期大为缩短，从而保证了经济增长持续稳定。

劳动生产率保持增长的一个重要原因可以归结到信息技术资本(特别是计算机硬件以及外设)净存量/人工时的增加。净存量/人工时的增加促使了自 1991 年以来的信息技术的资本深化。计算机硬件净资本存量与工作小时之比由 1991～1995 年的年均 16.3%上升到了 1996～1999 年的年均 33.7%，同期软件资本的资本深化也在以两位数增长，通信设备增幅在 2.4%～5.0%之间。而与此相比，整个 20 世纪 90 年代，占美国资本存量多达 95%的其他资本的资本深化率仅从 0.4%增加到了 0.5%。可清楚看到，信息技术的资本深化对美国劳动生产率提高产生了相当的贡献。伴随劳动生产率的增长，信息技术产业自身也出现了多因素生产率(multifactor productivity)的提高(多因素生产率的增长反映了除资本和劳动力以外其他中间因素如技术变化也存在对产出的影响效力)。

信息技术产业对美国劳动生产率增长产生了巨大贡献。分析其原因不难看出，快速增长的信息技术类投资总体而言生产效率一直是相当高的。市场要求决定了信息技术类投入必须快速收回投资。例如，信息技术产品质量性能的不断改善，意味着计算机硬件产品具有很高的折旧并且极易被淘汰。

3. 信息产业对就业的影响

信息技术的扩散和网络经济的发展已经影响到了商业经营的模式，迫使人们采取更灵活的组织形式，提高经营效率。竞争的加剧、国际市场的进入以及组织形式的改变，影响了就业需求、工资水平和对技能的要求，并进而影响到劳务市场。

(1) 信息产业就业现状

① 伴随着工资水平及对技能要求的提高，信息技术产业中的就业需求在增长。在美国，2006 年，提供信息技术设备和劳务的行业，以及使用信息技术设备和劳务的主要行业，雇佣约半数(49%)的私人劳动力，而 1989 年这个数字为 44%。

② 互联网应用和电子商务的不断发展，使得对"核心"信息技术工人(计算机科学家、工程师、程序设计师和系统分析师)的需求增加，同时也创造了新的信息技术职业，改变了对一些非信息技术职业的技能需求，提高了许多低技术水平工作的最低技能要求。

③ 由于技能要求的提高，相应地提高了信息技术工人的工资。信息技术工人和所有其他工人的工资差距持续扩大。劳务市场对此作出反应，大批的培训设施涌现出来，将工人从较低技能水平培训到可以从事中等技能水平的工作。

④ 信息技术行业和工作中就业与失业之间的"逆反"效应：在计算机和电信技术革新迅速创造某些行业就业的同时，也减少了其他行业中的就业。

⑤ 多年来，信息技术就业人数的增长一直高出总就业率，20 世纪 90 年代中期以后，这种情况更加明显。近年来，中国就业人数不断扩大，在这一过程中，纯信息部门职工几乎稳定在全国职工总量的 33.5%左右。信息产业较之其他行业而言职工人数非常迅速的增长，尤其是 2007 年，增速非常明显。这种局面的形成与中国信息产业近年来的迅速发展关系密切。随着信息服务业的逐渐壮大，预计这个增长速度仍将维持高位。

(2) 网络经济对就业结构的影响

信息技术的工人不仅创造着计算机和通信产业，同时也创造了对数字经济的发展至关重要的新知识、新观念和新信息。新经济时代，是全球人才素质和人才标准发生量的变化和质的扩增的时代。新经济的主要动力之一是知识革命。任何一个国家要进入新经济时代的首要条件就是要拥有一大批新经济和知识产业的专门创造性人才。

a. 网络经济与劳动结构的知识密集化

信息技术产业化和传统产业的信息化使生产要素的投入结构发生重大变化，知识、技术和信息成为重要的生产要素，脑力劳动相对体力劳动的比重不断增大。劳动结构的变化主要体现在：① 知识和信息成为独立的产业部门，吸纳越来越多的劳动就业人员；② 新兴产业知识密集型高技术产业，更多地需要智力劳动者，而不是体力劳动者；③ 传统产业的信息化，使传统产业就业人员不断加强学习，用先进的文化、技术知识武装自己；④ 随着信息网络的飞速发展，发达国家出现了"工作在家"的新趋势。即出现了"SOHO"一族。

据美国劳工部估计，从 1998～2005 年，美国平均每年需要 9.5 万名新的电脑专家、电脑系统分析家和程序编制人员。这种空缺一年造成的损失高达 10 亿美元。在欧洲，信息技术人才也严重短缺。

b. 信息技术创造更多的就业机会

信息技术是普遍的劳动节约型技术进步，但它并未给就业带来压力，反而不断创造更多的新的就业机会。而最近 5 年里，仅信息产业就创造了 1 500 万个就业机会。

出现这种情况，首先是这次信息技术革命使资本有机构成提高，减少了对劳动力的需求，但同时强化了分工，使产业分化过程趋于深入，创造了生产过程的新领域，形成了新的生产门类和部门，衍生了新的投资，提高了生产"迂回化"程度，从而又提高了对劳动力的需求。其次，迅猛发展的信息产业需要大量的新型劳动者，有利于扩大高素质的人才队伍，人力资本在具有“固定资本”特性的同时，也具有较高的“柔性”和广泛的适应性，大大减少了结构性失业。最后，中小企业利用信息技术，大大增强了其特有灵活性，从而获得了更大的发展，形成了灵活而有弹性的劳工市场，提供了大量的就业机会。

根据配第-克拉克定理，劳动力资源将不断地从低收入产业走向高次产业，从低收入产业向高收入产业转移。而信息产业是软化和高级化的新兴产业，其劳工平均薪资达 52 920 美元，比全体平均工资高 78%。因此，信息产业将会进一步拓宽深层次的就业空间，改变就业结构。

根据美国商务部的分类，与信息技术有关的包括如下 23 类，如表 8-1 所示。

表 8-1　美国商务部信息技术相关职位分类

美国商务部关于与信息技术有关的职位分类	
工程、科学、计算机系统经理	电气与电子工程师
数据库管理人员	计算机工程师
系统分析员	计算机支持专员
编程人员	其他计算机科学家
无线广播技师	电气与电子技师
计算机设备操作人员	办公设备操作人员
数据处理设备维修人员	账务及计算设备操作人员
通信设备操作员	数据录入人员
电力线路安装维修人员	商业及工业电子设备维修人员
电话及有线电视安装维修人员	电气与电子设备装配人员
中心局站及交换机安装维修人员	机电设备装配人员
半导体加工人员	

随着计算机网、互联网和电子商务的普及以及人们对产品和服务的质量要求越来越高，产业对信息技术人员尤其是高素质人员的需求不断增加。根据美国信息技术协会(ITAA)的调查，全美与信息技术相关的就业人数已超过 1 040 万，约占全美就业人数的 7%。而计算机硬件及通信服务领域的就业增长则与全美的总体就业增长水平持平。

根据信息技术职业分类来看，计算机类科学家、硬件工程师、软件工程师以及系统分析员这些需要高技能且高收入的职业需求增长最快。与此相比，对素质技能要求较低的某些信息技术类工作如计算机、通信设备操作人员的工作需求却在不断降低。

美国经济连续多年出现高增长，低失业率，同时通货膨胀率全面下降，根本原因在于信息技术产品价格下降及信息服务价格的下降。美国商务部报告所认为：1996～2006 年信息技术应用业就业量占全国企业劳动人数的 41%～44%，再加上信息技术产业就业数会达到 50%。

人们曾经担忧，高新技术的发展可能会减少就业机会，但实际情况证明，高新技术的发展不断创造着更多新的就业机会。然而这种就业的机会当然更多是给那些知识型员工，普通工人面临着更多的失业的压力。

4. 信息产业对通货膨胀的影响

(1) 通货膨胀的定义与度量

通货膨胀的定义：货币的增长速度超过生产增长速度所造成的一般物价水平持续的、普遍的上涨。

通货膨胀是用外汇汇率,用黄金价格来计量的、或用对黄金过度需求,或用官方汇价来表示的货币对外价值的下跌。

通货膨胀通过消费者价格指数、生产者价格指数和GDP折算价格指数来度量:

消费者价格指数(CPI)。即零售物价指数,有些国家也称生活费用指数。消费者价格指数是衡量家庭和个人消费的商品和劳务价格变化的指标。它是许多种(通常为几百种)消费品和劳务价格指数的加权平均数。其计算公式为:

$$\frac{P_{1t}}{P_{10}}a_1+\frac{P_{2t}}{P_{20}}a_2+\cdots+\frac{P_{nt}}{P_{n0}}a_n$$

生产者价格指数(PPI)。生产者价格指数是批发价格指数。其计算方法与消费者价格指数基本相同,不过这里的价格是指批发价而不是零售价,并且所包括的商品和劳务的数量和品种也与消费者价格指数不同。

GDP折算价格指数。它是全部GDP的价格指数。其计算公式为:

GDP价格指数=按现行价格计算的GDP/按基期价格计算的GDP

(2) 通货膨胀的成因

通货膨胀的成因可以归结为需求拉动型通货膨胀、成本推进型通货膨胀及由两者相互作用、共同决定的混合型通货膨胀。

简单而言,需求拉动型通货膨胀的实质是过多的货币支出追逐在充分就业条件下可生产出来的有限物品供给,从而造成商品价格的普遍上涨。

成本推进型通货膨胀是劳动力、原材料等投入要素价格上升而导致产出品的价格上升。该类型通货膨胀主要由工资的变动率以及劳动生产率的变动率决定。

如果需求拉动型和成本推进型通货膨胀相互作用则构成了混合型通货膨胀。

(3) 网络经济对通货膨胀的影响

① 信息网络时代,普通工人的货币工资增加缓慢而使通货膨胀大幅度下降。信息网络时代,普通工人的货币工资增加缓慢的主要原因有两点:一是普通员工地位下降;二是新的企业制度。

网络技术引发劳动结构的根本变化是将体力劳动减少到最小程度,脑力劳动成为人类主要劳动,从事科学研究和其他脑力劳动的人员成为社会生产和推动社会进步的主力军。从而造成普通员工地位下降。

美国在迈向网络经济的过程中,经济持续增长,社会财富不断增加,但工人的货币工资增加很少。据美国政策研究室的一份报告显示,在过去数年中,美国普通工人的工资出现低增长甚至负增长。这是由传统的工业经济向以知识和信息为主要驱动力的网络经济转变的必然结果。

② 信息网络产业劳动生产率的提高导致网络产品的价格下降,进而导致通货膨胀全面下降。

信息技术对经济增长的贡献率不断提高的同时,对抑制通胀提供了重要的基础。信息技术渗透到其他产业,又使其生产率提高、生产成本降低、价格下降。而且,由于信息技术的发展，工作竞争压力加大，更多的是想保住就业机会而不是提高工资，使近年来工资实际增长率低于经济增长率，这大大缓解了物价上涨压力。信息产业产生的这种宏观外部效应对整个经济的通胀都起到了抑制作用。

信息技术类产品及服务成本的下降，直接或间接缓解了美国的通货膨胀。信息技术产业的影响，不仅体现在占美国经济约 8%的信息技术类产品和服务的价格下降，而且对约占美国经济 92%的非信息技术类产业的产品价格上扬也起到积极的抑制作用。虽然目前还不可能将信息技术产业对各非信息技术类产业的影响具体细分出来，但非信息技术类产业的通货膨胀自 1996 年后明显走低。

③ 通过间接提高传统产业劳动生产率而使这些产业的产品价格下降，进而使通货膨胀下降。

根据美国联邦储备体系经济学家迪纳(Diner)和西奇尔(Sichel)的计量分析，美国 1991～1995 年间每年 1.61%的平均劳动生产率增长中，由信息网络产业的劳动生产率增长对生产率增长的为 0.47%，而由信息网络产业对传统产业劳动生产率增长的影响所作贡献为 0.45%，因此，美国近期的劳动生产率的增长约有 3/5 来自网络产业。奥利弗(Oliver)和斯利洛(Sliroh)进一步对两者之间的劳动生产率的增加部分(即 1.05%)进行分解，发现 0.38 个百分点来自信息网络产业自身劳动生产率的提高，0.34 个百分点来自信息网络产业对传统产业劳动生产率的影响。

由此可见，信息网络产业对传统产业劳动生产率的提高起着举足轻重的作用。而传统产业劳动生产率的提高将促使这些产业生产的产品价格下降，进而进一步促使通货膨胀下降。

8.2.2.2 对信息化与世界新经济增长实证分析

在信息技术与经济增长一节中，我们通过信息技术促进经济增长的特点及信息技术产业占经济的份额两方面展现了信息网络技术给美国带来的经济增长的具体表征。本节我们想通过信息技术革命的发展路径，通过回顾历次技术革命给人类经济带来的重大变革，而研究信息技术革命对经济增长的促进作用，挖掘发达国家信息网络技术与新经济增长的内在关系。

1. 世界发达国家经济增长的典型特点

信息化通过 IT 资本深化和 IT 生产部门内部的生产率增长，显著地促进了经济增长。而且，IT 应用与扩散需要时间和成本，其经济增长潜力有待逐渐表现出来。20 世纪 90 年代以来，受到丰厚的投资回报的刺激，美国电脑、软件和通讯设备投资超速增长，年均达到 30%左右的增幅。相对于同期实际 GDP 增长率，包括电脑及外围设备、软件以及通讯设备在内的 ICT 投资增长速度要快很多，其中以电脑及外围设备的投资增长最为突出。这极大地促进了美国 IT 资本深化以及技术生产、扩散与应用进程。

与美国类似，从 20 世纪 70 年代到 21 世纪，IT 产业在其他发达国家，包括日本、德国、英国和法国等均是增长最快速的产业。发达国家信息化经历归纳为以下典型事实：

(1) 信息时代的支柱技术包括微电子技术、电脑技术与电子通信技术等无一例外地以超常规速度发展。

(2) PC 与互联网的普及应用在 IT 革命当中扮演重要角色，其普及应用呈现加速的趋势，促进了 IT 在社会、经济当中的扩散。

(3) 在信息化的过程中，社会公众的自发活动、商业部门的参与和政府的支持紧密结合在一起。

(4) IT 在经济当中创新、扩散与应用的影响是革命性的。因此，人们把信息化时代的经济称之为信息经济，或者新经济。

(5) 在发达国家中，处在技术前沿的美国的信息化一直处于领跑位置。

(6) 美国信息化的成功与 IT 进入商业阶段是分不开的。IT 高风险、高回报的特点极大地吸引了风险投资家和股市的兴趣。

2. 信息化对经济增长的贡献

本节介绍三个主要问题：首先通过对技术革命的历史作一简单回顾和对比，考察历次技术革命对于经济增长的促进作用，回答信息化作为技术革命的本质特征如何的问题；然后通过对信息化促进经济增长的机制进行分析回答信息化以何种方式促进经济增长的问题；最后通过引入信息化对经济增长贡献的相关实证研究回答信息化在多大程度上促进了经济增长的问题。

(1) 技术革命对经济增长的促进作用

以 ICT(信息与通信技术)为核心的技术革命对全球各国的经济、社会与文化生活正产生着复杂而深刻的影响，其中一个重要方面是信息化这项快速技术变迁促进经济结构变化和经济增长。IT 革命的核心是数字化信息处理和沟通的技术，包括微电子技术、电脑技术与电子通信技术等支柱技术。但是，IT 革命不是知识与信息本身，而是知识信息的大规模扩散与应用。换言之，信息化的本质特征在于将知识与信息应用到知识生产与信息处理与沟通的设施上，并进而扩散到社会生活的各个方面。从这个意义上说，IT 与 IT 革命的关系，正如能源包括煤炭、电力、石油乃至核能的工业革命。

根据 Crafts(2000,2001)的研究成果，历次大的技术变迁对经济增长贡献显著。他考察了蒸汽机、铁路、电力和 IT 对经济增长的影响，把技术变迁因素分解为技术变迁所引起资本深化和生产方面的技术进步、应用方面的技术进步三部分。我们从表 8－2 中可以看出技术进步的速度呈现加速趋势。

表 8－2　技术革命对经济增长的贡献(年%)

	时期	资本深化	生产方面技术进步	应用方面技术进步	总计
蒸汽机—英国	1780—1860	0.19	—	0.32	0.51
铁路—英国	1840—1870	0.13	0.10	—	0.23
	1870—1890	0.14	0.09	—	0.23
铁路—美国	1839—1870	0.12	0.09	—	0.21
	1870—1890	0.32	0.24	—	0.56
电力—美国	1899—1919	0.34	0.07	—	0.41
	1919—1929	0.23	0.05	0.70	0.98
IT—美国	1974—1990	0.52	0.17	—	0.69
	1991—1995	0.55	0.24	—	0.79
	1996—2000	1.36	0.50	—	1.86

资料来源：Nicholas Crafts(2001)："Historical perspective on the information technology revolution"(Washington: International Monetary Fund, Research Department).

从表 8-2 中可以总结出以下特征：

① 历次技术革命对经济增长的贡献程度呈现加速扩大的趋势

第一次工业革命的标志——始于 18 世纪后期的蒸汽机发明，其对英国经济增长的贡献达到每年 0.51%；在第二次工业革命过程中，分别始于 19 世纪中叶和末期的铁路与电力的发明对美国经济增长每年贡献高达 0.56%和 0.98%；在信息化过程中，始于 20 世纪后期的 IT 革命对美国经济增长贡献高达每年 1.86%。这个明显的加速趋势进一步印证了技术变迁过程本身具有越来越快的特殊性。

② 资本深化对生产率的影响更重要

历次技术革命对经济增长的影响一部分通过对于蕴含技术进步的资本品的投资体现出来，即所谓资本深化，该部分比技术本身的生产部门的生产率增加更为重要。在第一次、第二次工业革命以及 IT 革命当中，资本深化对于经济增长的贡献均高于技术的生产部门本身的贡献。

③ 信息网络技术对经济增长的作用还未在生产率数据上体现出来

按照 Crafts 的分解方法，在第一次、第二次工业革命当中，技术应用对于经济增长起到关键作用。在第一次工业革命过程中，六成以上的经济增长归因于技术应用；在第二次工业革命后期，电力在经济当中的广泛应用解释了大约 70%的经济增长；而在 IT 革命过程中，尽管信息化已经大大促进了经济增长，但迄今为止并没有直接反映出技术应用对于经济增长的贡献。可能存在两个原因：其一，资本深化本质上是技术在经济当中的扩散与应用；其二，本次信息化浪潮对于经济增长的贡献还没有充分体现出来，存在巨大的促进经济增长的潜力。

④ 在历次技术革命过程内部，技术革命对经济增长的影响趋势不断加速

铁路、电力、IT 对美国经济增长的影响一直分别呈现加速趋势，进一步表明了由于技术扩散的渐进性，其对于经济的增长潜力逐渐加速表现出来，或者说存在时滞现象。

(2) 信息技术革命促进经济增长的机制

概括起来，IT 革命导致劳动生产率增长的经济机制可以分解为三个层次，逐一阐述如下。

第一阶段，IT 革命引起创新部门的 TFP(全要素生产率)率先增长。比如芯片制造过程的生产率增长最终促进了整个经济的增长。

在 IT 革命过程当中主要包含两方面经济活动：其一，PC 及其相关产品的生产与应用；其二，互联网相关产品的生产与应用。由于技术原因，这两方面紧密联系在一起，相互影响很大。比如，计算机硬件制造业内部的生产率以两位数速度增长，必然带来计算能力与网络能力的指数扩张。由此可以看出，PC 与互联网产品本身生产过程的生产率增长是整个信息经济的原动力。

第二阶段，IT 产品创新部门生产的新型 IT 设备价格下降，进而刺激了经济各个部门的 IT 投资，也即所谓的 IT 资本深化。过去半个世纪以来，美国的 IT 投资占总投资的比例由约 10%上升到约 50%，其中计算机投资占总投资的比例上升到约 10%，软件投资的比例上升到约 20%，计算机与软件投资是 IT 投资的主体，合计约占六成。

第三阶段，受到 IT 的催化，经济当中各个部门进行广泛的大规模改造重组，从而提高了劳动生产率。

关于这个阶段 TFP 增长的宏观经济学证据有待进一步挖掘。目前，人们主要的争论是 IT 是通过生产效率的提高，还是通过 IT 产品生产部门的知识溢出等等，从而对 TFP 增长产生贡献这个问题。

我们实际上认为，IT 的产品生产部门进行大规模改造重组，从而提高了生产率。其增长潜力巨大，但可能暂时表现并不充分，它会随着旧技术越来越多地被淘汰而逐渐体现出来。

综上所述，在信息化过程中，通过 IT 设备生产本身的技术进步和劳均 IT 装备水平的提高，以及最后阶段催化出来的整个经济各个部门围绕 IT 新技术进行的大规模改造重组过程，信息网络技术对整个经济的劳动生产率提高作出贡献，促进经济增长。

(3) 信息化促进经济增长的实证研究

本节我们对各种关于 IT 与经济增长关系的实证研究进行分析。总的说来，在关于 IT 革命对经济增长影响的实证研究当中，除了少数直接分析某些方面的 IT 应用与经济增长关系的粗略研究之外，现有文献大都根据增长核算方法。

采用增长核算方法的现有文献的具体做法是，将 IT 革命对经济增长的贡献(在这里体现为 IT 对劳动生产率的贡献)分解为人均 IT 资本水平增加(即所谓 IT 资本深化)、IT 设备生产部门的 TFP 增长以及其他部门 TFP 增长等因素。在现有具体的测算过程中，分别还考虑了周期效应、劳动质量与价格因素等。接下来我们进行择要介绍与分析。

归纳起来，现有文献主要的研究对象的美国等发达国家，分为特定国家研究和跨国研究两大类。其中一些关于美国 IT 对经济增长的研究表明，IT 革命促进 1990 年代后期劳动生产率大约年均 1%～2.1%的增长。其中，IT 资本深化起到了关键作用，但这个作用一定程度上被对非 IT 部门投资的挤出效应所抵消；另一个显而易见的因素是 IT 部门本身的 TFP 增长。

① 信息网络技术与美国经济增长的相关分析

表 8-3 IT 与美国劳动生产率加速

	Gordon(2000)	Jorgenson Stiroh(2000)	Oliner Sichel(2000)	美国总统经济顾问委员会(2001)
时期	1995—1999	1995—1998	1995—1999	1995—2000
劳动生产率加速	1.33	0.95	1.16	1.63
资本深化	0.33	0.29	0.33	0.38
—与 IT 有关	—	0.34	0.50	0.62
—其他	—	−0.05	−0.17	−0.23
TFP 增长	0.31	0.65	0.80	1.19
—IT 生产	0.29	0.24	0.31	0.18
—其他	0.02	0.41	0.49	1.00
其他因素	0.69	0.01	0.04	0.04
—周期效应	0.50	—	—	0.04
—价格调整	0.14	—	—	—
—劳动质量	0.05	0.01	0.04	0.00

资料来源：Gordon(2000)、Jorgenson 和 Stiroh(2000)、Oliner 和 Sichel(2000)、美国总统经济顾问委员会(2001)。

从表 8-3，我们注意到：

a. 在美国经济中，IT 革命的动力之源 IT 生产部门内部 TFP 增长介于 0.18%～0.31% 之间，验证了资本深化对生产率的提高的重要作用。

b. 总的来看，IT 对美国生产率加速的贡献是显著的。虽然上述研究得出的数据存在差异，分别介于 0.95%～1.63%之间。但这对于作为低增长的发达国家美国来说，如此规模的劳动生产率加速无疑是重要的。

c. 在全部资本深化因素中，IT 资本深化效应占据绝对地位，同期，其他方面的资本深化效应呈现不同程度的负值。这个数据体现了 IT 具有创造性破坏的特征。在 IT 投资迅速增加的同时，非 IT 部门的投资减速。

d. 经济学家关于这方面研究的某些细节上仍然存在分歧。争论的焦点是除了上述因素以外的生产率加速在多大程度上反映的是周期效应等。Gordon 将约 1/2 的劳动生产率增长归因于周期因素；美国总统经济顾问委员会则将生产率加速纯粹视作结构性转变；Jorgenson和 Stiroh 发现几乎所有的生产率加速都归因于 IT 使用与生产部门，他们的结论与 Oliner 和 Sichel 结论类似。

综上所述，我们从针对美国的研究中得出两个结论：其一，IT 资本深化和 IT 生产部门的生产率增长对整个经济的劳动生产率存在巨大影响；其二，与上一节所谓 IT 革命第三阶段对应，即在 IT 使用导致整个经济范围内的劳动生产率增长方面，上述经济学家掌握的证据仍然是存在差异的。

② OECD 国家关于 IT 产业贡献的相关数据

表 8-4 给出了 Van Ark(2001)针对 OECD 国家的研究结果，在这些发达国家，1990～1998 年 IT 产业对于经济增长的贡献介于每年 0.5%～1.4%之间。

表 8-4　1990～1998 年 IT 对 GDP 增长的贡献

	实际 GDP 增长(年%)	IT 产业的贡献		
		总计	应用 IT	生产 IT
加拿大	2.1	0.8	0.6	0.2
丹麦	1.8	0.5	0.3	0.2
芬兰	1.6	0.7	0.0	0.7
法国	0.3	0.5	0.2	0.3
德国	1.1	0.5	0.4	0.1
意大利	1.4	0.7	0.5	0.2
日本	1.4	0.8	0.5	0.3
荷兰	2.5	1.0	0.7	0.3
英国	2.1	1.0	0.6	0.4
美国	3.2	1.4	0.9	0.5

资料来源：Van Ark(2001)。

该研究证实 20 世纪后期以来的信息化趋势对 OECD 国家的生产率加速与经济增长方

面的贡献是相当显著的，从中可以得出：

第一，OECD国家内部，美、英、荷、加诸国的信息化效应相对突出（介于0.8%～1.4%），而且，以美国为首的IT产业贡献突出的国家，其实际经济增长速度相对高。

第二，在上述国家中，IT生产与IT应用分别对经济增长的贡献差异很大。其中，在芬兰，贡献完全来自于生产部门。在应用IT方面，美、荷、英、加诸国贡献相对高。

通过前面一系列实证分析，我们得出结论：

a. 在信息化过程中，IT资本深化和IT生产部门内部的生产率增长，对经济增长存在显著的促进作用。

b. 应该看到，在IT在整个经济范围内的应用与扩散方面，由于大规模改造重组需要时间和成本，其经济增长潜力有待逐渐表现出来。所以，我们要避免不现实地假定计算机应用能够立刻带来生产率增长。

c. 中国作为发展中国家，经济增长的主要源泉仍然是传统的资本积累与常规的技术进步，这与美国等发达国家存在根本性区别。但作为资本稀缺的发展中国家，我们的传统资本深化的潜力正在发挥有力作用。而且，即使在IT生产上，中国也可以在某些具备比较优势的生产区段发挥作用。此外，在IT的应用方面，中国可以获得技术扩散的利益。通过促进IT扩散，可以帮助中国加速改造传统产业实现技术进步，从而推动经济增长。

3. 促使美国经济保持持续增长的良好走势的因素总结

20世纪90年代，美国科技政策的战略重点之一是发展信息技术产业。一方面，通过加强信息技术的研究开发，美国大大强化了其在世界的国家科技竞争力，使美国科技成为其他国家科技发展的标杆；另一方面，信息技术的广泛应用也使得美国的经济遥遥领先于其他国家，并为美国国内创造了巨大财富。总的来说，美国新经济的发展是信息技术为主导，经济全球化为背景下，技术进步与交易方式的革命相结合的产物。

（1）对美国新经济增长起根本性作用的因素是其适时地进行了以高技术（信息技术、生物技术、新材料新能源技术、环境科学技术、海洋技术、空间技术六大领域）产业为主导的产业结构升级换代，使科技研究开发和不断创新的知识成为经济增长的重要基础。

（2）技术进步的积累效果和交易方式的革命适时结合，是促成新经济的最主要的原因。

（3）网络化加速了传统产业的升级与整合，带来了交易方式的革命，对生产方式产生重大影响。

（4）产业组织方面的深刻变革，如公司的“股权革命”和企业的“工程再造”，为美国经济增长塑造了高效的微观经济的现实基础。

（5）经济全球化的发展趋势，为美国经济的增长提供了良好的利用外部资源的条件和不断扩展的外部空间。

（6）投资需求和消费需求的持续扩张为经济持续增长提供了有力的支撑。

（7）宏观经济、经济政策的协调有效性保证了经济增长的延续性。

4. 结论及启示

从美国新经济关于增长的研究中可以得出如下结论：信息技术革命给经济带来了新的内容，对传统经济结构产生了深刻的影响。通过以上分析，我们可以看到，美国劳动生产率和全要素生产率在近几年的加速提高，同对信息产业的大量投资和信息产品的广泛运用及其扩散效果是高度相关的。目前尽管因特网投入商业运营才开始不久，企业围绕网络进行的微观整合也只是在起步阶段，但可以预见的是，网络革命所带来的扩散效果将是非常可观的。信息技术创新与生产对经济增长发挥了较大的促进作用。

尽管如此，新经济并不意味着商业周期的消失，也并不意味着生产率会持续不断地保持目前的加速势头。因为新经济作为现代市场经济的高级形态，仍不可能打破经济周期运行的规律，不可能摆脱经济周期而不受其制约。新经济条件下，商业周期会有不同的表现形式和运行规律，但生产率的增长仍然会受到商业周期规律的支配和影响。在周期的上升或成熟期，生产率会加速上升，但在周期的下降或衰退期，生产率的增长速度可能会放慢甚至变成负增长。生产率能否持续不断地加速取决于创新能否不断持续，只有创新能够使产出增长速度超过投入增长的速度，生产率的增长才能继续保持下去。而且网络经济和电子商务对经济增长的促进作用是一个长期的过程，短期内不可能使增长率有较大的变化，它需要一个学习过程、组织和制度变革相配合，但这预示着未来增长趋势的乐观前景。信息技术革命并没有使经济周期消失，它只是使经济周期延长了，繁荣和衰退的振幅变小了。

信息技术革命促进经济增长的新特点给了我们两点有益的启示：一是由于信息技术对经济增长贡献有许多途径和复杂的作用机制，不能简单地认为对信息技术大量投资就一定能够提高生产率，它涉及经济结构深层次的调整、相应的组织的重构和制度改革；二是信息技术产业对经济增长的重要作用已是不争的事实。由于发展中国家实现新经济转型的技术基础比较薄弱，在技术和资本密集的高附加值信息产品基本上被世界主要发达国家控制，而劳动密集型低附加值信息产品在世界市场竞争越来越激烈的情况下，信息产业是遵循比较优势还是超越战略？是采用内向型还是外向型发展战略？是技术优先还是制度优先？在我国经济结构和体制矛盾十分突出的发展时期，国外成功的经验只能作为参考而不能照搬。但建立高效的国家创新系统、良好的风险投资体系和合理的制度设计乃是信息产业发展的基本保障。

8.3　网络经济与经济全球化的关系

当今世界是一个快速变化的世界，网络经济和经济全球化已经成为时代潮流，影响着人们的工作和思维方式，影响着企业的生产、技术和组织形式，影响着政府的管理模式，影响着社会的文化、道德与法律基础，影响着经济增长和持续发展的未来。

经济全球化和信息网络化相互依存、相互促进，已成为促进网络经济的主要因素。可以说，网络经济的发展促进了经济的全球化，而经济全球化又反过来造就了网络经济的进一步扩散。但是我们必须对经济全球化有一个清醒的认识：一方面，经济全球化对所有国家都既是机遇，又是挑战；另一方面，每一个国家所面临的具体情况又不相同。对发达国家而言，机遇大于挑战；对发展中国家而言，是挑战大于机遇。

美国凭借其信息技术领头羊的角色，在当今世界经济政治生活中处于优势一方；由于信息技术的正反馈效应，落后的穷国却进一步落到信息鸿沟的另一端，处于劣势。中国作为一个发展中国家，在 21 世纪的信息技术革命中，如何把握机遇，获取全球化的更大利益，是摆在所有中国企业面前的一个重要的命题。

经济全球化使世界经济格局发生了一场前所未有的变革：全球市场的出现与发展使得全球自由贸易的规模迅速扩大；类似 IBM、Boeing、Sony 等这样的大型跨国公司把工厂企业和劳动推向全球；国际金融市场上的投资者早已不再囿于国界，上万亿美元的巨额资金每天在纽约、伦敦、法兰克福、香港等市场上频繁地转移……显然，在这样一个"不断增强的相互依存"(Ohmae，1990)、"距离遥远的行动"(Giddens，1990)以及"时空压缩"(Harvey，1989)的环境中，原先在各个国家内的企业、居民以及政府等经济主体的生产、消费、治理等活动一切都似乎变得和以往不同了。那么，21 世纪世界经济究竟有哪些基本特征？该如何认识经济全球化这一时代进程？"全球化"对中国的宏观经济及网络经济的发展又会带来哪些深远的影响呢？

8.3.1 21 世纪世界经济的基本特征

对于 21 世纪世界经济的发展趋势，经济学家从不同的角度提出了各自的观点，总的说来有以下几种：经济全球化、区域经济一体化、知识化、信息化、网络化、虚拟化等。这些特点能够说明 21 世纪世界经济变化的趋势。由于它们之间具有关联关系，因此将 21 世纪世界经济特点概括为以下三种：一是区域性经济合作迅速发展，区域经济一体化和经济全球化将进一步加深；二是跨国公司成为国际贸易的主导者；三是以科技进步为前提的信息技术、网络技术和生物技术得到更加广泛的运用，知识经济成为世界经济发展的主要动力。这三个特点决定了 21 世纪世界经济的基本格局和变化(如图 8－1)。

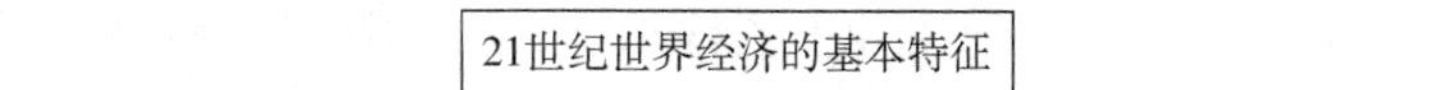

图 8－1 21 世纪世界经济的基本特征

8.3.2 经济全球化的趋势

经济全球化是当代世界经济的重要特征之一，也是世界经济发展的重要趋势。经济全球化的过程早已开始，尤其是20世纪80年代以后，特别是进入90年代，世界经济全球化的进程大大加快了。经济全球化，有利于资源和生产要素在全球的合理配置，有利于资本和产品在全球性流动，有利于科技在全球性的扩张，有利于促进不发达地区经济的发展，是人类发展进步的表现，是世界经济发展的必然结果。但它对每个国家来说，都是一柄双刃剑，既是机遇，也是挑战。特别是对经济实力薄弱和科学技术比较落后的发展中国家，面对全球性的激烈竞争，所遇到的风险、挑战将更加严峻。目前经济全球化中急需解决的问题是建立公平合理的新的经济秩序，以保证竞争的公平性和有效性。

进入21世纪以来，经济全球化与跨国公司的深入发展，既给世界贸易带来了重大的推动力，同时也给各国经贸带来了诸多不确定因素，使其出现许多新的特点和新的矛盾。为此，研究和了解这一问题有着一定的现实意义。

8.3.2.1 经济全球化的含义

经济全球化是指世界经济活动超越国界，通过对外贸易、资本流动、技术转移、提供服务、相互依存、相互联系而形成的全球范围的有机经济整体。经济全球化出现于20世纪80年代中期，90年代得到认可，但目前没有统一概念。

根据国际货币基金组织(IMF)的定义，经济全球化是指“通过贸易、资金流动、技术涌现、信息网络和文化交流，世界范围的经济高速融合”，“各国经济已不仅仅是一般的相互联系和交往，而是互相交织，互相融合，以致形成了全球经济的整体”。而经济合作与发展组织(OECD)认为，“经济全球化可以被看作一种过程，在这个过程中，经济、市场、技术与通信形式都越来越具有全球特征，民族性和地方性在减少”。

为此，可从三方面理解经济全球化：一是世界各国经济联系的加强和相互依赖程度日益提高；二是各国国内经济规则不断趋于一致；三是国际经济协调机制强化，即各种多边或区域组织对世界经济的协调和约束作用越来越强。

总之，经济全球化是指以市场经济为基础，以先进科技和生产力为手段，以发达国家为主导，以最大利润和经济效益为目标，通过分工、贸易、投资、跨国公司和要素流动等，实现各国市场分工与协作，相互融合的过程。

8.3.2.2 经济全球化的理论基础①

经济全球化是历史发展进程中的必然趋势，已经成为一个无法回避的客观存在，对各国经济的发展和人们日常生活的影响力与日俱增。

1. 经济全球化与国际分工

亚当·斯密在《国富论》提出了国际分工理论，这是经济全球化的最主要的理论基础。亚当·斯密认为，分工可以大大提高劳动生产率。国际分工是一国社会分工走出国界在国际范围内的延伸，它是形成国际贸易和世界市场的基础。如果每个国家都进行国际分工，按

---

① 王广谦.经济全球化进程中的中国经济与金融发展.北京：经济科学出版社，2005.

照其绝对有利的生产条件进行专业化生产，则可以降低成本，提高劳动生产率。然后彼此进行交换，则对交换双方都是有利的，可以增加社会财富；国际分工所创造的额外利益，通过国际贸易让参与的各国受益。随着国际分工的发展，促使各国、各地区发生日益广泛的经济联系，经济全球化从某种意义上正是国际分工发展的必然结果。当然，斯密的国际分工理论也有其致命的缺陷，他认为参与国际分工的国家必须有在生产上占绝对优势的产品，如果该命题成立的话，很多没有绝对优势产业的发展中国家将无缘国际分工和经济全球化，更不能从中受益了。

2. 经济全球化与比较优势

英国古典经济学家李嘉图认为，一个国家即使生产不出成本绝对低于他国的商品，也可以集中力量生产那些相对优势较大或者相对劣势较小的产品，这样生产出来的产品成本相对较低，就可以参与国际分工，即使在资本和劳动力都不变的情况下，也可以提高劳动生产率、节约社会劳动、增加生产总量，对参与各国都有利。比较优势理论为发展中国家参与经济全球化提供了理论武器，即一个国家无论处在什么发展阶段，经济力量强还是弱，都能确定各自的相对优势，从而参与经济全球化。而且，一国能够通过技术革新提高劳动生产率，改变自己的比较优势，升级本国的产业结构，使本国参与国际分工格局中的地位发生变化。

但是，李嘉图的理论虽然论证了自由贸易能给贸易各方带来利益，却并未讨论贸易中各方利益的分配情况。实际上，由于发达国家拥有很高的社会劳动生产率和国际竞争力，而且主导着全球经济的话语权，因此在经济全球化的利益分配中，发达国家处于优势地位，受益最大；而发展中国家获益相对较少。

3. 经济全球化与规模经济

规模经济可以很好地解释发达国家之间的双向贸易，因为只要规模经济存在，即使两个技术水平和资源条件完全相同的国家，也可以发展专业分工合作，通过企业的规模经济来增加国家的总体效益。跨国公司与经济全球化相互作用，促进了世界经济的发展。

上述三大理论从不同的角度指出了参与全球经济合作的必要性，三者构成了经济全球化的理论基础。

8.3.2.3 经济全球化的载体

1. 贸易自由化

贸易自由化，是指一个国家在对外贸易中，通过国内立法和国际协议，逐渐减少对商品、劳务以及与贸易相关的投资、知识产权等在国际间流动的行政干预，放松对其贸易的某些限制，以获取本国资源的合理化配置和最佳的经济效益。贸易自由化是以全球市场经济的形成为前提，以生产社会化程度的提高为背景，以国际间经济贸易为基础，以政府行政干预弱化为标志的贸易发展进程。从理论上讲，贸易自由化是一个国家对进出口贸易不加干涉和限制，允许商品在国际间不受限制的自由输入和输出，并在国内外市场上自由竞争，从而使世界各国资源得以有效的利用，生产和消费增加，社会福利水平得以提高。

第二次世界大战后的半个世纪内，世界贸易增长速度大大高于世界生产增长的速度。据国际经济组织统计，从 1983～1990 年，世界贸易平均增长 9%，比同期国民生产总值的增长率(3%)高出两倍。结果世界贸易额在世界国民生产总值中所占比重不断提高，从 1980 年的 28%提高到 1992 年的 33%。这就是说，全世界的产值中约 1/3 是在国际交换中实现的。1990～1999 年，全球国内生产总值平均增长率为 1%，但同期全球贸易出口量年平均增长率却达到 6%。联合国预计 2010 年全球贸易将增长 8%，继续高于世界经济的增长速度（3.5%）。此外，贸易结构发生了很大的变化，服务贸易异军突起，年均增长速度达到 9.3%，在全球贸易中的比重已达到了 20%。

随着全球货物贸易、服务贸易、技术贸易的加速发展，经济全球化促进了世界多边贸易体制的形成，从而加快了国际贸易的增长速度，促进了全球贸易自由化的发展，也使得加入到 WTO 组织的成员以统一的国际准则来规范自己的行为。

2. 生产国际化

生产力作为人类社会发展的根本动力，极大地推动着世界市场的扩大。生产国际化的外在表现是对外直接投资全球化，而目前世界上约 90%的对外直接投资是跨国公司所为。跨国公司兴起于第二次世界大战以后，是生产力突破国界的表现，它们的趋利动机和全球化经营战略事实上成为经济全球化的微观动力，而跨国公司自身则成为经济全球化的主要载体。据联合国的统计资料，它们的生产、贸易、投资、技术开发与转让活动遍及世界各地，并且控制了全球 40%的产出、60%的贸易、70%的技术转让和 90%的国际直接投资。

全球生产迅速一体化，1998 年，跨国公司的海外直接投资及其他活动的发展，超过了世界 GDP 及贸易的增长速度，其海外子公司销售额的增长速度高于世界商品与服务贸易的出口速度——遍布全球的 5.3 万家跨国公司拥有 45 万家附属公司，其销售收入达到了 9.5 万亿美元。此外，100 家最大的跨国公司控制着大约 20%的全球性外国资产，雇佣着世界上 600 万工人，而且占有全部公司世界总销售额的几乎 30%（UNCTAD，1997）。这种全球性生产系统的形成加强了全球经济的相互依赖，其影响已远远超过了国际贸易，改写了全球联系以国际贸易为主的历史。

以互联网为标志的科技革命，从时间和空间上缩小了各国之间的距离，促使世界贸易结构发生巨大变化，促使生产要素跨国流动，它不仅对生产超越国界提出了内在要求，也为全球化生产准备了条件，是推动经济全球化的根本动力。

3. 金融全球化

世界性的金融机构网络，大量的金融业务跨国界进行，跨国贷款、跨国证券发行和跨国并购体系已经形成。世界各主要金融市场在时间上相互接续、价格上相互联动，几秒钟内就能实现上千万亿美元的交易，尤其是外汇市场已经成为世界上最具流动性和全天候的市场。

据美国摩根斯坦利国际投资公司的最新估计，全球 48 个最大的股票交易市场的市场资本总额已超过世界国民生产总值，更超过世界商品和服务贸易总值；同时，国际投资也迅速增长，其增长速度几乎比同期世界经济增长率高一个数量级。

金融全球化既是贸易全球化的结果，又是生产全球化的基础。金融全球化的动力主要来自两个方面，其一是微观动力，即大量的石油美元为寻求出路而刺激了跨国银行在海外的融资活动；其二是宏观动力，即主要发达国家对外汇管制的取消而促进了资本的国际流动。

4. 科技全球化

它是指各国科技资源在全球范围内的优化配置，这是经济全球化最新拓展和进展迅速的领域，表现为先进技术和研发能力的大规模跨国界转移，跨国界联合研发广泛存在。以信息技术产业为典型代表，各国的技术标准越来越趋向一致，跨国公司巨头通过垄断技术标准的使用，控制了行业的发展，获取了大量的超额利润。

在相当程度上，技术的变革与创新是经济全球化的物质前提——知识不仅改变了经济增长的面貌，还奠定了经济全球化的基础；而正是近几十年来的信息革命，才使人们的千年愿望得以实现：地球村不再是梦想，洲际通讯和交通都变成很容易的事。

经济全球化的四个主要载体都与跨国公司密切相关，或者说跨国公司就是经济全球化及其载体的推动者与担当者。

8.3.2.4 *经济全球化的主要体现*

1. 全球大市场

在长期国际化进程中虽然有双边国际贸易，有地区自由化贸易，但总体来讲全球市场仍是被分割的。随着世界进入和平与发展的历史时期，经济高速发展，市场越来越向全球范围内推进，特别是当占世界市场1/3的前“社会主义阵营”进行改革，转入市场经济体制之后，完全意义的全球大市场诞生了。今日世界再没有一个国家可以闭关自守发展自己的经济了。

在这种情况下，大部分国家国际贸易的增长超过了它整体经济的增长。外贸收益占GDP的比重也越来越增加。以中国为例，自1978年改革开放以来，经济高速发展，GDP年平均增长率保持在10%左右，而外贸增长更快，外贸依存度(即外贸总额占GDP的比重)1978年为9.8%，1997年达到36%，到2009年为46.4%(2009年的进出口总值：22 072.2亿美元；GDP：47 580亿美元。)

从世界经济总体来看，1978年世界贸易占世界GDP的比重还只有9.3%，而到1998年世界贸易总额为6.5万亿美元，占世界GDP的24.3%，达到了举足轻重的地步。国际贸易对世界经济的拉动作用日益增强，从其增长率十年高出世界GDP增长率2倍左右，足见全球化市场的巨大意义。

2. 全球公司

第二次世界大战后，跨国公司崛起，并且突飞猛进地发展，在世界经济中已占有主导地位。20世纪70年代末，跨国公司已有1万多家，在全世界拥有4万多家子公司；1996年发展到44 508家，分布在全球的附属企业达276 659家；1998年底更增至6万家，它们在全球建有分支机构50多万家。这些跨国公司的经济实力巨大：占世界总产值GDP的40%，国际贸易的60%，国际技术贸易的60%～70%，对外直接投资的90%，可以说是左右世界经济。应该特别指出，跨国公司的国际化生产远比它的国际贸易更重要，是近十年来显现的总趋势。

全球跨国并购规模也进一步扩大。据统计，1993～2003年间跨国公司规模的拓展呈现出总体快速增长的趋势，其中因为网络经济的迅速发展，2000年的跨国并购达到高峰，并购规模达到11 438亿美元，跨国并购规模在2000年互联网泡沫破灭后有所回落，但相比1993年还是增长了3倍以上。具体数据可以参见表8-5：

表8-5 1993年—2003年代全球跨国并购规模 (金额单位：亿美元)

年份	1993	1994	1995	1996	1997	1998	1999	2000	2001	2002	2003
规模	831	1 271	1 866	2 270	3 048	5 316	7 660	11 438	5 940	3 700	2 970

在这些跨国公司中有些公司实际上已经发展到全球公司阶段。作为一个例子，著名的

ABB公司是由一家瑞士公司和一家瑞典公司合并而成；而公司工作语言却是英语，财务报表以美元为单位。它在全世界几十个国家建立生产基地，拥有数以万计的职工，但是设在瑞士的总部仅200多人。再如日本马自达汽车公司的玛雅塔敞篷车，车型设计在美国加利福尼亚州，样车在英国制造，主要零部件在日本采购，组装在墨西哥，主要在美国销售。这些公司很难说是哪个国家的跨国公司了，已成为真正的全球公司。

除了兼并、股权交易之外，跨国公司之间的各种形式的联合和联盟，也在近十多年内飞跃发展。这种广泛的联合和联盟也是全球公司成长的一种形式。

网络经济的崛起、"虚拟公司"诞生，又为全球公司开拓了全新的前景。

3. 生产要素全球化

(1) 金融全球化　全球跨国直接投资一直在创新纪录地发展。根据联合国贸易发展大会资料，1970年全年的直接投资额仅400亿美元，80年代末也只有1 700亿美元，而在1995年跃到3 150亿美元，比上年剧增了40%；到1999年，数字更高达8 000亿美元，比1998年仍然增加了25%之巨。其中发达国家占6 000多亿美元，发展中国家也达到1 660亿美元，对发展中国家经济发展起到显著作用。

金融全球化的另一个突出的特征是大量游资快速流动，游资数额之大不少于7.2万亿美元，每天流动量1.5万亿～2万亿美元。全球金融资本的交易量1980年为5万亿美元，1992年达到35万亿美元，2000年达83万亿美元。在这些巨额流动资金中只有20%是与贸易或生产投资有关，其余80%都是在全球金融市场中寻找短期利益，实质上就是投机买卖，表明金融全球化中存在着许多严重的不规范行为。

金融全球化还有一个特征是金融衍生工具及其交易的蓬勃发展遍及全球，构成游资流动的一个重要途径。

(2) 技术全球化　首先是技术转让与贸易达到了空前水平。即使像美国、德国这样科技发达的国家，他们每年进口技术也是巨大的。美国在50%以上，德国高达62%。至于发展中国家在自己发展过程中对技术进口的依赖性，更是不可或缺的因素了。技术全球化，从企业看的一个突出的趋势，是技术开发和科研机构在全球范围内设置，哪里有最合适的技术力量，哪里有最贴近市场，就在那里设置。这与传统的跨国公司研究与发展中心永远设在本国是完全不同的，这构成全球企业的一个重要特征。

例如著名的IBM公司除在美国本土从事研究开发外，在许多国家设立了技术开发中心，它在瑞士的基础研究中心，历史悠久、久负盛名。几年前，该中心物理学家因在高温超导方面的突破而获得诺贝尔物理学奖，在全球刮起一阵"高温超导热"。再如诺基亚公司在12个国家建有研究开发中心。中国改革开放以来，许多跨国公司、全球公司在中国投资重点开始是加工、制造，继而培训、分销，最新的动向也是向研究开发延伸。1994年以来，加拿大北方电信、美国IBM、英特尔、太阳微、宝洁、杜邦、诺基亚、爱立信、松下等知名公司都相继在中国成立研究中心、技术开发中心或实验室。微软公司1998年11月成立了"微软中国研究院"，后更名为"微软亚洲研究院"，地点设在北京，覆盖整个亚太地区，是微软公司在美国本土以外最大的一个基础研究机构，宗旨为推动计算机领域最前沿的研究，并与亚太地区共同发展。微软亚洲研究院发展到2010年10月，已拥有超过三百位优秀的研究人员，并在国际知名学术期刊及会议上发表三千多篇论文。

(3) 劳动力全球化　劳动力在全球流动是二战后突出现象。例如瑞士的外籍劳工已占总人口的 1/6 以上；澳大利亚外来劳工更占全部劳力的 25%；法国企业雇佣国外人员占本土工业就业人员的 1/3，而本土工作人员中又有 1/4 在外国的企业中工作。根据联合国国际劳工组织最近数据，全世界约有 1.3 亿人在国外工作，还不包括没有记录的流动人口，估计在 1 000～1 500万，而在 1965 年只有 7 500 万人，三十多年翻了一番。这些劳动力来自 55 个国家，在大约 67 个国家寻找工作，比之 1970 年也几乎翻了一番。由此可见劳动力全球化惊人的规模与速度，是人类历史上所没有的。但是，也应该指出，在一些发达国家中，对劳动力全球化采取了种种不公平的政策，一方面大量吸收发展中国家的高科技高素质人才，另一方面又限制发展中国家普通劳动力的流入，从而使世界经济发展两极分化的倾向不断加强，阻碍了经济全球化的健康发展。

4. 竞争规则和市场纪律的全球化

在 20 世纪 60 年代以前，在各个国家之间存在着比较明确的国际劳动分工，因而在不同国家生产的产品和服务之间存在国际市场交易。这种国际贸易本质上是互补性的，即专门出口某种产品的国家将用这种产品交换他们本国不生产的其他产品。60 年代以后，由于跨国公司的发展和组织演进，这种产品之间贸易(inter-product trade)模式逐渐让位于产品内部贸易(intra-product trade)模式。现在，在不同的国家之间不再存在明确的劳动分工，存在着的是在不同的国家用相同的生产线生产的同一种产品的出口竞争。于是，我们看到美国、德国和日本是小汽车的出口大国，同时又是小汽车的进口大国。

这种一体化的国际生产体系的发展是经济全球化的基础，它为“全球化经济”的出现准备了结构条件。建立在这种全球一体化生产经营方式基础上的全球化经济客观上要求有一个全球市场规则，这就是在商品和服务的价格、质量和效率方面的统一标准，这个规则不但支配着为国际贸易生产的产品和服务，而且支配着国内消费品、中间产品和半成品的生产，支配着技术以及各种生产要素的供给。由于产品之间贸易向产品内部贸易转换，全球性竞争加剧了。国际贸易不再是“互补性的”(complementary)了，取而代之的是“掠夺性的”(predatory)或“敌对性的”(adversarial)。

全球性竞争的必然结果是，即便是在一个国家内部生产、交换的产品和服务也必须满足在全球范围内组织生产的质量标准和所耗费的生产成本。这种结构一体化和贸易内在化使得经济主体——企业家或工人，消费者或生产者——的行为内在化了：经济主体必须服从相同的“市场纪律”。全球性竞争约束了个人、集团甚至政府必须去遵守价格和质量的国际标准。除非遵守这些标准，否则我们将失去竞争的机会，失去市场，失去工作。比如，如果印度孟买的工人不接受耐克公司的工资标准，要求提高工资，耐克公司可以把子公司迁往工资标准较低的吉隆坡，于是孟买的工人就会失业。事实上，这种公司迁移无需实际发生，公司只要“威胁”说要迁移生产场所就够了，这样就足以把工资水平降低到全球竞争性的水平。

全球市场规则和全球市场纪律正在支配着全球经济活动，无论是来自哪个国家或哪个地区的生产者、消费者还是集团、政府，都要受这种规则和纪律的约束。由此我们知道，为什么现在人们常说“要和国际惯例接轨”，“要按国际标准(例如 ISO 9000 标准)组织生产”。

8.3.3　网络经济与经济全球化

8.3.3.1　经济全球化在网络经济中的体现[①]

1. 微观层面

(1) 新经济和全球化给企业带来的机遇

近十几年来，得益于新经济和全球化，世界上新兴了一大批闻名全球的跨国公司。它们不仅分布于发达经济体，也兴起于发展中经济体。这说明，新经济和全球化给企业带来的机遇是巨大的。为了未来的生存和发展，中国企业需要及时把握这难得的机遇。

新经济和全球化的进程为企业带来的机遇，至少体现在以下几个方面：

第一，高新技术的开发和运用，给企业带来了获取高利润的可能。高新技术产业的一个特点是具有高附加值。有人把电子类产品与其他门类产品对国民经济的贡献率进行对比，如果以普通钢筋为 1，则彩电为 30，集成电路则高达 2 000。智能的物化产品已登上了经济发展的舞台，快速扩张的软件产业成为当前最为夺目的朝阳产业，其他智能商品和智能服务也大放异彩。高利润率可以迅速造就企业界的新星。

第二，高新技术在自身产业化的同时，也带动了传统产业的更新换代。随着信息产业、生物工程等高新技术的发展，传统的制造业也重新焕发了活力。技术创新改变了传统的产业结构、生产工艺和手段，使广大企业有机会向更高层次发展。

第三，新经济的发展，给企业进入市场大开方便之门。在传统的工业社会，其行业、产品市场具有较长时间的稳定性，出现垄断、寡头或较强市场，进入限制的可能性很大。而今天，技术、产品、市场日新月异，市场进入比较容易，新兴的企业或转型的企业更容易找到自己的用武之地。

第四，电子商务、网络经济的发展为在任何地区的企业提供了几乎平等的信息机会，也可以说是市场机会。由于网络的便利性，不论是大企业还是中小企业，都可以通过网络获取信息和发布信息，及时获得技术更新、产品与市场开发的良机。同时，网络经济的发展还改变了传统的交易手段，简化了交易环节，缩短了交易时间，提高了效率，降低了成本。

第五，经济全球化给企业的最直接、最显见的好处是关税的降低，贸易壁垒的减少，进出口贸易的便利。更重要的是，新经济和全球化的进程促使世界经济发展的网络化和世界市场的一体化，国际分工不断深化和扩大，世界资源在重新进行配置，并趋于合理化。企业可以依据自己生产经营的需要，在全球范围内进行采购和销售，有效地利用全球任何地方的资源，实现企业的全球经营战略，确保利润最大化。

(2) 新经济与全球化给企业带来的挑战

对于我国企业来说，由于所处亚洲地区环境的特点，新经济与全球化给企业带来的挑战显得尤为严峻。主要有以下几个方面：

第一，文化冲突迫使企业进行改革。新经济和全球化的特点是快速变化、不稳定性、鼓励个人创新、信息横向交流等，这与亚洲地区传统文化和价值观以及我国长期实施计划经济

---

① 张小蒂，倪云虎. 网络经济. 北京：高等教育出版社，2002.

体制的观念有许多冲突之处。比如：中国、韩国、日本等亚洲国家和地区，其传统文化的行为方式是注重稳定，回避不确定性；注重集体一致，排斥个人标新立异；注重等级关系，轻视平等横向交流。这种文化特征在亚洲许多地区的企业中都有明显表现。比如：企业组织往往是垂直性的多层次金字塔结构，管理者的决策有权威性，但信息传递缓慢，活力不足。企业也往往实行终身雇佣制。企业的发展战略往往注重规模的扩大、数量的增加，而对技术创新、产品更新则关心不够。

第二，新经济的高利润率和市场进入比较容易的特点，从一方面看是机遇，但从另一方面看则是挑战，使一个企业既可能很快扩张，也可能很快缩水破产。高利润率和较少的市场进入限制意味着大批竞争者快速到来，市场容易达到饱和，产品生命周期缩短。2000 年以来全球一批"新经济"的上市企业相继申请破产，或其股价一落千丈，说明了对新技术、新产品投资的风险性。

产品生命周期的缩短，要求企业必须加速技术更新。同时，在新经济和全球化的背景下，市场一体化使消费者的选择更为广泛，对产品的质量要求更高，这些都给企业的技术更新和产品开发提出了更高的要求。

第三，全球市场一体化给企业带来了更多的竞争。在经济全球化的趋势出现之前，大部分国家和地区都存在不同程度的市场分割与保护，以维护内部某一产业或集团的利益。全球化带来了市场的一体化，贸易与服务跨国界流动的障碍逐渐消除，国家、地区的经济保护政策逐渐失去作用，使企业要直接面对全球性的激烈竞争，而不能幻想保持原来从政府保护政策获得的在本地市场的优势。

第四，比较欧盟或其他区域经济体的企业，中国企业所面临的国际竞争更为直接。亚洲文化的多元性是本地区经济充满活力的原因之一，但多元的文化以及经济发展的不平衡也使得本地区很难建立诸如欧盟这样的区域经济体。区域经济体作为区域的统一市场，对区域内的企业意味着市场开拓方面的便利，和一定程度上免受外界竞争的保护。中国企业不能享受这种益处，因此其市场开拓的任务更艰巨。

第五，由于全球化，世界各地之间的经济关系日趋密切，其相互影响也日益增强。某地发生的事件会迅速波及世界各地，一些不可预测的变数，会给企业经营带来风险。例如：作为经济全球化的重要方面，金融全球化使国际资本流动的范围更广，速度更快。这一方面为企业融资提供了便利；但另一方面，国际资本流动的加快也增加了金融市场的不稳定性，甚至诱发了金融危机。1997 年亚洲金融危机突然爆发，使众多企业猝不及防，遭受到沉重打击。再如发生在美国的"9・11"恐怖事件，不仅给许多美国公司造成直接经济损失，也给全球众多企业带来不利影响。经济全球化，使各地的企业都要面对世界上突发事件的风险。

2. 宏观层面

在宏观方面，国际贸易、国际金融和国际投资的运行机制正在迅速网络化，信息型多边贸易体制已经初见端倪，"网络金融"正风靡全球，而在国际投资领域，传统的基金已经开放化、杠杆化、期货化和信息化

(1) 国际贸易手段的网络化——网络贸易的技术支持体系

① 电子资料交换推动全球厂商实现信息服务一体化。以计算机网络和资料标准化为基础的 EDI 的产生，解决了由于全球贸易额的上升而引致的贸易单证、文件数量等"纸面贸易"激增所导致的浪费精力、时间、易出错等问题，提高了信息传递的效率；② 贸易网点向各

种贸易当事人提供全方位信息服务。贸易网点是将所有参与国际贸易的业务部门都集中到一个地点办公，借助高新通信技术，为国际贸易参与者提供“一条龙”服务。贸易者不出贸易网点就能完成交易中的一切程序和手续，既能节省时间和费用，又极大地提高了效率；③ 电子商务有助于降低国际贸易中的通信和交易成本。通过互联网进行商务活动所需要的通信成本远低于邮寄、传真等传统通信方式。随着无形产品贸易的大量增加，产品中科技资讯的含量越来越举足轻重，这些无形产品可以通过电子商务进行网上直接贸易，以节省大量的人力、物力。

(2) 全球网络中的新型金融机制——网络金融

随着信息网络技术的发展，电子金融服务早已提上日程，许多传统的银行及其营业部正在被电子设备构成的“虚拟银行”所代替，银行与客户的交易也将主要通过电话、电脑、自动柜员机(ATM)和网络等电子技术手段进行。网络金融市场的特点主要有以下几方面。

① 金融中介机构的地位和作用将日益弱化，金融交易呈现直接化的特点。与传统金融市场上资金的供需双方需要金融中介的参与才能达成交易不同的是，在网络金融市场上，资金的供需双方可以直接通过网络进行联系和交易，从而使得金融中介的地位和作用日益弱化。

据统计，美国传统银行资产年增长率为 8%，网络银行资产年增长率高达 53%。使传统银行资金中介地位大为动摇。

② 交易成本大大降低，交易速度大大加快。根据安全第一网络银行提供的资料显示，传统银行网点每笔交易收费 1.07 美元，电话银行每笔交易收费 0.54 美元，ATM 每笔交易收费 0.27 美元，而在网络金融市场中通过网络交易每笔仅收 0.01 美元。在股票交易中，传统方式每笔交易用户需花费 1 美元，而采用网络交易只需花 0.02 美元。另外，客户通过网络进行交易，还免去了交通等费用。因此，低成本是网络金融市场快速发展的一个重要原因，也是其一大优势。

③ 交易场所和交易手段虚拟化。网络金融市场没有拥挤的交易大厅，各类金融工具的交易都在网上进行。而且交易手段也被虚拟化，传统货币被网络货币所代替。网络虚拟银行的实质是为通过网络进行商务活动的客户提供电子结算手段，其特点是客户只要拥有账号和密码便能在世界各地与互联网连接，从而进入网络银行处理个人交易。在网络银行中，客户可以办理储蓄、转账、信用卡、证券交易、保险、跟踪收支等业务，还可以查询信息并据此进行财务状况分析。而且，这些业务的处理还不受时间的限制，一天 24 小时都可进行。

④ 网络金融交易呈全球化趋势。互联网上没有海关和国境的限制，所以利用Internet，可以将金融业务延伸到世界各个角落。1995 年 10 月，美国三家银行联合在互联网上成立了全球第一家网络银行即安全第一网络银行(Security First Network Bank)，简称 SFNB，总部设在亚特兰大，借助互联网每天 24 小时提供全球范围的金融业务服务。在 SFNB 开业短短几个月的时间里，就有近千万人次上网浏览，它的存在证明了一种理想的实现，这给全球金融界带来了极大的震撼。

⑤ 信息服务呈现出个性化特点。这一点主要是针对网络证券市场，用户只需上网即可获得所有股市新闻和个股信息。而在传统市场，信息服务主要是针对机构投资者和资金实力雄厚的大户。所以说，网络的出现使信息服务由传统金融市场的向大金融机构“批发”，转向直接针对个人“零售”，呈现出了个性化趋势。

(3) 全球网络中国际投资的新格局和新渠道

① 金融资本对利润的追求和跨国界扩张。金融全球化的根本动因是金融资本对于利润追逐的本质。随着发展中国家进一步开放市场,经济增长的前景看好,流向发展中国家的直接投资大幅增长;② 证券投资组合类型让位于区域型。由较为均质的证券种类组合到较多差异的地区型组合的转变,意味着投资厂商的国际投资行为在发生大的变化,从而对全球证券市场产生大的影响,同时也意味着新兴市场的许多潜在机会;③ 全球网络中投资手段不断翻新。20世纪70年代以来金融创新不断涌现,在80年代席卷全球,并在90年代得到迅猛发展。80年代以来金融创新产品多达1 200多项,主要有金融远期、金融期货、金融互换和票据发行便利五大类。金融创新为金融全球化提供了必要的载体,带来了成本降低、风险规避,提高金融市场与机构运行效率等一系列有利影响,对全球化产生了积极的推动作用。

随着信息技术的快速发展,世界经济也随之经历着一场深刻的革命,塑造着一种新的世界经济。其特征是:信息产业将在世界范围内大大发展,国际投资、国际贸易及跨国生产进一步发展;跨国公司和跨国经营将在世界经济中占主导地位;企业跨国家、跨行业联合进一步发展,经济活动将按网络加以组织等。可以说,新经济的信息化进程从双重意义上牵动着经济的全球化:一是提供了技术传播;二是提供了利益驱动。

8.3.3.2 *经济全球化与网络经济发展的相互关系*

1. 网络经济是推动经济全球化的发动机

(1) 信息技术的发展推动经济全球化

① 信息技术的改进和发展缩短了国与国之间的距离,使全球生产日益网络化,从而使世界经济的整体性不断增强;② 新的信息传输方式以其快速的传递速度,促进了国际间经济交往方式的革命,出现了新的投资、贸易和营销方式,使国际经济合作更加便捷,贸易与投资的效率更高;③ 新的信息技术为跨国公司在世界范围内生产和经营,提供了更加便利的条件。

(2) 新经济促进国际分工的立体化和国际产业的传递转移,进而使各国经济的依存性和融合性不断加强

经济全球化打破了一国国内自给自足的发展模式,企业的经营视角不再局限于某个地区,而转向全球贸易和全球生产。经济全球化特别是金融全球化,使各国经济相互依赖、相互影响、相互促进,作为一个整体的依存性的空前提高。具体表现为:

① 各国可以在全球范围内实现资源的优化配置。经济全球化为资源在全球范围内的优化配置提供了新的有利条件,减少了配置成本和管理成本,提高了生产效益。作为全球经济组成部分的各个国家,可以发挥自己的比较优势,在国际经济交往中实现优势互补,从而在总体上促进世界范围内的经济增长;② 各国可以利用全球市场调整产业结构。发展中国家可以通过引进发达国家的资金、先进技术和先进管理经验来加速发展本国经济,促进本国的产业结构升级;③ 国际规则对一国经济金融发展的影响越来越重要。经济全球化是以规则为基础的(rule-based globalization)。随着各国日益融入世界经济,规范生产要素在全球自由流动的国际规则逐步形成并不断完善,各国就不得不越来越多地接受国际规则;④ 跨国公司的生产组织方式的变化,要求各国经济发展模式进行相应的调整。

(3) 高新技术产业成为新的经济增长点,知识、技术先导型企业成为经济活动中最具活

力的经济组织，代表着未来经济发展的方向。随着经济结构的转变，柔性制造系统开始启动，它使得生产过程中劳动投入量、劳动成本以及劳动生产率的作用逐步下降，而知识、技术、信息以及它们的劳动生产率的作用日益提高。

(4) 在知识经济时代，知识成为创造财富的主要资本，投资的重点主要是无形资产。在经济活动中，知识作为一种投入要素，其作用越来越大，它不仅可以节约其他要素的投入，提高经济效益，而且可以部分甚至有时完全替代其他投入要素。

2. 经济全球化是新经济发展的外在加速器

(1) 经济的全球化加速了知识的积累和科技的进步，同时促进了不同门类的学科之间的交叉与融合。

(2) 经济的全球化促进了国家间经济、技术的合作以及跨国公司之间的技术联合。

(3) 全球化推动了科技成果的商品化和高新技术的产业化。

8.3.4 经济全球化的两重性

8.3.4.1 经济全球化的进步性

经济全球化促进生产力水平的提高和全球经济的发展，表现在以下几个方面：

(1) 资源在全球范围内有效配置，各国可以实现优势互补。

在经济全球化条件下，各国资源配置的边界得到最大限度的扩展，不仅仅局限于某一国家，或者某一区域，而是可以在世界范围内得到最优配置。单一的国家由于受到先天条件的约束，国内资源或多或少地存在种种不足，同时也拥有种种资源优势，这就使得各国在开发和消耗资源的时候，可以取长补短，共同发展。资源配置的全球化，无疑有利于各国经济和世界经济高速高效的发展，同时各国在发展过程中形成的越来越密切的经济联系，将进一步促进资源在不同国家之间的合理流动，形成互动的良性循环。

(2) 世界大市场的形成，可以实现规模经营，促进生产效率的提高。

各国都面向统一的全球大市场，这就使各国企业有可能充分发挥本身优势，根据世界市场需求，实行规模经营，同时参与世界市场竞争。而这一切都会促使企业经营的改进，生产效率的提高，成本的降低，从而促进生产的更大发展。

(3) 国际合作研发，使科技成果在全球的传播加快，大大促进生产力的提高。

经济全球化使科技活动趋于全球化，科技研究和开发的国际合作大大加强，科技成果在全球的传播加快，从而大大促进生产力的发展。

(4) 为各个国家提供了发展经济的历史少有的机遇。

在全球化条件下，特别是发展中国家，它们有可能通过对外开放，加强与他国合作，扩大对外贸易，引进外资和国外先进技术，学习和借鉴他国的先进管理经验，从而有可能实现其“后发优势”，大大提高其经济发展速度，更快改变落后面貌，实现现代化。

(5) 实现各国可持续发展的保证。

人类面临的共同性问题，如资源、环境、人口等，通过世界各国的共同努力，有可能得到解决，世界各国可持续发展有可能得到保证。

8.3.4.2 经济全球化的局限性

新科技革命和资本主义生产关系的全球化，促进了市场竞争和生产效率提高，降低了生产成本和产品价格，激发了科技开发和知识普及丰富市场供给的多样化，促进了世界生活方式的接近，但以全球化、信息化、自由化为标志的全球经济发展，也带来新的矛盾。

1. 区域化与全球化在同时发展

20 世纪 80 年代以来，随着国际分工的不断深化和经济生活的国际化，世界经济区域一体化趋势不断加强，欧洲联盟、北美自由贸易区、南方共同市场、西非共同体等一体化组织蓬勃兴起和发展，集团内部的贸易自由化和对集团外部的贸易保护主义相结合已经成为当今世界市场的基本走势。

最近 20 多年，在经济全球化明显推进的同时，地区化也在迅速发展。到目前为止，根据世界贸易组织的统计，世界上已出现了 144 个各种类型的区域性经济集团或组织。在世界贸易组织的 153 个成员中(至 2009 年 7 月 14 日)，除日本、韩国和香港特别行政区外，其他成员至少参加了一个区域性协定，其中影响较大的有欧盟、北美自由贸易区、东盟和南美的南方共同市场等。区域内贸易在各成员国对外贸易中占有相当的比重，目前区域化的发展势头依然强劲。这种状况表明，未来我们所面临的也许更多的并不是全球一体化，而是区域一体化。

区域化的产生和发展无疑有益于各国经济发展和对外贸易，但在发展过程中，并没有日益融合成为一种普遍的全球化环境，而是各自的倾向性特征更加明显。就发达国家来说，区域化是为了确保自已在区域内的各种利益，同时借此力争在外部世界获取更多利益。就发展中国家来说，把区域化作为将来进入世界经济一体化更高层次的一个阶梯。但是，区域化并不必然走向全球化。首先，由于区域集团对外建立统一的保护性贸易壁垒，成员国根据比较优势原则从集团外国家进口商品的选择受到限制，即集团贸易保护主义在加强；其次在特定时期，为保护集团利益，区域组织还会通过调整政策来应付来自集团外部力量的冲击，而不是站在全球利益的立场上参与协调，即国家利益的一部分转换为集团利益。

2. 数字鸿沟、贫富差距进一步拉大

市场经济理论家们理想中的“中产阶级”没有得到发展，反而出现了 20∶80 的两极分化。

所谓“胜者通吃”、“赢者通吃”，都是形容两极分化的形象说法。经济增长局限于一部分国家，在近年，只有 33 个国家，达到 3%的人均年增长，59 个国家的人均增长皆下跌，他们主要是撒哈拉沙漠以南的非洲国家，以及前东欧集团和前苏联国家。

信息革命集中于发达国家，高科技加大了贫富不均，富裕工业国家持有世界 97%的专利。联合国年度人文发展报告指出，虽然能直接上网的电脑已经从 1988 年的 10 万部增加至 1998 年的 3 600 万部，大多数人仍旧无法接触电脑互联网之类的新科技。在美国，一般人只需付出一个月的薪酬，便能购得一部电脑；在孟加拉国，一部电脑的价钱等于当地居民 8 年的收入。美国电脑数目比世界其他各地的总数还要多，南亚地区虽然占全球人口 23%，但网络使用者只有 0.04%，非洲及阿拉伯地区不足 0.5%。目前的网站有八成以英文写成，但会说英语的人只占全球人口的一成，进一步阻碍了非英语地区人士接触电脑世界。

3. 发达国家成为经济全球化的最大受益者

尽管大多数发展中国家已经和发达国家一起参与到全球化的进程中来，但是在全球化中起主导作用的依然是发达国家，全球化带来的经济利益与社会福利也大多流向了发达国家，而全球化产生的金融风险则很大程度上对发展中国家的经济与社会造成了冲击。这一点从 IMF、WTO 等国际组织中发达国家的主导地位就不难看出，其政策制定、体系改革在很大程度上都是代表发达国家利益的。

发达国家与经济全球化的关系可以概括为："主动参与，主导规则，受益最大，冲击最小"。经济全球化为发达国家提供了更加广阔的经济活动空间，它们凭借已有的经济优势和垄断地位，通过建立有利于自身的国际经济秩序，在国际贸易、国际投资、跨国公司和国际金融方面谋取了广泛而庞大的经济利益。如表 8 - 6 所示，根据世贸组织所做的模型预测，乌拉圭回合协议实施后，每年将为世界增加 5 100 亿美元的收入，其中美国增加 1 224 亿美元，欧盟增加 1 635 亿美元，日本增加 267 亿美元，这三个发达国家和地区的增加收入合计 3 156 亿美元，占总增加额的 61.3%。与此同时，整个发展中国家收入增长为 1 161 亿美元，仅占总增加额的 22.8%。

表 8 - 6　2005 年世界贸易组织给世界各国带来的贸易和收入增长效果

	货物出口增长率(%)	收入增长(亿美元)
美　国	21.7	1 224
欧　盟	19.4	1 635
日　本	18.3	267
发展中国家	36.7	1 161
世界合计	23.5	5 100

4. 民族国家和经济政治主权的削弱

经济全球化，本质上就是削弱民族和国家的主权的，这在一方面可以打破各国的闭关锁国，使之与世界经济融为一体，同时促进各国的政治文化发展；但是另一方面，由于全球化是美国推动的，带有霸权主义和美国利益，信息产业又控制在发达国家手中，因此。全球化又会在刺激发展中国家经济繁荣的同时，打垮其原有的经济部门，产生严重的两极分化和失业，对于民族国家的主权亦有影响，国际影响会造成民族国家内部出现不同利益集团，甚至在经济出现危机的时候，导致国家全面的分裂。

5. 各国经济的依赖性和不稳定性在同时增加

在经济全球化的过程中，各国经济的相互依赖性空前加强。不少国家的对外贸易依存度已超过 30%，个别国家则达到 50%～60%，中国在 2009 年也已达到了 46.4%(2009 年的进出口总值：22 072.2 亿美元；GDP：47 580.0 亿美元)。这种趋势还会进一步加强。在这种环境下，经济波动和危机的国际传染便成为经常性的而且是不可避免的，任何一个国家的内部失衡都会反映为外部失衡，进而很快波及与其有密切贸易和投资关系的国家。区域性或全球性金融危机就是例证。

国际游资是全球经济不稳定的重要根源之一。这种超越国界的巨大金融力量，在一定程度上可称是危机传染的主要媒介。20 世纪 80 年代初的拉美债务危机，90 年代初的欧洲货币体系危机，1994 年的墨西哥汇率危机以及 1997 年的东南亚金融危机，几乎每次都能感受到国际游资的破坏力。在全球经济、贸易发展迅速一体化的条件下，尽管可以尝试各种有效的资本监管措施来减少经济波动，但对国际游资的完全控制不仅不可能，而且也是发展趋势所不允许的。

6. 全球经济运行规则的公正性和垄断性并存

以国际货币基金组织，世界银行和世界贸易组织为代表的国际经济组织的建立，以及国际经济关系规则的制定，客观上为各国的经济发展提供了较为有利的国际环境和条件。相对统一的国际经济规则、制度和秩序的形成，适应了当时生产和资本国际化的要求，为世界经济较快并较为稳定的发展立下汗马功劳。但是，经过几十年的运作，这些制度和秩序已越来越不适应新的形势和要求，要求改革的呼声日益高涨。

世界资源在全球范围内有效配置及合理流动，需要就竞争规则、资源流动、环境保护及垄断行为等进行规范，建立公平的运行规则。人们寄希望于这些机构能够担当起民族国家正在失去的一些职能。然而遗憾的是，这些机构既缺乏民主监督，又没有公众合法性的压力，它们更多关注的是在世界范围内推进自由化和削弱民族化。现存的国际经济组织，或者缺乏应有的权限，或者缺乏行动能力，或者被少数几个大国把持。世界市场经济相对处于垄断的无调节状态。

8.3.5 中国企业应对新经济与全球化的策略

新经济与全球化是无法回避的事实，其趋势不可逆转。中国加入 WTO，政府的经济贸易管理规则正在作出重要调整。中国企业必须顺应潮流，对自身的发展战略进行积极调整，抓住机遇，迎接挑战。

第一，我国企业应该树立改革意识和创新意识。企业创新的核心是技术和产品的更新换代。同时，企业还应该随时调整和更新内部组织结构、管理体制，让企业全面保持生机和活力。我国虽有被列入世界 500 强的企业，但它们只是“大”，还够不上“强”。中国的企业面临的挑战是严峻的。

第二，企业应该树立全球意识，了解并尊重世界上丰富、多元的文化，学会适应世界各地的环境，寻找和把握世界各地的商机。我国企业从事的国际贸易，几乎都是“双边”的，且还不适应“多边”的。要研究如何有效利用世界各地的人、财、物资源，学会如何与国际上的企业进行竞争与合作，及时应对和回避地区冲突和世界突发事件的风险。

第三，企业应该加强信息意识，适应信息社会发展的趋势，实现企业经营的信息化。信息技术、产品的广泛运用，不仅仅给人们带来了使用价值，而且还改变着人的行为方式和彼此之间的关系。对企业而言，这一变化就是企业与顾客、企业与企业、企业与社会的关系趋于直接和横向网络化。作为对策，企业需要与自己的顾客、合作伙伴、市场、社会建立起通畅的信息渠道，及时地对市场作出反应。

第四，企业应该树立合作意识。不论大而全还是小而全都不会具有竞争力，在高新技术日新月异的情况下，任何一个大的跨国公司也不可能自己开发所有的技术。加强与其他企业的合作与交流，发展企业间的合作关系，是当今世界企业发展的新动向。可以说，合作是企业获得成功的必要条件。企业之间的竞争不必你死我活，可以是既竞争又合作，共同发展，获得共赢。

参考文献

[1] Christopher Gust, Jaime Marquez: productivity Development Abroad, Federal Reserve Bulletin, Oct. 2000.

[2] Dale W. Jorgenson and Kevin J. Stiroh, Raising the Speed Limit: US Economic Growth in the Information Age, OECD Working Paper(2000)34.

[3] New Economy, Business Week, Jan. 31, 2000.

[4] Robert H. McGuckin, Kevin J. Stiroh, Is Information Technology creating a productivity boom? Science and Technology, Summer 1998.

[5] Robert J. Gordon, Monetary policy in the Age of Information Technology: Computers and the Solow Paradox, Jun. 1998.

[6] Robert J. Gordon, U.S. Economic Growth since 1870: One Big Wave? American Economic Review, May 1999.

[7] Solving the Paradox, The Economist, Sep. 23, 2000.

[8] The Economic Report of the president 2000.

[9] The New Paradigm, Federal Reserve Bank of Dallas, 1999 Annual Report.

[10] Virtual guesswork, The Economist, Sep. 23, 2000.

[11] 张小蒂,倪云虎.网络经济.北京:高等教育出版社,2002.

[12] 王健伟,张乃侠.网络经济学.北京:高等教育出版社,2004.

[13] 李琮.经济全球化新论.北京:中国社会科学出版社,2005.

[14] 王广谦.经济全球化进程中的中国经济与金融发展.北京:经济科学出版社,2005.

[15] 吴敬琏.中国增长模式选择.上海:上海远东出版社,2006.

[16] 沈坤荣等.新增长理论与中国经济增长.南京:南京大学出版社,2003.

[17] 胡延平.跨越数字鸿沟——面对第二次现代化的危机与挑战.北京:社会科学文献出版社,2002.

[18] 秦海.信息网络的进步,需求与体制.产业论坛,1999(2).

[19] 中国网络经济研究报告:中国新经济市场盘点[2006-06-07]http://www.sina.com.cn.

[20] 中国新经济市场趋势分析[2006-06-07]http://www.sina.com.cn.

[21] 戴尔·乔根森等.生产率与美国经济增长.北京:经济科学出版社,1989.

[22] 罗伯特·索洛等. 经济增长因素分析.北京:商务印书馆,1999.

[23] 罗伯特·索洛.经济增长理论:一种解说.上海:三联书店,1994.

[24] 美国商务部.数字经济 2000. 美国商业部电子商务报告.北京:国家行政学院出版社,2000.

[25] 萧琛."新经济周期"与经济学"新边疆".经济学动态,2002(2).

[26] 芮锋,臧武芳.世界经济研究,2001(2).

[27] 宋玉华,王莉.关于新经济条件下美国生产率问题的研究.经济学人,2003(3).

[28] [美]卡尔·夏皮罗,哈尔·瓦里安.信息规则——网络经济的策略指导.北京:中国

人民大学出版社,2000.

[29] 杨培芳.网络协同经济学.北京:经济科学出版社,2000.

[30] 纪玉山等. 网络经济.长春:长春出版社,2000.

[31] 孙建.网络经济学导论.北京:电子工业出版社.2001.

第9章 网络经济下的政府政策

9.1 Internet 基础设施的公共政策

网络经济是构架在因特网上的经济，凭借它的联结性在不断改变着社会生产和经营的方式。网络经济的出现和发展离不开计算机和网络技术的发展。一方面，计算机(硬件和软件)技术、集成电路技术、微电子技术、网络技术以及现代通信技术的迅猛发展，构成了网络经济形成的物质基础。网络经济的产生和发展是建立在计算机产生和发展的基础之上的，计算机正朝着多功能、智能化、更高级、更完善的方向不断发展，计算机的性能也在不断提高，成本不断降低，所拥有的市场也会不断壮大；另一方面，各种网站的建成也为网络经济的繁荣发展提供了强大的动力。现代通信网络的建成、计算机网络的飞速发展、国际信息资源网络的联网，特别是信息传输容量和传输速度的提高为网络终端普及到一般消费者创造了良好的条件。局域网、企业内网、办公自动化系统等电子网络基础设施也为网络经济的产生和不断发展提供了可能。最后，全球范围内综合性和专业性信息网络的建成和运营成为各国信息经济形成的标志。比如美国政府明确规定，国家信息基础设施是一个能给客户大量信息，由通信网络、计算机、数据库以及日用电信产品组成的完备的网络系统，能使所有美国人享用信息，并在任何时间、地点通过声音、数据、图像和影像相互传递信息，还包括通信卫星在内的广泛和不断发展的设备以及多种内容的信息源。

9.1.1 Internet 基础设施面临的问题

在前面的论述中，我们已经提到各网络基础设施的存在和发展不仅为网络经济的发展提供可能，也为其提供了不断发展壮大的动力。但是，目前 Internet 基础设施所面临的最严重的一个问题就是拥塞问题。所谓拥塞，就是通信网络中的这样一种状态，即到达各网络通信输入站的呼叫数量高过了网络处理的容量和能力，实际上它也是一种形象的说法。下面我们就拥塞问题的现状、产生的原因以及解决的办法几个方面来一一分析。

9.1.1.1 我国网络拥塞现状

我国的网络拥塞现象较为严峻。一方面虽然到 2010 年 6 月，我国国际出口带宽已达到 998 217Mbp，但网民规模也达到了 4.2 亿，“宽带不宽”的现象依然存在。另一方面网络技术的发展对网络带宽的需求不断增加。早期互联网上传输的文件大多是文本格式，这种格式所占字节数较少，因而在传输过程中占有的网络带宽资源也较少。随着技术的发展，网上传输的文件格式越来越复杂，传递的信息除了文字内容以外还有声音和图像，这些格式所包含的字节数要比文本格式大得多。甚至到现在还出现了网络电话、网络电视以及网络会议等等，这些信息传输所需占用的网络带宽资源更大，也势必造成网络的拥塞。

第三，电子商务的逐步发展也将对网络带宽提出了更高的要求。电子商务能否顺利开展主要取决于网上用户的规模，如果想要扩大用户规模，就必然要对网络供给能力提出相应的要求。所以，必须要解决网络的拥塞问题。

我国由于网络基础建设起步较低，国内还未形成一个具有充分竞争性的网络供给市场。上网资费高和上网速度慢已成为两大难题。而人们又往往只重视上网资费的下调，而忽视了网络拥塞问题。举一个简单的例子，我国的包月收费是按用户在网上的时间计算的，即把用户的等待时间也计入费用，因而网络越拥塞，用户等待的时间越长，被收取的费用也就越高。如果网络拥塞问题得不到改善的话，即使是资费下调实际上也不会改变什么。如果网络拥塞问题得到解决，即使资费没有改变，用户所支付的总费用也会减少，至少他们不需要为等待而支付过多的费用。因此，如何在网络供给方面形成一个竞争性市场，不断提高网络供给能力才是解决各种问题的一个治标治本之策。

9.1.1.2　拥塞问题产生的原因

(1) 网络的公共产品性质是造成网络拥塞问题的主要原因。在网络带宽达到拥塞临界点之前，任何人在进行信息交换的时候，都不会影响其他人利用相同的网络带宽资源进行交换信息的工作。在不产生拥塞现象的前提条件下，网络设备传输一个信息包和传输 100 个信息包的成本是一样的，即从第二个信息包开始，传输所耗费的边际成本为零。在这种情况下，个人效用最大化将驱使网络用户充分利用分配到的带宽资源，并尽可能占有这些资源获取网上信息，但当大多数人都采取这样的策略时，也就会产生集体的非理性——拥塞。面对这一问题，人们又不想让信息丢失，那就只能等待。可见，网络拥塞问题其实就是个人在追求自身效用最大化的过程中所产生的负外部效应。

(2) 上网人数增加。随着科学技术的不断发展和广泛应用，计算机软、硬件的开发和使用也获得了前所未有的发展，对带宽的需求也将逐渐增加。虽然带宽容量增长很快，但仍然不能满足人们的需求。在这种情况下，一面是有限的带宽容量，一面是增长的上网人数，也必然会产生拥塞现象。

(3) 系统资源的配置不合理。系统资源的配置是根据用户的忍耐而不是社会价值，这种配置机制不能保证高价值的用户享有优先权。面对拥塞的发生，用户除了等待或者放弃没有其他的更优选择。

(4) 定价策略运用不当。由于没有充分考虑拥塞问题，致使 Internet 创造的社会价值大打折扣。关于这一问题，我们在后面会涉及到，这里就不再赘述了。

9.1.1.3　拥塞问题的解决方案

在经济学上，可以通过价格机制来解决稀缺资源的配置问题，而采用这一机制来解决网络拥塞问题还不是很充分，可以通过采用类似于排队使用的资源分配方式来尽可能地解决网络的拥塞问题。

我们知道，现行的网络接入收费方式有三种：一种是根据接入的网络带宽大小按照包月制或包年制进行一次性收费，用户的使用不受限制，发达国家由于网络基础条件较好大多采取这种收费方式；另一种是按照接入时间进行收费，用户可以在接入的时间内无限制使用所分配到的一个通道；第三种是按接收数据的流量计费。这三种收费方式有个共同的特点，即在资源的分配上采用的是：在接入，采取的是价格机制；而在网络通道资源的分配方面，采用的是排队机制。价格机制比较容易理解，而后者的排队机制因为要按照“先到先服务”原则，一旦拥塞产生，信息包就会或者被延迟发送，或者被滞留在网上某地的路由器里，只有当网络拥塞情况缓解时，这些信息包才会被依次发送出去。

在排队使用的资源分配方式下，用户更多的是通过支付等待时间成本而不是支付现金来获得他们的资源。然而不同的网上用户对等待时间成本的评价也不同，有些人会觉得支付的等待时间成本要远远大于可能的现金支付，即使他们宁愿用现金而不是等待来支付使用网络通道的费用也是不可能的，因为现行的收费制度限制了用户的这种选择机会。这样，排队机制下的资源配置就不可能是最优的。另外从网络提供商的角度来看，当人们所支付的等待时间成本没有转化为网络提供商的收入时，网络提供商就可能没有足够的激励去增加投入来扩大网络的带宽。因而对于网络资源的分配，一种比较合理的价格机制就是按照信息传递的流量进行收费。这种价格机制在一定程度上可以有效地解决拥塞问题，最重要的还在于它能够使资源得到有效的配置。

另外，安全问题也是 Internet 基础设施所面临的一个重要问题。比如信息在传输过程中被窃取、被篡改、被拦截等等，都会使得接收方在收到信息之后对信息的真实性产生怀疑，不能肯定收到的信息与发送方发出的消息是否一致。为改善这一问题，可以采取比如对重要信息实施物理隔离以防止网络攻击；使用逻辑隔离保证信息的机密性和完整性；制定相应的法律法规增强管理部门和管理人员安全意识和管理意识等。

9.1.2　公共政策

公共政策主要是从政府角度出发，出于公平的考虑，政府在 Internet 基础设施行业采取普遍服务的原则。由于普遍服务原则以社会公平为出发点，能够为社会带来较高的效益，所以，许多国家都把它作为 IT 基础设施产业的一项重要公共政策。当然，不同的国家对普遍服务原则具体内容的理解不尽相同，但是基本上所有的普遍服务都满足以下几点：首先，普遍服务必须是针对所有的（或者绝大部分）用户；其次，普遍服务的价格是可以接受的；再次，普遍服务要有一定的质量保证。正基于此，普遍服务是指以可以承受的资费水平向包括低收入消费者在内的所有用户，以及包括农村地区、边远地区或其他高成本地区在内的所有地区提供的有质量保证的通信服务。有这样一种情况，基础设施的提供商或是运营商不愿意在边远地区、农村地区或其他高成本地区提供服务，因为这些地区的特点就是经济欠发达，基础设施利用率低，服务提供商或运营上很难收回投资，常常是入不敷出。这样就会形成一种基础设施投资的恶性循环，一方面由于回报率低，高成本地区的基础设施发展十分落后；另一方面基础设施的落后又反过来制约了经济的发展，而经济越落后就越不能吸引基础设施方面的投资。这时，就需要有政府出面，从经济的全面协调发展考虑，要求网络基础设施的提供商或运营商按照普遍服务原则对高成本地区的用户提供服务，并且还要保证一定的服务质量，不能按照投入和运营成本采取高资费定价。

9.1.2.1　提供普遍服务的原因

政府之所以要求网络基础设施的提供商或运营商为各地区用户提供普遍服务，是因为从社会整体角度考虑，普遍服务能够带来明显的社会效益。这主要是基于以下原因考虑：

首先，普遍服务可以作为一种特殊的再分配方式加以运用。这里的再分配主要针对低收入阶层，通过定价来影响再分配，保证低收入阶层能够享受到一定的基础服务，减少或避免因资费调整对他们产生的不利影响，也有利于网络知识的普及。

其次，普遍服务能够促进网络外部性的发挥。在前面的内容中我们已经讨论过网络外部性问题，网络设备在传输一个信息包和传输 100 个信息包的成本是一样的，即从第二个信息包开始，传输所耗费的边际成本为零。但网络的价值是随着加入这个网络的用户数量的增加而增大的。连接到互联网上的人越多，则互联网所产生的价值(无论是社会价值还是商业价值)就越大。可见，消费者个体是否入网以及基础设施提供商是否愿意建网的决策会直接影响到网络中所有其他用户的福利，但无论是消费者还是提供商或运营商都不会从社会福利的角度看问题，他们只关心自身的收益如何。因此，政府需要采取措施来弥补可能会出现的市场失灵。就我国目前的情况来说，政府已经逐步意识到采取对互联网的接入服务提供补贴的政策，将有助于网络规模的迅速扩大。

最后，普遍服务可以帮助政府实现整体的地区发展规划。在我国这样一个地区间发展极不平衡的国家里，普遍服务的公共政策可以帮助我们协调地区间的发展，促进各地区产业间或产业内经济的发展，缓解落后地区基础设施的瓶颈问题。

9.1.2.2 普遍服务的运作机制及在我国的实际应用

普遍服务原则往往会造成大用户或工商用户对居民用户或者低收入用户的补贴，这种补贴资金主要来源于在某些服务上设立的专项收费而不是直接来源于财政资金。在网络基础设施私有化程度比较高的国家，实行普遍服务原则有利于地区间的平衡发展，有利于发挥网络经济的外部效应，大大提高了社会的总体效益；同时也显示出在财政资金不充裕的情况下，国家仍然有办法解决局部地区基础设施投资不足的问题。

有一点我们要清楚，即这种普遍服务原则并不是从国家的财政支出中获得资金，只是通过行政规定把服务提供商左口袋里的钱转移一部分到右口袋中去，也就是通过改变现有服务提供商提供不同服务的相对价格来实现的。具体地说，由于服务提供商在高成本地区间提供的(也就是接受补贴补助的)服务项目上收入低于成本，因此需要在其他服务上得到相应的补偿。补偿的具体方式通常是预先规定好的，一般采取交叉补贴机制，也就是在没有补贴的服务上允许服务提供商制订较高的加价，因此，交叉补贴只是满足服务提供商自身预算平衡的一种机制，相对于财政补贴来说，交叉补贴完全是在企业内部实现的。此外，我们还应当看到普遍服务的运作机制需要以企业垄断作为保证，因为竞争会降低高资费服务项目的利润，而这就破坏了交叉补贴的生存基础。

价格上限的引入使得目前已经在一些发达国家中的交叉补贴机制逐渐地淡出了。实行价格上限的规定使得垄断企业在一定范围有了调整相对价格的自由，这样企业就可以运用更加市场化的方式去平衡资费结构。为了在实行价格上限的同时，仍然使企业有提供交叉补贴的动机，政府管理部门需要对价格上限中的权重作大幅度的调整，只有这样才能保证企业一旦向规定的低资费用户收取较高的费用，就会相应的受到惩罚；或者不调整权重而实行统一定价。价格上限自应用以来也做了许多系统的调整，比如资费调整的速度要受到严格限制，运营商需要在服务区内实行统一定价等等。价格上限的引入确实使交叉补贴发生了很大的变化，不过 IT 基础设施行业的自由化改革才真正动摇了交叉补贴机制赖以存在的根基，为了实现交叉补贴，运营商必须在提供补贴资金来源的服务项目上得到足够的利润，然后才能为其他服务项目提供补贴。这种人为造成的价格扭曲使得市场新的进入者只会考虑进入高资费的服务领域。因此在存在交叉补贴的情况下，引入竞争会导致两个结果：一是无效率的市场准入。因为即使新进入者的效率很低，它仍然可以在高资费的服务市场中存活；二是原有的普遍服务的实现基础遭到破坏，在竞争的压力下，来自于高资费服务项目上的补贴资金将会大幅度减少。普遍服务义务在实行的过程中引起了广泛的争议，它已经成为改革管理体制以及引入竞争机制政策的一个焦点问题。改革交叉补贴意味着利益格局的重新调整。从消费者层面看，接收补贴的利益集团要竭力保留普遍服务，而大型的商业用户则希望取消交叉补贴以享受较低的服务价格；从提供者层面看，原有的基础设施的提供商和运营商则常常将提供普遍服务当作反对引入竞争的理由，而新的进入者从增加竞争优势的角度出发不愿意分担提供普遍服务的成本。多数人都认为，竞争是与交叉补贴相矛盾的，因此交叉补贴也会成为引入竞争的障碍。

目前我国 IT 基础产业正处于关键的转型期，特别是所有制结构和企业治理结构的调整，将会出现市场多元化并导致竞争加剧的局面，政府改革的意图主要是提高该领域内企业的效率，但决不能因此而忽视了网络技术设施产业对社会整体效益的积极作用。由于普遍服务原则是与解决发展目标息息相关的，所以这个原则在我国仍然具有重要的现实意义。我国的现实情况是经济发展的总体水平不高，而且地区经济极不平衡，在许多经济不发达的地区通信基础设施的建设还很落后，而财政一时还拿不出大量的资金用于这方面的建设，那么政府就可以考虑通过行政手段使企业履行普遍服务义务。当然，普遍服务政策不是一项权宜之计，许多发达国家至今仍把它作为网络经济设施产业的重要公共政策。随着改革的进一步深化和竞争机制的引入，目前迫切需要设计符合现实情况的普遍服务机制，使之成为既满足政府的宏观目标，又不构成竞争阻碍的一种中性的机制。

9.1.2.3　关于 Internet 基础设施的供给

近年来，政府采取了许多改革措施，不断增强了 IT 基础设施的供给能力，比如在投资体制和经营机制方面、在价格方面以及在转变政府职能方面等都进行了一系列的改革，取得了显著的成就，增强了 IT 基础设施的供给能力，也改善了 IT 基础设施的供给结构和供给效率。但也不可避免地存在以下几个方面的问题：

第一，普遍服务的服务质量不高，仍有待进一步提高。虽然近几年政府经过多年的努力，在提供普遍服务方面已经取得了显著的成就，但是边远地区、农村地区的通信基础设施仍不乐观，通信基础设施依然是这部分地区的发展瓶颈。特别是在转轨时期，企业更加强调经济效益，往往忽视了这些地区对通讯服务的需求。对于服务质量的提高，政府可以考虑引入竞争机制，促进各企业间的竞争与合作，对于提高普遍服务的整体水平会起到一定的积极作用；当然也要求政府从社会公平的角度出发对原有的政策进行调整，并且制定出符合实际情况、具有可操作性的普遍服务原则。

第二，IT 基础设施产业的投融资体制有待完善。这主要是由于一些地方政府滥用投资权，对待私人资本过于保守，没有充分发挥资本市场在融资方面的功能。目前政府已经采取了多项改革措施来改变对基础设施包揽过多的做法，逐步形成了以国家为主体，包括集体、民间私有资本以及外资在内的多元投资格局。企业的融资渠道也逐步拓宽，除了财政拨款、银行借款以外，还积极利用资本市场发行企业股票或债券，但基础设施产业的投融资体制还有待进一步完善和改进。

第三，IT 基础设施企业的经济效率有待提高。服务定价不合理，造成资源配置缺乏效率，进而引起 IT 基础设施企业经济效率的低下。虽然政府为了调动企业的积极性，提高资源配置效率，已经对服务价格水平和结构进行了不断的调整，同时在转变经营机制，实现政企分开，建立现代企业制度方面作了许多努力，但是 IT 基础设施企业仍然缺乏明晰的产权关系或者产权处于虚置状态。绝大多数企业对资产的实际控制权分散在不同层次、不同部门的政府管理机构手中，这种多头管理格局使得企业在经营中无所适从。

总之，政府、企业等可以根据上述 IT 基础设施供给方面存在的问题，有针对性地制定出行之有效的措施，促进 IT 基础设施的不断完善和进步。

9.2 反垄断和政府管制

政府之所以采取反垄断措施，主要是为了保护市场竞争，因为竞争对经济增长和维护消费者利益都是有利的。但是竞争过程往往会引起市场结构的改变，容易导致个别垄断集团对市场的统治，直到新的竞争者打破这种市场格局。反垄断法规的主要作用就在于减少操纵价格、限制产量、恶意兼并或垂直一体化等反竞争行为给市场造成的不利影响，保护市场的正常运行。在反垄断法规的实际运用中，是否拥有市场力量往往是判定企业垄断行为的关键。但并不是说，企业一旦具有垄断力量就要对其施以反垄断措施的制裁。政府在处理垄断时应该要搞清垄断产生的具体原因是什么，是垄断企业运用了反竞争手段，还是凭借其自身的产品优势。因为有一些自然垄断企业，它所处的行业或者自身的产品由于固有的特点会导致形成单一的企业和竞争局面，在这样的市场中，取缔垄断、促进竞争并不利于市场效率。换句话说，反垄断政策既不会使价格降低也不会使产品产量增加。这时，对垄断企业或垄断行为的控制只能是在调整市场的范围内进行合理的管制。衡量一种竞争行为是否为垄断，关键就是要看这种竞争行为对消费者的福利水平会产生什么样的影响。如果一种市场竞争行为没有减少消费者的福利，甚至还有利于消费者福利的增加，那么就没有充足的理由去制止这种竞争行为。对于比较复杂的市场垄断，要依据一定的市场规范予以划分，然后针对具体的垄断问题采取措施，否则就会以偏概全，从而妨碍市场经济的正常运行。

近年来，越来越多的政府管制者已经开始意识到让市场发挥作用的重要意义，并且着手在一些市场上改善或者取消由于信息的不对称和不确定性，以及制度缺陷所导致的道德风险等问题，政府管制者常常不能很好地进行管制。总的来说，随着价格的下降、产量的增加、交叉补贴的终止、新竞争者的进入以及生产效率的提高，消费者的福利将会逐渐增加。

当然，政府在进行管制时也要注意：首先，如果新兴的产品技术不能通过合理竞争来打破现存的垄断市场格局，就要考虑是否存在违反反垄断法规的市场行为，在反垄断法规仍不奏效的情况下，则需要政府以直接管制的方式对该垄断市场进行干预。但基本的原则就是干预只是要恢复市场的竞争活力，而不是把市场置于政府的行政领导之下。因此，一旦市场恢复了原有的生机，政府就应该及时解除管制，让市场自由发展；其次，对市场失灵的现象要有明确的认识。如果认识不足或者根本不了解，那么只要它没有违法，就不要轻易加以管制；再次，要采取积极的方法逐步使垄断市场转变为竞争市场，通过管制来促进竞争并最终解除管制。比如，政府可以授予新进入者特许经营权，鼓励他们进入垄断市场。但是这种转变的过程只能是渐进性的,突然解除管制只会带来恶性的竞争和垄断力量的再度崛起;最后,管制内容不宜过于具体,最好是集中于价格、质量、互联以及接入等几个关键的方面。

9.3　电子商务的征税问题

9.3.1　国内外关于电子商务征税的不同看法

国内外关于电子商务征税问题还没有形成具体有效的办法,大致来说有两种观点:一种观点是以美国为首的关于互联网贸易征税应坚持中性原则的基本观点。从克林顿政府的《全球电子商务框架文件》及美国财政部发表的《全球电子商务选择性的税收政策》都可看出,美国关于电子商务征税的基本观点可以概括为:首先,税收要做到中性,既不扭曲也不阻碍电子商务的发展,税收政策要避免影响到商务形式的选择;其次,要注意保持税收政策的透明度,对于电子商务而言,现行国际税收原则还有待进一步改进;再次,电子商务的税收政策应与美国现行税制相协调,并与国际税收基本原则保持一致;第四,保证中性的最好方法是不开征新税或附加税,即不开征增值税而应该是通过对某些概念、范畴重新加以界定和对现有税制的修补处理电子商务引发的税收问题;第五,以居民管辖权取代收入来源管辖权,采用新技术,改进管理,加强与私营部门的合作等。美国表明关于电子商务征税态度之后不久,欧盟也通过《波恩部长级会议宣言》和欧洲委员会提出的《欧洲电子商务动议》等文件,表明为电子商务创建一个“清晰与中性的税收环境”的基本征税原则。

另一种观点是关于引入新的国际互联网税种的观点。与美国主张不开征新税的原则相反,有些专家主张开设新税,以避免网上税款的流失。早在 1994 年,加拿大税收专家阿瑟·科德尔构思了一种被称为“比特税”(Bit Tax)的方案,后经荷兰教授卢·苏特正式提出。其主要做法是对全球信息传输的每一数字单位征税,包括对增值的数据交易(如对数据搜集、通话、图像或声音传输)等的征税。但这一方案遭到各方面,特别是企业界的一致反对,主要是认为这一方案过于草率。但不容忽视的是,这一观点为解决互联网涉税问题仍起到了积极的作用。

9.3.2　电子商务征税的难点以及应该遵循的原则

9.3.2.1　征税难点

对电子商务征税的难点主要表现在以下几个方面:

第一,税收管辖权难以界定。通常,一个国家的政治权力所能达到的范围也是税收管辖权所能达到的范围,但究竟要通过怎样的标准来确定税收管辖权,各国都没有统一的标准。有的国家实行三种管辖权,有的国家实行两种管辖权,也有的国家只实行一种管辖权。但不管实行怎样的管辖权,一个共同的原则就是要坚持收入来源地管辖权优先。但电子商务的出现,更凸显了网络空间的广泛性和不可追踪性,人们很难确定收入来源地,管辖权也难以界定,这引起了各国的争议。作为电子商务的发源地,美国已公开申明了其关于电子商务税收管辖权的态度。而发展中国家为了本国的利益,大力要求加大本国收入来源地管辖权范围。随着电子商务的发展,若不积极采取国际协调措施,发达国家与发展中国家关于税收管辖权界定的潜在冲突将会进一步加剧。

第二,税收征管无账可查。以往征税有发票、账簿作依据,纳税人纳多少税通过发票、账簿来计算。而电子商务交易过程中发票、账簿等均可在计算机网络中以电子形式填制,而这些电子凭证又可以轻易地修改,不会留下任何痕迹、线索。同时随着电子银行的出现,一种非记账的电子货币可以在税务部门毫无知觉的情况下,完成纳税人之间的付款业务,无纸化的交易没有有形合同,使本应征收的增值税、消费税、营业税、关税、所得税、印花税等均无从下手。这也使税收征管稽查工作失去了基础,税务部门无账可查。再加上随着计算机加密技术的发展,纳税人可以利用超级密码掩藏有关信息,使税务机关搜集信息更加困难。

第三,税法亟待完善。现行税法条例上关于居民来源和常设机构等概念变得难以适用,纳税义务发生时间、纳税期限及纳税地点等的规定也不适应于无纸化、国际化的电子商务。因此现有的税法已明显不能满足需要,税法亟待完善。一些不适用的法律规则应当废除,重新颁布一些相关法规。

第四,纳税人更容易避税。网络经济和电子商务的不断发展,让人们更多地感受到网络为人们带来巨大好处的同时,也让人们体会到了它的一些不便。比如消费者匿名、制造商隐匿其住所、税务部门读不到信息无法掌握电子交易情况、电子商务本身隐匿等等问题,这样就为纳税人避税提供更多的便利。另外,企业可在国际互联网上轻易变换其站点,这样任何一个企业都可选择一个低税率或免税的国家设立站点,从而达到避税的目的。

9.3.2.2 电子商务征税应遵循的原则

根据前面对电子商务征税问题的讨论,在对电子商务征税的时候应该遵循以下几个原则。

1. 税收中性原则

国家的征税行为实际上是将社会资源从纳税人转向政府部门,这个转移过程,既会让纳税人支付一部分纳税税款,同时也可能给纳税人或社会带来超额负担。而这种超额负担一方面表现在国家征税在增加纳税人支出的同时,又增加政府部门支出,如果因征税而导致纳税人的经济利益损失大于因征税而增加的社会经济效益,则发生资源配置方面的超额负担;另一方面表现在征税改变了商品的相对价格,对纳税人的消费和生产行为产生不良影响,产生经济运行方面的超额负担。

针对这一问题,提出了税收的中性原则。税收理论认为,税收的超额负担会降低税收的效率,要想减少税收的超额负担,提高税收效率,就是要尽可能保持税收的中性原则。税收中性原则包含两个最基本的含义:一是国家征税使社会所付出的代价以税款为限,尽可能不给纳税人或社会带来其他的额外损失或负担;二是国家征税应避免对市场经济正常运行的干扰,特别是不能使税收成为超越市场机制的资源配置的决定因素。目前,在世界范围内对电子商务征税问题已经达成基本共识,即要遵循税收中性原则。比如 1996 年,美国发表的《全球电子商务的几个税收政策问题》文件中明确指出:“税收中性是指导电子商务征税的基本原则,不通过开设新的税种或附加来征税,而是修改现有税种,使它适用于电子商务,确保电子商务的发展不会扭曲税收的公平。”1997 年,欧洲委员会也公布了《面对电子商务:欧洲的首选税收方案》的报告,接受了美国的观点,认为应该努力使现行的税种,特别是使增值税适应电子商务的发展，而不是开征新的税种。

税收中性原则是处理电子商务税收政策的基本指导原则。它的实际意义就在于使税收的实施，不会对网络经济和电子商务的发展起到延缓或阻碍的作用，同时也不会干扰市场经济的正常运行。从促进技术进步和降低交易费用的角度来看，电子商务和传统交易方式相比具有较大优势，代表着未来商贸方式，应该给予支持，至少不要对它课征什么新税；从交易的本质角度来看，传统贸易和电子商务是一致的。因此，应该坚持传统贸易和电子商务税负的一致。平等对待电子商务和传统贸易方式，征税应不至于影响企业对市场行为和贸易方式的选择，不能扭曲经济，更不能由于征税而扼杀网上交易。在其政策原则方面，应着重强调税收政策及税务管理措施的中性原则，以免阻碍新技术的发展。在具体实施方面，最好的中性是不开征新税或附加税，而应通过对一些概念、范畴的重新界定和对现税制的修补，来处理电子商务引发的税收问题。

2. 财政收入原则

税收财政收入原则的基本含义是：一国税收制度的建立和变革，都必须有利于保证国家的财政收入，亦即保证国家各方面支出的需要。电子商务税收制度的建立和发展要与国家的整体税收制度协调和配合，保证国家开支的需要，也必须遵循财政收入原则。

电子商务征税中的财政收入原则，一方面要求通过对电子商务与其他产业的征税，共同构成的税收收入，能充分满足一定时期的公共支出的需要；另一方面要保证其财政收入能与日益增加的国民收入同步增长。随着经济的飞速发展，电子商务在经济中所占的比重越来越大，电子商务产生了新的潜力巨大的税源。当然，对电子商务征税要与当前国家的国民收入相一致，要有弹性，经济增长快，电子商务税率要增加；经济增长慢，甚至出现负增长，电子商务税率随之也要调低。

3. 尽量利用既有税收规定原则

运用既有税收规定原则是指网络经济的发展，并不一定要对现有的财政税收政策做根本性改革，而是尽可能让网络经济适应已有的财政税收政策。以现行税收制度为基础，针对电子商务的特点，对现行税收制度作必要的修改、补充和完善。以现行税制为基础，符合税制连续性要求，这样不会产生太大的财政风险。比如对于以因特网为交易媒体的实体商品交易（电子购物、网上市场交易等）来说，完全可以按照传统的征税方式进行征税，而不应由于交易方式的变化而让企业承担额外的税负，或让国家损失大量的税金；对于一些商家和消费者之间并不进行任何有形物的交换，只提供信息的服务业而言，这类活动可以根据现金流量的大小，确定一个合适的标准进行征税；对于数字化信息产品（计算机软件、书籍、音乐、图片、音像资料等），情况比较复杂，这种交易所得应属于“特许权费”、“产品销售收入”还是“服务收入”呢？处理使用费与销售所得时，应以合法复制品是否销售为限来划分，即复制品用于销售的按特许权使用费处理，而非生产性自用复制品则按销售收入处理。许多电子产品或网上服务只是传统有形商品的替代，如果根据交易对象是有形还是无形来做出判断则忽略了数字化信息的实质内容。如书籍无论是以传统方式或以数字形式在网上提供，均应享受同样的税收待遇，因为其实质是一样的，将其看作销售商品可能较为合理。对于下载信息并获得复制权的交易，也不应一概而论地划入特许权交易，而应侧重于对转让权利的分析，如果购买者进行复制是为了内部使用，那么将其视为商品销售则是合理的；如果购买者将复制品用于公开销售，则应视为特许权交易。

4. 坚持国家税收主权原则

以美国为代表的经济发达国家，在税收征管上，更多地强调地域管辖权应让位于居民管辖权，各国在运用现有国际税收原则进行征管时，应尽可能协调一致，在加强征管的同时，应避免双重征税。而我国作为发展中国家，在电子商务方面还不能照搬发达国家的模式，放弃地域管辖权，就会使主要作为技术引进方的发展中国家失去很多税收收入。所以应坚持居民管辖权与地域管辖权并重的原则，结合电子商务的特征，在现行的增值税、消费税、所得税、关税等条例中补充对电子商务征税的相关条款。在制定电子商务的税收方案时，既要有利于与国际接轨，又要考虑到维护国家主权和保护国家利益。

5. 前瞻性原则与适当优惠原则

前瞻性原则就是说税收政策和法规的制定既要符合当前实际，又要依据电子商务和科学技术水平的发展前景，具备一定的可扩充性。针对我国目前电子商务发展相对滞后的现状，为保护该产业的健康发展，近几年内可暂时不向通过网络达成的商品交易征税，并且为了促进电子商务走向成熟，还可主张商品由网络进行的交易，如电脑软件网上服务等一律免税。同时，还对电子商务暂时采取适当优惠政策，对电子商务暂不征任何新税，以促使更多的企业上网交易，目的是大力发展电子商务，为今后开辟更多的税源。由于我国电子商务市场刚刚启动，但发展势头迅猛，市场前景极为广阔。我国电子商务的税收政策，既要促进电子商务的发展，为电子商务创造一个宽松的外部环境；又要采取措施，防止企业通过互联网络偷漏税款。

总之，借鉴发达国家的有益做法，结合我国的实际情况，在对电子商务征税时应以税收中性原则为基础，兼顾其他原则。

9.3.3 国家应采取的主要措施

从长远来看，随着电子商务的进一步成熟，我国应考虑加征一定的新税，以避免税款的过多流失。具体可尝试采取以下措施：① 进一步强化居民税收管辖权。可采取居民管辖权与收入来源地管辖权并存的方案，并逐步向居民管辖权倾斜。国际公认的确立和行使税收管辖权的基本原则是属人和属地两种原则，国际现行税收管辖权基本呈现两种格局；发达国家普遍采用的是由属人原则确立的居民税收管辖权；发展中国家则采用由属地原则确立的收入来源地税收管辖权。随着电子贸易的快速发展，收入来源地和管辖权越来越难以适应国际税收的要求。但从保护本国经济利益出发，发展中国家一时很难接受居民管辖权原则。为了与国际税收接轨，发展中国家应逐步适应居民管辖权原则，积极与发达国家进行磋商、协调，争取更多的权益。② 对电子商务实行优惠税率，并建立单独的核算体系。电子贸易能够为企业节约资金，降低成本，带来直接经济效益，因此应当鼓励和扶持，适当给予税收优惠。但由于网上业务的边际成本趋近于零，为便于税务机关核查企业申报是否真实，要求企业必须对网上进行的交易单独核算，否则不给予优惠。③ 加大研究经费和技术力量的投入，尽快开发出一种实用有效的电子税收系统，为电子商务的有效征税提供技术上的保障。开发出的电子系统应当功能强大，操作简单，并且能够存储文件表单，可以轻松完成无纸征税。④ 从我国的实际情况出发，结合国外经验，加紧部署，为企业与企业上网交易创造有利条件。企业上网自然是想获得更多的经济利益，如果网上交易只有卖家没有买家或者买家很少，即使网上交易的边际成本为零的企业都不愿意上网。因此，首先应保证企业上网之后有足够大的销售空间，这样才能吸引企业加入进来；另外，为了鼓励企业上网交易，应尽量少征或不征新税。总之，在电子商务日渐发达的今天，我国要顺应国际发展大趋势，致力于电子商务开拓和推广工作。在实践中总结经验，加紧解决电子商务征税的技术难题，逐步增加交易品种和扩大交易范围，形成一定的规模，获得规模经济效益。与此同时，不断规范电子交易市场，制定并完善相关法律法规，走规范化、法制化的道路。

参考文献

[1] 王道平.网络经济.石家庄：河北人民出版社，2000.

[2] 王健伟，张乃侠.网络经济学.北京：高等教育出版社，2004.

[3] 濮小金，司志刚.网络经济学.北京：机械工业出版社，2006.

[4] 李红萍.我国电子商务征税政策初探.内蒙古统计，2003(2).

[5] 邓晓兰，等.电子商务税收政策的国际比较及启示——兼论我国电子商务征税政策.商业经济与管理，2001(3).

[6] 范愿.美国对电子商务征税问题的研究及其对我国的借鉴意义.税务与经济，2003(3).